교 감 역 주

순암집

5

순암번역총서 05

교감역주 순암집 5

1판 1쇄 인쇄 2020년 8월 24일
1판 1쇄 발행 2020년 8월 31일

지은이 | 안정복
역 주 | 이상하
편집인 | 순암 안정복 선생 기념사업회

펴낸곳 | 성균관대학교 출판부
등 록 | 1975년 5월 21일 제1975-9호
주 소 | 03063 서울특별시 종로구 성균관로 25-2
전 화 | 02)760-1252~4 팩스 | 02)762-7452
홈페이지 | http://press.skku.edu

ISBN 979-11-5550-381-2 94150
     979-11-5550-193-3 (세트)

값 30,000원

잘못된 책은 구입한 곳에서 교환해 드립니다.

순암번역총서-5

교 감 역 주

순암집 5

안정복 지음
이상하 역주

성균관대학교
출 판 부   순암 안정복 선생 기념사업회

일러두기

1 이 책은 국립중앙도서관(國立中央圖書館) 소장 『순암집(順菴集)』을 대본으로 삼았다.

2 원문은 현대문 문장부호로 표점하고, 역문의 아래에 두었다.

3 주석은 원문에 각주로 달고 한글을 병기하지 않았으며, 오자로 판단된 글자는 교감하여 각주로 밝혔다.

4 인명과 같은 짧은 주석은 역문에 간주로 달았다.

5 운문은 원문을 병기하였다.

6 이 책에 사용한 부호는 아래와 같다.

　( ) : 번역문과 음이 같은 한자를 묶는다.

　〔 〕 : 번역문과 뜻은 같으나 음이 다른 한자를 묶는다.

　" " : 대화 등의 인용문을 묶는다.

　' ' : 재인용이나 강조 어구를 묶는다.

　『 』 : 각주에서 출전을 밝힌다.

차례

순암집 17권

잡저 雜著

순암집 18권

서序

순암집 19권

제후 題後

순암집
16권

잡저
雜著

1. 함장록
函丈錄

나는 어릴 때 낙향하였고 중간에 병들어 공부할 기회를 놓치고 말
았기에 성호선생(星湖先生) 문하에 들어가고 싶은 마음이 많았다.
나이 스물여섯에 비로소 무주(茂朱)로부터 광주(廣州) 경안면(慶安
面) 덕곡(德谷) 선산(先山) 아래에 와서 살게 되었으나 형편은 빈곤
하고 질병과 우환이 잦아 늘 편안한 해가 없었다. 그래서 병인년
(1746, 영조22) 10월 17일에 비로소 선생님을 찾아가서 뵙고 하룻밤
유숙(留宿)한 다음 돌아왔고, 정묘년(1747, 영조23) 9월 20일에 또
찾아가서 뵙고 하룻밤 유숙한 다음 물러나 돌아왔으며, 무진년
(1748, 영조24) 12월 14일에 또 찾아가서 뵙고 하룻밤 유숙한 16일
에 물러나 돌아왔으니, 그 동안 선생님을 뵙고 가르침을 받은 것은
모두 4일이다.

  이후 신미년(1751, 영조27) 7월에 병문안하러 찾아 갔었는데 마침
종묘의 대향(大享)에 제관(祭官)으로 차출되었던 터라 이튿날 곧바
로 돌아왔다. 계유년(1753, 영조29) 3월에 내가 아산(牙山)으로 돌아
오면서 선생님을 찾아뵙고자 하였는데, 진위현(振威縣)의 주점(酒
店)에 이르렀을 때 복부(僕夫)가 병을 심하게 앓았다. 당시 돌림병이
연로(沿路)에 돌고 있던 터라 병증(病症)이 의심스러워 이 때에도
곧바로 돌아오고 말았다. 이후로 서울의 관사(官司)에 있을 때는 공
무가 번중(煩重)하였고, 갑술년(1754, 영조30)에 친상(親喪)을 당해
향리에 내려와서는 그만 병들어 쓸모없는 사람이 되어 10년 동안 집

안에만 들어앉아 있었다. 그래서 끝내 조석으로 가르침을 받으려던 계획을 이루지 못했는데 선생님께서 그만 역책(易簣)하시고 말았다.

평소에 깊은 사랑을 받았던 것을 생각하면 은애(恩愛)와 의리가 아울러 중하니, 스승을 잃은 슬픔은 세월이 갈수록 더욱 절절하기에 옛날에 지은 글들 속에서 선생님을 찾아뵌 그 4일의 일록(日錄)을 찾아서 여기에 따로 기록함으로써 작은 정성을 담는다.

余幼而落鄕, 中嬰疾病, 因以失學, 摳衣星湖之願多矣. 年二十六, 始自茂朱來寓廣州慶安面之德谷楸下, 貧弊疾憂, 恒無寧歲, 丙寅十月十七日, 始往謁, 一宿而歸; 丁卯九月二十日, 又往謁一宿辭退; 戊辰十二月十四日, 又往謁留一日, 十六日辭歸. 前後函丈承受, 凡四日矣. 是後, 辛未歲七月, 往候病患, 時値宗廟大享, 差祭官, 翌日徑歸. 癸酉三月, 自牙山來, 將往謁, 至振威酒店, 僕夫病甚, 時凶染塞路, 症情可疑, 亦徑還. 自後在京司, 曹務煩重, 甲戌, 遭艱下鄕, 因爲病廢之人, 杜門十年, 竟未遂朝夕承誨之計, 而先生易簣矣. 撫念平昔荷愛之深, 恩義兼重, 樑摧[1]之感, 歲久益切, 搜舊篋, 得四日日錄, 別記于此, 以寓微忱云.

병인년(1746, 영조22) 10월 16일에 집에서 출발하여 17일 오후에 점섬(占剡)에 이르러 작은 산기슭을 하나 넘으니 산기슭이 끝나자 초

---

1 樑摧 : 공자가 작고하기 며칠을 앞두고 새벽에 일어나, "태산이 무너지겠다. 들보가 꺾어지겠다." 하고 탄식을 하자, 子貢이, "태산이 무너지면 소자들이 어디를 우러르며, 들보가 꺾이면 소자들이 어디에 의지하겠습니까." 하였다. 『禮記 檀弓上』

가집 한 채가 있었다. 마당에 한 하인이 있다가 내가 오는 것을 보고 앞으로 와서 절하였다. 내가 물어보고서 선생님 댁임을 알고 말에서 내려서 통고(通告)하게 했더니, 즉시 들라고 하셨다. 외사(外舍)는 3칸으로, 앞의 한 칸은 토청(土廳)이고 뒤의 두 칸은 방인데, 규모가 매우 소박하고 누추하였다. 이는 선생님의 중씨(仲氏) 옥동공(玉洞公)이 육영재(六楹齋)이란 이름을 붙인 집이다.

방에 들어가서 절을 올리니, 선생님께서 일어나 매우 공손히 답례하셨다. 눈을 들어서 보니, 선생님은 신장이 보통 사람보다 크고 수염이 좋았으며 안광이 사람을 쏘았다. 머리에 당건(唐巾)을 썼는데 검은 명주로 된 두 끈이 뒤로 2, 3자 남짓 늘어져 있었으며, 당건 위에는 포건(布巾)을 겹쳐 썼으니, 지난 5월에 실내(室內)의 상(喪)을 당했던 것이다.

선생님께서 예전에 만난 적이 있었냐고 물으시기에 내가 없었다고 대답하고 성명을 말씀드렸다. 선생님께서 듣고 한참 있다가 우리 집의 일에 대해 말씀하시기를,

"어릴 적에 안 전부(安典簿) 어른을 뵌 적이 있는데, 그대에게 어떻게 되는가?"

라 하시기에, 내가 증조부께서 그 직책을 맡으신 적이 있다고 대답하였다. 선생님께서 다시 말씀하시기를,

"나의 외숙(外叔)이 그대의 4촌 대부(大父)인 진사 어른과 동서간이라-곧 제 4위(位)인 도동대부(桃洞大父)이다.- 그래서 그대 집안을 잘 안다네. 그러나 각기 다른 고을에 살다 보니 소식을 듣지 못하여 생사와 존몰(存沒)의 소식을 들을 길이 없었네. 우리들이 궁핍하여 뿔뿔이 흩어져 살다 보니 다 이렇다네."

라 하시고, 이어서 탄식하셨다. 그리고 나에게 무주(茂朱)에 우거(寓居)하게 된 사정을 묻기에 그 전말을 대략 말씀드렸다.

당시 방 안에 나이는 15, 6세 가량이고 한아(閑雅)한 얼굴의 사랑스러운 한 동자(童子)가 『소학(小學)』을 펴서 읽고 있었다. 아마도 선생님의 손자인 듯하여 내가 물어보니 과연 그러하였다. 아명은 여달(如達)이고 신해생(辛亥生)이며 만경(萬頃)의 아들이었다. 만경은 이름이 맹휴(孟休)이고 자는 순수(醇叟)이며 계사생(癸巳生)인데, 당시 만경현령(萬頃縣令)으로 있다가 모친상(母親喪) 당해서 복중(服中)에 있었기 때문에 그 자리에 없었다. 선생님께서 이어서 어떤 연유로 왔는지 묻기에 내가 허리를 굽히고 대답하기를,

"나이가 거의 마흔에 가까운데도 아직 학문의 방도를 모르고 있습니다. 선생님께서 강도(講道)하시는 곳이 멀지 않다는 것을 들었으면서도 선(善)을 향모(向慕)하는 정성이 부족하여 10년 동안 우러러 사모하다가 이제야 찾아와 배알합니다."

라 하니, 선생님께서는 아무 말씀도 없으셨다. 선생님께서는 담소(談笑)가 화락하여 전혀 수렴(收斂)하는 태도가 없었으나 거동이 절도에 맞았으니, 한 눈에 선생장자(先生長者)임을 알 수 있었다.

丙寅十月十六日, 自家發行, 十七日午後至占剡, 踰一小麓, 麓盡而有一茅舍, 庭畔有一隸見客來, 來拜于前. 余問知爲先生宅, 遂下馬, 使之通告, 卽命入. 外舍三間, 前一間爲土廳, 後二間爲房, 制甚朴陋. 此先生仲氏玉洞所命以六楹齋者也. 遂入室進拜, 先生起答甚恭. 擧眼見之, 長過中人, 美鬚髯, 眼光射人, 頭戴唐巾, 而皁帛雙脚, 垂後幾尺餘, 唐巾上, 疊戴布巾. 盖去五月, 遭室內喪也. 先生問前日相見否? 余對以未能, 遂告姓名. 先生聞之良久, 因論我家事曰: "幼時嘗謁于安典簿丈, 於尊爲何屬?" 余對以爲曾王考, 嘗經此職. 先生又云: "吾渭陽與尊四寸大父進士丈爲友婿, -卽第四位桃洞大父.- 是以, 習知尊家事, 各居異鄕, 聲聞莫憑, 生死存沒, 全然不相知. 吾儕窮弊星散, 大抵皆然." 因爲之嗟歎, 又問余以茂朱寓居事. 余畧告本末. 時, 房中有一童子, 年可十五六, 而容色閑雅可愛, 展『小學書』而看. 余意其爲先生之孫, 問之果然. 兒名如達, 辛亥生, 萬頃之子也. 萬頃名孟休, 字醇叟, 癸巳生, 時以萬頃縣令, 遭內艱在服中, 故不在座. 先生因問尊之此來緣何? 余鞠躬以對云: "年幾四十, 學未知方. 伏聞先生講道之所不遠, 向善誠薄, 十年懷仰, 今始來謁." 先生嘿然. 但看言笑樂易, 絶無收斂之態, 而擧止中度, 一見可知爲先生長者矣.

내가 이어서 묻기를,

　"선유(先儒)들이 흔히 '『대학(大學)』의 「격치장(格致章)」은 본래
　있었으니, 주자(朱子)가 보망(補亡)한 것이 반드시 맞지는 않다.'
　라고들 하는데, 그렇습니까?"
라 하니, 말씀하시기를,

　"나는 그런지 모르겠다. 다만 본말(本末)을 가지고 따로 한 장(章)
　을 만든 뜻은 알 수 없는 점이 있다. 회재(晦齋 이언적(李彦迪))가
　논한 것도 십분 온당한지를 모르겠다. 근래에 한 사인(士人)-진사
　신후담(愼後聃)을 가리킨다.-이 또 설을 지었는데 과연 맞는지 모르
　겠다. 대개 「격치장」이 본래 있었는지 없었는지는 우선 따질 것
　없이 다만 지금 있는 주자의 「격치장」 글을 읽어보면 또한 그 자체
　로 충분하거늘, 무엇하러 굳이 따로 설을 짓는단 말인가?"
라 하셨다. 또 말씀하시기를,

"그대는 '혈구(絜矩)'의 뜻을 아는가?"

라 하시기에 대답하기를,

"깊은 뜻이 무엇인지는 실로 알지 못합니다."

라 하였다. 선생님께서 말씀하시기를,

"혈구는 의당 '혈(絜)하여 구(矩)하는 도(道)'라고 해석해야지 '구
(矩)로 혈(絜)하는 도(道)'라고 해서는 안 된다."

라 하고, 이어서 여달을 불러 『대학』 책을 뽑아오게 해서 펴놓고 손
으로 가리키면서 말씀하시기를,

"'이른바 평천하(平天下) 운운(云云)'에서 윗사람이 늙은이를 늙은
이로 대접하는 것과 윗사람이 어른을 어른으로 대접하는 것이 모두
장구(章句)에서 말한 '윗사람이 행하면 아랫사람이 본받는다.'는
것인데, '윗사람이 고아를 구휼하면 백성들이 저버리지 않는다.'고
하고 '윗사람이 어린이를 어린이로 대접하면 백성들이 자애로운
마음을 일으킨다.'고 하지 않은 것은 무슨 까닭인가? 자애로운 마
음은 비록 지극히 어리석은 백성이라도 모두 가지고 있어서, 굳이
가르치지 않아도 아는 것이기 때문이다. 아버지가 없는 아이를 고
아라고 하는데, 반드시 위에서 남의 고아를 구휼한다면 백성들의
마음이 충후(忠厚)해져서 고구(故舊)를 저버리지 않을 것이다. 이
는 『예기(禮記)』「방기(坊記)」의 '백성들이 버리지 않을 것이다.'
는 대목과 같은 뜻이다."

라 하셨다.

余仍問: "先儒多以『大學』「格致章」本存, 而朱子補亡, 未必其然, 是否?"
曰: "余不知其然也. 第本末別爲一章之義, 有未可知也. 晦齋論亦不知十分

穩當, 而近有一士人,-指慎進士後聃.- 又爲之說, 而未知其果得當否也. 盖格
致章之有無, 姑不卜, 而但因今文讀之, 亦自有餘, 何必別爲之說乎?" 又曰:
"君知絜矩之意乎? 曰: "深意所在, 實所未曉." 先生曰: "絜矩當釋曰絜 ㅅ ㄱ
矩 ㅅ ㄹ ㅭ 道 ㅅ ㅅ, 不當曰矩 又 絜 ㅅ ㄹ ㅭ 道 ㅅ ㄴ ㅅ." 因呼如達, 抽『大
學』書而指之曰: "所謂平天下云云, 上老老上長長, 皆是章句所謂上行下效,
而上恤孤則民不倍者, 不曰上幼幼而民興慈者何哉? 慈愛之心, 雖至愚之民
皆有之, 不待教而知之矣. 無父曰孤, 必也上恤人之孤, 則民心興於忠厚, 不
倍故舊矣. 此與『禮記』「坊記」之民不偝[2]同義.

조금 있다가 저녁상이 들어왔다. 계집종이 내 앞에 밥상을 먼저 올
리기에 나는 약간 몸을 굽히고 물러나서 감히 먼저 받을 수 없다는
뜻을 보이니, 다시 선생님 앞에 상을 올렸다. 선생님께서 숟가락을
들고 식사할 것을 권하시기에 나도 숟가락을 들었다. 선생님은 제
반(祭飯)하셨고 나는 제반하지 않았다. 선생님께서 먼저 식사하시
기에 나도 식사하였다. 밥은 한 그릇에 차지 않았으며, 반찬은 새우
젓이 흰 사기접시에 조금 담겨 있고, 나박김치가 한 접시였으며, 또
토호(土瓠)로 끓인 국이 있었다. 반찬은 맛이 모두 짰으니, 절약하
시는 뜻을 알 수 있었다. 상과 그릇들은 모두 정갈하였다. 물도 나
에게 먼저 올리고 상을 물리는 것도 그랬으니, 모두 손님과 주인의

---

2 民不偝 : 孔子가 이르기를 "이록을 죽인 자에게 먼저 주고 산 자에게 뒤에 주면
백성들이 죽은 자를 배반하지 않을 것이다.〔利祿, 先死者而後生者, 則民不
偝.〕"라 하였다. 『禮記 坊記』

예(禮)에 따른 것이었다.

　선생님께서 웃으며 말씀하시기를,

　"우리집이 가난해서 반찬이 변변찮기 때문에 손님의 입맛에 맞지 않다 보니 더러는 자신이 가지고 온 반찬을 먹는 사람도 있었네.-예전에, 정모(鄭某)라는 사람이 와서 식사를 할 때 자기가 가지고 온 반찬을 들여와서 먹었다는 말을 들었다.-상재(傷哉)의 탄식이 대개 이와 같았을 것이다. 그러나 선비는 가난을 당연하게 생각해야 하니, '나물을 먹으면 모든 일이 이루어진다.'는 말이 그 뜻이 매우 좋다. 일상생활 중에서 먹는 일보다 더 긴요한 것이 없으니, 가장 긴요한 일부터 먼저 자신의 사욕을 이기는 공부를 해나가서 오랫동안 습관이 쌓인다면 마치 본성과 같이 편안해질 것이다."

라 하셨다.

　내가 만경(萬頃)에게 조문하겠다고 청하니 선생님께서 여달에게 명하여 안내하게 하셨다. 상차(喪次)에 이르러 예의(禮儀)에 따라 조문하였다. 조문할 때에 상인(喪人)인 만경이 고두(叩頭)하여 조문을 받았다. 예전에 신이로(愼耳老)를 조문했을 때도 그 예(禮)가 이와 같았는데, 지금도 그러하였다.

俄而夕食告具, 婢子先進床于余前. 余少俯身而退, 以示不敢之意. 復進床于先生前. 先生擧匙而勸飯, 余擧匙. 先生祭飯[3], 余不祭飯. 先生先飯, 余

3　祭飯 : 끼니 때마다 밥 먹기 전에 밥을 조금 떠내어 穀神에게 감사의 뜻을

遂飯. 飯未滿一器, 饌則白蝦醢小許置白砂楪中, 一楪置蘿菖菹, 又有土匏
羹, 饌味皆醎, 可見其節約之意. 床器皆潔精矣. 進水亦先余, 退床亦然, 皆
用賓主之禮. 先生笑曰:"余家貧饌薄, 故或不合于客口, 或有持其行饌而食
者.-前此聞鄭某人來食, 入其行饌而食之云.- 傷哉之歎[4], 盖如是矣. 然士當以貧
爲度, 咬菜做百事[5]之語, 其意甚好. 日用切緊, 莫過於飮食, 當於切緊處,
先下克己之工, 積習旣久, 安之若性矣."余請吊于萬頃, 先生命如達前導,
至喪次行吊如儀. 弔時喪人叩頭受之. 前弔愼耳老, 其禮如是, 今亦然矣.

내가 나와서 다시 선생님을 모시고 앉아 묻기를,

　　"주자(朱子)의 「구배설(九拜說)」에서 '계상(稽顙)'의 계(稽) 자는
　　계류(稽留)의 뜻이며 조아릴 고(叩) 자의 뜻은 없습니다. 전날에
　　신 진사(愼進士)를 조문했을 때와 이번에 상인(喪人)을 조문했을
　　때 모두 머리를 조아리는 고두(叩頭)의 예(禮)를 행하였습니다.
　　그렇다면 예주(禮註)가 잘못된 것입니까?"

라 하니, 선생님께서 말씀하시기를,

　　표하는 것이다. 옛날에는 음식을 먹을 때 반드시 제반하였다. 除飯이라고도
　　한다.

4　傷哉之歎 : 공자의 제자 子路가 "슬프구나 가난이여! 부모님 생전에는 봉양을
　　제대로 할 수 없었고, 돌아가셔서는 장례를 제대로 치를 수가 없구나.〔傷哉!
　　貧也. 生無以爲養, 死無以爲禮也.〕라 한 데서 온 말이다. 『禮記 檀弓』

5　咬菜做百事 : 汪信民이 "사람이 나물 뿌리를 씹으며 살 수 있다면 모든 일을
　　이룰 수 있다.〔人常咬得菜根, 則百事可做.〕"하니, 胡康侯가 이 말을 듣고
　　무릎을 치며 탄복하였다. 『小學 善行』

"이는 의당 예주(禮註)를 따라야 할 것이다. 지금 시속에서 계(稽)를 계(堦)로 읽는데, 의당 혜(嵇)로 읽어야 한다."

라 하였다.

상인(喪人)이 나와서 모시고 앉았다. 조금 후 등잔을 켜자 상인이 이부자리를 펴 드린 뒤 절하고 물러나갔다.

余出復陪坐, 因問曰: "朱子九拜說[6], 稽顙之稽字, 義是稽留之義, 無叩字義. 前弔愼進士, 今弔喪人, 皆行扣首之禮, 然則禮註非耶?" 先生曰: "是當從禮註, 今俗稽音堦, 當爲嵇矣." 喪人出來侍坐. 俄而明燈, 喪人昏定, 行拜而退.

선생님께서 또 말씀하시기를,

"『대학(大學)』 수장(首章) 장구(章句)에서 '지어시이불천(止於是而不遷)의 시(是)는 지선(至善)을 가리킨다.'고 했으니, 불천(不遷)은 곧 지(止) 자의 뜻이다. 그렇다면 지(止) 자도 불천(不遷)의 뜻을 띠고 있으니, 말뜻이 중복된다. 지(止) 자는 응당 『주자대전(朱子大全)』에 따라 이를 지(至) 자가 되어야 할 것이다. 금본(今本)에 '지(止)'로 된 것은 '지(至)' 자의 착오이다. 그리고 그 아래에 '개필유진부천리(蓋必有盡夫天理) 운운'한 뜻을 그대는 아는가? 이

---

6 朱子九拜說 : 원문은 「周禮太祝九拜辨」으로 『周禮』 「大祝」에 나오는 아홉 가지 拜禮인 稽首·頓首·空首·振動·吉拜·凶拜·褒拜·奇拜·肅拜에 대한 辨說이다. 『朱子大全 권68』

는 '지선(至善)에 이르러 옮기지 않는 사람은 반드시 그 마음이

　천리를 다할 수 있어서 사사로운 인욕(人欲)이 없다.'는 말이다."

라 하고, 마침내 '성의(誠意)' 장(章) 아래 소주(小註)에 있는 주자

의 설에 "필유(必有) 운운"한 것을 인용하여 증명하였다. 그리고 또

말씀하시기를,

　"진천리(盡天理)는 지어시(至於是)를 가리키는 것이며, 무인욕(無

　人欲)은 불천(不遷)을 가리키는 것이다. 대개 사람에게 선이 있더

　라도 인욕이 있으면 옮겨가서 오래 유지하지 못하는 것이다."

라 하셨다. 또 말씀하시기를,

　"'물격이지지(物格而知至)'의 뜻을 군(君)은 아는가?"

라 하시기에, 내가 대답하기를,

　"알지 못합니다. 깊은 뜻이 있습니까?"

라 하니, 선생님께서 말씀하시기를,

　"뜻이 성실해진 뒤에 마음이 바루어지고 마음이 바루어진 뒤에 몸

　이 닦아져서 나라가 다스려진 뒤에 천하가 평안해지는 데에 이르

　니, 모두 위 단계의 공부가 있은 연후에 또 아래 단계인 진덕(進

　德)·수업(修業)의 공부가 있다. 그런데 유독 '물격이지지(物格而

　知至)'라고만 말한 것은 사물의 이치가 이르면 앎이 저절로 지극해

　져 진덕·수업의 공부가 없는 것이니, 아래 일곱 구(句)와는 전혀

　같지 않다. 이것이 알 수 없는 점이다."

라 하였다. 또 말씀하시기를,

　"권양촌(權陽村 권근(權近))은 글을 읽은 사람인데도 그가 만든 「대

　학도(大學圖)」에는 이치를 발명(發明)한 바가 없다."

라 하시고, 이어서,

"나도 도(圖)가 있으니 군(君)이 보라."

라 하시고는 『대학질서(大學疾書)』를 꺼내어 그 도를 보여주셨다.
또 말씀하시기를,

"『성학십도(聖學十圖)』 중에 「경재잠도(敬齋箴圖)」·「숙흥야매
잠도(夙興夜寐箴圖)」·「소학도(小學圖)」들은 모두 온당치 못하
고, 「심학도(心學圖)」만이 매우 좋다."

라 하셨다.

先生又曰："『大學』首章章句：'止於是而不遷, 是指至善也.'不遷, 卽止字
意. 然則止字又帶不遷意, 語意重疊, 當從『大全』作至, 今本作止, 至字之誤
也. 又其下盖必有盡夫天理云云, 君知之乎? 此言至於至善而不遷之人, 則
必其心能盡天理而無人欲之私也." 遂引「誠意章」下小註朱子說必有云云以
證之. 且曰："盡天理, 指至於是也; 無人欲, 指不遷也. 盖人雖有善, 而有欲
則遷, 不能持久也."又曰："物格而知至之義, 君知之乎?"余對曰："未也. 其
有深意也歟?"先生曰："意誠而後心正, 心正而後身修, 至國治而後天下平.
其意皆有上一截功夫, 然後又有下一截進脩之工, 而獨物格而知至云者, 物
格則知自然至而無進修之工, 與下七句, 絶不相同. 是未可知也."又曰："權
陽村是讀書之人, 而作『大學』圖, 無所發明."因曰："我亦有圖, 君試觀之."
遂出『大學疾書』, 示其圖, 又曰："『聖學十圖』若「敬齋」·「夙夜」·「小學圖」
皆未安, 獨「心學圖」頗好."

선생님께서 또 말씀하시기를,

"『중용(中庸)』의 대의(大義)를 군은 아는가?"

하기에, 내가 일어나서 대답하기를,

"『중용』은 성리(性理)의 근원을 말한 것인데 제가 어찌 감히 알겠습니까."

하니, 선생님께서 말씀하시기를,

"수장(首章)은 곧 『중용』의 편제(編題)이다. '중니왈군자중용(仲尼曰君子中庸)'에서부터 '색은(索隱)'장(章)까지는 모두 공자(孔子)의 말로서 장마다 중용(中庸)의 뜻이 있으니 이는 의당 '공자의 중용'이라고 해야 할 것이다. 비은(費隱) 이하는 이를 펼쳐서 서술한 것이고, '극고명이도중용(極高明而道中庸)'에 이르러 다시 중용(中庸)이라는 글자를 언급했으니 이는 제목으로 돌아온 것이다. '중니상률천시(仲尼上律天時)' 이하는 곧 공자의 행위이고, 그 위는 모두 공자의 말이다."

라 하였다. 내가 말하기를,

"'귀신(鬼神)'장(章)은 다만 제사(祭祀)에 대하여 말한 것인데, '부모가 편안하게 여길 것이다.〔父母順矣〕'는 구절 다음에 이어서 말하였으니, 근본을 미루어 말하여 귀신의 덕(德)에까지 이른 것입니까?"

라 하니, 말씀하시기를,

"이 견해가 참으로 좋다."

라 하셨다. 또 말씀하시기를,

"정문(正文) 아래 있는 자음(字音)의 반절(反切)은 모두 주자가 단 것은 아니다. 어떻게 그 사실을 알 수 있는가. 『중용』의 '인개왈여지(人皆曰余知)'의 주(注)에는 '지(知)는 거성(去聲)이다.'라 했는데, 장구(章句)를 보면 '본래 독음대로 읽어야 한다.'라 했기 때문이다. 이 글귀의 토(吐)는 '인개왈여지(人皆曰予知)'를 의당 다음 구

절과 연결하여 읽어야지 ‘인개왈여지(人皆曰余知)로되’로 읽어서
는 안 된다.”
라 하셨다.

先生又曰：“『中庸』大義，君知之乎？”余起而對曰：“『中庸』是性理之原，余
何敢知？”先生曰：“首章卽『中庸』篇題．自‘仲尼曰君子中庸’止索隱章，皆孔
子言，而章章有『中庸』意，是當作孔子『中庸』．費隱以下，是布叙，至極高明
而道中庸，又言中庸字，是爲回題．仲尼上律天時以下，是孔子之行，其上皆
孔子之言也．”余曰：“鬼神章，是但言祭祀，而繼父母順矣之下．推本而言
之，至于鬼神之德耶？”曰：“此見正好．”又曰：“正文下音切，皆非朱子所定．
何以知其然也？『中庸』曰：‘人皆曰余知．’註知作去聲，以章句觀則當作如
字．此文句吐人皆曰予知，當連下文讀，不當曰人皆曰予知 ㅈㅌ 讀也．

이어서 『맹자(孟子)』에 대해 논하셨다. 『질서(疾書)』의 「춘왕정월
변(春王正月辨)」과 「정지변(井地辨)」을 내어보이고 웃으며 말씀하
시기를,

“이는 주자(朱子)를 논박(論駁)한 일대(一大) 망론(妄論)이지만,
바로 주자의 충신(忠臣)이 되고자 하는 뜻이니, 아마 주자께서 보
시더라도 크게 나무라지는 않으실 것이다.”
라 하고, 또 말씀하시기를,

“『중용』과 『대학』을 읽으면 구절마다 의문이 생긴다. 그런데 지금
사람들은 글을 읽으면서도 의심할 줄 모르기 때문에 학문이 진전되
지 않는다. 사람이 하는 학문이 이 두 책에 불과하다. 조금이라도
학문을 좋아하는 사람이면 모두 이 책에 골몰하지만 끝내 얻는 바

가 없으니, 애석할 뿐이다."

라 하셨다.

因論『孟子』, 出『疾書』論春王正月及井地辨以示之, 笑曰: "此駁朱子一大妄論, 即欲爲朱子忠臣之意也. 恐朱子見之, 不大非斥也." 又曰: "讀『庸』·『學』, 節節有疑. 今人讀書無疑, 故學不進. 人之爲學, 不過此二書. 故稍自好者, 皆汨沒於此, 而竟無所得, 可哀也已."

이 때 밤이 조금 깊었다. 선생님께서 여달에게 이르기를,

"너는 물러가서 자거라."

라 하셨다. 대개 방이 좁았기 때문이다. 여달이 명을 받아 절하고 물러나갔다가 작은 이불을 가지고 들어왔다.

선생님께서 말씀하시기를,

"내가 조금만 더 오래 살아서 『주역(周易)』과 『시경(詩經)』을 읽을 수 있다면 얻는 바가 있을 듯하다."

라 하고, 이어서 『시경』의 시를 논하시기를,

"'비바람이 몰아치는 캄캄한 밤에 닭 울음소리는 그치지 않는다. 〔風雨如晦 鷄鳴不已〕'라고 했으니, 이 구절을 완미(玩味)해보면 그 사람은 필시 깊은 시름이 있어, 닭이 울기 전부터 이미 잠을 이루지 못하여 이런 말을 했을 듯하다. 만약 쇠란(衰亂)한 시대를 만났다면 난리를 극복할 인재를 생각했을 것이다."

라 하셨다. 또 말씀하시기를,

"'쥐를 보아도 가죽이 있거늘 사람으로서 위의(威儀)가 없단 말인가.〔相鼠有皮 人而無儀〕'라고 한 것은 의관이 바르지 못한 자를 보

고 기롱하여 말한 것이다. '쥐를 보아도 이빨이 있는데 사람으로서 그침이 없단 말인가.〔相鼠有齒 人而無止〕'에서 치(齒) 자에는 그칠 지(止) 자 뜻이 있으니 말을 조심하라는 경계가 들어있다. 이는 말을 가려서 하지 않는 자를 기롱하여 말한 것이다. 주석에서 지 자를 '거지(擧止)'로 풀이한 것은 옳지 않은 듯하니, 이 지(止) 자는 글자의 뜻대로 읽어야 한다. 그리고 '쥐를 보아도 몸통이 있는데 사람으로서 예가 없단 말인가.〔相鼠有體 人而無禮〕'에서 체(體) 자 는 곧 사지(四肢)를 모두 갖추었음을 말한다. '쥐와 같은 미물로서도 사체(四體)를 갖추어 모두 쓰이는 바가 있는데, 사람으로서 예의가 없단 말인가.'라는 뜻이니, 이는 사람이 예의 없는 것을 기롱하여 지은 것이다. 무릇 시를 읽을 때는 응당 그 시의 뜻이 있는 곳을 세밀하게 완미하고 읊조려야 거의 옛사람의 성정(性情)이 어떠하였는지를 헤아릴 수 있을 것이다."

라 하고, 또 말씀하시기를,

"공자가 말씀하시기를, '『시(詩)』300편을 한마디로 개괄하면, 생각에 사특함이 없다는 것이다.'라 하셨는데, 지금 주자의 『시집전(詩集傳)』을 보면 음란한 시가 많다. 주자는 비록 '악한 자도 이를 통하여 그 악을 징창(懲創)할 수 있다.'라고 하지만, 「정풍(鄭風)」과 「위풍(衛風)」의 음분시(淫奔詩)를 연주하고 노래하여 탕자(蕩子)와 정녀(情女)로 하여금 이를 듣도록 하고서 '너는 음란한 생각을 하지 말아라.'라 한다면 이는 말이 안 된다. 『시집전』에서 말한 음분시가 반드시 모두 음분시는 아닐 것이다."

라 하고, 또 말씀하시기를,

"'시삼백편(詩三百篇)'은 주(注)에서 주자는 '시는 311편이다.'라 하였다. 그러나 생시(笙詩) 5편과 노송(魯頌) 6편을 제외하면 꼭 300편이 된다. 또 소아(小雅) 이후는 모두 10〔什〕으로 편(篇)을 삼았는데, 주자가 개정하여 11이나 12로 편을 삼기도 했으니, 알 수 없다."

라 하셨다. 또 말씀하시기를,

"음양의 배합과 생성이 모두 「하도(河圖)」에서 나온 것이다."

라 하시고 도(圖)를 만들어 보여 주셨다.

時夜稍深. 先生謂如達曰:"汝可退寢." 盖以房狹故也. 如達承命拜退, 挾其小衾而入. 先生曰:"假我若干年歲, 使之讀『易』讀『詩』, 庶有所得." 因論『詩』云:"'風雨如晦, 鷄鳴不已.' 玩味此句, 其人必有深憂, 自鷄鳴前, 已不

寐而爲此說也. 若當衰亂之際, 思克亂之才也." 又曰: "'相鼠有皮, 人而無
儀.'是譏見人不正其衣冠者而作也. '相鼠有齒, 人而無止.'齒字義有止字,
有謹言之戒, 此譏人不擇言者而發. 註釋: '止字, 擧止.'似未然. 此止字當
作如字義讀可也. 又'相鼠有體, 人而無禮.'體卽四肢皆俱之謂. 雖以鼠之微
物尙俱四體而皆有所用, 人而無禮乎? 此譏人之無禮而作也. 凡讀『詩』, 當
細玩諷誦其意之所在, 則庶測古人性情之所在矣." 又曰: "子曰: '『詩』三百,
一言而蔽之, 曰思無邪.'今觀朱子『集傳』, 則淫亂之詩多. 朱子雖云惡者可
以懲創之, 而以鄭·衛淫奔之詩弦歌之, 而使蕩子情女聞之, 曰: '爾勿爲淫
想也.'此不成說矣.『集傳』所謂淫奔之詩, 未必皆淫奔之詩也." 又曰: "『詩』
三百篇註: 朱子曰: '『詩』三百十一篇.'然而除笙詩五魯頌六, 則恰爲三百篇
矣. 且小雅以後, 皆以什爲篇, 而朱子改正, 或爲十一十二, 未可知也." 又
曰: "陰陽配合生成, 皆出於「河圖」." 仍作圖以示之.

선생님께서 또 말씀하시기를,

"「홍범(洪範)」은 「하도(河圖)」에서 나온 것이
다. 어떻게 그런 줄 알 수 있는가. 1, 2, 3, 4가
감궁(坎宮)으로부터 왼쪽으로 돌아서 순방향
(順方向)으로 펼쳐져서 손(巽)에 이르고, 6, 7,
8, 9가 건궁(乾宮)에서부터 역방향(逆方向)으
로 펼쳐져서 리(离)에 이르니, 이것이 구주낙서
(九疇洛書)의 수(數)이다. 2는 간(艮)에 위치하

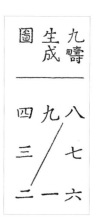

고 8은 곤(坤)에 위치하는 것은 무슨 까닭인가. 내가 「홍범」을 읽
다가 둘째인 오사(五事)에 이르니 숙(肅)·예(乂)·철(哲)·모
(謀)·성(聖)이 있고, 여덟째 서징(庶徵)에 이르니 또 숙·예·철·

모·성이 있었으니, 이는 사람과 하늘이 서로 감응함을 뜻하는 것이다. 그러므로 2와 8이 자리를 바꾸어서 하늘과 사람이 서로 간여한다는 뜻을 나타낸 것이다. 그래서 음양의 배합(配合)과 생성(生成)이 모두 「하도(河圖)」에서 나온 것임을 비로소 알게 되었다."라 하셨다.

又曰: "「洪範」出於「河圖」, 何以知其然也? 一二三四, 自坎宮左旋順布至巽, 六七八九, 自乾宮逆布至离, 是九疇洛書之數. 二居艮八居坤者何也? 余讀至二五事, 有肅乂哲謀聖, 至八庶徵, 又有肅乂哲謀聖, 是天人相感之意也. 故二八易位, 以著天人相與之義, 始知陰陽配合生成, 皆出於『河圖』也.

선생님께서는 또 말씀하시기를,
"설괘설(說卦說)은 소주(小註)에서 다 말하였으나, 모두 통창(通暢)하지 못하다. 오직 『성리회통(性理會通)』의 「설괘설」만이 매우 좋지만 합당한 것은 겨우 3분의 2에 불과하고, 서괘(序卦)에서 괘(卦)를 배열한 차례는 그 까닭은 끝내 알 수 없다. 『주역절중(周易折中)』에서 소한중(蕭漢中)의 설이 가장 근사하지만, 또한 한두 가지 합당하지 않은 점이 있다. 윤선거(尹宣擧)의 『미촌집(美村集)』에 「서괘설(序卦說)」이 있는데, 자신은 모두 합당하다고 하였지만 실은 합당한 것이 하나도 없으니, 가소롭다. 후일에 군이 이 책을 보면 알 수 있을 것이다."
라 하셨다.

又曰: "說卦之說, 小註盡之, 皆未暢. 獨『性理會通』說卦說甚好, 第其合者,才三分之二；序卦之所以序, 終不可知. 『周易折中』蕭漢中說最近, 亦有一二不合者矣. 尹氏『美村集』有序卦說, 自云皆合, 而實無一合者, 可笑. 異日君見此書, 亦當知之矣."

내가 이어서 국궁하고 가르침을 청하기를,

"지금 세상은 학술(學術)이 멸렬(蔑裂)하고 당의(黨議)가 횡행해 고 있습니다. 한쪽 사람들은 비록 연원이 있다고 하지만 그 학문이 단지 훈고(訓詁)와 소주(小註)에만 얽매이고 송습(誦習)하는 바가 『중용』·『대학』·『심경(心經)』·『근사록(近思錄)』에 불과할 따름이요 대부분 이록(利祿)에 이끌리고 있는 실정입니다. 그리고 다른 한쪽 편은 곤궁하고 피폐하여 겨를이 없어서 이 일〔학문〕에 뜻을 두지 못하고 있습니다. 학문을 강론하지 못하고 도리를 밝히지 못하는 것이 실로 여기에 연유합니다. 원컨대 학문을 하는 요지를 듣고 싶습니다."

라 하니, 선생님께서 말씀하시기를,

"이는 모두 양쪽 사람들의 폐단이다. 그러나 이로써 단정하여 입론(立論)해서는 안 된다. 지금 세상이라고 어찌 출중한 선비가 없겠는가. 다만 내가 아직 보지 못했을 뿐이다. 한 쪽에서 세도(世道)를 주장하여 스스로 의리를 만들어서 상대방을 얽어 넣는 수단으로 삼고 있으니, 참으로 두려운 일이다. 학문이란 다만 뜻을 겸허히 가지는 데 달린 것이다. 뜻을 겸허히 가지고 오랫동안 학습하면, 의리가 저절로 익숙하여 마음이 편안하고 기운이 화평해질 것이다. 그 요령은 전적으로 자기 자신에게 달려있고 다른 사람과는 상관이 없다. 비록 훈고에 얽매이는 것이 옳지 않다고는 하지만, 근원을 거슬러 올라가 찾아볼진댄 선유(先儒)들이 이미 말해놓은 설이 없으면 어떻게 그 시비를 가릴 수 있겠는가. 학문이 실로 여기에만 있는 것이 아닐 따름이다. 또 저들은 이록(利祿)을 좇아가더라도 나는 그 실질을 추구하며, 저들은 곤궁하고 피폐하여 배우지 않더라도 나는 자로(子路)나 원사(原思)를 본받아 스스로 노력한다면 이것이 이른바 선(善)·악(惡)이 모두 나의 스승이라는 것이니, 남의 단점을 지적하여 시비만 따져서는 안 된다."

라 하셨다.

余因鞠躬請教曰: "今世學術蔑裂, 黨議橫流, 一邊雖謂淵源有自, 而其學惟繳繞於訓詁小註之間, 其所誦習, 不過『庸』·『學』·『心』·『近』而已, 而多爲利祿所誘; 一邊窮弊不暇, 無意於此事. 學之所以不講·道之所以不明, 實由於此. 願聞爲學之要." 先生曰: "此皆兩邊人之弊, 不當以此斷定立論也. 今世豈無豪傑之士, 但余未及見耳. 一邊之主張世道, 自成義理, 以爲鉗勒之手段, 誠可畏也. 學惟在于遜志[7], 遜志學習之久, 義理自熟, 心平氣和. 其要都在于自己身上, 不關他人. 雖以繳繞訓詁爲非, 若欲泝流求源, 無諸儒見成說話, 何以求得其是非乎? 然學實不在于此耳. 且彼以利祿, 我以其實, 彼以窮弊不學, 我以子路·原思事[8]自勵, 是所謂善惡皆師, 不可指摘彼

---

7 學惟在于遜志 : 『書經』「說命」에 "배움은 뜻을 겸손하게 해야 하니, 힘써서 언제나 민첩하게 하면 그 닦여짐이 올 것이니, 진실로 이를 생각하면 도가 그 몸에 쌓일 것이다.〔惟學遜志, 務時敏, 厥修乃來. 允懷于玆, 道積于厥躬.〕" 하였다.

8 子路·原思事 : 子路와 原思는 모두 공자의 제자로 두 사람 다 매우 궁핍한

短, 徒致曉曉也."

내가 다시 가르침을 청하기를,

"그렇다면 어떻게 해야 합니까?"

라 하니, 말씀하시기를,

"횡거(橫渠)가 남을 가르칠 때는 반드시 먼저 예(禮)로써 하였다. 예는 근거할 바가 있으니 일상생활에 이보다 절실한 것이 없다. 그러므로 공자(孔子)가 '예(禮)를 통해서 선다.'라 한 것이다. 주자(朱子)의 『소학(小學)』은 곧 이러한 횡거의 뜻의 같다. 반드시 먼저 『소학』에 힘써서 완전히 익혀 체득하여 실행다면 함양(涵養)에 바탕이 있고 덕성(德性)이 절로 확고해 질 것이다. 이것이 사람을 만드는 가장 중요한 기본이니, 앞으로 향상해 나아가는 길은 모두 이로부터 극복하여 확충해 나가는 것일 뿐이다. 그러나 학문은 자득(自得)이 중요한 법이니, 반드시 이 일이 귀중하다는 것을 참으로 알아서 마음에 자득하여야 한다. 그런 뒤에야 억지로 애쓰거나 거짓으로 꾸미는 습관이 없어져서 날로 진정(眞正)한 경지로 나아

생활 속에서 학문을 하였다. 子路는 젊을 때 매우 가난하게 살면서도 어버이를 위해서 100리 밖에서 쌀을 구해 등에 지고 가서 봉양하였다. 이를 성어로 子路負米라 한다. 原思는 이름이 憲, 자가 子思이다. 그는 魯나라에 살 때 매우 가난하여 오두막집 마당에는 띠풀이 무성하고 쑥대로 만든 방문은 온전치 못했으며 깨진 독으로 구멍을 내서 들창문으로 삼고서, 위로는 비가 새고 아래는 습기가 찬 방에서 바르게 앉아 琴瑟을 연주했다고 한다. 『孔子家語 致思』, 『莊子 讓王』

가게 되는 것이다.

　호안정(胡安定)이 '머리 모양은 곧아야 하는 법이니라.〔頭容直〕'라 한 말은 옛 경전의 말씀을 근거하여 경계할 뿐인데, 서중거(徐仲車)가 능히 이를 미루어서 마음까지도 바로잡고자 하여 이로부터 감히 사특한 마음을 갖지 않았으니, 이것이 자득의 실례가 아니겠는가."

라 하셨다. 선생님께서 이어서 말씀하기를,

　"내가 선배들을 많이 보았지만 시원스럽게 자득(自得)하여 견식이 있는 이는 없었다. 전에 이고성장(李固城丈)-외암(畏菴) 이식(李栻)으로 자는 경숙(敬叔)이다.-을 뵈었더니, 말씀하시기를, '선비가 정(靜)을 말하고 경(敬)을 말하는데, 정(靜)한 사람이 반드시 경(敬)한 것은 아니지만 경한 사람은 능히 정할 수 있다. 그러나 심지(心志)가 혼약(昏弱)한 자는 흔히 정에 치우쳐서 해(害)가 있다. 이것은 기질의 병통이니 오직 변화시켜야만 한다. 정(靜)은 실로 배우는 학자(學者)의 큰 공부이니, 정한 뒤라야 능히 글을 읽고 이치를 궁구할 수 있는 법이다.'라 하셨으니, 이 말이 매우 식견이 있는 말이다."

라 하셨다.

余更請曰: "然則奈何?" 曰: "橫渠敎人, 必先以禮. 禮有所據, 而日用之切, 莫過於是. 故孔子曰: '立於禮.' 朱子『小學書』, 卽橫渠之意也. 必先於『小學』中, 爛熟體行, 涵養有素, 德性自固, 此最是作人根基. 向前一路, 皆自此克拓耳. 然學貴自得, 必也眞知此事之貴而自得于心, 然後無勉强矯僞之習, 而日趨眞正之域. 胡安定頭容直[9]三字, 不過據古訓而戒之, 而徐仲車能推而

至于心亦要直, 自此不敢有邪心. 此非自得之實乎?"先生因曰:"余多見先
輩矣, 未有快然自得有見識者. 昔見李固城丈,-畏菴栻敬叔.-丈曰:'儒者言靜
言敬, 靜者未必敬而敬者能靜. 然心志昏弱者, 多偏於靜而有害. 此氣質之
病, 惟在變化之耳. 靜實學者之大工, 靜然後能讀書能窮理.' 此言大有見."

선생님께서 또 말씀하시기를,

"『강목(綱目)』은 모두 다 주자(朱子)가 쓴 것은 아닐 것이다."

하고, 또 말씀하시기를,

"원위(元魏)의 호태후(胡太后)가 그 임금 아무개를 시해(弑害)하
였다고 했는데, 이것은 어머니가 아들을 죽인 것이다. 대개 아랫사
람이 윗사람을 죽이는 것을 '시해'라고 하니, 이것은 시해라고 써서
는 안 될 듯하다."

라 하셨다.

그리고 또 말씀하시기를,

"양웅(揚雄)은 '사(死)'라고 쓰고 이임보(李林甫)와 같은 부류는 도
리어 '졸(卒)'이라고 쓴 것은 어째서인가?"

---

9 胡安定頭容直 : '頭容直'은 원래 『禮記』「玉藻」의 九容 중 하나로 머리 모양은
   곧아야 한다는 뜻이다. 節孝 徐積은 자가 仲車(거)인데 그가 처음에 安定
   胡瑗을 모시고 배운 뒤 스스로 말하기를, "처음 선생을 뵐 적에 머리 모양이
   조금 기울어 있었는지, 안정 선생이 갑자기 언성을 높여 '頭容直이니라.'라고
   하셨다. 내가 스스로 생각하기를 머리 모양만 곧을 것이 아니라, 마음도 역시
   곧아야 한다는 생각이 들어 이로부터는 감히 邪心을 갖지 않았다."고 하였다.
   『小學 善行』

라 하였다. 내가 대답하기를,

　"모후(母后)가 사군(嗣君)을 죽였을 때 '시(弑)'라고 쓰는 의리는 『강목』범례(凡例)의 주(注)에서 이미 말하였습니다. 게다가 부인(婦人)은 남편이 죽은 후에 아들을 따르는 것이 도리이므로 그렇게 쓴 것인가요? 왕망(王莽)은 임금의 자리를 찬탈한 역적인데 양웅이 그의 신하가 되었기 때문에 사(死)라고 썼고, 이임보는 그의 관직을 삭제한 것에 이미 폄하의 뜻이 있으니, 단지 졸(卒)이라고만 쓴 것이 타당할 듯합니다."

라 하니, 선생님께서는,

　"나는 그런 줄을 모르겠다."

라 하셨다.

又曰: "『綱目』未必皆朱子之筆." 又曰: "'元魏胡太后弑其君某', 此母殺子也. 凡下殺上曰弑, 則似不當書弑." 又曰: "書楊雄則死, 而李林甫之流, 却書卒, 何也?" 余對曰: "母后殺嗣君書弑之義, 『綱目』凡例註, 已言之. 且婦人夫死從子之道而然耶? 莽是簒賊, 雄爲其臣故死. 李林甫之去官, 已有貶意, 似當止書卒." 先生曰: "吾未知其然也."

내가 『역학계몽(易學啓蒙)』에 대해 물으니, 대답하시기를,

　"본도서(本圖書) 외에 원괘획(原卦劃)과 명시책(明蓍策)은 미심쩍은 곳이 많으며, 고변점(考變占)은 퇴계(退溪)가 이미 옳지 않다고 말하였다."

라 하셨다. 내가 또 설시법(揲蓍法)에 대해 물으니, 대답하시기를,

　"설시법에 대해서는 주자의 해석 외에 나도 조금 소견이 있으니,

혹 하나의 설(說)이 될 만할 것이다."

라 하셨다. 선생님께서 이어서 산랑(算囊)을 풀어 산가지 50개를 세어서 내어놓고 손으로 이를 펼치면서 말씀하시기를,

"주자는 과설(過揲)로 음양의 책수(策數)를 삼았으니, 이는 무척 어려워 알기 어려운 듯하다. 이제 의당 나누어 둘로 만들어서 양의(兩儀)를 상징하고, 하나를 손가락 사이에 끼워서 삼재(三才)를 상징하며, 네 개씩 나누어서 사시(四時)를 상징한다. 그리고 나누어서 과설한 책수를 곧바로 포치(布置)하여 정문(正文)에 따라 펼치면, 이를 합하여 노소(老少)의 책수(策數)를 얻을 수 있을 것이다. 어떨지 모르겠다."

라 하시고, 또 말씀하시기를,

"'네 번 운영하여 괘를 이룬다.〔四營而成卦〕'고 한 것을 주자의 『본의(本義)』에서는 육획괘(六畫卦)라 하였는데, 이는 그렇지 않다. 이것은 의당 삼획괘(三畫卦)가 되어야 하니 그 아래의 글을 보면 알 수 있다. 그 아래의 글에 '팔괘(八卦)로써 소성(小成)한다.'라 하였으니, 만약 육획괘라면 응당 64괘라고 해야지 어찌 8괘라고 하였겠는가. '늘려서 신장하여〔引而伸之〕'라고 한 것은 곧 삼획괘를 늘려 신장하여 육획괘를 만드는 것이니, 마치 노끈을 늘려서 신장하는 것과 같다. '동류끼리 접촉하여 신장시킨다.〔觸類而長之〕'라는 것은, 8괘가 이루어지면 이를 늘려서 신장하여 육획괘 8개씩을 만든다는 것이다. 위의 3효(爻)와 아래의 3효를 돌려가며 배합하면 64괘가 되는 것이다."

라 하셨다.

余問『啓蒙』, 答曰:"本圖書外, 原卦畫明蓍策, 多可疑. 考變占則退溪已言
其非矣."余又問揲蓍法, 答曰:"揲蓍法, 朱子解外, 余有薄見, 或可備一說
矣."先生因解筭囊, 計出五十籌, 手自布蓍曰:"朱子以過揲爲陰陽策數, 此
似艱深難解矣. 今當分而爲二以象兩, 掛一以象三, 揲之以四, 以象四時, 而
直置揲數, 依正文布之, 則合之得老少策數, 未知如何也."又曰:"四營而成
卦,『本義』以爲六畫卦, 此又不然. 是當爲三畫卦也. 以下文知之矣. 下文
云:'八卦而小成.'若六畫卦, 則當曰六十四卦, 何以曰八卦也? 引而伸之
者, 卽引三畫卦而伸之爲六畫卦也, 若引繩而伸長之也. 觸類而長之者, 謂
八卦旣成, 而引而伸之, 而爲六畫卦八矣. 上三爻·下三爻, 周旋配合, 則爲
六十四卦矣."

선생님께서 또 말씀하시기를,

　"『주역(周易)』과『시경(詩經)』은 가장 읽기 어렵다. 성인(聖人)의
마음과 시인의 뜻을 어찌 다 알 수 있겠는가. 정자(程子)는 스스로
『역전(易傳)』을 일러 '칠분서(七分書)'라 하였으니, 자부하는 바가
큰 것이다. 주자(朱子)는『시집전(詩集傳)』에서 스스로 각 편의
대지(大旨)를 지었지만, 그 본래의 뜻이 과연 모두 이와 같은 것인
지는 알지 못하겠다. 그러므로 '역(易)은 전요(典要 변치 않는 일정한
법칙)를 삼을 수 없다'라고 한 것이다."

라 하셨다. 또 말씀하시기를,

　"『시경』의 단장취의(斷章取義)는 깊은 의미가 있으니, 요컨대 잘
읽는 사람은 스스로 알 것이다.『주역』에서 흔히 구오(九五)와 육
이(六二)가 정응(正應)이 된다고 하였지만, 구오의 양강(陽綱)한
임금이 구이(九二)의 양강한 신하를 얻어야만 서로 정응을 얻은

것이 된다. 그러므로 중부괘(中孚卦)의 구이에 '우는 학이 그늘에 있으니, 그 새끼가 이에 화답하도다.〔鳴鶴在陰 其子和之〕' 하였다. 그늘〔陰〕은 이효(二爻)를 가리키며 새끼〔子〕는 초효(初爻)를 가리킨다. 『주역』에서는 흔히 초효를 자식으로 본다."

라 하시고, 또 말씀하시기를,

"'나에게 좋은 벼슬이 있다.〔我有好爵〕'에서 '나'는 구오(九五)가 스스로 나라고 한 것이다. 중부괘 이후는 이와 같고 다른 괘들은 반드시 이렇지는 않다."

라 하고, 또 말씀하시기를,

"육오(六五)와 구이(九二)는 임금은 약하고 신하는 강하며, 구오(九五)와 육이(六二)는 임금은 강하고 신하가 약한 것이니 정응(正應)이 아니다."

라 하시고, 또 말씀하시기를,

"관작(官爵)은 너무 높이 올라가서는 안 된다. 이런 까닭에 승괘(升卦)에서는 관작을 말하지 않고 곤괘(困卦)에 이르러서는 적불(赤紱)·주불(朱紱)을 많이 말했던 것이니, 의당 경계로 삼아야 한다."

라 하셨다.

又曰: "『易』·『詩』最難讀. 聖人之意·詩人之志, 何以能盡得? 程子『易傳』, 自謂七分書, 其自許亦大矣. 『詩集傳』, 朱子自作大旨, 未知本意果皆如是也. 故曰: '易不可爲典要.[10]'" 又曰: "『詩』斷章取義, 厥有旨哉! 要在善讀者

---

10 易不可爲典要 : 『周易』「繫辭下」에 "易은 오르내림이 무상하고 강과 유가 교

當自知之. 『易』中多言九五六二爲正應, 然如九五陽剛之君, 得九二陽剛之臣, 然後爲相得, 故中孚九二曰: '鳴鶴在陰, 其子和之.' 陰指二也, 子指初也. 易多以初爻爲子." 又曰: "'我有好爵', 我九五自我也. 中孚而後如此, 他卦未必是." 又曰: "六五·九二, 爲君弱臣强; 九五·六二, 爲君强臣弱, 非正應也." 又曰: "官爵宜不可亢, 故升卦不言爵, 而至困卦, 多言赤紱·朱紱, 當以爲戒也."

선생님께서 또 말씀하시기를,

"사람이 사람답게 되는 까닭은 단지 이 마음을 보전하여 지키고자 하기 때문일 따름이다. 이런 까닭에 성현이 말한 바는 오직 이 마음 뿐이요, 배우는 이들이 밝혀야 할 바도 오직 이 마음 뿐이다. 진서산(眞西山)의 『심경(心經)』은 심학(心學)에 공로가 있다고 할 만하다. 다만 경서(經書)의 연대에 따라 차례를 매겨서 편찬한 것은 꼭 그럴 필요는 없었다. 마음을 논한 성현의 글들을 취하여 심학의 문로(文路)를 차례로 편정(編定)할 것이지 굳이 연대에 구애될 필요는 없었다. 내가 일찍이 이런 방법으로 한 책을 만들었는데 지금은 그 초본(草本)을 잃어버렸다."

라 하시고, 또 말씀하시기를,

"다른 학문들은 어려울 게 없고, 경학(經學)이 매우 어렵다. 경학은 글이 남아 있어 그래도 근거삼을 수는 있지만, 사무(事務)로 말하

역하니 요전을 삼을 수 없고 오직 변화하여 가는 것일 뿐이다.〔上下无常 剛柔相易 不可爲典要 唯變所適〕라 하였다.

자면 본래 형체가 없으니 가장 알기 어렵다."

라 하셨다.

又曰："人之所以爲人, 只欲保守此心而已. 是以, 聖賢所言, 惟此心而已；學者所明, 惟此心而已. 眞西山之『心經』, 可謂有功於心學, 而但以經書年代次第而編之, 此不必然矣. 當取聖賢論心文字, 以心學門路次第編定, 不必拘於年代也. 余嘗倣而爲之, 今失其本矣."又曰："諸學無所難, 而惟經學最難. 經學有文字, 猶可憑依, 至若事務, 則本無形體, 最爲難知也."

밤이 이슥해 야반(夜半)에 이르자 선생님께서는 포건(布巾)을 벗고 당건(唐巾)만 썼다. 내가 묻기를,

　"두 가닥을 뒤로 늘어뜨린 뜻은 시속의 제도와 다르니, 어떤 것입니까?"

라 하니, 선생님께서 웃으면서 말씀하시기를,

　"이는 옛날 사각건(四脚巾)의 유제(遺制)이다. 옛날에는 건(巾)을 방폭(方幅)으로 만들었는데, 두 모서리에는 소대(小帶) 둘을 달고 두 모서리에는 대대(大帶) 둘을 달아 머리에 쓴 다음에 두 소대로 상투를 둘러서 묶고 두 대대를 뒤로 늘어뜨렸다. 이를 이름하여 사각건이라 하였으니, 분상(奔喪)의 복제일 뿐만이 아니었다. 오늘날의 당건은 앞은 동심결(同心結) 모양으로 소대를 둘러서 묶고, 또 머리 부분에서 감아 맺는데, 모두 사각건의 유의(遺意)이다. 나는 그 끈을 크게 만들어 뒤로 늘어뜨렸을 뿐이다."

라 하시고, 또 말씀하시기를,

　"옛사람이 머리에 썼던 관(冠)은 세 종류가 있으니, 건(巾)과 면

(冕)과 변(弁)이다. 구준(丘濬)은 박학한 사람인데도 『의례(儀禮)』에 건(巾)이란 말이 있는 줄 모르고 옛사람들은 건이 없었다고 했으니, 글을 읽기 어려운 것이 이와 같다."

라 하시고, 또 말씀하시기를,

"사자(死者)를 염할 때 쓰는 것은 건(巾) 종류인데, 다만 늘어뜨린 끈이 없을 뿐이다. 오늘날의 갓은 역시 옛날의 변(弁)과 같은 것인데 잘못 전해져서 본래의 제도를 잃었다. 은(殷)나라의 관이 후(冔)이다. 기자(箕子)가 우리나라에 올 때 이 후를 쓰고 왔는데 점차 본래 제도를 잃어 갓〔笠〕이 되었다. 갓은 옛날 고구려의 이른바 절풍건(折風巾)이다. 중국 사람들은 지금도 우리나라의 갓을 절풍건이라고 하니, 건이란 명칭은 유래가 오래되었다. 이백(李白)의 시에 '풍화절풍건(風花折風巾)'이라 했으니, 대개 지금 상인(喪人)의 방갓〔方笠〕과 같은 것으로 네 쪽을 합쳐 붙여서 만든 것이 꽃잎과 같아서 풍화(風花)라고 한 것이다. 방갓과 지금의 갓은 본래는 같은 것이었는데 갈라져서 둘이 되었다."

라 하셨다.

夜分後, 先生脫布巾, 只着唐巾. 余問: "雙脚垂後之義, 與俗制不同, 何也?" 先生笑曰: "此四脚巾之遺制也. 古者巾以方幅爲之, 二方二小帶, 二方二大帶, 盖之于頭上, 以二小帶環髻而紐之, 二大帶垂於後, 名四脚巾, 不獨爲奔喪之制也. 今之唐巾, 前同心結, 小帶環紐, 又繞結于當腦處, 皆四脚巾之遺意. 而余則大其帶而垂之耳." 又曰: "古人頭上元服有三, 巾也冕也弁也. 丘濬博學人也, 不識『儀禮』有巾, 以爲古人無巾, 讀書之難如是矣." 又曰: "死者之掩, 卽巾類也, 但無垂帶. 今之笠, 亦弁之制, 傳訛失之矣. 殷冠曰冔,太師東來, 其冠昪, 漸漸失制而爲笠. 笠古高句麗所稱折風巾也. 中國人今猶以東人笠子爲折風巾, 巾名盖久矣. 李白詩: '風花折風巾[11]', 盖今喪人方笠, 爲四葉合附成之, 似花瓣, 故云風花. 方笠及今笠, 本以一制而分爲二也."

내가 또 도포(道袍)의 뜻에 대해 묻자 대답하시기를,

"이것은 옛날 대구(大裘)의 유제(遺制)이니, 내가 설(說)을 지은 것이 있다. 옛사람은 반드시 모의(毛衣)로 구(裘)를 만든 것이 아니었으니, 당(唐)나라 때까지도 여전히 그러했다."

라 하시고, 이어서 이백(李白)의 「오운구(五雲裘)」 시 10여 구를 외고 말씀하시기를,

"여기에 털로 만들었다는 말이 어디 있는가."

라 하셨다. 또 말씀하시기를,

"도포는 대구의 유제로서 천한 자는 입을 수 없으니, 상하가 다 같이 입는 심의(深衣)와는 다르다. 복건(幅巾)은 상고(上古)의 제도가 아니고 동한(東漢) 때에 나온 것이니, 장수와 사졸이 평소에 복건을 쓰는 것을 고상한 아치(雅致)로 여겼다. 그러나 아마도 투구 밑에 겹쳐 썼던 것인 듯하다. 주자(朱子)가 복건을 쓴 것은 사마온공(司馬溫公)을 따른 것인 듯하지만 참으로 알 수 없다."

라 하시고, 또 말씀하시기를,

"사자(死者)를 염하는 데는 당건과 도포를 써도 된다."

라 하셨다.

---

11 風花折風巾 : 이 말은 李白의 시 뿐만 아니라 다른 곳에서도 찾을 수 없다.

余又問道袍之義, 答曰: "此古大裘之制, 吾有所著說矣. 古人不必以毛衣爲裘, 至唐猶然." 因誦李白五雲裘詩[12]十餘句曰: "此何嘗言毛所成乎?" 又曰: "道袍是大裘遺制, 賤者不可服, 不若深衣之爲上下通用也. 幅巾非古, 出於東漢, 將士平居服之, 以爲高致. 然是似是冑鍪裏疊戴者也. 朱子之着, 恐因司馬公, 而誠未可知也." 又曰: "雖斂死者, 唐巾·道袍, 亦可矣."

이윽고 닭이 두세 차례 울었다. 선생님께서 취침(就寢)하면서 누우라고 했다. 겨우 한잠을 자자 이미 동이 텄다. 선생이 다시 일어나 말씀하시기를,

"나는 평소에 잠자리에 들고 일어나는 시간을 인정(人定) 후와 먼 동이 틀 때로 정하였다."

라 하셨다. 얼마 지나지 않아 상인(喪人)과 여달(如達)이 차례로 와서 배알하고 물러나 시좌(侍坐)하였다.

俄而鷄數鳴矣. 先生遂就寢, 命之臥. 才一宿而已昧爽矣. 先生復起曰: "平生興居之節, 以人定後昧爽時爲定矣." 未幾, 喪人及如達次第來拜謁, 退而侍坐.

선생님께서 다시 어제 말씀하신 '혈구(絜矩)'의 뜻을 논하시기를,

"'구(矩)로 혈(絜)하는'으로 해석하는 것은 아무래도 말이 안 된다.

---

12 五雲裘詩 : 원제목은 「誚殷佐明見贈五雲裘歌」이며, 『李太白文集』 권6에 실려 있다.

지금 칼로 물건을 자를 경우에는 의당 '도할(刀割)'이라고 해야지 '할도(割刀)'라고 해서는 안 되며, 몽둥이로 물건을 칠 경우에는 의당 '장격(杖擊)'이라고 해야지 '격장(擊杖)'이라고 해서는 안 된다. 지금 만약 '구로 혈하는'으로 해석한다면 의당 '구혈(矩絜)'이라고 해야지 '혈구(絜矩)'라고 해서는 안 된다. 그러므로 '혈(絜)하여 구(矩)하는'이 되어야 함을 알 수 있다."

라 하였다.

先生復論昨日絜矩之義曰: "矩 ㄨ 絜 ㅅㅎㅁ 意, 終不成說. 今以刀割物, 當日刀割, 不當日割刀, 以杖擊物, 當日杖擊, 不當日擊杖. 今若釋以矩 ㄨ 絜 ㅅㅎㅁ, 則當日矩絜, 不當日絜矩. 是以, 知其爲絜 ㅅㄱ 矩 ㅅㅎㅁ 也."

선생님께서 말씀하시기를,

"선비는 응당 치지(致知)하여 학문하되 실행(實行)에 중점을 두어야 한다. 그러나 순박하고 근신(謹愼)한 사람은 단지 실천에만 힘써서 정해진 길만 그저 따라갈 뿐이다. 그래서 끝내 소견이 시원하게 트이지 못하니, 선비는 의당 지식을 위주로 해야 할 것이다."

라 하시고, 또 말씀하시기를,

"세상 사람들이 모두 말하기를, '정주(程朱) 이후로는 경서(經書)의 문의(文義)가 크게 밝혀져서 더 이상 남은 것이 없으니 단지 그대로 따르기만 하면 된다.'라 한다. 이 말이 대개는 옳지만 그대로 타당하지 못한 점도 있다. 성현이 후인에게 바라는 바는 의리를 강명(講明)하게 하고자 한 것이니, 그 뜻이 어찌 더 이상 미진한 바가 없다고 여겨 후인으로 하여금 말하지 못하게 하고자 한 것이었겠는가. 이는 정주(程朱)의 본뜻이 아니다."

라 하시기에, 내가 대답하기를,

"감히 여쭙습니다. 이에는 또한 두 가지 경우가 있습니다. 덕행이 성립하고 지해(知解)가 탁월한 사람이라면 참으로 말씀하신 바와 같을 것입니다. 그러나 초학(初學) 후생들이 지식이 아직 부족한데 도 오로지 지식만 위주로 하여 전배(前輩)들에게 잘못을 찾으려고 한다면 필시 새로운 것을 좋아하고 남다른 것에 힘쓰는 버릇이 생기고 전배들을 경시하는 병통이 생길 것이다. 그렇다면 근수규구 (謹守規矩 정해 놓은 법도를 잘 지킴)하자는 주장이 진실로 법도를 세우는 대경(大經)일 듯합니다. 어떻게 생각하십니까?"

라 하니, 선생께서,

"참으로 그렇다."

라 하셨다.

先生曰: "士當致知爲學, 歸重于實行. 然而淳謹之人, 止務踐履, 循塗守轍而已. 故見處終不灑然, 士當以知識爲主." 又曰: "世人皆謂程朱以後, 經書文義大明, 無復餘蘊, 只當遵之而已. 此說大槩然矣, 猶有未安. 聖賢之所求於後人者, 欲以講明此義理. 其意豈謂之無復餘蘊而不使後人言之耶? 此非程朱之本意也." 余對曰: "敢稟. 此亦有兩般. 若行成德立, 知解卓越者, 誠如所敎. 若新學後生知識未定, 而專以知解爲主, 求過于前輩, 則必有好新務奇之習, 有輕視前輩之患. 然則謹守規矩之論, 實是立法之大經. 未審?" 先生曰: "誠然."

내가 말하기를,

"감히 여쭙겠습니다만, 혹 다른 사람 중에도 명성〔風聲〕을 듣고
찾아와 뵙는 이가 있습니까?"

라 하니, 말씀하시기를,

"서인(西人)의 학문은 전적으로 '근수규구(謹守規矩)' 넉자로 병패
(病敗) 없이 세상을 살아가는 단안(斷案)을 삼는다. 이런 까닭에
그 지식이 아무래도 매우 거치니 퍽 아쉽다. 세도(世途)는 위험하
고 나는 곤궁하고 위축된 사람이니 어찌 감히 털끝만큼이라도 남들
이 알아주기를 바라는 마음이 있겠는가. 더러 서인들이 찾아오기
도 하지만, 화살에 다쳐본 새와 같아서 그 속에 어떤 함정이 숨겨져
있을지 항상 두려울 뿐이다. 비록 나의 소견을 다 말하기는 하지만
저들이 믿는지 믿지 않는지는 어찌 알 수 있겠는가. 소문을 듣고
나를 허여하여 찾아오는 이로 말한다면, 전혀 없다! 전혀 없다!"

라 하셨다.

余曰: "敢問他人或有聞風而來見者乎?" 曰: "西人學問, 專以謹守規矩四字
爲涉世無病敗之斷案, 故知識終甚鹵莽, 爲可恨也. 世途危險, 余是畏約人
也. 何敢有一毫求知之心? 而西人或多來見, 自是傷弓之鳥[13], 常恐有何機
關在中也. 雖盡我之所見, 彼之信否, 何可知也? 若謂之聞風許與而來見云,
則全未全未."

---

13 傷弓之鳥 : 화살을 맞아 본 경험이 있는 새이다. 그러한 활을 당기는 시늉만
하여도 그만 놀란 나머지 공중에서 떨어지고 만다고 한다. 『戰國策 楚策4』

내가 국궁(鞠躬)하고 다시 가르침을 청하기를,

"선생님께서 말씀하신 바가 굉심(宏深)하고 박대(博大)하니, 작은
저의 재주로는 알아듣지 못하겠습니다. 이제 그만 물러가야 하는
데, 가르침을 듣고자 합니다."

라 하니, 말씀하시기를,

"먼저 정좌(靜坐)를 익히라."

라 하셨다.

"무슨 책을 읽어야 합니까?"

라 하니, 선생님께서 웃으면서 말씀하시기를,

"이 물음을 답하기는 참으로 어렵다. 『대학』이 읽을 만하고 『소학』
은 굳이 읽을 필요가 없다."

라 하셨다.

余鞠躬復請曰: "先生所論, 宏深博大, 斗筲小才, 無以領略. 今當辭退矣,
願聞教." 曰: "先習靜坐." "請讀何書?" 先生笑曰: "此答誠難. 可讀『大學』,
『小學』不必讀."

선생님께서 또 말씀하시기를,

"오늘날에는 예학(禮學)이 점차 없어지고 있다. 서인(西人)은 사계
(沙溪)에서 그치고, 영남 사람은 퇴계(退溪)에서 그치고 말았다.
군이 만약 예학을 한다면 먼저 삼례(三禮)를 읽어 예학의 근원을
찾아야 한다."

라 하고, 또 말씀하시기를,

"친구 중에는 학문에 진전이 있는 사람을 보지 못하였는데, 가아(家

兒) 맹휴(孟休)가 예학에 제법 조예가 있고 그가 저술한 것도 있다. 사질(舍姪) 병휴(秉休)가 학문이 통투(通透)하다. 젊은이들 중에는 이들을 능가할 자가 없으니, 인재가 많지 않음이 한탄스럽다."

라 하시고, 또 말씀하시기를,

"윤동규(尹東奎)라는 이가 인천(仁川)에 살고 있는데, 견해가 명오(明悟)하니 쉽게 만날 수 없는 사람이다. 옛날에 윤자(尹子)가 육경(六經)의 글을 자기 말처럼 외웠다고 하는데, 지금 이 사람은 이를 외울 뿐만 아니라 능히 그 뜻을 이해하고 있다. 다만 가난하여 거의 죽을 형편이니, 한탄스럽다."

라 하셨다.

又曰:"今世禮學漸亡, 西人則止于沙溪, 嶺人則止于退溪. 君若爲禮學, 則先讀三禮, 以求其源." 又曰:"親舊間, 不見有進學者, 家兒孟休禮學頗有據, 渠亦有所著, 舍侄秉休學問明透. 少輩無有過之者, 可歎人才之無多也." 又曰:"有尹東奎者居仁川, 見解明悟, 不易得之人也. 古之尹子, 六經之文, 如誦己言.[14] 今此人不惟誦之, 能解其義. 但貧窮飢欲死, 可歎."

이윽고 아침상이 들어왔다. 식사를 마친 뒤, 조금 앉았다가 물러가겠다고 하였다. 선생님께서 말씀하시기를,

---

14 古之……己言 : 尹子는 北宋의 학자 和靖 尹焞을 가리킨다. 그의 門人이 쓴 「和靖贊」에 "육경의 글이 귀에 익숙하고 마음에 터득되어 자기의 말을 외우는 것 같았다.〔六經之編, 耳順心得, 如誦己言.〕"라 하였다. 『宋名臣言行錄 外集 권9』

"내가 쓸데없는 말을 많이 했지만 그 중에 쓸 만한 것도 있을 터이니 군이 생각해보게."

라 하셨다. 자리에서 일어나자, 선생님께서 다시 말씀하시기를,

"군은 연부역강(年富力强)하니 응당 지식을 얻는 데 힘써야 할 것이다. 지식이 밝아진 뒤에야 갈 길이 훤하게 트여 걸리는 것이 없게 된다."

라 하셨다. 내가 절하자 선생님께서 일어나 답하셨다. 마침내 물러나 돌아왔다.

俄而朝食告具, 食畢, 少坐告退. 先生曰:"吾多費妄談, 中有可採者, 君試思之." 及起, 先生復曰:"君年富力强, 當務知識. 知識明然後, 行路坦然無碍." 余拜, 先生起而答之, 遂退歸.

임진년 계방에 있을 때의 일기 壬辰桂坊日記

이 해(1772, 영조48) 5월 14일에 병조판서 채제공(蔡濟恭)이 정사
(政事)에서 나를 세자익위사 익찬(世子翊衛司翊贊)에 수망(首望)으
로 의망하여-부망(副望)은 정심(鄭杺)이고, 말망(末望)은 정재원(丁載遠)
이었다.- 낙점(落點)을 받았다. 15일에 사예(司隷)가 정목(政目)과
교지를 가지고 왔다. 나는 19년 동안이나 병폐(病廢)한 나머지 세상
을 아예 잊어버렸고, 게다가 부모님을 여의어 풍수(風樹)의 슬픔을
안고 있던 터라 벼슬할 생각이 없었으며, 세상이 시끄러워 훼예(毁
譽)의 진위를 가리기 어려운 때라 한번 사은숙배하고 돌아오고자
했다. 24일에 행장을 꾸려 큰아들과 함께 서울에 들어가서 권생(權
甥)의 주동(鑄洞)의 후조당(後凋堂)에 우거(寓居)하였고, 27일에
숙명(肅命)하고 그대로 입직(入直)하였다.-이때 어소(御所)는 돈의문
(敦義門) 안 경희궁(敬熙宮)에, 계방(桂坊)은 건명문(建明門) 안 어로(御
路) 남쪽 50여 보(步) 거리에 있었고, 동궁(東宮)은 광달문(廣達門) 안으로
들어가서 현모문(顯謩門)을 지나 흥태문(興泰門) 서쪽에 있었다.-

是年五月十四日, 兵判蔡濟恭爲政. 擬余翊衛司翊贊首望.-副望鄭杺, 末望丁載
遠.- 蒙點. 十五日, 司隷持政目敎旨來. 十九年癃廢之餘, 與世相忘, 且抱風
樹之痛, 無意仕宦, 而世道曉曉, 毁譽難眞, 遂欲一肅而歸. 二十四日侤裝, 與
家督入京, 寓權甥鑄洞後凋堂, 二十七日, 肅命仍入直.-時, 御所在敦義門內敬熙
宮, 桂坊在建明門內御路南邊五十餘步, 東宮入廣達門內, 歷顯謩門, 在興泰門西邊.-

2. 5월 28일 임술
五月二十八日壬戌

묘시(卯時)에 서연(書筵)에 들어가 『심경(心經)』을 강(講)하였다. 동궁은 법복(法服)을 갖추어 입고 서쪽을 향하여 앉고, 빈객(賓客)은 북쪽을 향하여 앉았으며, 춘방(春坊)의 상하번(上下番)과 나는 모두 동쪽을 향하여 앉되 남쪽을 상석(上席)으로 하였다. 부복하여 각자 강할 장(章)을 펴놓고 듣고 있으니, 동궁이 전수음(前受音)-전일에 과독(課讀)한 것을 전수음이라 한다.-인 '불원복(不遠復)' 장(章)을 강했다. 강을 마치자, 상번(上番)이 신수음(新受音)-당일에 강할 것을 신수음이라 한다.-인 '자절사(子絶四)'부터 '고여차야(固如此也)'까지를 강하였다. 읽기를 마친 뒤에 동궁이 또 한 번 읽었다. 상번이 글의 뜻을 해석하여 아뢰고,-강하는 일은 모두 상번이 주관한다.- 하번이 다시 대략 아뢰었다. 빈객(賓客) 채제공(蔡濟恭)이 아뢰기를,

"계방(桂坊)이 박식하고 견문이 많아 고문(顧問)에 대비할 만합니다."

라 하니, 동궁이 글뜻을 아뢰게 하였다. 신(臣)이 부복하고 대답하기를,

"춘방의 강관이 아뢴 글뜻이 자세하고 곡진하니, 더 아뢸 것이 없습니다. 그 대의(大義)를 말씀드리겠습니다."

라 하고, 아뢰기를,

"위 장의 절사(絶四)는 성인(聖人)의 일이고 아래 장의 사물(四勿)은 배우는 사람의 일입니다. 성인은 본래 이 네 가지가 없기 때문에

『한서(漢書)』에서는 '무(毋)' 자를 '무(無)' 자로 썼으니, 그 뜻이 참으로 그러합니다. 대개 보통 사람들은 의(意)가 있는데도 살피지 못하여 필(必)에 이르고, 필(必)이 있는데도 살펴 알지 못하여 고(固)와 아(我)에 이르니, 이는 공자의 문인들도 면하지 못했던 바입니다. 그래서 문인들이 이 네 가지를 가지고 공자를 관찰하여 그것이 있는지 없는지 징험하였으니, 이것이 이른바 '소인(小人)의 마음을 가지고 군자의 마음을 헤아린다.'는 것입니다. 이 네 가지를 가지고 공자를 관찰했지만 공자는 원래 이 네 가지가 없었습니다. 공자는 마음 속에 온통 천리만 있고 사욕이 전혀 없었기에 마음이 하고자 하는 바를 따라도 모든 일에 두루 다 합당하였으니, 무슨 이 네 가지를 말할 것이 있었겠습니까. '절(絶)'이라 한 것은 그 사사로운 마음을 본래부터 끊어버려 터럭만큼도 없었다는 말입니다. 안자(顏子)는 성인(聖人)보다 한 등급이 낮아 아직 없애지 못한 찌꺼기가 마음 속에 조금 남아있을 수 밖에 없었기에 모름지기 '물(勿)' 자의 공부를 더한 뒤에야 덕을 이룰 수 있었던 것입니다. 이것이 바로 성인과 현인(賢人)의 차이이니, 진덕수(眞德秀)가 차서에 따라 편술(編述)한 뜻을 또한 알 수 있습니다."

라 하니, 동궁이 이르기를,

"'소인의 마음을 가지고 군자의 마음을 헤아린다'는 것은 그 뜻이 매우 좋다."

라 하자, 빈객이 아뢰기를,

"실로 그렇습니다."

라 하였다. 동궁이 이어 하유(下諭)하기를,

"필(必)과 고(固) 두 글자는 반드시 악하다고 할 수는 없다. 반드시

성인이 되겠다는 마음으로 선을 택하여 굳게 지키는 것이 좋은 일
이 아니란 말인가?"

라 하니, 빈객이 아뢰기를,

　"참으로 하교하신 바와 같습니다. 다만 그 이 '필'과 '고' 두 글자가
　'의(意)' 자로부터 왔기 때문에 불선(不善)이 되는 것입니다."

라 하고, 상번도 거듭 아뢰었다.

卯時, 入書筵講『心經』. 東宮具法服, 西向坐, 賓客北向坐, 春坊上下番及余
俱東向南上, 俯伏各展所講章以聽, 東宮講前受音-前日課讀, 謂之前受音.-'不
遠復'章. 畢, 上番講新受音-當日所講謂之新受音.-"子絶四-止-固如此也." 讀
畢, 東宮又讀一遍. 上番遂解釋文義以奏,-講事皆上番主張.- 下番又畧奏. 賓
客蔡濟恭奏曰: "桂坊博識多聞, 可備顧問." 東宮令奏文義. 臣俯伏而對曰:
"春坊講官文義詳盡, 更無可奏者. 請以大義言之." 遂奏曰: "上章絶四, 是聖
人事; 下章四勿, 是學者事. 聖人本無此四者, 故『漢書』以毋作無, 其義儘
然. 蓋凡人有意而不察, 至於必, 必而不察, 至於固・我, 是皆門人之所不免
也. 門人以此四者觀夫子, 驗其有無, 是所謂以小人之心度君子之心者也.
以此四者觀夫子, 而夫子原無此四者, 天理渾然, 私欲淨盡, 從心所欲, 泛應
曲當, 有何四者之可言乎? 其云絶者, 言其私意本來絶去, 無一毫之存在也.
顔子下聖人一等, 不能無渣滓之畧未化者, 須加勿字工夫, 然後可以成德.
此聖賢之分, 眞氏編序之意, 亦可見矣." 東宮曰: "小人之心度君子心云者,
其意正好." 賓客曰: "誠然." 東宮仍下諭曰: "必・固二字, 不可以惡言. 必
欲爲聖人之心, 擇善固執, 其非善者乎?" 賓客曰: "誠如下敎. 但此必・固二
字, 從意字帶來, 故爲不善." 上番亦申奏之.

동궁이 이어서 '정자왈경즉례(程子曰敬卽禮)'부터 '시즉수절사(始則須絶四)'까지를 들어서 말하게 하였다. 신이 대답하기를,

"「곡례(曲禮)」에 '공경하지 않음이 없다.'라 하였으니, 예(禮)는 본래 경(敬)을 위주로 하기 때문에 '경(敬)이 곧 예(禮)이다.'라고 한 것입니다. 경(敬)을 통하여 내면을 바르게 하면 사욕이 물러나 마음의 명령을 들으니 극복할 사욕이 없게 됩니다. 배우는 사람이 만약 극기(克己)공부를 하고자 하면 반드시 성의(誠意)로부터 시작해야 합니다. 뜻이 성실해지면 자연스레 그 다음의 세 가지 걱정이 없어질 것입니다. 그러므로 '처음에는 네 가지를 없애야 한다.'라고 한 것입니다."

라 하니, 동궁이 이르기를,

"그 아래에 있는 웅씨(熊氏)의 성의(誠意)에 관한 설은 옳지 않다."

라 하기에, -사계(沙溪)의 『석의(釋義)』에 "웅씨가 '이는 '성의(誠意)' 장(章)에 관한 일이다'라 하였는데, 성의는 배우는 자의 일이니 아마도 본문(本文)의 뜻이 아닌 듯하다."라 하였으니, 동궁의 말씀은 아마 여기에서 나온 것일 터이다.- 신이 대답하기를,

"성의의 '의(意)'는 선악을 포괄하여 말한 것이고, 무의(毋意)의 '의'는 악 한쪽만을 위주로 말한 것이니, 이것이 그 다른 점입니다. 공부할 때 반드시 성의로부터 시작하는 것은 존귀한 임금으로부터 천한 필부(匹夫)에 이르기까지 애당초 다른 것이 없습니다. 아래 장의 시(視)·청(聽)·언(言)·동(動)은 곧 그 실천 요목 중의 큰 것이니, 반드시 이에 대해 생각마다 잊지 않고 유의(留意)하여 성찰해서 잠시라도 간단(間斷)이 없어야 됩니다. 그런 뒤에야 사의(私意)가 차츰 사라지고 천리가 점점 회복될 것입니다."

라 하였다.

　이때 빈객이 아뢰기를,

"외간에 전하는 말에 의하면 저하(邸下)께서 문사(文詞)를 좋아하
신다고 하는데, 옛사람은 이를 자질구레한 문장소기(文章小技)로
여겼으니, 원컨대 여기에만 오로지 마음을 쏟지 마소서."

라 하니, 동궁이 공손한 말로 대답하였다. 신이 이어서 아뢰기를,

"대개 제왕(帝王)의 학문은 실로 문사(文辭)를 중시하지 않고 반
드시 제왕의 문장(文章)에 힘쓰는 법입니다. 『주역』에 '인문(人
文)을 관찰하여 천하를 화성(化成)한다.'라 하였으니, 예악(禮樂)
과 형정(刑政)이 갖추어진 문장 아님이 없습니다. 저하께서 만약
이와 같은 문장에 마음을 두신다면 어찌 신민(臣民)의 복이 아니
겠습니까."

라 하였다.

東宮仍擧"程子曰敬卽禮-止-始則須絶四", 令臣言之. 臣對曰: "「曲禮」曰:
'無不敬'. 禮, 本以敬爲主, 故曰: '敬卽禮也.' '敬以直內', 則私欲退聽, 無己
可克. 學者若用功於克己, 必自誠意始. 意誠則自無下三者之累矣. 故曰:
'始則須絶四.'" 東宮曰: "下文熊氏誠意之說, 非矣."-沙溪『釋義』曰: "熊氏曰:
'此誠意章事, 誠意是學者事.' 恐非本文之意." 東宮之敎, 蓋出於此.- 臣對曰: "誠意
之意, 兼善惡而言; 毋意之意, 只主惡一邊而言. 此其所以異也. 用工之必
自誠意始, 上自帝王之尊, 下至匹夫之賤, 初無不同. 而下章視聽言動, 卽其
目之大者, 必於此念念不忘, 着意省察, 少無間斷, 然後私意漸消而天理漸
復矣." 時, 賓客奏曰: "外間傳言, 邸下好文詞. 古人以爲雕蟲篆刻, 願勿專
致意焉." 東宮遜辭答之. 臣因奏曰: "蓋帝王之學, 固不以文辭爲貴, 必用力

於帝王之文章. 『易』曰: ‘觀乎人文, 以化成天下.’ 禮樂刑政, 無非文章之具也. 邸下若留心於此等文章, 豈不爲臣民之福哉?”

3. 6월 1일 을축

六月初一日乙丑

묘시(卯時)에 서연이 있었다. 동궁이 먼저 전수음인 '장자왈천체물(張子曰天體物)'부터 '부지찰이(不之察耳)'까지를 강하였다. 춘방(春坊)의 상번이 신수음(新受音)인 '혹문안연(或問顏淵)'부터 '일이관지(一以貫之)'까지를 읽었다. 동궁이 다시 한 번 읽자, 춘방이 규례에 따라 글의 뜻을 새겼다. 동궁이 또 신에게 아뢰게 하였다. 신이 대답하기를,

"이 장은 '극기복례(克己復禮)' 장(章)입니다. 대저 심학(心學)이란 천리와 인욕을 분변(分辨)하는 것에 불과하니, 정일집중(精一執中)과 극기복례는 모두 이 한 대목으로 꿰어집니다. 이 마음에 인욕이 1분 자라면 천리가 1분 줄어들고, 인욕을 1분 극복하면 천리를 1분 회복하는 것입니다. '복(復)' 자에는 '구물(舊物)을 회복한다'는 뜻이 있습니다. 마음속에는 본래 오상(五常)과 사단(四端)의 본래 갖추어진 덕(德)이 있지만 물욕에 가려져서 그 본래 갖추어진 덕을 잃어버렸을 뿐입니다. 따라서 자기 사욕을 극복하여 제거하면 그 본래 갖추어진 덕이 다시 나타나는 것이 마치 거울의 본래 밝은 본체가 먼지와 때로 덮여 밝은 본체를 잃었다가 깨끗하게 닦아주면 광명한 본체가 다시 나타나는 것과 같습니다."

라 하였다.

이때 상번이 '물(勿)' 자의 뜻을 또 논하였다. 신이 이어 아뢰기를,
"오사(五事)인 모(貌)·언(言)·시(視)·청(聽)·사(思)는 곧 오

행(五行)의 수(水)·화(火)·목(木)·금(金)·토(土)입니다. 사(思)가 토(土)에 속하는 것은 사람의 사려(思慮)는 미치지 않는 곳이 없음이 마치 토가 나머지 사행(四行) 중에 유행(流行)하는 것과 같기 때문입니다. 이 장에서 시·청·언·동은 오사(五事)의 항목과 서로 부합되지만, 다만 토라고 말할 만한 것이 없습니다. '물(勿)' 자는 금지의 뜻이니, 시·청·언·동 네 가지에 두루 유행하는 것이 사가 모·언·시·청의 사사(四事)에 있어서와 같습니다."

라 하였다. 빈객 서명응(徐命膺)이 아뢰기를,

"오늘 새로운 의론을 처음 들었는데, 과연 좋은 의견입니다."

라 하자, 동궁이 말하기를,

"과연 좋다."

라 하였다.

卯時書筵, 東宮先講前受音"張子曰天體物-止-不之察耳." 春坊上番讀新受音"或問顏淵-止-一以貫之." 東宮復讀一遍, 春坊文義如例. 東宮又令臣奏之, 臣對曰: "此章爲'克己復禮'章. 夫心學不過理欲之分, 精一執中[15]·克己復禮[16], 皆一串貫來. 惟此之心, 人欲長得一分, 則天理減得一分; 人欲克了

---

15 精一執中 : 舜임금이 禹임금에게 禪讓하면서, "인심은 위태롭고 道心은 은미하니, 오직 정밀하게 살피고 한결같이 지켜야 진실로 그 중을 잡을 수 있으리라.〔人心惟危, 道心惟微; 惟精惟一, 允執厥中.〕" 한 것을 가리킨다. 『書經 大禹謨』

16 克己復禮 : 공자가 顏淵에게 "자기 사욕을 이기고 예로 돌아가는 것이 인을

一分, 則天理復了一分. 復字有恢復舊物之意. 心中自有五常四端本有之德,
但爲物欲所蔽, 喪其本有之德, 及克除己私, 則本有之德復見, 猶鏡體本自
光明, 爲塵垢所蔽, 失其光明之體, 若磨拭得精, 則光明之體復見耳." 時, 上
番又論勿字之義. 臣繼奏曰: "五事貌言視聽思, 卽五行之水火木金土也. 思
之屬土, 人之思慮, 無所不及, 如土之流行於四行之間. 此章視聽言動, 與五
事之目相合, 但無土之可言. 勿字, 禁止之義, 通行四者, 猶思之於四事." 賓
客徐命膺曰: "今日初聞新議論, 果是好意見." 東宮曰: "果好矣."

빈객이 또 아뢰기를,

"장자(張子)의 '천체물인체사(天體物仁體事)'의 뜻은 평소에 어렴
풋이 알아 이에 대해 설명하는 것이 아무래도 분명하지 못하니,
계방(桂坊)에게 물어보소서."

라 하니, 동궁이 신에게 설명하게 하였다. 신이 사양해도 들어주지
않기에 이어서 말하기를,

"천지(天地)의 대덕(大德)을 생(生)이라고 하는데, 만물의 생이 하
늘에 근본하지 않는 것이 없습니다. 그러므로 만물이 하늘을 체
(體)로 삼는 것입니다. 인(仁)이란 천리가 활동하는 것이니, 하늘
이 끊임없이 만물을 생성한다는 생생불이(生生不已)의 뜻입니다.
이런 까닭에 인은 오상(五常)을 포함합니다. 사상채(謝上蔡)가 '완
물상지(玩物喪志)'라고 한 정자(程子)의 말을 듣고 부끄러워 등에
식은땀이 흘렸는데, 정자(程子)는 이를 측은지심(惻隱之心)이라

실천함이다.〔克己復禮, 爲仁.〕"라고 하였다. 『論語 顔淵』

고 하였습니다. 이에 대해 주자(朱子)는 '이는 수오지심(羞惡之心)이 일어난 것인데 도리어 측은지심이라고 한 것은, 감동(感動)하여 활동하는 마음[意]이 인(仁)에서 유출(流出)하기 때문이니, 사단(四端)의 움직임이 모두 측은의 마음을 띠고 있는 것이다.'라 하였습니다. 그렇다면 인이 만사의 체(體)가 되는 것은 하늘이 만물의 체가 되는 것과 같습니다."

라 하였다.

빈객이 또 하늘에 대해서는 물(物)을 말하고 인에 대해서는 사(事)를 말한 뜻을 묻기를 청하니, 동궁이 또 신에게 설명하게 하였다. 신이 말하기를,

"만물은 하늘을 체(體)로 삼으니 하늘 밖에는 사물이 없기 때문에 하늘을 말하였습니다. 인(仁)은 인도(人道)에 나아가 말한 것이고, 사(事)는 사람이 하는 일입니다. 그러므로 사는 인을 체로 삼지 않음이 없는 것입니다."

라 하니, 동궁이 옳다고 하였다.

賓客又奏曰: "張子天體物仁體事[17]之義, 平日依俙, 說得終不分明, 請問于桂坊." 東宮令臣言之. 臣謙讓不得, 因曰: "天地之大德曰生. 萬物之生, 莫不本乎天, 則物以天爲體矣. 仁者, 天理之活動, 生生不已之意. 是以, 仁包

---

17 張子……體事 : 張子는 北宋의 학자 橫渠 張載를 가리킨다. 장재가 "하늘이 사물에 體가 되어 빠뜨리지 않음이 仁이 일에 體가 되어 있지 않음이 없는 것과 같다.〔天體物不遺, 猶仁體事而無不在也.〕"라 하였다. 『近思錄 道體』

五常. 謝上蔡聞程子'玩物喪志'之語, 愧汗沾背, 程子謂之惻隱之心[18], 朱子曰: '此爲羞惡之發, 而却謂之惻隱者, 感動活發之意, 自仁流出. 四端之動, 皆帶惻隱之意.' 則仁爲萬事之體, 猶天爲萬物之體也." 賓客又請問天言物仁言事之義. 東宮又令言之, 臣曰: "萬物以天爲體, 而天外無物, 故言天. 仁則就人道而言, 事爲人所做作, 故事莫不以仁爲體也." 東宮曰: "是."

동궁이 이르기를,

"진서산(眞西山)은 공자(孔子)가 말한 극기(克己)와 순(舜)이 말한 인심(人心)이 서로 같은 것이라고 하였으니, 이는 그렇지 않을 듯하다. 극기의 기(己)는 오로지 사욕(私欲)이지만 인심(人心)은 비록 성인이라도 없을 수 없다. 이를 어찌 나란히 놓고 말할 수 있겠는가."

라 하였다. 신이 대답하기를,

"예교(睿敎)가 실로 옳습니다. 진서산은 인심도심(人心道心)과 극기복례(克己復禮)의 두 장을 나누어 배열하고 서로 연결하였으니, 말에 자못 병통이 있습니다. 그러나 기(己)는 인(人)에 대칭하는 말로 반드시 전부 악한 것은 아니니, 인심(人心)이란 말과 다름이

---

18 謝上蔡……之心 : 玩物喪志는 『書經』「旅獒」에 "사람을 하찮게 여기면 德을 잃고 물건을 玩賞하면 뜻을 잃는다.〔玩人喪德, 玩物喪志.〕"라 한 데서 온 말로 사물에 마음이 팔려 心志를 잃는 것이다. 程子는 明道 程顥를 가리킨다. 上蔡 謝良佐가 명도를 뵙고 史書를 줄줄 외자 명도가 "玩物喪志"라 하니, 상채가 땀을 흘려 등을 적시고 얼굴이 붉어졌다. 이에 명도가 말하기를 "이것이 바로 惻隱之心이다."라 하였다. 『心經 권2』

없습니다. 다만 악으로 흘러가기 쉽기 때문에 반드시 극복하여 제
거해야 하는 것입니다. 이렇게 본다면 진서산의 말은 실로 타당합
니다. 설사 잘못된 부분이 있다 하더라도 언어를 구사할 때 상량(商
量)을 덜 한 것에 불과하니, 이와 같은 사소한 문의(文義)의 병통이
있다고 하여 선유(先儒)의 말을 가볍게 보아서는 안 됩니다."
라 하였다.-사계(沙溪)의 『석의(釋義)』에 '서산(西山)이 기(己)를 인심(人
心)이라고 한 설은 옳지 않다.'라 했다. 그러므로 동궁의 질문도 여기서 나왔
던 것이다.-

東宮曰: "眞西山以孔子之所謂克己與舜所謂人心相同, 此恐不然. 克己之
己, 專是私欲, 人心則雖聖人不能無, 此豈可比而言之乎?" 臣對曰: "睿敎誠
然. 眞氏欲以人心道心·克己復禮二章, 分排相屬, 語頗有病. 然己者對人
之稱, 未必皆惡, 與人心無異. 惟其易流於惡, 故須克去之. 如是看則西山
說, 實爲停當. 設有所失, 此不過遣辭之際, 有欠商量, 不可以此等些少文義
之有病, 輕忽先儒之言也.-沙溪『釋義』以西山以己爲人心之說爲非, 故東宮之問,
亦出於此.-

동궁이 인도(仁道)가 크다는 것을 말하였다. 신이 아뢰기를,
"옛사람이 글자를 만든 데는 모두 뜻이 있으니, 이것이 상형(象
形)·회의(會意) 등 육서(六書)가 만들어진 까닭입니다. 일찍이
자서(字書)를 보니, '인(仁) 자의 이(二)는 곧 위의 하늘과 아래의
땅을 본뜬 것이며, 변(邊)인 인(人) 자는 사람을 본뜬 것이다.'라
하였습니다. 인도(仁道)가 삼재(三才)를 관통하기 때문에 이렇게
말한 것입니다."

라 하니, 빈객이 말하기를,

"우연히 이와 같은 것이지 어찌 그렇겠습니까. 이 설은 김인산(金仁山)에게서 나온 것입니다."

라 하였다.-살펴보건대 인산이 이 말을 했다는 것은 찾을 수 없다.-

신이 아뢰기를,

"만약 글자만 따라 설명한다면 실로 천착(穿鑿)하는 병통이 생겨 왕안석(王安石)의 『자설(字說)』과 다름이 없게 될 것입니다. 대저 이러한 경우가 많습니다. 정자(程子)는 '중심(中心)이 충(忠)이고 여심(如心)이 서(恕)이다.'라 말한 것이 있고, 주자도 '심생(心生)이 성(性)이다.'라 말한 것이 있습니다. 또 '사(思)'라는 글자는 전(田) 아래에 심(心)이 있습니다. 대개 밭을 가는 방법이 가로로 갈기도 하고 세로로 갈기도 하니, 사람이 생각하는 것이 밭을 가는 것과 같습니다. 글자를 만든 뜻이 범연하지는 않은 것 같습니다."

라 하니, 동궁이 말하기를,

"중심(中心)이라 여심(如心)이라 새긴 것은 실로 좋다."

라 하였다.

동궁이 이르기를,

"평소에 안자(顔子)가 즐거워한 즐거움을 찾으려 하여도 끝내 얻지 못하였다. 만약 그저 도(道)를 즐긴다고 말한다면 너무 느슨해서 착수할 곳이 없을 것이다."

라 하였다. 신이 아뢰기를,

"도라는 글자는 의미가 너무 넓고 큽니다. 그러므로 옛사람도 이미 '도의 넓고 큼이여, 어디에 손을 댈 것인가!'라 하였습니다. 그러나 『중용』에 '안자(顔子)는 한 가지 선(善)을 얻으면 이를 정성스럽게

가슴 속에 간직하여 잃지 않았다.'라 하였습니다. 만약 선(善)을
실천하면서 끊임없이 노력하여 조금도 간단이 없어 모든 선이 다
모여 일상생활에서의 말과 행동이 모두 천리(天理)로부터 유출(流
出)하지 않음이 없는 데 이른다면, 이 어찌 즐거운 일이 아니겠습
니까."
라 하였다.

東宮言仁道之大, 臣曰: "古人製字, 皆有意義 此象形·會意六書之所以作
也. 嘗觀字書, 有云: '仁字之二字, 卽象上天下地, 傍邊人字象人.'言仁道
貫三才故云." 賓客曰: "偶然如是, 豈其然乎? 此說出於金仁山矣.-按仁山之
有此語, 無考.- 臣曰: "若逐字爲說, 實有穿鑿之患, 無異於王安石之『字說』.
大抵多有如此者. 程子有中心爲忠如心爲恕之訓, 朱子亦有心生爲性之語.
且如思之爲字, 田下有心. 盖耕田之法, 或縱或橫, 人之思慮, 若田之耕矣.
製字之義, 似不泛然." 東宮曰: "中心如心之訓, 實好矣." 東宮曰: "平日欲
求顔子所樂之樂, 而終未有得. 若謂之樂道則歇後, 無着手處矣." 臣曰: "道
字果潤大. 古人已云: '道之浩浩, 何處下手?' 然『中庸』曰: '顔子得一善則拳
拳服膺而不失之.' 若能爲善而用工不已, 無少間斷, 至於萬善咸聚, 日用云
爲, 無非從天理中流出, 則此豈非可樂乎?'

동궁이 또 정황돈(程篁墩)의 사람됨을 묻자, 빈객이 시제(試題)를
유출한 일을 들어 대답하고, 또 말하기를,
  "비록 사소한 과실이 있지만 또한 당세(當世)의 대유(大儒)입니
다."
라 하였다. 신이 아뢰기를,

"황돈의 학문은 주자와 육상산(陸象山)을 합쳐서 하나로 만들려고
하였으니, 학문의 문로(門路)에는 문제가 많습니다. 그러나 문장
과 경술(經術)은 실로 보통사람이 아닙니다. 선유(先儒)가 말하기
를, '명(明)나라의 학자는 대저 이록(利祿)에 끌린 경우가 많다.'라
하였는데, 황돈도 그 중의 한 사람입니다."
라 하였다.

東宮又問程篁墩之爲人, 賓客答以賣題事[19], 且曰: "雖有些少所失, 亦當世
大儒矣." 臣曰: "篁墩之學, 欲合朱陸爲一, 學問門路, 多有可議. 然文章經
術, 實非等閑人." 先儒曰: "皇明學者, 大抵多爲利祿所誘." 篁墩亦其一也.

○ 강이 끝나고 동궁이 빈객에게 이르기를,
"우리나라의 문치(文治)와 속습(俗習)이 송(宋)나라와 유사하기
때문에 내가 일찍이 『송사(宋史)』를 즐겨 보아 왔다. 근래에는 이
를 발췌하여 한 질의 책을 만들려 하는데, 책 이름을 '송사초(宋史
抄)'로 하자니 그 뜻이 너무 부족한 듯하다. 어떻게 이름을 지어야
하겠는가?"
라 하니, 빈객이 말하기를,
"'송사진전(宋史眞詮)'이라고 하면 좋겠습니다."

---

19 賣題事 : 程敏政(1445~1499)은 明나라 때 학자로, 자는 克勤이고, 호는 篁墩
이다. 賣題는 1499년에 정민정이 李東陽과 함께 試官이 되어 뇌물을 받고
試題를 몰래 유출시킨 사건을 가리킨다. 『明史 권286 程敏政列傳』

라 하고, 빈객이 나를 보기에 신이 아뢰기를,

"진전(眞詮)이니 진고(眞誥)니 하는 말은 도가(道家)의 글에서 나
온 것이니, 이를 취하여 경사(經史)의 이름을 짓는다면 말뜻이 전
아(典雅)하지 못할 듯합니다."

라 하였다. 동궁이 자못 수긍하니, 빈객도 "무방합니다."라 하였다.

○講罷, 東宮謂賓客曰: "我國文治‧俗習與宋相類, 故予嘗樂觀『宋史』. 比
來欲抄爲一帙書, 而若名以宋史抄, 則其義甚短, 何以命名?"賓客曰: "名以
宋史眞詮好矣."遂視臣, 臣曰: "眞詮‧眞誥等字, 出於道家書. 取而名經史
文字, 似不典雅."東宮頗然之, 賓客曰: "無妨矣."

동궁이 또 이르기를,

"『송감(宋鑑)』을 보면 제병(帝昺)은 쫓겨나서 바다를 떠돈 지 이미
오래인데도, 사가(史家)들이 굳이 그를 정통으로 삼은 것은 무엇
때문인가?"

라 하였다. 신이 아뢰기를,

"정통의 의리는 토지의 크고 적음이나 나라를 향유한 기간의 길고
짧음에 있지 않으며, 선왕(先王)의 통서(統緒)가 끊어지지 않았으
면 아직 그 정통이 남아있는 것입니다. 그러므로 비록 한 척의 땅도
말할 것이 없더라도 조씨(趙氏)의 일맥(一脈)이 아직 남아 있었기
때문에 정통으로 삼은 것입니다. 반드시 제병(帝昺)이 죽은 다음
조씨를 이을 사람이 없게 된 뒤에야 비로소 원씨(元氏)로써 정통을
이었으니, 이것이 사가(史家)의 예(例)입니다."

라 하니, 동궁이 이르기를,

"그렇다면 홍광(弘光) 이후도 정통이 끊어지지 않은 것이 분명하다."

라 하자, 사람들이 모두 그렇다고 하였다. 동궁이 이어서 신에게 명하기를,

"옥당(玉堂)과 강원(講院)에 있는 서적들을 가져다 보아도 좋다."

라 하였다. 신이 일어났다가 엎드려서 사례하였다.

東宮又曰："『宋鑑』, 帝昺[20]航海已久, 而史家必以正統歸之者何也?" 臣曰："正統之義, 不以土地之大小享國之久近, 而先王之統緒不絶, 則其統猶在也. 是以, 雖無尺土之可言, 而趙氏之一脈猶存, 故正統歸焉. 必也帝昺死而趙氏無係屬者, 然後元氏始承正統, 此史家之例也." 東宮曰："然則弘光以後正統之不絶, 明矣." 諸人皆曰："然." 東宮仍命臣曰："書籍之在于玉堂講院者, 可以取觀矣." 臣起伏而謝.

동궁이 또 중국의 일을 범론하면서,

"이것이 숙여진(熟女眞)인가?"

라 하니, 다른 사람들이 대답하지 못하였다. 신이 그 내력과 세대(世代)를 자세히 말하여 아뢰었다.

---

20 帝昺：南宋 度宗의 막내아들로 이름은 昺이다. 瀛國公에 봉해졌다가 衛王에 봉해졌다. 陸秀夫・張世傑 등에 의하여 즉위한 지 3년 후 元나라 군사에게 쫓겨 바다에 빠져 죽었다. 이에 송나라도 완전히 망하였다. 『宋史 권47 瀛國公紀』

東宮又泛論大國事曰："此爲熟女眞乎?"他人未有對. 臣詳言其來歷世

代以奏之.

4. 6월 5일 기사

六月初五日己巳

서연(書筵)이 있었다. 동궁이 전수음(前受音)인 '중궁문인(仲弓問仁)' 장(章) 전부를 강하였다. 상번이 규례에 따라 신수음(新受音)인 『중용』의 '천명지성(天命之性)'부터 '불가이유가의(不可以有加矣)'까지를 강하였다. 동궁이 규례에 따라 다시 신수음을 읽었다. 읽기를 마치자 이어서 묻기를,

"'중궁(仲弓)' 장을 보면 극기복례(克己復禮)와 주경행서(主敬行恕)는 경중과 심천의 차이가 있다고 말할 수 있는데, 안자(顔子)는 경서(敬恕)의 공부를 하지 않고 중궁(仲弓)은 복례(復禮)의 공부를 하지 않은 것인가?"

라 하였다. 신이 대답하기를,

"『집주(集註)』에 '극기복례는 건도(乾道)이고 주경행서는 곤도(坤道)이니, 안회(顔回)와 염유(冉有)의 학문의 고하(高下)와 심천을 여기에서 알 수 있다.'라 하였습니다. 대개 건도는 확고하여 과감히 결단하므로 분발하여 큰일을 해내고, 곤도는 유순하여 순리를 따르므로 정중(靜重)하여 현실을 지킵니다. 안자는 아성(亞聖)의 자질로서 타고난 자품이 강명(剛明)하여 성인과의 차이가 겨우 한 칸에 불과하므로 석 달 동안이나 인(仁)을 떠나지 않았으니, 경(敬)과 서(恕)의 공부는 바로 평소에 익혀 온 것입니다. 다만 마음에 아직 미진한 찌꺼기가 혹 남아 있으니 약간의 극기 공부만 하면 곧 예(禮)로 돌아가서 인을 실천할 수 있습니다. 이는 건도와 흡사

한 점이 있는 것입니다. 중궁은 타고난 자품이 온화하고 순수하지만 아직 안자의 지위에는 미치지 못하였으니, 인(仁)에 있어서는 하루에 한 번, 한 달에 한 번 정도 이르는 수준이었습니다. 그러므로 반드시 경과 서를 힘써 실천해야만 점차 극기하여 인의 경지에 이를 수 있었으니, 곤도와 유사한 점이 있는 것입니다. 이것이 안자와 중궁 사이의 고하와 심천의 차이가 있는 것입니다."

라 하였다.

書筵. 東宮講前受音'仲弓問仁'全章. 上番依例講新受音自"『中庸』天命之性-止-不可以有加矣." 東宮依例復讀新受音, 畢, 仍問: "仲弓章克己復禮·主敬行恕, 有輕重淺深之可言, 而顏子不爲敬恕之工, 仲弓不爲復禮之工耶?" 臣對曰: "『集註』云:'克己復禮乾道也, 主敬行恕坤道也. 顏·冉之學, 其高下淺深, 於此可見.' 蓋乾道確然剛決, 奮發而有爲, 坤道隤然委順, 靜重而持守. 顏子亞聖之質, 天姿剛明, 去聖人纔一間, 故三月不違仁[21], 而敬恕之工, 卽其平日之習熟者也. 但或有渣滓之未盡, 若少加克己之功, 便能復禮而爲仁, 是有似乎乾道. 仲弓天姿溫粹, 猶未及顏子地位, 其於仁, 日月至焉者, 必力行敬恕之工而後, 可以漸次克己而至於仁, 有似乎坤道, 此其有高下淺深之別也."

---

21 三月不違仁 : 孔子가 "顏回는 그 마음이 석 달 동안 仁을 떠나지 않고, 나머지 사람은 하루에 한 번 혹은 한 달에 한 번 仁에 이를 따름이다.〔子曰回也 其心三月不違仁 其餘則日月至焉而已矣〕"라 하였다. 『論語 雍也』

상번이 또 신수음의 정문(正文)의 뜻을 해석하여 아뢴 다음에-상번이 지난밤에 와서 이 장을 강하였는데, 나의 설을 많이 따랐다.- 실심(實心)으로 체행(體行)하는 도리를 토론할 것을 청하니, 동궁이 또 신에게 물었다. 신이 대답하기를,

"상번과 하번이 글뜻을 이미 다 설명하였으니, 신은 더 아뢸 것이 없습니다. 간략히 아뢰겠습니다. 『중용』의 수장(首章)은 만세의 도학(道學)의 근원이니, 제왕(帝王)이 천하를 다스리는 대법(大法)이 여기에서 벗어나지 않습니다. 수절(首節)의 성(性)·도(道)·교(敎)를 가지고 말한다면 '솔성(率性)'한 구절이 가장 절실하고 긴요한 곳입니다. 근본을 미루어 말한다면 '천명지성(天命之性)'이 되니, 하늘의 명이 심원(深遠)하여 그치지 않음에 만물이 이를 받아 성(性)으로 삼는 것입니다. 미루어 내려와서 사물에 흩어져 있으면 '수도지교(修道之敎)'가 되니, 그 중에 큰 것으로 말하면 예(禮)·악(樂)·형(刑)·정(政) 등이 이것이고, 작은 것으로 말하면 말을 타고 소를 부리는 이치가 모두 교(敎)입니다.

'솔성지도(率性之道)'로 말하자면 성은 체(體)이고 도는 용(用)입니다. 도의 체는 크고 드넓어 손을 댈 곳이 없으니, 사람들이 미혹하여 학문을 하는 방법을 모르고서 공허하고 고원(高遠)한 데만 힘쓸 염려가 있습니다. 그러므로 먼저 지극히 가까운 곳을 척출(剔出)하여 말하고 계구(戒懼)의 뜻으로 뒤를 이어 말함으로써 먼저 본원(本源)을 세웠으니, 이는 존양(存養)의 일입니다. 한갓 존양만 하면 사물을 접응(接應)하는 방법을 모르므로 한쪽에만 빠져 버릴 염려가 있습니다. 그러므로 그 다음에 신독(愼獨)의 뜻을 말하여 그 기미(幾微)를 징험하게 하였으니, 이는 성찰(省察)의 일입

니다.

이미 존양하여 그 근본을 세우고 또 성찰하여 그 기미를 살핀 뒤에야 선은 확충하고 악은 극복하되, 그 공부는 성정(性情)보다 더 긴절(緊切)한 것이 없기 때문에 이어 중화(中和)를 말한 것입니다. 화(和)란 절도(節度)에 맞는 것을 일컫는 말입니다. 절도에 맞지 않으면 불화(不和)하여 불선(不善)이 되니, 이와 같은 경우에는 반드시 극복하여 다스려야 하는 것입니다. 무릇 공부는 존양(存養)·성찰(省察)·극치(克治), 이 세 가지에 지나지 않으니, 존양하여 성찰하고 성찰하여 극치하고 극치하여 다시 존양하여 끊임없이 순환하면서 잠시도 간단이 없어야 하니, 이것이 이른바 '솔성지도(率性之道)'입니다.

마지막 절(節)에서는 그 공효(功效)를 말하였으니 위의 '극기' 장과 하나로 꿰어집니다. 극기복례란 곧 위 세 가지 공부로서, '극기복례' 장에서 말한 '천하가 모두 그 인(仁)을 허여한다.'는 것은 여기에서 말한 위육(位育)과 같은 뜻입니다."

라 하였다. 동궁이 이르기를,

"글뜻이 좋다."

하였다. 신이 이어서 아뢰기를,

"옛사람이 말하기를, '아는 것이 어려운 것이 아니라 실행하는 것이 어렵다.'라 하였습니다. 지금 목전의 일을 가지고 말한다면, 서연(書筵)과 소대(召對)를 매일 열고 있으니, 실로 군덕(君德)의 성취가 여기에 달려있습니다. 그러나 날마다 강학(講學)하는 것만으로 그친다면 체행(體行)에는 미치지 못할 염려가 있을 듯합니다. 일상 생활의 언행 중에 성찰하고 체험하시는 공부가 어떤지는 모르겠습니다만, 조금 전에 상번이 체행하는 데 대해 아뢴 것은 참으로 옳습니다. 바라건대 거듭거듭 생각하소서."

라 하니, 답하기를,

"체행하기가 실로 어렵다."

라 하고, 이어서 계방(桂坊)의 세파(世派)에 대하여 묻기에 신이 대략 대답하였다.

上番又釋新受音正文文義以奏.-上番去夜來講此章, 多從余說.- 因請實心體行之道. 東宮又問臣, 臣對曰: "上下番文義已悉, 臣更無可奏者, 請以略對. 『中庸』首章, 是萬世道學之源, 而帝王治天下之大法, 不出於是矣. 以首節性·道·教言之, 則率性一句, 爲緊要最切處. 推本而言之, 則爲天命之性, 惟天之命, 於穆不已, 而物受而爲性者也. 推而下之, 散在事物, 則爲修道之教, 以其大者言之, 禮樂刑政之屬是也; 以其小者言之, 乘馬服牛之制, 無非教也. 以率性之道言之, 性是體, 道是用. 道體浩浩, 無處下手, 恐人迷不知爲學之工, 而務於虛遠, 故必先剔出至近處言之, 乃繼以戒懼之義, 先立本源, 是存養之事也. 徒存養而已, 則無以應事接物而恐溺於一偏, 故次言愼獨之義, 以驗其幾, 是省察之事也. 旣存養以立其本, 又省察以審其幾, 然後善則擴充之, 惡則克治之, 而其工莫切於性情, 故繼言中和, 而和者中節之稱也. 不中節則不和而爲不善, 如此則須加克治. 凡工夫不過存養·省察·克治三者, 存而省, 省而克, 克而又存, 循環不已, 無一息之間, 是所謂率性之道也. 末節言其功效, 與上克己章一串貫來. 克己復禮, 卽上三者工夫, 其所謂天下歸仁, 與此位育同義." 東宮曰: "其文義好矣." 臣因奏曰: "古人云: '非知之難, 行之難.' 試以目前事言之, 書筵·召對, 逐日爲之, 君德成就, 實在於是. 但逐日講學而止, 則體行處, 似有不及之慮. 伏未知日用云爲之間, 照察體驗之工如何也. 俄者上番體行之奏誠然. 願加三思."答曰:"體行實難."
仍問桂坊世派. 臣畧對之.

5. 6월 6일 경오

六月初六日庚午

서연이 있었다. 상번이 신수음(新受音) '혹문희로애락지전(或問喜
怒哀樂之前)'부터 '자불진록(茲不盡錄)'까지를 강하였다. 동궁이 미
발(未發)과 이발(已發)에 공부하는 방법을 묻고, 이어서 신에게 말
하라고 하였다. 신이 대답하기를,

"성인의 마음은 온통 천리(天理)가 가득하여 영명(靈明)한 본성이
절로 보존되어 사물을 두루 수응(酬應)함에 합당하지 않음이 없습
니다. 그러나 중인(衆人)의 마음은 혼매(昏昧)와 동요, 두 가지
병통이 있어서 캄캄하게 혼매하지 않으면 반드시 사물을 따라 동요
하게 마련이라 마음을 맑게 하고 일에 따라 성찰하는 공부가 없고,
미발(未發)·이발(已發)이라 말할 만한 게 없습니다. 이것이 바로
중인에 그치고 마는 까닭입니다.

 맹자(孟子)는 '잊어버리지도 말며 조장하지도 마라.'고 하였습니
다. 잊어버리지 않으면 마음이 혼매한 때가 없고, 조장하지 않으면
마음이 사물을 좇아갈 우려가 없을 터이니, 그 요령은 곧 경(敬)입
니다. 고요할 때 남이 보지 못하는 곳에서 계신(戒愼)하고 듣지
못하는 곳에서 공구(恐懼)해야 합니다. 『예기(禮記)』에는 '귀중한
보옥을 손에 받든 듯, 가득 찬 물그릇을 받든 듯 공경하고 조심하
라.'라 하였고, 『시경』에는 '두려워하고 조심하여 깊은 못 가에 선
듯, 살얼음을 밟는 듯한다.'라 하였으니, 이것이 경(敬)을 실천하는
절도(節度)입니다. 그러나 혹시 지나치게 마음을 쓰면 마음을 가지

고 다시 마음을 잡는 폐단이 있게 됩니다. 그러므로 선유(先儒)가 말하기를, '마음을 쓰는 것도 아니고 마음을 쓰지 않는 것도 아니니, 평이하게 마음을 보존하고 살짝살짝 마음을 수습(收拾)해야 한다.'라 하였으니, 이것이 가장 절실하고 긴요한 말입니다. 저하(邸下)께서 시험삼아 평소 한가하실 때나 사물을 접응(接應)할 때에 반드시 존양과 성찰의 공부를 하신다면, 처음에는 비록 생삽(生澁)하더라도 오래도록 익히다보면 절로 맥락이 점차 밝아질 것입니다. 이는 타인이 지적(指的)하여 말해 줄 수 있는 곳이 아니니, 대의(大義)가 밝혀진 뒤에는 자득(自得)해야 합니다."

라 하니, 동궁이 말하기를,

"평이하게 마음을 보존하고 살짝살짝 수습한다는 말은 무슨 뜻인가?"

라 하였다. 신이 대답하기를,

"마음이란 것은 이리저리 움직이고 흘러가는 것입니다. 만약 뜻을 오로지 하여 마음을 꼭 잡는다면 이는 곧 마음을 가지고 다시 마음을 잡는 것이니, 두 개의 마음이 있는 셈이 되는 것입니다. 이렇게 하면 더욱 마음이 조급하고 번잡해져서 존양(存養)의 공부를 이루지 못합니다. 따라서 반드시 아주 가볍게 착수하여 오랜 시간을 두고 익혀가되, 요컨대 잊어버리지도 말고 조장(助長)하지도 말아야 한다는 점을 유념해야 합니다. 선유(先儒)가 말한 '오래 지속하면 반드시 알게 된다.'는 것이 바로 이러한 점을 가리키는 것일 듯합니다."

라 하였다.

書筵. 上番講新受音自"或問喜怒哀樂之前-止-玆不盡錄." 東宮問未發已發下工之道, 因令臣言之. 臣對曰:"聖人之心, 天理渾然, 靈明自存, 汎應曲當. 若衆人之心, 則有昏動二者之病, 非冥然昏昧, 則必逐物而動, 無湛然淸淨隨事省察之工, 無未發·已發之可言. 此所以止於衆人而已. 孟子曰:'勿忘勿助長.'勿忘則無昏昧之時, 勿助長則無逐物之患, 其要卽敬也. 其靜也, 戒愼乎其所不覩, 恐懼乎其所不聞.『禮』云:'如執玉, 如執盈, 洞洞屬屬.'『詩』云:'戰戰兢兢, 如臨深淵, 如履薄氷.'此其行敬節度. 然而或過於用心, 則有以心操心之患, 故先儒曰:"非着意, 非不着意, 平平存在, 畧畧收拾."此最切要之語. 邸下試於平居燕閑之際·應事接物之時, 須下存養省察之工, 初雖生澁, 久久熟習, 自然路脉漸明. 此非他人所可指的成言處, 大義旣明後, 要在自得也."東宮曰:"平平存在, 略略收拾之說, 何謂也?"對曰:"心之爲物, 活動流注, 若一意執捉, 則便是以心操心, 是兩箇心也. 只益躁擾, 不成存養之功, 此必輕輕下手, 久久積習, 要以勿忘勿助長爲意. 先儒所謂久當見之之語, 似指此等處也."

6. 6월 13일 정축
六月十三日丁丑

서연이 있었다. 『심경』의 '잠수복의(潛雖伏矣)'부터 그 장의 끝까지를 강하였다. 신이 신독(愼獨)의 글뜻에 대해 대답하기를,

"아무도 없고 홀로 있어서 마음대로 할 수 있는 곳에서는 반드시 조심하고 경계하는 공부를 해야 합니다. 아무도 없는 곳에서 하는 미세한 일을 남들이 모를 것이라고 여기지만, 옛 역사를 통해 징험해 보면, 여희(驪姬)가 한밤중에 눈물을 흘렸던 일과 양귀비(楊貴妃)가 칠석(七夕)에 맹서했던 일이 후세에 전해졌으니, 이처럼 두려워할 만한 것입니다."

라 하였다.

書筵, 講『心經』自"潛雖伏矣-止-章末." 臣以愼獨文義對以[22]"必於幽獨得肆之地, 必加戒愼之工. 幽暗之中, 細微之事, 雖謂之人莫得以知之, 而以古史驗之, 驪姬半夜之泣[23] · 貴妃七夕之盟[24], 傳之後世, 其可畏有如此者."

---

22 以 : 저본에는 而자로 되어 있는데 오자로 판단하여 고쳤다.

23 驪姬半夜之泣 : 驪姬는 춘추시대 晉나라 獻公의 寵姬이다. 여희가 夫人이 되어 前 夫人이 낳은 태자 申生을 죽이고 자기가 낳은 奚齊를 임금으로 세우고자 하여 한밤중에 눈물을 흘리면서 헌공에게 호소하기를 "제가 듣기로 신생은 仁을 좋아하면서도 강하고 매우 너그러워 백성을 사랑한다고 하니, 이는 술수를 부리는 것입니다."라 하였다. 『國語 권7 晉語』

24　貴妃七夕之盟 : 唐나라 玄宗이 楊貴妃와 驪山 華淸宮에서 피서할 때 七夕 밤
　　에 양귀비가 홀로 모시면서 현종의 어깨에 몸을 기댄 채 은밀히 맹서하기를
　　"원컨대 世世生生 부부가 되고자 합니다."라 하였다. 그래서 白居易의 「長恨歌」
　　에 "7월 7일 장생전에 한밤중 아무도 없고 은밀히 말할 때라. 하늘에서는 원컨
　　대 비익조가 되고 땅에서는 원컨대 연리지가 되고저.〔七月七日長生殿 夜半無
　　人私語時 在天願爲比翼鳥 在地願爲連理枝〕"라 하였다. 『山堂肆考 권12 楊妃
　　私誓』

7. 6월 15일 기묘
六月十五日己卯

서연이 있었다. 『심경(心經)』의 '우왈흉중(又曰胸中)'부터 '지자이언야(至者而言也)'까지를 강하였다. 신이 말하기를,

"옛사람이 말하기를, '아는 것이 어려운 것이 아니라 실행하는 것이 어렵다.'라 하였습니다. 유안세(劉安世)는 '망어(妄語)하지 말라.'는 가르침을 들은 뒤로 이를 잊지 않고 7년 동안이나 늘 가슴에 새겼으니, 옛사람이 각고 노력하여 공부하고 허위로 공부하지 않았음을 알 수 있습니다. 『소학(小學)』을 보면, 절효(節孝) 서적(徐積)이 또한 '머리를 곧게 하라.'라고 한 호안정(胡安定)의 경계를 듣고 머리만 곧게 할 것이 아니라 마음도 곧게 해야겠다고 생각하여, 이로부터 감히 사특한 마음을 갖지 않았다고 하였습니다. 한번 변화하여 곧바로 도(道)에 이르러 그 전환하는 사이에 터럭하나 용납하지 않아 그 거침없는 기세를 막을 수 없었으니, 이것이 이른바 '천하의 대용(大勇)이 아니고는 이렇게 할 수 없다.'는 것입니다. 후세의 선비들이 그럭저럭 세월만 보내고 세사(世事)에 골몰하여 학문을 성취하지 못하는 까닭은 대개 용감하지 못한 데 있습니다. 주자(朱子)가 젊은 시절에 책을 하나 만들고는 그 이름을 『곤학공문(困學恐聞)』이라고 하였으니, '자로(子路)는 들은 말을 아직 실천하지 못하였으면 새로운 가르침을 듣게 될까봐 두려워하였다.'는 말에서 취한 것입니다. 진실한 마음으로 학문을 하는 것이 이와 같아야만 대성할 수 있습니다."

라 하였다.

書筵, 講『心經』自"又曰胸中-止-至者而言也." 臣曰: "古人云: '非知之艱, 行之爲難.' 劉安世旣聞不妄語之訓, 然後念念不忘, 至于七年而不已[25], 則古人工夫之刻苦而不爲虛僞, 可知矣. 『小學』徐節孝積亦聞胡安定頭容直之戒[26], 仍念不須頭容直, 心亦要直, 自此不敢有邪心. 其一變至道, 轉換之機, 間不容髮而沛然不禦, 此所謂非天下之大勇, 不能如是矣. 後儒之因循泪溺, 不能成就者, 多在於爲之不勇. 朱子少時, 嘗爲一書, 名『困學恐聞』, 取子路未之有行惟恐有聞之語[27]也. 其實心爲學如此, 然後可以大成.

---

25 劉安世……不已 : 北宋 때 유안세가 司馬光에게 "평생토록 마음을 다하여 실천해야 할 것이 무엇입니까?"라고 물으니, 사마광이 "誠이니라."라 하였다. 다시 "이를 실행하려면 무엇을 먼저 해야 합니까?"라고 묻자 "妄言하지 않는 것으로부터 시작하라."라 하였다. 유안세가 이 말을 실천하여 7년이 지난 후에야 언행이 일치되고 마음이 평안하게 되었다. 『心經附註 誠意章』

26 徐節孝……之戒 : 주 9) '胡安定頭容直' 참조.

27 子路……之語 : 『論語』「公冶長」에 "자로는 좋은 말을 듣고 아직 실행하지 못했으면 오직 다른 말을 들을까 두려워하였다.〔子路有聞, 未之能行, 唯恐有聞.〕"라 하였다.

8. 6월 16일 경진

六月十六日庚辰

서연이 있었다. 『심경』의 '난계범씨(蘭溪范氏)'부터 '자행지야(自行
之也)'까지를 강하였다. 신이 대답하기를,

　"'유주상(流注想)'이라는 말은 유가(儒家)에서 말하는 부념(浮念)
과 객려(客慮)입니다. 무릇 일체 욕심에서 나오는 생각은 맹렬하게
반성하여 극복할 수 있지만, 부념과 객려는 문득 있다가 문득 사라
지고 문득 갔다가 문득 오기 때문에 어지럽고 혼란하여 제거하기
어렵습니다. 이것이 가장 힘써 공부해야 할 대목입니다. 경(敬)은
온갖 사특함을 이기고, 사특함을 막아 성(誠)을 보존하여야 하니,
만약 성과 경 두 글자에서 공부하는 도리를 알면 이런 우려가 없을
것입니다."

라 하였다.

書筵, 講『心經』自"蘭溪范氏-止-自行之也." 臣對以"流注想, 儒家所謂浮念
客慮. 凡一切慾心所發, 可以猛省克去, 而惟浮念客慮, 乍有乍無, 乍去乍
來, 紛紜難除. 此最煞費工夫處. 敬勝百邪, 閑邪存誠. 若知誠·敬二字用工
之道, 則可無此患矣.

9. 6월 20일 갑신
六月二十日甲申

서연이 있었다. 『심경』의 '소위수신(所謂修身)'부터 '불란지위(不亂
之謂)'까지를 강하였다. 신이 "성의장(誠意章)은 성찰(省察)의 공부
이고 정심장(正心章)은 조존(操存)의 공부"라고 대답하였으며, 또
유심(有心)과 무심(無心)의 두 가지 뜻 및 "잊지도 말고 조장하지도
말아야 한다."는 것과 마음이 한 곳에 쏠리거나 얽매이는 병통을 말
하였다.

書筵, 講『心經』自"所謂修身-止-不亂之謂." 臣以"誠意章爲省察工夫, 正心
章爲操存工夫"以對, 又以"有心無心二義, 及勿忘勿助, 心有偏係之病"爲言.

10. 6월 21일 을유

六月二十一日乙酉

서연이 있었다. 『심경』의 '열기사(閱機事)'부터 '저개심(這箇心)'까지를 강하였다. 신이 대답하기를,

"성실하여 거짓이 없으면 기심(機心)을 제거하여 만사에 수응(酬應)할 수 있습니다. 한번 기심이 일어나면 곧장 거짓의 구덩이 속에 떨어지게 되니, 성인이 크게 미워하는 바입니다. 자신의 마음이 엄한 스승입니다."

라 하고,

"조심하고 두려워하라. 하루에도 기미가 만 가지이다."

라는 말을 인용하여 대답하기를,

"간괘(艮卦)는 일양(一陽)이 위에 있어 더 이상 나아갈 곳이 없으므로 '그쳐야 한다'는 뜻이 됩니다. 양(陽)이 제 자리를 얻어서 응당 그쳐야 할 곳에 그쳤었기 때문에 광명의 상(象)이 있는 것입니다. 무릇 사람의 신식(神識)은 반드시 정지(定止)한 뒤에야 개명(開明)하고 통투(通透)하여 사려(思慮)가 바르게 되는 것입니다. 마음을 항복시켜야 합니다. 마음은 마치 살아 움직이는 용이나 범과 같으니, 항복시킨 뒤에야 바르게 될 수 있습니다. 심(心)은 화(火)에 속합니다. 그러므로 수(水)는 위로 올라가고 화(火)는 아래로 내려오는 것이 기제괘(旣濟卦)입니다. 사람의 몸은 마음을 주인으로 삼는데, 심장은 화장(火臟)으로서 위에 있고 신장(腎臟)은 수장(水臟)으로서 아래에 있습니다. 따라서 심화(心火)는 내려가서 데

위주고 신수(腎水)는 올라가서 적셔주어야 질병이 생기지 않는 법
입니다. 이런 까닭에 유자(儒者)의 존심술(存心術), 도가(道家)의
수련법(修鍊法), 의사의 약 처방이 모두 다 심화를 항복시키는 것
을 위주로 하니, 방법은 비록 다르지만 그 이치는 같습니다."
라 하였다.

書筵, 講『心經』自"閱機事-止-這箇心." 臣對以"誠實無僞, 則可以除機心而
應萬事. 一涉機心, 便墜詐僞坑中, 聖人之所大惡也. 己心爲嚴師." 引'兢兢
業業, 一日萬幾[28]'之說以對:"艮, 一陽在上, 無更進之處, 而爲可止之義.
陽得其所而止乎其所當止, 故有光明之象. 凡人之神識, 必定止而後, 可得
開明通透而思慮正. 降伏其心, 心猶生龍活虎, 當降伏然後, 可以得其正. 心
屬火, 故水上而火下爲旣濟. 人之一身, 以心爲主, 而心爲火臟, 居于上, 腎
爲水臟, 居于下, 心火當下降而溫之, 腎水當上行而潤之, 然後疾病不生, 故
儒者存心之術, 道家脩鍊之法, 醫師處藥之方, 皆以降伏心火爲主. 爲術雖
二, 其義一也.

---

28 兢兢……萬幾 :『書經』「皐陶謨」에 "안일과 욕심으로 제후들을 가르치지 말
아서 삼가고 두려워하소서. 하루 이틀 사이에도 기미가 만 가지나 됩니다.〔無
敎逸欲有邦, 兢兢業業. 一日二日萬幾.〕"라 하였다.

11. 6월 23일 정해
六月二十三日丁亥

직소(直所)에서 나왔다. 객지의 무더위에 숙질(宿疾)이 자주 도져 실로 공직(供職)할 가망이 없기에 7월 20일에 정순(呈旬)하였더니, 한 번만에 곧바로 체직되었다. 장마로 강물이 불어 넘치고 말과 종도 없어서 8월 12일에야 집에 돌아왔다.

出直. 客裏溽熱, 宿症頻發, 實無供職之望, 七月二十日呈旬, 一呈卽遞. 以潦水漲溢, 且無騎率, 八月十二日, 始得還家.

갑오계방일기 甲午桂坊日記

12. 계사년 5월 27일
癸巳五月二十七日

상이 '춘방(春坊)과 계방의 관원은 택차(擇差)하여 구임(久任)하고 치부(置簿)하라'는 뜻으로 하교하였다. 12월 22일의 도목정사(都目政事)에서 나를 세자익위사 위솔(世子翊衛司衛率)에 수망(首望)으로 의망하여-부망(副望)은 이의경(李毅敬)이고, 말망(末望)은 유광익(柳光翼)이었다.- 낙점을 받았다. 이듬해 정월 11일에 가아(家兒)와 함께 서울에 들어가서 회동(晦洞)의 장령(掌令) 성영(成穎) 수부(秀夫)의 집에 거주하였다. 16일 경오에 숙명(肅命)하고, 이어서 입직(入直)하였다.

上以春桂坊官員擇差久任置簿之意下敎. 十二月二十二日都政, 擬余翊衛司衛率首望,-副望李毅敬, 末望柳光翼.- 蒙點. 翌年正月十一日, 與家兒入京, 住晦洞成掌令穎秀夫家. 十六日庚午, 肅命, 仍爲入直.

13. 정월 18일 임신

正月十八日壬申

서연이 있었다. 『성학집요(聖學輯要)』의 '수렴용지(收斂容止)' 장 (章)을 강하였다. 춘방(春坊)이 규례에 따라 뜻을 강하고 차례가 신에 이르렀다. 신이 아뢰기를,

"용지(容止)를 수렴하는 근본은 경(敬)에 있으니, 경은 동(動)·정(靜)을 관통하는 것입니다. 만약 한갓 외면만 수렴하고 내면을 경으로 지키지 않는다면 한(漢)나라 성제(成帝)가 조회를 볼 때는 근엄하였으나 혼음(昏淫)에 그치고 만 것과 다를 바 없습니다. 만약 경을 지킨다면 모든 움직임에 다 법도가 있어서 다닐 때는 걸음걸이가 저절로 중후하고, 볼 때는 시선이 절로 단정해지는 등 구용(九容)이 순리대로 되지 않음이 없게 될 것입니다. 만약 그 경을 잃어서 잠시라도 잊어버리거나 소홀함이 있으면 걸어갈 때에는 반드시 엎어지고 넘어지며 시선은 반드시 들뜨고 바르지 못하게 될 것이며, 말할 때에는 급박하여 안정되지 못할 것입니다."

라 하였다.

書筵. 講『聖學輯要』'收斂容止'章. 春坊如例講義, 次至臣. 臣奏曰:"收斂容止之本在於敬, 敬通貫動靜. 若徒收斂其外而內無敬以持之, 則無異於漢成帝之臨朝儼然而止於昏淫而已. 若能以敬爲主, 則動容周旋, 莫不有則, 行時足容自重, 視時目容自端, 九容莫不循理矣. 若失其敬, 而介然之頃, 有所忘忽, 則行必顚蹶, 視必浮邪, 言語之際, 亦急迫而不安定矣."

동궁이 이어서 묻기를,

"연전(年前)에는 어찌 그리도 급하게 돌아갔는가?"

라 하기에 대답하기를,

"신은 괴질(怪疾)이 있어서 벼슬에 종사할 수 없다는 것은 이미 통촉하시는 바입니다. 그 때 더위를 견디지 못하여 정병(呈病)하고 돌아갔는데, 갑자기 저하 곁을 떠나는 서운한 감회를 절로 억제할 수 없었습니다. 뜻밖에도 이제 또다시 제수(除授)하는 명이 내리셨으나 병세가 여전하여 실로 나와 숙배(肅拜)하기가 어려웠습니다. 그렇지만 예학(睿學)이 날로 진보한다는 말을 듣고 사모하는 마음을 이길 수 없어 다시 한 번 저하(邸下)의 청광(淸光)을 뵙고 싶어서 병을 무릅쓰고 올라왔으니, 실로 오래 머물러 종사(從仕)할 수는 없습니다."

라 하였다. 동궁이 이르기를,

"지금 날씨가 차츰 따스해지고 있으니, 지난해 무덥던 때와는 같지 않다. 자주자주 입번(入番)하는 것이 좋을 듯하다."

라 하고, 이어서 매우 도타운 말로 위로해 주었다.

東宮因問: "年前何其急歸乎?" 對曰: "臣有奇疾, 不能從宦, 已自下燭矣. 其時日熱不堪, 呈病而歸, 便訣之懷, 自不能已. 不意今者又有除命, 病情依舊, 實難出肅, 聞睿學日將, 不勝延頸之忱, 將欲復瞻淸光, 強疾以來, 實不能久留從仕矣." 東宮曰: "卽今日漸和暖, 不似昔年隆熱之時. 可頻頻入番似好." 因慰藉甚厚.

○ 이 때 경빈(敬彬 역적 이경빈(李敬彬))의 무리가 춘방과 계방에 포

진하고 있었다. 이들이 모두 말하기를,

"근래에 서연을 총총히 끝내니, 무엇 때문에 이렇게 하는지 모르겠다."

라 하기에 내가 말하기를,

"성수(聖壽)가 점차 높아가는 터라, 곁에서 봉양하느라 사무가 많으니, 이는 당연하다. 무슨 걱정할 게 있겠는가."

라 하였다.

대저 이 자들은 언어가 대체로 모호하여 사람으로 하여금 의심하게 하기에 마음속으로 통탄하였다. 이 날 물러나올 즈음에 신이 아뢰기를,

"계방의 직책은 시위(侍衛)하는 것이니, 감히 주제넘게 아뢰지 못하겠습니다. 그러나 이미 등연(登筵)을 허락하셨으니 미천한 생각을 아뢰지 않을 수 없습니다. 신이 입직할 때 요원(僚員)들의 말을 듣건대 다들 근래에 서연을 급히 끝낸다고 하면서 퍽 의아하고 답답하게 여기는 말을 했었는데, 이제 보니 과연 그렇습니다. 신은 저하께서 어떤 바쁜 일이 있어서 그런지를 모르겠습니다. 혹시 감선(監膳)이나 시좌(侍坐)하는 때와 상치(相置)되어 그러한 것입니까? 황공하게도 감히 여쭙니다."

라 하였다. 동궁이 음성을 낮추어 조용히 대답하기를,

"성수(聖壽)가 날로 높아가니 자연 바쁜 일이 많아서 그런 것이다."

라 하였다. 내가 다시 아뢰기를,

"제왕(帝王)의 행실은 효(孝)보다 더한 것이 없습니다. 효성이 지극하면 형체가 없는 데서도 보고 소리가 없는 데서도 듣게 됩니다. 금일의 일로 말한다면, 서연이 비록 중요하지만 오히려 두 번째의

일입니다.”

라 하였다. 동궁이 자못 가납(嘉納)하는 뜻이 있었다.

　내가 물러 나와서 사람들에게 말하기를,

　“서연을 급히 끝낸 것은 과연 내가 말한 대로였다. 어찌 걱정할
　게 있으리오. 또한 신민(臣民)의 행복이 아니겠는가?”

라 하였다.

○時, 敬彬輩布在春桂坊, 皆曰: “近來書筵恩恩, 不知緣何如此.” 余曰: “聖
壽漸高, 左右奉養, 事務多端. 此固然矣, 有何可憂?” 大抵此輩言語多糢糊,
使人疑慮, 心竊痛之. 是日將退, 臣奏曰: “桂坊職是侍衛, 不敢猥越陳奏.
而旣許登筵, 則微忱所在, 不可不白. 臣入直時聞僚員之言, 則皆以近來書
筵之恩遽, 頗有疑菀之語, 今者果然. 臣未知邸下有何忙事而然耶? 或與監
膳侍坐之時相値而然耶? 惶恐敢稟.” 東宮低聲微答曰: “聖壽日高, 自然多
忙事而然矣.” 臣復奏曰: “帝王之行, 莫大於孝. 及其至也, 至於視於無形聽
於無聲. 以今日事言之, 書筵雖重, 猶是第二件事.” 東宮頗有嘉納之意. 余
出謂諸人曰: “書筵之恩遽, 果如我言, 豈有可憂? 而亦豈非臣民之幸耶?”

14. 정월 19일 계유

正月十九日癸酉

서연을 정지하였다.

書筵停.

○ 동궁이 음식을 내리셨다. 내가 생각건대 지난 임진년 여름에 입직했을 때, 한 춘방(春坊)이 찾아와서 대화를 하고 있었는데, 얼마 안 되어 사약(司鑰)이 동궁이 친히 지은 『삼운성휘(三韻聲彙)』 서문을 가지고 왔다. 이는 친필 초본(草本)인 듯한데, 정서(正書)하여 책의 첫머리에 얹도록 하라는 것이었다. 그런데 그 사람이 앉은 채 한 손으로 받는 것을 보고는 매우 오만하고 옳지 않은 일로 여겼었다. 그래서 이번에는 내가 하번인 세마(洗馬) 정지검(鄭志儉)에게 말하기를,

"관대(冠帶)를 갖추고 공경히 받아야 할 듯하오."

라 하니, 대답하기를,

"상번의 뜻이 이와 같으니, 그렇게 하겠습니다."

라 하였다. 관대를 갖추고 공경히 음식을 받아 가운데 놓고 열어 보니, 성찬(盛饌)으로 모두 아홉 그릇이었다. 하번이 셋으로 나누도록 해서 양관(兩官)이 마주 앉아 먹고, 나머지 하나는 이례(吏隷)에게 주었다.

○東宮賜饌. 余念壬辰夏入直時, 有一春坊來話, 俄而司鑰持睿撰『三韻聲彙』序文而來, 似是親筆草本, 使之正書弁卷. 其人坐, 以一手受之, 看甚傲慢不是. 至是, 余謂下番鄭洗馬志儉曰: "似當具冠帶祗受." 答曰: "上番之意如是, 則可矣." 遂具冠帶祗受, 置中間開視, 盛饌也, 凡九器. 下番令分爲三, 兩官對食, 一分給吏隷.

15. 정월 20일 무술

正月二十日甲戌

서연이 있었다. '수렴언어(收斂言語)' 장(章)을 강하였다. 내가 아뢰기를,

"공자(孔子)의 이 말은 곧 「계사(繫辭)」에서 중부괘(中孚卦)의 이효(二爻)를 풀이한 것입니다. 『주역』에 '우는 학이 그늘에 있으니 그 새끼가 화답하도다. 나에게 좋은 벼슬이 있으니 내 너와 함께 하노라.'라 하였습니다. '부(孚)'라는 것은 믿음입니다. 이효(二爻)와 오효(五爻)가 상응(相應)하여 서로 신뢰하여 감응함이 이와 같은 것입니다."

라 하였다. 동궁이 이르기를,

"내가 아직 『주역』을 읽지 못해서 역(易)을 모른다. '이오(二五)가 상응한다.'는 것은 무슨 말인가?"

라 하기에 대답하기를,

"『역』에는 육효(六爻)가 있는데 안의 삼효(三爻)는 내괘(內卦)이고 밖의 삼효는 외괘(外卦)입니다. 초효(初爻)는 사효(四爻)와 응하고 이효는 오효와 응하고 삼효는 육효와 응하니, 이를 상응(相應)이라 합니다."

라 하였다. 동궁이 이르기를,

"다시 그 글 뜻을 다 말하라."

라 하기에 대답하기를,

"공자(孔子)가 전(傳)을 지을 때는 상(象)을 취하여 말하였으니,

그저 언행(言行)만 말한 것이 아닙니다. 이 괘의 내괘는 태(兌)이니, 태는 기쁨입니다. 사람이 기쁘면 말을 하게 마련입니다. 게다가 태(兌)에는 입 구(口) 자의 상(象)이 있으므로 언(言)이 되는 것입니다. 그리고 이효(二爻)가 움직이면 진(震)이 되니, 진은 움직임입니다. 행(行)은 움직임에 속합니다. 그러므로 공자가 사람에게 절실한 것으로 언행(言行)보다 더한 것이 없다고 생각하여 상(象)에서 뜻을 취하여 밝힌 것이니, 언행을 신중히 하지 않을 수 없음이 대개 이와 같습니다. 그리고 임금이 된 이는 더욱 조심하고 두려워해서 한 마디 말도 실수함이 없고 한 가지 행동도 잘못됨이 없도록 해야 합니다. 혹시라도 잘못하는 일이 있으면 잠깐 사이에 사방 사람들이 다 알게 되니, 그 기미가 과연 두렵습니다. 옛사람이 또 말하기를, '당(堂)에서 말하면 말이 대청에 가득하고 실(室)에서 말하면 말이 실에 가득하다.'라 하고 '말이 천하에 가득하여도 입의 잘못이 없고 행동이 천하에 가득하여도 몸의 잘못이 없다.'라 하였습니다. 말을 삼가는 것은 수신(修身)의 지극함이니, 공부가 능히 이런 경지에 이른다면 어찌 즐겁지 않겠습니까. 사람의 행실에는 여러 가지가 있지만, 옛사람은 효(孝)가 모든 행실의 근원이라 하였고, 또 말하기를, '효제(孝悌)의 덕은 신명(神明)에 통한다.'라 하였습니다. 임금이 진실로 먼저 효를 다할 수 있다면 궁중이 모두 공경하고 근신(謹愼)하여 화기가 충만하여 밖으로 흘러넘칠 터이니, 그렇게 되면 신명에 통하고 천지를 감동시킬 수 있을 것입니다."
라 하였다.

書筵. 講‘收斂言語’章. 臣曰: "孔子此言, 卽「繫辭」釋中孚二爻之辭也. 『易』曰: "鳴鶴在陰, 其子和之. 我有好爵, 吾與爾縻之." 孚者信也. 二爻與五爻相應, 孚信相感如此. 東宮曰: "予未讀『易』, 故不知易, 二五相應云者何也? 對曰: "『易』有六爻, 內三爻爲內卦, 外三爻爲外卦. 初爻與四爻應, 二爻與五爻應, 三爻與六爻應, 是謂相應也." 東宮曰: "更畢其文義." 對曰: "孔子作傳, 亦取象而言, 非徒然但言言行也. 這內卦爲兌, 兌悅也. 人悅則有言, 且兌有口象, 故爲言. 且二爻動則爲震, 震動也. 行屬動, 故孔子以人之切近莫過於言行, 卽象取義以明之. 言行之不可不愼盖如此. 而爲人君者, 尤當警惕, 不可使一言有所失措, 一行有所虧欠. 一或有誤, 俄頃之間, 四方知之, 其幾果可畏也. 古人又言: ‘言堂滿堂, 言室滿室.²⁹ 言滿天下無口過, 行滿天下無身過.³⁰’ 謹言, 脩身之至. 工夫能到此界分, 則豈不樂哉? 行雖多般, 而古人以爲孝者百行之源, 又曰: ‘孝悌之德, 通於神明.’ 人主誠能先盡其孝. 宮闈之間, 洞洞屬屬, 和氣瀜洩, 洋溢于外, 則可以通神明而動天地矣."

○ 동궁이 『시경(詩經)』「억(抑)」 장을 논하기를,

"위무공(衛武公)은 늙어서도 공부를 게을리 하지 않았으니 어찌 어질지 않은가."

라 하였다. 신이 말하기를,

"이 편은 첫머리에 ‘진밀(縝密)한 위의는 덕의 방정함이다.〔抑抑威

---

29 言堂……滿室 : 室은 안에 있고 堂은 밖에 있다. 임금이 안에서는 室에서 말하고 밖에서는 堂에서 말하되 모두 은밀히 숨기지 않아 室과 堂에 가득하여 모든 사람들이 알도록 한다는 뜻이다. 『管子補註 권1』

30 言滿……身過 : 『孝經』「卿大夫章」에 보인다.

儀 維德是隅〕'라 하였으니 이는 외면을 다스림을 말한 것이며, 중간에 '온화하고 온화한 공손한 사람은 덕의 바탕이다.〔溫溫恭人 維德之基〕'라 하였으니 이는 내면을 다스림을 말한 것입니다. 사람의 공부는 외면을 제어하여 내면을 함양(涵養)하는 것에 불과합니다. 이런 까닭에 그 문세(文勢)와 구법(句法)이 같은 것입니다. 이 두 구절은 실로 이 「억(抑)」시의 강령입니다. 대저 공손의 덕이 크니, 외형만 공근(恭謹)할 뿐 아니라, 그 내심(內心)이 진실로 공근해야만 덕의 바탕이 될 수 있습니다. 『주역』의 겸괘(謙卦)는 모두 길(吉)하고 흉(凶)이 없으며, 요순(堯舜)과 공자의 덕도 모두 공(恭)자를 써서 일컬었으니, 그 공효가 공손함을 돈독하게 함에 천하가 평안해지는 데까지 이른 것입니다."

라 하였다.

○東宮論「抑章」曰: "衛武公年老而工夫不懈, 豈不賢哉?" 臣曰: "此篇首言: '抑抑威儀, 維德之隅.' 言治其外也; 中言: '溫溫恭人, 維德之基.' 言治其內也. 人之工夫, 不過於制外養內而已, 故其文勢句法亦同. 此二句, 實一篇之綱領也. 夫恭之德, 大矣. 非徒外面恭謹而已, 惟其內心實恭, 然後可以爲德之基矣. 『周易』謙卦, 惟吉無凶, 堯舜孔子之德, 皆稱恭字, 其效至於篤恭而天下平.[31]"

---

31 篤恭而天下平 : 『中庸章句』33장에 보인다.

16. 정월 21일 을해

正月二十一日乙亥

서연이 있었다. '수렴기신(收斂其身)' 장(章)을 강하였다. '오불가장 (敖不可長)' 절(節)에 이르러 신이 아뢰기를,

"오만은 큰 흉덕(凶德)입니다. 이런 까닭에 네 가지 중에서 앞에 있는 것입니다. 진(秦)나라 이후로 군도(君道)는 날로 높아지고 신도(臣道)는 날로 낮아져 상하의 정의(情意)가 막혀서 임금 된 이들은 매양 자신이 현명하고 옳다고 여기는 병통이 있게 되었으 니, 모두 오만한 덕(德)입니다."

라 하니, 동궁이 자못 안색을 가다듬었다.

書筵. 講'收欽其身'章. 至'敖不可長'節, 臣曰: "敖之爲凶德大矣. 是以, 居四 者之先. 自秦以下, 君道日尊, 臣道日卑, 上下之情意隔阻, 而爲人君者, 每 有自聖之病, 皆敖德也." 東宮頗動容.

○ 당시 『주자어류(朱子語類)』에 현토(懸吐)하는 일이 있었다. 동 궁이 이르기를,

"지금 토를 달지 못한 것이 30권이니, 중지하면 애석하다."

하였다. 내가 아뢰기를,

"토를 다는 일은 매우 어렵습니다. 더구나 『주자어류』는 당시의 속어(俗語)가 태반이라 실로 알기 어렵습니다. 신의 생각으로는, 차라리 토를 달지 않고 그 문세(文勢)를 따라 읽으면서 침잠하여

완미(玩味)하고 탐색하는 편이 좋으니, 그렇게 하면 거의 그 뜻을 알 수 있을 것입니다. 만약 억지로 토를 단다면 도리어 그 의미를 단천(短淺)하게 만들 것입니다."

라 하였다. 동궁이 이르기를,

"한 질의 책을 반은 달고 반은 달지 않아서 보기 흉하기 때문이다."

라 하였다. 이어서 계방의 여러 신하들에게 『어류』를 분배하여 주었는데, 내가 토를 단 것은 『주역』과 『예기』 각 2권이다.

○時, 有『語類』懸吐事, 東宮曰："今未懸者三十卷, 中止可惜." 臣奏曰："懸吐一節甚難. 且『語類』是當時俗語過半, 實難通解矣. 臣意則不如不懸, 因其文勢而讀之, 沉潛玩索, 則庶有所得. 若强爲懸吐, 則反使意味短淺矣." 東宮曰："一帙之書而半懸半不懸, 爲班駁故也." 因分排於桂坊諸臣. 余所懸者, 『易』·『禮』各二卷.

17. 정월 23일 정축

正月二十三日丁丑

서연이 있었다. '거경(居敬)' 장을 강하였다. 강의초본(講義草本)은
잃어버렸다.

書筵. 講'居敬'章. 講義草失.

18. 정월 24일 무인

正月二十四日戊寅

서연이 있었다. 「숙흥야매잠(夙興夜寐箴)」을 강하였다. 강의초본은
잃어버렸다.

書筵. 講「夙夜箴」. 講義草失.

19. 3월 5일 무오

三月初五日戊午

서연이 있었다. 강장(講章) 및 강의초본은 잃어버렸다.

書筵. 講章及講義草失.

20. 3월 6일 기미

三月初六日己未

서연이 있었다. 강장(講章) 및 강의초본은 잃어버렸다.

書筵. 講章及講義草失.

21. 4월 2일 갑신

四月初二日甲申

서연이 있었다. '이기(理氣)' 장(章)을 강하였다. 강을 마친 후 동궁이 나에게 묻기를,

"퇴계와 율곡의 이기설(理氣說)이 서로 같지 않은데, 그대는 어느 설을 따르는가?"

라 하였다. 신이 대답하기를,

"신은 늙고 어리석은 사람이라 성리(性理)의 근원은 감히 말하지 못하겠습니다. 다만 율곡의 자득(自得)한 견해가 비록 좋으나 퇴계의 설은 주자(朱子)에 근본한 것입니다. 『어류(語類)』중 보광(輔廣)이 기록한 글에 '사단(四端)은 리(理)가 발(發)한 것이며, 칠정(七情)은 기(氣)가 발한 것이다.'라 하였습니다. 보광은 주자 문하의 고제(高弟)이니 필시 잘못 기록하지는 않았을 것입니다. 퇴계의 설은 그 내력의 연원이 있기 때문에 신은 일찍이 퇴계의 설을 따랐습니다만, 깊이 연구하지는 못하였습니다."

라 하였다.

書筵, 講'理氣'章. 講畢, 東宮問于臣曰: "退溪·栗谷理氣說各不同. 君從何說?" 臣對曰: "臣老耄昏劣, 性理原頭, 不敢論列. 而但栗谷自得之見雖好, 而退溪之說, 本於朱子. 『語類』輔廣所記曰: '四端, 理之發; 七情, 氣之發.' 輔氏是朱門高弟, 必不誤錄矣. 退溪說有來歷源委, 故臣嘗從退溪說, 而亦未能深究矣."

22. 5월 3일 을묘

五月初三日乙卯

서연이 있었다. 강장(講章)과 강의초본은 잃어버렸다.

書筵. 講章及講義草失.

23. 5월 3일 정사

五月初五日丁巳

서연이 있었다. 이날 강한 것이 매우 많았으나 강의초본을 잃어버려 기억하지 못한다.

書筵. 此日講義甚多, 而草失不記.

24. 6월 23일 을사

六月二十三日乙巳

서연이 있었다. 강장(講章)과 강의초본은 잃어버렸다.

書筵. 講章及講義草失.

○ 미시(未時) 초에 소대(召對)하였다. 영(令)이 내려 입시하니, 동궁이 나를 보고 이르기를, "그대가 다시 들어왔구나."라 하기에 신이 대답하기를,

　"장차 돌아가려고 합니다. 오늘은 병세가 조금 뜸하고, 전일에 소대에 나오라는 하교가 있을 때마다 끝내 이를 받들지 못했기 때문에 지금 다시 입시한 것입니다."

라 하였다. 동궁이 이르기를,

　"장차 돌아갈 것인가?"

라 하기에, 병이 자주 발작하여 객지에 오래 머물러 있기 어려운 연유로 대답하였다. 영을 내리기를,

　"비록 돌아가더라도 날씨가 선선해지거든 다시 올라오라."

라 하였다. 내가 황공하여 부복하고 아뢰기를,

　"근본 원인이 기질(奇疾)에 있습니다. 억지로 올라올 수 있다면 다시 올라오겠습니다."

라 하였다.

　이 날 입시했을 때는 동궁의 예용(睿容)이 온화하고 순수하며 주고

받는 대화가 매우 자연스러워 집안 사람이나 친구들이 모여서 대화하는 것과 다름없었다. 날이 이미 저물어 모두 물러가나왔다. 물러나올 때 동궁이 다시 나를 보고 이르기를,

"다시 오겠는가?"

라 하기에 내가 몸을 굽혀 황송해 하며 물러나왔다. 사약(司鑰)이 촛불을 들고 들어왔다.

이 날 직소(直所)를 나와 돌아가기로 했는데, 또 비로 물이 불어 넘쳐서 7월 10일에야 비로소 집에 돌아왔다. 다시 등연(登筵)하지 않고 돌아온 것이다. 집에 돌아온 뒤 신병이 늘 발작하기에 정순(呈旬)하여 체직되었다.

○未時初. 召對. 令下入侍, 東宮見臣曰: "君復入矣." 臣對以"將欲歸去, 且今日則病症稍間, 而前日每有召對之敎, 而竟未承奉, 故今復入侍矣." 東宮曰: "將歸乎?" 臣對以疾症頻發久客難處之由. 下令曰: "雖歸, 乘涼復來." 臣惶感俯伏曰: "本在奇症. 若可强則可以復來矣." 是日入侍, 睿容和粹, 酬酢如響, 無異於家人朋儕之會話矣. 日已昏黑, 皆告退. 退時, 東宮復視臣曰: "復來乎?" 臣俯身惶蹙而退. 司鑰持燭入來矣. 是日, 出直決歸, 又雨水漲溢, 七月初十日始歸, 不復登筵而歸. 歸家後身病常動, 呈旬而遞.

목천을 다스릴 때 정사 木州政事

25. 향청에 내린 체문(帖文)

鄕廳下帖 병신년(1776, 65세)

향소(鄕所)의 직임은, 우리 성조(聖朝)가 나라를 세운 후로 고을 안의 현능(賢能)한 선비를 정선(精選)하여 맡겨서 수령을 도와 고을을 다스리게 하였으니, 모두 다 백성을 위한 일이 아님이 없다.

본읍(本邑)은 비록 작은 고을이지만, 이미 현감을 두고 또 향소를 두었으니, 백성을 편안하게 하고 폐단을 혁파할 방도를 응당 힘을 다해 도모하여 우리 성상께서 백성을 사랑하는 지극한 뜻에 부응해야 할 것이요, 단지 백성을 수탈해서 자신만 살찌우는 짓을 해서는 안될 것임은 그 이치가 당연하다.

본읍의 폐정(弊政)이 무엇인지 관(官)에서는 알지 못하지만, 향소는 본읍의 토인(土人)이니 민폐(民弊)가 어디 있는지 및 관가의 폐정을 모를 리 만무하니, 우선 제반 폐정을 논열(論列)하여 보고하는 한편 서둘러 각 면(面)의 풍헌(風憲)들에게 지시하여 본면(本面)의 부로(父老)들을 모아놓고 해당 면 안의 폐정을 일일이 자세히 물어서 치보(馳報)토록 하되, 본관이 부임하기 전에 성화(星火)같이 달려와서 고하도록 하라.

鄉所之任, 自我聖朝立國之後, 精選境內賢能之士而爲之, 以佐守令, 治其境內, 莫非爲民之事也. 本邑雖是殘薄, 旣置縣監, 又設鄉所, 則便民革弊之道, 所當竭力圖之, 以副我聖上慈恤元元之至意, 毋徒爲剝民自肥之歸, 其義當然矣. 本邑弊政所在, 官無以知之, 鄉所則本邑土人, 其於民弊所存及官家弊政, 萬無不知之理, 爲先論列諸般弊政以報, 又急急知委于各面風憲輩, 聚其本面父老, 當面內弊政, 一一詳問馳報. 官未赴任前, 星火來告.

26. 처음 부임하여 각 면에 유시(諭示)한 글

到任初諭各面文 병신년(1776, 65세)

정사의 근본은 오로지 교화(敎化)를 돈후(敦厚)하게 하고 명분을 바로잡는 데 있으니, 이 두 가지가 잘 되면 기타 소소한 절목(節目)들은 절로 진행되어 다스리기 어렵지 않을 것이다. 옛날의 성왕(聖王)으로부터 국조(國朝)의 전헌(典憲)에 이르기까지 이 두 가지로써 급선무를 삼지 않음이 없었던 것이 진실로 까닭이 있는 것이다.

당직(當職)이 부임한 지 채 열흘이 못 되는데, 답지(沓至)하는 백성들의 송사가 모두 풍속을 무너뜨리고 명분을 범하는 것들이 아님이 없고, 간간이 음란하고 추악한 말로 마음을 놀라게 해 듣기에 해괴한 일들이 많았으니, 이는 실로 교화가 밝지 못하고 명분이 바르지 못한 데서 연유한 것이다. 만약 이와 같은 상태가 그치지 않는다면 세도(世道)가 더욱 낮아지고 인심이 더욱 야박해질 터이니, 옛날에 이른바 '점차 금수(禽獸)의 경역(境域)에 들어간다.'는 말에 불행하게도 가깝게 될 것이다. 이는 관장(官長)된 자의 근심일 뿐만 아니라, 그 사민(士民)된 자 또한 어찌 얼굴을 붉히며 부끄러워하고 민망해 하지 않을 수 있겠는가.

당직(當職)이 조정의 명을 받아 이곳에 수령으로 왔으니, 비록 재주가 없고 능력이 없으며 늙고 병들고 어리석고 용렬하지만, 성상의 하교(下敎)를 잘 받들어 교화를 펴서 위임하신 성상의 뜻에 부응하는 데에 어찌 조금이라도 소홀할 수가 있겠는가. 그 방도는 또한 교화를 돈후하게 하고 명분을 바로잡는 데 불과하다.

내가 듣기로 이 고을에는 동네마다 동계(洞契)가 있다고 하니, 무
릇 한 동네 안에서 선(善)을 표창하고 악(惡)을 규탄하는 일이 있으
면, 그 동네의 정사가 잘 되고 교화가 밝아지고 명분이 바르게 되는
것은 이로부터 거의 이루어질 수 것이다. 이는 실로 옛사람이 시행한
향약(鄕約)의 뜻이며, 비(比)·려(閭)·족(族)·당(黨)의 제도도
이를 통해서 시행될 수 있는 것이다.

각 마을의 군자들은 동헌(洞憲)을 잘 다듬어서 실시하되, 이 두
가지를 반드시 실행해야 할 급무(急務)로 삼기 바란다. 만약 이 두
가지의 죄를 짓고도 끝내 가르침을 따르지 않는 자가 있으면 관(官)
에서 또한 징계하는 방도가 있을 것이다. 이는 비록 예로부터 관장(官
長)된 자가 으레 하는 말이지만, 만약 이를 시행할 수만 있다면 그
효과는 금방 나타날 것이다.

이에 대한 각 건의 절목(節目)을 후록(後錄)에 써 놓았으니, 하임
배(下任輩)들로 하여금 각각 한 통씩 베껴 쓰게 해서 각 리(里)의
두목(頭目)에게 나누어 주어, 이들로 하여금 의리가 어디에 있는지
환히 알게 한다면 이 어찌 좋은 일이 아니겠는가?

夫爲政之本, 亶在於敦教化·正名分. 二者行, 則小小節目, 自當就緒而不
難治矣. 盖自古昔聖王, 以及國朝典憲, 莫不以此二者爲急先務者, 良有以
也. 當職到官未浹一旬, 而民訟之沓至者, 莫非敗俗犯分之類, 而間多有猥
說醜談驚心駭聽之事, 此實由於敎化之不明, 名分之不正而然也. 若此不已,
則世道愈下, 人心愈渝, 古所謂駸駸然入於禽獸之域者, 不幸近之矣. 此非
但爲官長者之憂, 爲其土民者, 豈不怲然而羞悶哉? 當職謬膺朝命, 來守兹
土, 雖無才無能, 老病昏劣, 其於承流宣化, 奉副我聖上委任之意, 豈敢少

忽? 而其道亦不外於敦教化正名分而已. 竊聞此土皆有洞契. 凡一洞之內,

有彰善癉惡之擧, 則一洞之政脩, 而教化之明, 名分之正, 從此庶幾. 此實古

人鄉約之意, 而比閭族黨[32]之制, 亦以此也. 竊願各洞諸君子, 修明洞憲, 以

此二者, 爲必行之急務. 如有得罪此二者, 而終不率教者, 則自官亦有懲厲

之道. 此雖自古爲官長者之例談, 而苟能行之, 其效立見. 各件節目, 書于後

錄, 使下任輩各書一通, 分給各里頭目, 使之曉然知義理之所在, 豈不善哉?

---

32 比閭族黨 : 향리의 이웃이 서로 결속하여 患難에 서로 돕게 한 제도이다. 『周
    禮』 「地官 司徒」에 "5家를 比로 삼아 서로 보호해 주며, 5比를 閭로 삼아
    서로 받아 주며, 4閭를 族으로 삼아 서로 도와 葬事를 지내 주며, 5族을 黨으로
    삼으니 서로 구원해 주도록 한다.〔令五家爲比, 使之相保; 五比爲閭, 使之相
    受; 四閭爲族, 使之相葬; 五族爲黨, 使之相救.〕"라 하였다.

27. 후록
後錄

부모에게 효순할 것
웃어른을 공경할 것
이웃과 화목할 것
자손을 가르칠 것
저마다 생활을 편안하게 여길 것
그릇된 짓을 하지 않을 것

孝順父母, 尊敬長上.
和睦鄰里, 教訓子孫.
各安生理, 無作非爲.

이상 6개 조항은 명나라 고황제(高皇帝)가 천하에 효유(曉諭)하여, 각 리(里)의 두목으로 하여금 백성들을 모아놓고 날마다 이른 아침에 먼저 이 6개 조항을 강(講)한 다음에 각자 자기 일을 하게 했던 것이니, 이것이 바로 당시의 치세(治世)를 이루어 천하 후세가 본받을 수 있게 된 까닭이다. 우리나라는 명나라를 섬겨왔던 터라 명나라의 유민(遺民)으로서 모두 그 시대를 그리워하고 있으니, 명나라에서 백성을 인도하고 교화를 일으켰던 조목들을 감히 준행하지 않을 수 있겠는가.

매일 약조(約條)를 읽는 것은 너무 번거로울 듯하니, 매월 초하루에 각 마을의 상원(上員)이 하임(下任)에게 나누어 주어 각 리의 두목 들로 하여금 모여서 약조를 읽되, 간곡하게 효유(曉諭)하도록 하라.

右六條, 大明高皇帝曉諭天下, 令各里頭目, 會聚民人, 逐日早朝, 先講此六 條而後各趨其事. 此所以致一代之治, 而爲天下後世之所可法程者也. 我朝 尊事大明, 周餘遺民, 莫不思漢, 則其於皇朝導民興化之條, 敢不遵行? 逐 日讀約, 似涉煩數, 每月朔, 各洞上員, 分付下任, 令各里頭目, 聚會讀約, 丁寧曉諭.

부모에게 순종하지 않는 것
형제간에 사이가 좋지 않는 것
이웃간에 친목하지 않는 것
웃어른을 능멸하는 것
술에 취하여 난동을 부리는 것
도둑질하거나 간사한 짓을 하는 것

不順父母, 兄弟不和.
鄰里不睦, 凌犯長上.
酗酒作亂, 偸竊奸細.

이상 6개 조항은 백성을 교화할 때 응당 엄금(嚴禁)하여 통렬히 다 스려야 할 바이다. 매월 초하루에 약조를 강할 때 위 6개 조항을 아 울러 효유(曉諭)하여 백성들로 하여금 조심하고 경계할 줄 알게 한 다면, 반드시 조금이나마 효과가 없지 않을 것이다.

생각건대 풍교(風敎)가 밝아지지 않고 명분이 바로잡히지 않는 것은 모두 사대부들이 그 권위를 잃어서 그런 것이다. 대저 근래에 강자를 억누르고 약자를 도와야 한다는 주장이 우세하여 위아래의 분수가 무너져 무지한 상놈이 사대부에게 대드는가 하면 심지어 능욕하고 욕설하기까지 하니, 이는 모두 동헌(洞憲)이 분명하지 못하고 풍교가 시행되지 못한 데서 연유한다.

관장(官長)이 동헌을 다시 정비해 시행하여 각 동네마다 동헌을 준행하여 위반하지 않도록 하고자 하니, 그렇게 하면 풍속이 변화하는 계기가 될 수 있을 것이다. 만약 동임(洞任)을 맡은 자들이 관(官)의 근본 뜻을 제대로 알지 못하고 이를 기회로 삼아 권위를 빙자하여 무단(武斷)하는 일이 있으면, 국가에 정법(定法)이 있고 관이 기필코 다스릴 것이다.

지금 이 일은 동약을 실시하여 풍교가 시행되도록 하고자 하는 것이니, 관에서 응당 속속 염문(廉問)할 것이다. 만약 이를 형식적인 일로 여겨 선을 가리고 악을 숨기는 행위가 있으면 동임(洞任) 이하를 엄중히 다스릴 것이니, 서로 알려주어 한 사람의 백성이라도 이를 모르는 폐단이 없도록 하라.

위 매월 초하루에 6개 조항의 약조를 읽는 법을 각 리(里)로 하여금 두려운 마음으로 거행하여 죄책을 받는 일이 없도록 하라.

右六條, 皆風化之所當嚴禁而痛治者也. 每朔講約之時, 與上六條, 通共曉諭, 使民知所懲戢, 必不無萬一之效也. 竊念風敎之不明·名分之不正, 皆由於士大夫失其權而然也. 大抵近來抑强扶弱之論勝, 而下凌上替, 無知常漢, 與士大夫抗衡, 甚至於凌辱詬罵之境, 此都由於洞憲之不明而風敎之不行也. 官長欲修擧洞憲, 使各洞之內遵憲無違, 則庶幾有轉移之機耳. 如或洞任輩不諒官之本意, 因此有藉重武斷之事, 則國有定法, 官必治之. 今者此事, 欲令洞約脩擧而風敎得行, 官當續續廉問. 如有等視文具, 有掩善匿惡之擧, 則洞任以下, 自當重治. 自相傳告, 俾無一民不知之弊. 右月朔六條讀約之法, 令各里惕念擧行, 無罪責之弊.

28. 길청에 유시(諭示)하는 글

諭作廳文 병신년(1776, 65세)

우리나라의 외읍(外邑)의 아전 제도는 호장(戶長) 이하 육방(六房)의 직임(職任)이 있다. 대개 조정에서 관서(官署)를 설치한 뜻을 본떠서 만든 것이니, 그 법이 지중(至重)하고 그 호칭 또한 영예롭다. 다만 늠록(廩祿)에 관한 규정이 없어서 제 것을 먹고 입으면서 관문(官門)에 입역(立役)하느라 위로 부모를 섬기고 아래로 자식을 기를 겨를도 없이 늘 분주히 다니며 수고하니, 이는 인정이 감내하기 어려운 바이며 나라의 법제로도 좋지 못한 것이다. 비록 복호(復戶)의 지급이 약간 있지만 창해일속(滄海一粟)과 다를 바 없으니, 이것으로 어찌 농사를 대신할 수 있겠는가.

그러나 이미 직임을 나누어 맡아서 관장을 보좌하여 민사(民事)를 관장하고 있으니, 응당 공정하고 염결(廉潔)하며 근면하고 근신(謹愼)하여 위로는 국가가 이 제도를 설치한 본의를 저버리지 말고 아래로는 스스로 자신의 양심에 부끄럽지 않도록 해야 할 것이다.

창리(倉吏)가 곡식을 빼앗는 행위, 서원(書員)이 농가의 결복(結卜)을 몰래 훔치는 행위, 아전이 교묘하게 명목을 만들어서 백성을 수탈하는 행위, 형리(刑吏)가 관장의 생각을 엿보아 송옥(訟獄)을 도와주거나 억제하는 행위 등 폐단이 한두 가지가 아니니, 이는 열읍(列邑)의 고금에 공통된 폐단이다. 본 현(縣)은 고을이 탄환이나 바둑알처럼 작은 땅에 불과하니 실로 말할 것이 못 되지만, 그래도 백성이 있고 토지가 있으니 그 중에 어찌 농간을 부릴 단서가 없겠는가.

본관이 비록 늙고 병들어 총명은 부족하지만, 그래도 일찍이 옛사람이 윗자리에 있으면서 관대하고 인자했던 도리로써 정사를 보았으니, 사소한 일은 생략하고 심하게 문책하지 않겠다. 만약 이런 사소한 것까지 까다롭게 살핀다면 너희들이 어떻게 수족(手足)을 놀릴 수 있겠느냐. 이런 뜻을 너희들이 어쩌면 이미 알고 있을 것이다. 관(官)이 금지하는 것은 큰 것에 있다. 만약 엄중한 금령을 무시하고 백성의 좀벌레가 되는 자가 있다면 결단코 용서하지 않을 것이다. 너희들은 내가 작은 것을 살피지 않는 것을 다행으로 여겨 큰 것을 범하여 스스로 화를 부르는 일이 없도록 하라.

세상에서 관리(官吏)를 일컬을 때 반드시 '간사하다[奸]'하고 '교활하다[猾]하다' 하니, 이 간(奸)・활(猾) 두 글자가 그 어떠한 악명인데 너희들이 이를 범한단 말인가. 국가의 법제에 원악향리(元惡鄕吏)에 관한 조항이 있으니, 관령(官令)을 농락하여 권력을 휘둘러 작폐하는 행위, 남몰래 뇌물을 받아 차역(差役)을 균등하지 않게 하는 행위, 조세를 거둘 때 횡렴(橫斂)하고 남용하는 행위, 권세에 빌붙어서 본역(本役)을 회피하는 행위, 관장의 위엄을 사칭하여 백성을 침학(侵虐)하는 행위, 여염을 제멋대로 다니면서 백성을 침탈하여 사욕을 채우는 행위, 넓은 전장(田庄)을 두고 백성들을 부려 농사를 짓는 행위 등이 그 대략이다.

이제 위와 같이 조목조목 나열하니, 너희들은 두려워하며 각성하여 자신을 단속하는 도리로 삼도록 하라. 관장이 혹 알지 못하여 법을 무시하고 사사로운 일을 하거나 백성들을 동요하여 공사(公事)를 침해하는 일이 있으면 또한 그 즉시 지적하여 말해줌으로써 이목(耳目)이 되어 보좌하는 책임을 저버리지 않도록 하라.

我朝外邑人吏之制, 有戶長以下六房之任. 盖倣朝廷設官之意而爲之, 其法至重, 其號亦榮矣. 但無廩祿之䂓, 自衣自食, 立役官門, 無仰事俯育之暇, 而有長時奔走之勞, 此人情之所不堪, 而國法之有未善者也. 雖有若干復戶之給, 而無異滄海之一粟, 是何足以代耕乎? 然旣分職守任, 佐官長而掌民事, 則固當公廉勤謹, 上無負國家設立之意, 下無愧於自己之一心, 可也. 倉吏之乾沒穀粟, 書員之偸漏結卜, 諸吏之巧作名目侵漁民人, 刑吏之伺察官意扶抑訟獄, 其弊不一而足, 此列邑古今之通弊也. 本縣爲邑, 不過是彈丸黑子之地, 則固不足道, 而然而有民人焉, 有土地焉, 則豈無從中幻弄之端乎? 官雖老病, 聰明不及, 亦嘗以古人居上寬仁之道爲政, 其小者在所署之, 不甚致責. 若於此而察之苛刻, 則爾輩顧何以措手足乎? 此意, 爾輩或已知之矣. 官之所禁, 在于大者, 若冒重禁而爲民蠹者, 斷不容貸. 爾輩無以余不察其小者爲幸, 而犯其大者, 自速其辜也. 世稱官吏, 必曰奸曰猾, 奸猾二字, 是何等惡名, 而爾輩犯之耶? 國制有元惡鄕吏之條, 有曰: "操弄官令, 專權作弊." 曰: "陰受貨賂, 差役不均." 曰: "收稅之際, 橫斂濫用." 曰: "趨附權勢, 邀避本役." 曰: "假仗官威, 侵虐民人." 曰: "橫行閭里, 侵漁營私." 曰: "廣置田庄, 役民耕種." 此其大槩也. 今條列如右, 爾等其惕然警悟, 以爲自修之道. 官長或有不知而冒法行私, 擾民害公之事, 亦當隨事提告, 以無負耳目之任.

29. 각 면에 동약(洞約)을 결성하도록 유시하는 글

諭各面結洞文 정유년(1777, 66세)

본관은 부임한 후 고을의 풍속이 좋지 않은 것을 보고 그 본원(本源)을 다스리는 데 뜻을 두어 돈교화(敦敎化 교화를 돈후하게 함) · 정명분(正名分 명분을 바로잡음) 두 가지를 우선으로 삼고, 12개 조항을 열거해 보여주어 동임(洞任)들로 하여금 매월 초하루에 약문(約文)을 읽게 함으로써 선을 권장하고 악을 징계하는 방도로 삼았다.

그런데 영(令)을 내린 지 몇 달이 지났는데도 그 효과가 보이지 않고 이를 잘 실행하는 사람이 있다는 말도 들리지 않으며, 사송(詞訟)은 날로 많아지고 민습(民習)은 날로 각박해지니, 이는 다름이 아니라 관장으로 있는 자가 덕이 부족하고 재주가 용렬하며 성의가 미덥지 않은 소치이다.

올해는 성상이 즉위하신 원년이고 게다가 곧 해가 바뀔 것이니, 대소(大小) 백성들은 묵은 습속을 혁파하여 제거하고 유신(維新)의 치화(治化)를 따르기 바란다. 옛날에 주자(朱子)가 백성들에게 권유(勸諭)한 글에,

"인보(隣保)를 같이하는 사람들은 서로 권계(勸戒)하여 부모에게 효순(孝順)하며, 웃어른을 공경하며, 친척과 화목하며, 이웃을 구휼하면서 저마다 본분을 따르고 저마다 본업(本業)에 종사하며, 간사한 짓과 도둑질을 하지 말며, 함부로 술을 마시고 도박을 하지 말며, 서로 싸우지 구타하지 말며, 서로 시비하고 소송하지 말며, 서로 침탈하지 말며, 자신을 사랑하고 일을 참으며, 국법을 두려워

하라. 만약 효자나 순손(順孫), 의부(義夫)나 절부(節婦)가 있거든 즉시 보고하고, 가르침을 따르지 않는 자가 있거든 또한 신고하다. 운운."

하였다.

아! 사람의 마음은 고금의 차이가 없으니, 가르치는 방법 또한 어찌 고금에 다름이 있겠는가. 이를 잘 따르는 자는 선인이 되고, 이를 거스르는 자는 악인이 된다. 한 생각의 차이로 인해서 선과 악이 나뉘니 조심하지 않을 수 있겠는가.

가르침을 펴는 도리는 실제로 관장이 관대한 데 있다. 그래서 전일에 두 차례 염문(廉問)하여 고을 안의 불효하거나 공손하지 못하거나 윗사람을 능멸하거나 자기 분수를 망각한 자들을 대략 적발하였다. 그러나 사전에 거듭 주의를 주지 않고 가벼이 먼저 죄를 다스려서 악명을 씌우는 것은 차마 할 수 없다. 그래서 우선 그 소행을 고치게 하니, 만약 그래도 준행하지 않는 자가 있으면 응당 율(律)에 따라 죄를 줄 것이다.

생각건대 풍속을 이끌고 교화를 일으키는 것은 반드시 한 마을로부터 시작해야 하는 법이니, 주(周)나라 관제(官制)의 다스림도 모두 비(比)·여(閭)·족(族)·당(黨)에서부터 시작했다. 이제 이에 의거하여 동계(洞契)를 정비하니, 동계가 이미 깨진 동네는 다시 조직하고, 동계가 이미 나누어진 동네는 서로 다시 합쳐서 반드시 모두 1백 호에 차도록 해야 할 것이니, 자잘한 촌락들이 저마다 동(洞)이라고 일컫도록 해서는 안 된다. 옛날 수(隋)·당(唐)의 제도는 100호를 1사(社)로 삼았고, 명나라의 법은 100호를 1리(里)로 삼았으니, 대개 100호에 차지 않으면 모양이 이루어지지 않아 법을 시행할 수 없었기 때문이다.

각 면의 상호(上戶)와 사대부 집에서 이 일을 주관하여 어리석은 백성들을 인도해서, 서로 단결하여 동계를 결성하고 독법(讀法)하도록 함으로써 향약(鄕約)이 점차 정착되게 하면, 이 어찌 좋은 일이 아니겠는가. 동계가 결성된 후에는 각 건에 대한 조목들을 의당 별도로 갖추어야 할 것이니, 이는 다시 고을 안의 군자들과 함께 의논하여 조처할 것이다.

官到任後, 觀邑風不好, 妄有意於本源之治, 以敦敎化(以敦敎化)正名分二者爲先, 而列示十二條, 使洞任輩月朔讀約, 以爲勸善懲惡之道. 令出數月, 未見其效, 而未聞有興行者, 詞訟日繁, 民習日渝. 此無他, 爲官者德薄才劣, 誠意未孚之致也. 今年是聖明卽位之元年, 而歲且新矣. 惟願大小民人, 革去舊習, 以從維新之化也. 在昔朱子勸諭之文, 有曰: "同保之人, 互相勸戒, 孝順父母, 恭敬長上, 和睦宗姻, 周恤鄰里, 各依本分, 各修本業, 莫作奸盜, 莫縱飮博, 莫相鬪打, 莫相論訴, 莫相侵奪, 愛身忍事, 畏懼王法. 如有孝子順孫義夫節婦, 卽仰具申, 其不率敎者, 亦宜申擧云云. 噫! 人心無古今, 則敎訓之道, 亦豈有古今之殊哉? 順此者爲善人, 悖此者爲惡人. 一念之差而善惡判焉, 可不愼哉? 敷敎之道, 實在于寬, 故前日兩次廉問, 詧探境內不孝不悌犯上干分之輩, 而若不三令五申, 輕先治罪, 驅之於惡名, 有所不忍. 姑令其改行, 而如有不遵者, 當依律定罪矣. 竊念導俗興化, 必自一鄕而始. 周官之治, 必自比閭族黨而始焉. 今當依此脩明洞契, 已破之洞, 更爲脩擧, 已分之洞, 又令相合, 必皆令滿百戶, 不可零零碎碎小小村落各自稱洞. 昔, 隋唐之制, 以百戶爲一社, 大明之法, 以百戶爲一里. 盖戶不滿百, 則不成模樣, 不可以行法故也. 各面上戶士夫之家, 主張此事, 導誘愚

民, 使相團結, 結契讀法, 以爲鄕約之漸, 豈不好哉? 洞契旣成後, 各件條
目, 從當別具. 更與邑中諸君子商確以處之耳.

30. 읍내 풍약(風約 풍헌(風憲)과 약정(約正))과 각 이임에게 내린 영
傳令邑內風約諸里任

본읍(邑)은 작은 현(縣)이다. 작은 현을 다스리는 데 무슨 어려움이 있으리오. 그러나 이미 구중(九重)에 계신 성상(聖上)의 근심을 나누어 고을을 다스리는 책임을 맡았으니, 백성들의 이해(利害)가 무엇인지를 관장이 몰라서는 안 된다. 그런데 관문(官門)이 여항(閭巷)과 서로 격절(隔絶)하여 민간의 질고(疾苦)를 자세히 알 길이 없다.

이제 나무 궤짝 하나를 관문에 달아놓고 백성들로 하여금 하고 싶어도 하기 어려운 말들을 일이 있을 때마다 써서 넣도록 함으로써 상하(上下)의 정의(情意)가 막히는 일이 없도록 하고자 한다. 너희 백성들은 이웃의 양반이 침책(侵責)하는 비리를 저질러도 그 권세가 두려워 감히 말을 하지 못하거나, 면임(面任)이나 서리(胥吏)들이 제 마음대로 침탈하는데도 그 권력이 두려워서 감히 말을 못하거나, 간사한 소인배들이 같은 고을에 살면서 술 취해 싸우거나 옳지 않은 짓을 즐겨 해도 그 행패가 두려워 말하지 못하는 경우 등이 있으면, 너희들이 저잣거리에 왕래하거나 환자(還子)를 바치러 드나들 때 몰래 글을 써서 궤짝에 집어넣도록 하라. 그리고 혹 관(官)의 행정이 불편한데도 감히 말을 할 수 없는 경우가 있거든 역시 그 불편한 점들을 글로 써서 통에 넣음으로써 아랫사람의 생각이 윗사람에게 통하도록 하라. 이것이 본관이 바라는 바이다. 다음 장(場)부터 만약 소회가 있거든 일일이 써 오라.

本邑小縣也. 小縣爲治, 其何有焉? 而旣是分憂九重, 專責百里, 則利弊所存, 官不可不知. 官門與閭巷相隔, 民間疾苦, 無由詳知. 今以一木櫃懸于官門, 使諸民人等欲言而難言者, 隨事書投, 使上下情意無所阻隔. 惟爾民人等, 如有鄰比兩班非理侵責, 而畏其勢而不敢言者, 面任胥吏恣意蠹害, 而畏其權而不敢言者, 又有奸細之徒, 同居鄕里, 酗酒鬪鬨, 好行非義, 而畏其怒而不能言者. 凡此等類, 爾等或於場市往來, 輸糴出入之際, 密書一通, 以投于櫃. 又或官政不便, 有不敢言者, 亦當書其不便之端, 以投于筒, 使下情上通, 官所望也. 其自後場爲始, 如有所懷, 一一書來.

31. 방역소를 창설하는 영
刱設防役所傳令

본관이 부임한 지 이미 몇 달이 지났다. 매양 조금이나마 백성들을 구제할 방책을 생각하지만, 관(官)의 힘이 쇠잔하여 실로 손을 쓸 길이 없었다.

올해는 마침 호적(戶籍)을 정리하는 해라 서사(書寫)하는 일을 관이 맡아야 하니, 이 일로 거둔 조세가 거의 100석(石)이고 게다가 별비조(別備租)가 거의 50석이다. 때를 기다려 이 곡식을 팔면 200냥의 돈은 넉넉히 될 것이니, 이 돈을 8개 면에 나누어 주면 1개 면당 25냥씩 돌아갈 것이다. 이를 각 동(洞)이 분장(分掌)하여 장리(長利)로 실호(實戶)를 골라 나누어주어 봄에 내주었다가 가을에 받아들이면 3년 후에는 80냥이 될 것이다. 이 돈으로 본전을 삼으면 그 이듬해에 받아들일 이자가 40냥이 되니, 8개 면을 합치면 320냥이 될 것이다. 이후로 신구(新舊) 수령이 교체할 때의 쇄마전(刷馬錢)을 모두 이 돈으로 충당할 것이다. 신구 수령의 교체가 반드시 해마다 있는 것은 아니니 매년 거두는 이자를 각 동(洞)에 저축하도록 한다. 국가에 불행한 일이 있거나 관장에게 불행한 일이 있으면, 백성들이 부담해야 할 조부(助賻)와 백성들을 위한 방역(防役)의 일체를 모두 이 돈으로 마련하도록 한다. 그 이름을 방역전(防役錢)이라 하여 영구히 준행할 제도로 만들고자 하는데, 다만 민간에서 편리하게 여길지 모르겠다. 만약 해마다 이자를 불리는 것을 곤란하게 여긴다면, 이에 대해서는 할 말이 있다. 각 면이 모두 3, 400호나 되는데 3, 400호 중에

80냥의 본전을 선처할 길이 어찌 없겠는가.

이처럼 큰 일을 애매하게 시행할 수 없다. 이런 까닭에 먼저 이처럼 고시(告示)하는 것이니, 너희 백성들은 서로 상의하여 편리한지 불편한지를 각자 논보(論報)하라. 만약 민심이 원하지 않는다면 억지로 하지는 않을 터이니, 이런 뜻을 각 마을의 대소(大小) 백성들에게 알려서 한 사람도 알지 못하는 이가 없도록 하라.

官之到任, 已至數月. 每思一分救民之策, 而官力殘薄, 實無措手之路. 今年適當戶籍之時, 其書寫一節, 官自當之, 收租幾百石, 又別備租幾五十石. 待時貿錢, 必滿二百兩之錢, 分授八面, 則每面各爲二十五兩. 各洞分掌以長利擇實戶與之, 春散秋斂, 過三年則爲八十兩. 以此爲本錢, 則後年所收之利, 爲四十兩. 八面統計則三百二十兩矣. 自此以後, 新舊交遞時刷馬錢, 皆以此當之, 而新舊交遞, 非年年應有之事, 則逐年利錢, 自當儲蓄于各洞. 或國家不幸, 或官長不幸, 則民賻等物及一切爲民防役者, 皆從此辦, 名之曰防役錢, 欲爲永久遵行之道, 但未知民間便否? 若以逐年殖利爲難, 則此有說焉. 每面各爲三四百戶, 則三四百戶之內, 八十兩本錢, 豈無善處之道乎? 此等大事, 不可昧然行之, 故先爲告示. 惟爾民人等, 相與商確便與不便, 各爲論報. 若民心不願, 則亦不强令爲之. 此意知委坊曲大小民人等處, 無有一民不知之弊.

32. 소년 이인갑의 효행을 논보(論報)하는 장(狀)
論報童蒙李仁甲孝行狀

본현(本縣) 남면(南面) 우산리(雨山里)에 사는 사인(士人) 이윤걸
(李允傑)의 아들인 소년 인갑(仁甲)은 효행이 탁월한 일로 이번 1월
11일에 본동(本洞)의 존위(尊位)들이 논보하였고, 다시 13일에는
본면의 면임(面任)이 논보하였고, 또 16일에는 본면의 백성 50여 명
이 등장(等狀)하여 내고(來告)하였으며, 또 20일에는 경내의 사림
(士林) 김한민(金漢民) 등 127인이 연명으로 정서(呈書)하였습니
다. 어찌 완악하여 송사(訟事)를 좋아하는 고을에서 이처럼 탁월한
행실이 있으리라고 생각이나 했겠습니까. 백성들의 마음이 일신(一
新)하고 고을의 풍속이 용동(聳動)하였으니, 그 가상함을 어찌 이
루 형언할 수 있겠습니까. 전후의 정문(呈文)을 살펴보면,

"인갑(仁甲)은 가난한 선비 집안에서 태어나 굶주림과 가난에 쪼들
려서 집안 형편이 말이 아니었습니다. 그래서 나이 이제 18세인데
도 몸은 10여 세 어린이와 다름이 없습니다. 그러나 성품이 단아하
고 정결하여 평소 종일토록 글을 읽고 또래들과 어울려 놀지 않으
니, 사람들이 모두 칭찬했습니다. 어린 아기 때부터 어버이를 사랑
하는 마음이 천성에서 우러났기에 온 동네가 효성스런 아이로 지목
하였습니다. 그의 어머니 경씨(慶氏)는 바로 효자인 징군(徵君)의
후손입니다. 그런데 지난 겨울부터 담병(痰病)이 심하여 몇 달 동
안 위독하여 몇 차례나 사경을 헤매었는데, 인갑은 밤낮으로 간호
하며 미음 등을 직접 쑤어서 올렸습니다. 눈이 쌓인 엄동(嚴冬)에

밤새도록 잠을 자지 않고 한밤중이면 밖에 나가서 얼음물로 목욕하고 어머니를 살려 달라고 매일같이 하늘에 빌기를 게을리 하지 않았습니다. 지난달 3일에 경씨의 병이 악화되어 운명하니, 인갑은 비통하게 울면서 손발을 주무르고 자신의 침을 어머니 입 속에 흘려 넣었으나 침이 목구멍으로 넘어가지 않고 입가로 흘러나왔습니다. 옆 사람이 안아서 자리 구석으로 옮겨 놓고는 바야흐로 시신을 수습 하고자 하는데 인갑이 벽을 향해 칼을 뽑아서 왼손의 손가락을 찍어서 줄줄 흐르는 피를 어머니의 입속에 흘려 넣었습니다. 잠시 뒤에 시신에 혈색이 돌더니 곧이어 회생하여 숨이 돌아오고 드디어 소생하였습니다. 이 어찌 세상에서 보기 드문 희귀한 일이 아니겠습니까. 원컨대 낱낱이 영문(營門)에 보고하고 나라에 전문(轉聞)하여 정려(旌閭)를 내려주도록 하소서. 운운."

이라 하였습니다. 이와 같이 뛰어난 행실을 일각이라도 덮어 두어서는 안 되겠기에 감히 이처럼 자세히 들어서 보고하는 바입니다.

근래에 효열(孝烈)로 정문(旌門)한 사람이 없지 않지만, 혹 허실(虛實)이 서로 가려 진위(眞僞)를 분간할 수 없는 일이 있기 때문에 중지하고 시행하지 않은 경우가 간간이 있었으니, 이는 형세가 실로 그러했던 것입니다.

그러나 인갑의 일로 말하자면 명명백백하여 조금도 의심할 여지가 없습니다. 세상에 더러 손가락을 잘라 피를 흘려 넣고 다리의 살을 베어 먹었다는 사례가 있지만, 이미 끊어진 목숨을 다시 소생시켜 완전히 살아나게 한 경우가 있다는 말은 들어보지 못했습니다. 순수한 효성이 하늘을 감동시키지 않고서야 어찌 이럴 수 있겠습니까. 사또께서는 이상과 같은 탁월한 행실을 헤아려 보신 후에 속히 나라에 보고하여 정표의 은전이 내려지게 함으로써 한 세상의 사민(士民)들로 하여금 보고 감동하여 흥기하도록 하소서.

本縣南面雨山里居士人李允傑之子童蒙仁甲, 以孝行卓異事, 今正月十一日, 本洞尊位論報, 又十三日, 本面面任論報, 又十六日, 本面民人五十餘名等狀來告, 又二十日, 境內士林金漢民等一百二十七人, 聯名呈書. 豈意頑弊好訟之鄕, 有此拔萃絶俗之行. 民情改觀, 鄕俗聳動, 其爲嘉尙, 何可勝喩! 按前後呈文, 有曰: "仁甲生于寒士之家, 飢窘所迫, 不成模樣. 年今十八, 而無異十餘歲童子. 然性雅靜端潔, 居常終日讀書, 不與同儕戲, 人皆異之. 而自孩提之時, 愛親之心, 出於天性, 一洞之內, 目之以孝兒. 其母慶氏, 卽孝子徵君之後也. 自去冬, 痰病沉篤, 數月彌留, 屢濱危境. 仁甲晝夜救護, 糜粥等物, 親自炊爨, 積雪嚴冬, 終夜不寐, 夜半輒出, 沐浴氷泉, 祈天祝命, 逐日不懈. 去月初三日, 慶氏疾革殞命. 仁甲哀號涕泣, 撫摩手足, 以其涎注母口中, 涎不通咽, 橫流口傍. 傍人抱持, 移坐席隅, 方欲收屍之際, 仁甲向壁抽刀, 斫其左指, 流血淋漓, 注母口中, 數刻之間, 血氣漸通, 仍以回甦, 遂得生全. 此豈非曠世稀有之行哉? 竊願枚報營門, 以爲轉聞旌閭之地云云." 如此卓絶之行, 不可一刻掩置, 敢此枚報. 近來孝烈旌門, 不無其人, 而或虛實相蒙, 眞僞難卜, 故間有格而不行者, 勢固然矣. 至於仁甲事, 明明白白, 十分無疑. 世或有斷指割股者, 未聞有能回已絶之命而至于安痊者也. 此非純孝之格天者, 能如是乎? 使道參商如右卓異之行後, 卽速轉聞, 以爲旌表之典, 使一世士民, 有所觀感而興起之地云云.

33. 각 면의 도윤과 예리에 내리는 고목
各面都尹禮吏告目

안전주(案前主)는 분부하노라. 국가가 관서(官署)를 설치하여 직책을 분담시킨 뜻은 큰 것으로써 작은 것을 통솔하고 작은 것이 큰 것에 통솔되게 하려는 것이다. 이런 까닭에 주(周)나라 관제에 비(比)·여(閭)·족(族)·당(黨)을 두고, 향사(鄕師)와 향대부(鄕大夫)의 직책을 두어 통솔했던 것이다. 대개 임금이나 수령 한 사람의 총명은 사방에 두루 미칠 수 없고 민서(民庶)의 사무는 지극히 번다하니 그 제도가 반드시 가깝고 작은 것부터 시작해야만 그 큰 것이 문란한 데에 이르지 않는다.

살펴보건대, 본읍(本邑)은 탄알이나 바둑알처럼 작은 땅에 불과하니 다스림에 있어 무슨 말할 것이 있겠는가. 그러나 민호(民戶)가 많고 전결(田結)의 수량도 거의 4천이나 되니, 또한 작다고 하여 소홀히 여길 수는 없다.

이제 국조(國朝)의 구제(舊制)에 따라 각 면에 도집강(都執綱) 한 사람씩을 두어서 면내의 모든 일들을 관장토록 하니, 첫째는 교화를 도타이하고 풍속을 바로잡는 것이며, 그 다음은 관사(官事)를 정비하여 거행하는 것이다. 그런데 교화를 도타이하고 풍속을 바로잡는 일은 본래 한 면이 독자적으로 판단할 수 있지만, 관사를 정비하여 거행하는 일은 관임(官任)이 아니면 하기 어렵다. 사대부의 신분으로서 관령(官令)을 봉행(奉行)하게 하는 것은 또한 관장이 사대부를 예대(禮待)하는 도리가 아니겠지만, 관사(官事) 중에 백성에게 불편한

점이 있으면 각 동의 부존위(副尊位)로 하여금 조목조목 관(官)에
보고하고 그 편리한지 여부를 논품(論稟)하여 시행하도록 하는 것일
따름이니, 실로 혐의할 것이 없다.

사대부가 어려서 배우는 것은 장성하여 시행하기 위해서이다. 비
록 발신(拔身)하여 조정에 나아가 세상을 구제하는 일을 하지는 못할
지라도 또한 자신이 배운 바를 조금이나마 시험해 볼 수는 있는 것이
다. 원컨대 군자들은 이를 혐의쩍게 여기지 말고 면내의 일들을 검찰
(檢察)하여 백성을 사랑하고 보살펴 주는 성조(聖朝)의 지극한 뜻을
저버리지 않기 바란다. 그렇게 하면 매우 다행일 것이다. 운운.

案前主分付. 國之所以設官分職之意, 以大統小, 以小而統於大. 是以, 周官
之法, 有比閭族黨之制, 而設鄕師鄕大夫之職以統之也. 盖一人之聰明不及
而民庶之事務至繁, 其制必自近小而始焉, 然後大者不及于紊亂矣. 竊觀本
邑是彈丸黑子之地, 其於爲治, 有何足云? 然而民戶之衆 · 田結之數, 幾乎
四千, 則亦不可以其小而忽之也. 今依國朝舊制, 各面置一都執綱, 掌面內
諸事. 第一敦敎化正風俗, 其次修擧官事. 而敦化正俗, 自有一面之所可擅
斷, 至於修擧官事一節, 此非官任則有難擧行. 身爲士夫, 奉行官令, 亦非官
宰禮待士夫之道, 然而官事之有不便於民者, 使各洞副尊位條呈官家, 論稟
便否而施行之而已, 實無可嫌矣. 夫士幼而學之, 壯欲行之. 雖不能拔身登
朝, 以試拯濟之策, 亦可以少試吾所學矣. 竊願諸君子勿以此爲嫌, 檢察面
內諸事, 無負我聖朝字惠元元之至意, 幸甚云云.

34. 방역소의 절목

防役所節目 정유년(1777, 66세)

국제(國制)에 수령이 교체하여 영송(迎送)할 때 쇄마전(刷馬錢)을 백성들의 전결(田結)에서 책출(責出)하니, 그 폐단이 많다. 이런 까닭에 열읍(列邑)이 고마청(雇馬廳)을 설치했지만 당초의 본전(本錢)은 역시 민결(民結)에서 나온 것이니, 이 돈으로 말을 사서 고마청을 설치하여 영송할 방도를 삼았던 것이다. 그런데 몇 해가 채 못되어 말이 점차 줄어들고 다시 충당하기도 어려워진즉, 그만 고마청을 없애고 다시 민결에서 쇄마전을 징수하는 것이 늘 열에 여덟, 아홉이 된다. 그렇다면 고마청을 설치한 것은 비록 한때 급한 문제를 해결하기 위한 계책에서 나왔지만 영구히 준행할 방도가 되지 못함이 분명하다.

이제 보건대 본읍에는 고마청이 설치된 적도 없어서 수령이 교체할 때마다 민결에서 고마전을 수납해 왔으니, 백성들이 소요를 일으킬 단서가 한두 가지가 아니다.

본관이 새로 부임한 당초에 민폐를 구제하고자 하였지만 폐단을 구제하려면 반드시 재물이 있어야 가능하고 보면, 이런 작은 고을로서는 그만한 재물을 마련할 길이 없었다.

올해는 마침 호적(戶籍)을 정리하는 식년(式年)이라 이른바 서사조(書寫租)가 8개 면을 합하면 거의 100석이고, 또 별도로 마련하여 얻은 쌀이 300여 두(斗)이다. 이를 밑천으로 삼아서 수령이 교체할 때 영송에 드는 비용에 충당하고, 명칭을 방역전(防役錢)이라 한다.

각 항목을 아래와 같이 열거한다.

國制, 守令交遞迎送時, 夫刷馬價, 責出民結, 爲弊多端, 故列邑多設雇馬廳, 而當初本錢, 亦出民結, 買馬設廳, 以爲迎送之道. 而曾不多年, 馬額漸闕, 改立亦難, 則因而廢閣, 而復收民結者, 十常八九. 然則雇馬之設, 雖出於一時救急之計, 而不能爲永久遵行之道, 明矣. 今見本邑旣無雇馬之設, 而交遞之際, 每從民結收納, 騷擾之端, 不一而足. 官新到之初, 欲救民弊, 而救弊之道, 必待有財而後成者, 則以此十室殘邑, 更無措辦之路矣. 今年適當式年帳籍之時, 所謂書寫租, 通計八面, 幾百石矣, 又別般措辦, 得米三百餘斗. 以此爲本, 爲交遞時費用之資, 名曰防役錢, 各項條目, 列于左方.

一. 서사조(書寫租)는 100석이지만 그 중 8석은 관가에서 서사(書寫)할 때의 양비(粮費)로 쓰이니, 실은 90여 석이다. 여기에 다시 스스로 마련한 쌀 300여 두(斗)를 합하고 봄에 내다 팔아 기어코 200냥을 채운다.

一, 書寫租百石, 而八石則官家書寫時爲粮費, 其實九十餘石, 又入自備米三百餘斗, 待春出賣, 期滿二百兩.

一. 200냥을 마련한 뒤 8개 면의 각 동에 나누어 준다. 동이 모두 40개이니, 매 동마다 5냥씩 분장(分掌)하고 이름을 방역전이라 한다. 이를 장리(長利)로 실호(實戶)에 나누어 주었다가 가을에 봉상(捧上)하되, 각 동의 상존위(上尊位) 및 여러 소임(所任)들이 차례로 거두고 나눠주는 일을 담당한다.

一, 旣備二百兩後, 分給八面各洞. 洞凡四十, 每洞五兩分掌, 名曰防役錢. 以長利分給實戶, 至秋捧上, 而各洞上尊位及諸所任, 次知斂散.

一. 지금 이 방역소(防役所)는 비록 관가에 설치하고 향소(鄕所)의 아전들로 하여금 맡아서 관리하게 하고자 하더라도, 만약 관가에 설치하면 그 수량이 너무 많아 징수하고 지급할 때 반드시 하나의 폐단이 생길 터이고 또 관리들이 중간에서 농간을 부리게 된다면 누가 이를 막겠는가. 그래서 관가에 설치하지 않고 각 면과 각 동에 설치하는 것이다. 바라건대 대소 백성들은 이런 뜻을 깊이 알아 오래도록 준행(遵行)할 방도를 삼으라.

一, 今此防役所, 雖欲設於官家, 使鄕所吏輩次知, 而若設於官家, 則其數浩大, 斂散之際, 必生一弊. 且有官吏輩從中舞弄之事, 則誰能禦之乎? 此所以不設于官家而設于各面各洞者也. 惟願大小民人, 深體此意, 以爲久久遵行之道.

一. 본읍의 신구(新舊) 쇄마가(刷馬價)가 도합 300여 냥이다. 지금 본전이 2백 냥이니, 이를 매년 이자로 불리면 3년 후에는 670여 냥이 된다. 이로써 본전을 삼으면 매년 이자가 300여 냥을 넘을 터이니, 이후로는 신구 수령을 영송하는 비용에 충당할 수 있을 것이다. 이로써 수용(收用)하도록 한다.

一, 本邑新舊刷馬價, 合爲三百餘兩. 而今此本錢, 爲二百兩, 逐年殖利, 過三年, 爲六百七十餘兩矣. 以此爲本, 則每年利錢, 過三百餘兩. 自此以後,足當迎送之費, 以此收用.

一. 본읍은 수령의 임기가 6년이라 수령 교체가 잦지 않다. 따라서 뜻밖의 일이 없으면 이전(利錢) 300여 냥은 해마다 지출되는 것이 아니니, 본동(本洞)에 저축해 두고서 민간에 두루 방역(防役)하도록 한다.

一, 本邑是六年科, 遞代不數. 若無意外之事, 則利錢三百餘兩, 非年年上下之物. 當置本洞, 以防民間一切之役.

一. 이 법을 설행한 뒤에는 각 면에 저축되는 돈이 또한 많아질 터이니, 관가에서 혹 추용(推用)하는 일이 있을 경우에는 이 돈에는 손댈 수 없다는 뜻으로 백성들이 등장(等狀)하여 침용(侵用)하지 못하도록 한다.

一, 旣設此法後, 此錢之儲置各面者亦多. 官家或有推用之事, 民人等狀以不可犯手之意, 無使侵用.

一. 이 돈은 이미 동(洞)의 소유이고 보면 동네의 상계(上契) 및 소임들이 이를 침용하는 경우가 필시 많을 터이니, 완의(完議)를 통해 논벌(論罰)해서 손대지 못하도록 한다.

一, 此錢旣爲洞物, 則洞中上契及所任輩, 必多侵用之事. 完議論罰, 使不染手.

一. 이 돈은 그 근본이 백성에게서 나온 것이니 민간에 맡겨서 징수하고 지급하도록 함이 옳다. 관리들이 혹 관장을 종용하는 일이 있더라도 절대로 이를 들어주어 백성의 원망을 받는 일이 없도록 한다.

一. 此錢根本出於民, 則委之民間, 使之斂散, 可也. 官吏輩或有慫恿官長之事, 切勿聽施, 以取民怨.

35. 방역소의 추후 절목
防役追後節目

一. 이 돈은 정유년(1777) 봄에 나누어 주었다가 경자년(1780) 가을에 받아들인 뒤에 쓸 수 있도록 한다. 일은 빨리 이룰수록 좋을 뿐만 아니라 민심은 오래 되면 느슨해지는 법이다. 무술년(1778) 봄에 본읍은 3천여 호이니, 호당 1전씩 300냥을 징수하고 가을에 받아들이면 전일의 급리전(給利錢)과 합쳐 꼭 900냥을 채우게 될 것이다. 지금 이후로는 600냥은 본전으로 삼아 이자를 주고, 300냥은 유재전(留財錢)으로 삼아 용도에 대비한다.

一. 此錢自丁酉春分給, 至庚子秋捧後, 可以許用矣. 非惟事貴速成, 民心久則怠緩. 戊戌春, 本邑三千餘戶, 戶各收一錢, 爲三百兩, 至秋捧上, 與前日給利錢, 恰滿九百兩. 自今以後, 六百兩爲本錢給利, 三百兩爲留財待用.

一. 각 동에 있는 본전을 거두고 나눠주어 이자를 불려서 쓰되, 그 원정일(元定日)은 11월 보름날로 정한다.

一. 各洞所在本錢, 斂散取殖以用, 而元定日以十一月望日爲定.

一. 돈을 지급하는 규정은, 굳이 균등하게 나눌 필요는 없고 부실(富實)한 가호(家戶)를 골라서 준다. 불행히 돈을 받아 쓴 사람이 도망하여 징수할 곳이 없을 경우에는 그 친족에게서 징수하고, 친족이 없으면 리(里)나 동(洞)이 징수한다. 원정일에 반드시 납부하도록 하되, 위약(違約)하는 자는 곱절로 징수한다.

一. 給錢之規, 不必均分, 擇富實戶給之. 不幸有逃亡無徵者, 則當徵其族, 無族則徵里徵洞, 而元定日必納, 違約者倍徵.

一. 돈을 지급하는 규례는 한 냥씩 나누어주는 것을 넘지 않는다.

一. 給錢之例, 不過一兩分給.

一. 각 리의 백성으로서 동을 이루지 못하여 통괄하는 곳이 없는 사람들은 인근의 동에 분속시켜서 규례에 따라 징수하고 지급한다.

一. 諸里民有不成洞而無統領者, 分屬于附近洞, 依例斂散.

一. 이 돈은 사채(私債)와는 다르니, 사고가 있다는 핑계를 대어 봉납(捧納)하기 어려워하는 자가 있으면, 관(官)에 알려서 면임(面任)으로 하여금 징수해 주게 한다.

一. 此錢異於私債, 如有稱頉難捧者, 告官, 使面任徵給.

一. 매년 추회(秋會) 후에 각 동이 분급(分給)하고 봉상(捧上)한 것을 기록한 문서 한 통을 면유사(面有司)에게 납부하여 증빙 자료로 삼는다.

一, 每年秋會後, 各洞分給捧上文書一件, 納于面有司, 以爲憑處.

一. 이 법이 완정(完定)된 뒤에 모종의 괴론(怪論)을 일으켜서 이를 방해하거나 장난을 치는 자가 있으면, 그 동이 면유사에게 고발하여 각별히 죄를 다스린다. 그래도 순응하지 않으면 관에 알려서 엄중히 다스린다.

一, 此法完定之後, 如有一種怪論生梗作戲者, 自洞中告于面有司, 各別治罪, 而若不歸順, 則轉報于官, 以爲重治.

一. 추회에 열어 강신(講信)할 때에는 반드시 약조(約條)를 읽어서 권면하고 징계한다.

一, 秋會講信時, 必讀約, 以爲勸懲.

一. 경내 8개 면이 모두 40개 동이니, 각 동은 15냥을 본전으로 삼아 급리전(給利錢)을 주고, 7냥 5전을 동궤(洞櫃)에 보관해 두어 용도에 대비한다. 가을에 봉상(捧上)한 뒤 신리전(新利錢)이 나갈 무렵에 이르면, 유재전(留財錢)을 의논하여 처리한다.

一, 境內八面, 凡四十洞. 各洞十五兩, 爲本錢給利之錢, 七兩五錢, 留洞櫃以待用, 至秋捧後, 新利錢將出, 則留財錢議處.

一. 한 해 안에 불행히 수령 교체가 퍽 잦거나 부득이하게 대동역

(大同役)이 있어 유재전이 부족할 경우에는 상의하여 전결(田結) 또는 인호(人戶)에서 징수하여 용도에 보충하며, 본전 15냥은 손대지 않는다.

一, 一年之內, 不幸交遞頻數, 或不得已有大同之役, 留財錢不足, 則或田結或人戶, 相議收斂, 以補其用. 本錢十五兩則勿爲犯手.

一. 혹자는 말하기를, "가을에 봉상하기 전에 방역(防役)할 일이 있으면 장리(長利)로 봉상할 수 없으니, 매월 5푼 이자로 봉상한다."라 하니, 이 말이 그럴 듯하다. 그러나 가을에 봉상하기 전에 함부로 손을 대면 반드시 후폐(後弊)가 있을 것이다. 약법(約法)이 이미 정해지면 변동할 수 없다. 가사 가을에 봉상하기 전에 방역할 일이 있는데 유재전이 이미 부족하다 할지라도, 위와 같이 징수하여 용도에 보충할 것이요 절대로 가을에 봉상한 것을 끌어다 써서는 안 된다.

一, 或云: "秋捧前如有防役之事, 則不可以長利捧之. 當以逐月五分利捧之." 此說似然. 然而秋捧前輕爲犯手, 則必有後弊. 約法已定, 不可變動. 假使秋捧前, 有防役事, 留財已乏, 則當如右收斂, 以補其用, 絶勿指秋引用.

一. 돈은 유한하고 역(役)은 무수하니, 일이 있을 때마다 방역하면 말류(末流)의 폐단이 없지 않을 것이다. 응당 방역할 일을 획정(畫定)하여 백성들의 마음이 정해지도록 해야 한다. 소소한 각종 역사(役事)로서 한 고을의 대동역(大同役)이 아닐 경우에는 가벼이 허락하여 요행(僥倖)을 바라는 백성의 마음을 열어 주어서는 안 된다.

一, 財有限而役無數. 若隨事防之, 則不無末流之弊. 當畫定可防之役, 使民志有定. 至若小小諸役, 非一邑大同之役, 則絶勿輕許, 啓民僥倖之心.

一. 방역할 일은 신구(新舊) 수령이 교체할 때의 쇄마전(刷馬錢), 국가에 불행한 일이 있을 때의 부조전(扶助錢), 관가에 불행한 일이 있을 때의 민부전(民賻錢), 국마(國馬)가 죽거나 달아났을 때의 수렴전(收斂錢)이다. 진하(陳賀) 때 바치는 활치(活雉 꿩) 세 마리, 감사가 교체하여 도계(到界)할 때에 바치는 생장(生獐 노루) 한 마리 같은 것들에 이르러서는 모두 연호(煙戶)가 나가서 사냥해야 하는 것이니, 그 때마다 양정(量定)해서 20냥이나 30냥으로 책정하되 많아도 이 숫자를 넘지 않으며, 정채(情債)도 이 속에 포함된다. 이 다섯 건(件) 이외에는 절대로 지급을 허락하지 않는다.

一, 當防之役, 是新舊官交遞刷馬錢也, 國家不幸有扶助錢也, 官家不幸有民賻錢也, 國馬故失時收斂錢也. 至若陳賀時活雉三首, 監司瓜遞到界進上生獐一口之類, 皆以烟戶出獵, 則其時量定或二十兩三十兩, 而多不過此數, 并情債爲之. 惟此五件役外, 絶勿許給.

一. 도유사(都有司)가 사는 마을에는 따로 사환(使喚) 두 사람씩을 두고, 면유사(面有司)가 사는 마을에도 각각 한 사람씩 두어서 이를 맡도록 하되, 사노(私奴) 중에서 부지런하고 일을 잘하는 자를 특별히 뽑아서 쓰되 신역(身役)을 면제해 준다.

一, 都有司所居里, 別定使喚二人, 亦於面有司所居里, 各定一人, 以爲擧
行, 而以私奴勤幹人, 除其身役特定.

一. 대동역이 있으면 관가가 단지 구례(舊例)에 따라 전령(傳令)하
여 도유사에게 알려주기만 한다. 도유사는 각 면의 존위(尊位)에게
통고하여 각 면으로 하여금 징수하게 하고 면유사의 집에서 도회
(都會)하여 각 동의 신실한 하소임(下所任)을 시켜서 문서를 갖추
어 관가에 바치도록 한다.

一, 當大同之役, 而官家只以舊例傳令知委都有司, 通告各面尊位, 使各面
收斂, 都會于面有司家, 使各洞中信實下所任, 具文書納官.

一. 이 돈은 매년의 유재전(留財錢)이 300냥이니, 다행히 그 해에
방역할 일이 없으면 이 돈을 본전(本錢)으로 삼아서 각 동이 따로
관리하면 이자가 150냥이 될 것이다. 이로써 인부미(人夫米)에 대
용(代用)하면 참으로 편리하고 좋을 것이다. 이는 의논해서 하도록
하라.

一, 此錢每年留財爲三百兩, 幸而當年內無防役之事, 則當以此爲本錢, 各
洞別掌取利一百五十兩. 以代人夫米之用, 誠爲便好. 此當商議爲之.

一. 이 법이 이미 정해져서 각 동이 분장하게 되면 동계(洞契)도 완
결되어 필시 전일처럼 폐지되었다 결성되었다 하지는 않을 것이다.
동계가 완결되면 동약(洞約)을 통해서 권면하고 징계하는 도리가

없을 수 없다.

一. 此法旣定, 而各洞分掌, 則洞契亦完結, 必不如前日之或罷或結也. 洞契完結, 則不可無洞約勸懲之道.

一. 동약의 절목(節目)은 시행하기 쉬운 것만 들어서 아래에 대략 갖추어 놓음으로써 기필코 시행될 수 있도록 한다.

一. 洞約節目, 特擧其易行者, 畧具下方, 爲必可行之地.

一. 선비가 어려서 배우는 것은 장성하여 실행하기 위함이다. 비록 조정에 나가서 시행하지는 못하더라도 집에서 시행하고 고을에서 시행하는 것도 효과가 있을 것이다. 만약 방역(防役)이나 동약(洞約)의 법이 폐지되지 않고 오래 시행되면 민력(民力)이 펴지고 민속(民俗)이 선해질 터이니, 어찌 다행스럽지 않겠는가. 여기에서 면존위(面尊位)란 호칭은 사우(士友)들이 함께 추대한 데서 나온 것이고 본래 관가와는 상관없는 것이니 조금도 혐의쩍어할 것이 없다.

一. 士幼而學, 壯而行之. 雖不能行之于朝, 而行之于家, 行之于鄕, 亦其效也. 若使防役洞約之法, 久而不廢, 則民力舒而民俗善, 豈不幸哉! 此面尊位之稱, 出於士友之共推, 而本不干於官家, 則少無所嫌.

一. 동약의 조항들은 모두 선을 실천하고 악을 제거하기 위한 것들이다. 그런데 명색이 상계(上契)이면서 소행이 착하지 못하거나 이를 빙자하여 무단(武斷)으로 술수를 부리는 자가 있으면, 여러 사람들이 서로 지적하고 질책하여 소민(小民)들의 구실거리가 되지 않도록 해야 할 것이다. 들건대 지난 해 서면(西面)의 이씨(李氏) 성을 가진 사람이 한 짓은 사림(士林)의 수치가 됨이 어떠했던가.

一, 洞約之條, 皆是爲善去惡之事也. 名爲上契而所行不善, 或藉此爲武斷之奇術者, 輩相規責, 無爲小民之口實, 可也. 聞昔年西面李姓人事, 其爲士林之羞, 如何?

一. 이번 무술년 겨울에 600냥의 본전을 이미 나누어 지급하였다. 300냥의 이자는 혹 징수하지 못한 있더라도 당초 생각에는 남겨두어서 다른 용도에 대비하려는 것이었다. 지금 들건대 대부분 나누어 지급했다고 하니 가을에 징수하면 1천 350냥이 된다. 그 중 1천 냥을 본전으로 삼고 350냥을 유재전(留財錢)으로 삼는다. 40개 동의 본전은 각 동마다 25냥이고 이자는 12냥 2전 5푼이 된다. 경자년 가을에 봉상(捧上)하면 1천 500냥이 되니, 이 후로는 매번 1천 냥씩을 본전으로 삼고 500냥을 남겨두면 넉넉하게 쓸 수 있을 것이다. 제공(諸公)들이 상의하여 처리하라.

一, 今戊戌冬, 六百兩本錢, 已爲分給. 三百兩利, 雖或有未收者, 初意則留財待用. 今聞多有分給者, 秋來收之, 爲一千三百五十兩, 以一千兩爲本錢, 三百五十兩爲留財. 而四十洞本錢, 各得二十五兩, 利錢十二兩二錢五分矣. 庚子秋捧則爲一千五百兩, 自此以後, 每以千兩爲本錢, 五百兩爲留財, 則所用爲裕. 諸公商議量處.

一. 이 돈은 백성의 것이니 비록 탐학(貪虐)한 관장이 있을지라도 생짜로 백성의 재물을 빼앗을 리는 필시 없을 것이다. 다만 각 동 상하 계원(契員)들이 시종일관 신중하지 못하거나, 많이 끌어다 쓰고서 제 때에 갚지 못하면 필시 난처한 지경에 이르게 될 것이다. 반드시 위에서 말한 바와 같이 부실(富實)한 집을 골라서 한 집에 한 냥씩만 지급하고, 상계(上契)와 당시의 소임(所任)은 절대로 이 돈을 써서는 안 되며, 이를 범한 자는 면존위(面尊位)가 적발하여 벌을 준다.

一, 此錢卽爲民物, 則雖有貪官, 必無白地奪民財之理. 但各洞上下契員, 或不能愼終如始, 或多引用而不卽備出, 必至難處之境. 必如右所言, 擇富實戶, 戶給一兩, 上契及其時所任, 切勿犯用, 而犯者面尊位覺出致罰.

36. **동회의**-경안면(慶安面)의 동약(洞約)을 추려서 만든 것이므로 생략하고
수록하지 않는다.-

洞會儀-以慶安洞約節刪成之, 略不錄-

37. 8개 면에 향약을 시행하도록 권하는 체문(帖文)

勸行鄉約八面下帖 기해년(1779, 68세)

생각건대 정치를 하면서 삼대(三代)를 본받지 않으면 구차할 뿐이다. 삼대의 백성도 백성들이 절로 착했던 것은 아니니, 그 가르치는 방법이 분명하고 권면하여 인도하는 데 방도가 있었기 때문이었다.

성인의 교화가 아득히 멀어지자 백성들의 풍속이 날로 경박해져서 유랑(流浪)이 습속을 이루고 간교한 자들이 무리를 이루어 마치 매어두지 않은 배처럼 흔들리고 고삐 풀린 말처럼 날뛰기니, 이를 다잡을 방도를 생각한다면 약속(約束)의 정치를 할 수밖에 없다. 이것이 바로 여씨향약(呂氏鄉約)이 만들어진 까닭인데, 주자(朱子)가 이를 적절히 손질하여 후세에 반드시 시행해야 할 좋은 법으로 만들었다.

그러나 옛사람이 말하기를, "큰 나라를 다스리는 것은 작은 생선을 굽는 것과 같다."라 하였으니, 반드시 점차적으로 길들여서 백성들로 하여금 기꺼이 따르도록 하고 갑작스레 서두르다 일이 껄끄럽게 되는 폐단이 없도록 해야 한다.

전일에 반포한 동회의(洞會儀)는 간이(簡易)하여 실행하기 쉬우니, 이를 가지고 백성들을 차츰 단결하여 민심이 다소 안정된 뒤에 비로소 여씨의 본조(本條)를 참작해서 시행하도록 하면 어찌 아름답지 않겠는가. 약속이 없으면 검속(檢束)할 수 없으며, 상벌이 없으면 칙려(飭勵)할 수 없으니, 요컨대 군자들이 적절히 헤아려서 시행해야 할 것이다.

아! 민심이 비록 경박할지라도 제(齋)나라가 변하면 노(魯)나라의 수준에 이를 수 있고, 세도(世道)가 비록 떨어졌으나 은(殷)나라의 예(禮)를 송(宋)나라에서 충분히 징험할 수 있다. 그렇다면 향약의 시행은 실로 오늘날 시급한 일이다. 이제 듣건대 동면(東面)에 이 향약을 실행하는 동(洞)이 있다고 하니, 각 면과 각 동이 차차 이를 본받아서 점차 시행해 나간다면 좋은 예속(禮俗)이 머지않아 이루어질 것이니, 우리 성상의 치화(治化)에 도움 되는 것이 과연 어떠하겠는가.

다시 군자들에게 드릴 한마디 말이 있다. 주자가 일찍이 향약에 대해 말하기를, "전배(前輩)들이 사람을 가르쳐서 풍속을 선하게 한 방법을 통해 스스로 수신(修身)하는 조목을 알게 된다."라 하였으니, 이 말을 특히 가슴에 새겨야 할 것이다. 여러분은 부디 체념(體念)하기 바란다.

옛사람은 마을마다 단(壇)을 쌓고 나무를 심고서 매년 봄가을 중월(仲月)의 첫째 무일(戊日)에 집집마다 돈을 거두어 음식의 경비를 마련해서 사신(社神)에게 제사를 올리고, 이어서 향음례(鄕飮禮)와 향사례(鄕射禮)를 행했으니, 그 법이 두우(杜佑)의 『통전(通典)』에 갖추어져 있다. 이는 실로 주저하지 말고 반드시 실행해야 할 것이다. 만약 여러분께서 이를 오활(迂闊)한 말이라고 여기지 않고 실행하고자 한다면 훗날 한 통을 써서 드릴 것이다. 운운.

竊以爲政不法三代, 皆苟而已. 三代之民, 非民自善, 以其教法明而勸導有術也. 聖化已邈, 民風日渝, 遊浪成習, 奸猾爲羣, 虛盪如不繫之舟, 放逸如不羈之馬. 思所以整齊之, 莫若行約束之政, 此呂氏鄕約之所以作. 而朱夫子增損適宜, 爲後世必可行之良法也. 然而古人曰:"治大國, 若烹小鮮.[33]"

必也漸馴而擾之, 使民樂趨, 無卒遽生澁之患而後, 可矣. 前日所頒洞會儀,
簡易易行. 以此漸摩團結, 民心稍定, 然後始以呂氏本條, 參酌興行, 豈不美
哉? 無約束, 不可以修檢, 無賞罰, 不可以飭勵, 要在僉君子量宜行之而已.
噫! 民心雖漓, 而齊變可至於魯[34], 世道雖降, 而殷禮足徵於宋[35], 則鄕約之
行, 實爲今日之急務矣. 今聞東面有興行之洞, 各面各洞, 次次效習, 排日興
行, 則禮俗之行, 不日而成. 其有補於我聖上化理之助, 爲如何哉? 更有一
言可以仰復于僉君子者, 朱夫子嘗言鄕約曰: "因前輩所以敎人善俗者而知
自脩之目." 此言尤當服膺也. 切願僉尊之體念也. 古人每里設壇種樹, 每春
秋仲月上戊, 戶收錢爲飮食之費, 以祀社神, 因行鄕飮禮及鄕射禮. 其法具
存於杜氏『通典』, 此實必行無疑者也. 僉尊如不以爲迂濶之言而欲行之, 則
後日當書一本, 奉呈計料云云.

33 治大國若烹小鮮: 『道德經』下篇 권60「居位」에 보인다.

34 齊變可至於魯: 孔子가 "제나라가 한번 변화하면 노나라에 이르고, 노나라가
한번 변화하면 선왕의 도에 이를 것이다.〔齊一變 至於魯 魯一變 至於道〕"라
하였다. 『論語 雍也』

35 殷禮足徵於宋: 공자가 "하나라의 예를 내가 말할 수는 있지만 기나라에서
증거 자료를 찾을 수 없고, 은나라의 예를 내가 말할 수는 있지만 송나라에서
증거 자료를 찾기가 어려운 것은 문헌이 부족하기 때문이다. 문헌이 충분하
다면 내가 증명할 수가 있다.〔夏禮吾能言之, 杞不足徵也; 殷禮吾能言之, 宋
不足徵也: 文獻不足故也. 足則吾能徵之矣.〕"라 한 것을 차용하였다. 『論語
八佾』

38. 권농문
勸農文

권농(勸農)하는 정사는 해마다 연초에 국가가 신칙(申飭)하는데도, 백성들의 습속이 으레 하는 일로 여기고 태만하여 번번이 실속 없는 빈 말이 되고 마니, 통탄을 이길 수 있겠는가. 올해는 상이 친히 윤음(綸音)을 짓고 성교(聖敎)가 지성스러우니, 백성된 도리로서 어찌 십분 두렵게 생각하여 받들어 시행하지 않을 수 있겠는가.

지금 본읍으로 말하면 평소 의식(衣食)이 넉넉한 고을로 일컬어지는 곳이나 토지가 희귀하고 민호가 빈잔(貧殘)하니, 그 까닭을 찾아보면 모두 농사를 잘 짓지 않기 때문이다. 이제 거행해야 할 조건들을 아래에 열거하니, 너희 백성들은 각각 스스로 권면하여 죄책(罪責)을 면하도록 하라.

勸農之政, 每歲首, 朝家申飭, 而民習狃玩, 便作空言無實之歸, 可勝痛哉? 今年則上親製綸音, 聖敎勤摯, 其於爲民之道, 可不十分惕念而奉行乎? 今以本邑言之, 素稱衣食之鄕, 而土地稀貴, 民戶貧殘. 究厥所由, 皆是不農之弊. 今以擧行條件, 列于下方. 惟爾民人等各自勸勉, 俾免罪責.

一. 본읍의 전례(前例)에는 리(里)마다 농감(農監) 한 사람씩을 두었으니 그 취지가 매우 좋다. 그런데 명목(名目)만 있고 실질은 없어서야 되겠는가. 만약 본리(本里)에 묵히는 전지가 있으면 죄를 주며, 경작할 때를 놓치면 죄를 주며, 씨앗이 부족한 경우는 관에 고발하여 공급하게 하며, 소가 있으면서 빌려주지 않으면 관에 고발하여 징치(懲治)하며, 쌓아야 할 제방은 미리미리 쌓으며, 수리해야 할 도랑은 제때에 수리해야 한다. 만약 이러한 일들을 하지 못한다면 농감을 엄중히 벌할 것이다.

一, 本邑前例, 每里各置農監一人, 其意甚善. 有其名而無其實, 可乎? 若於本里田有陳荒則罪, 耕耘失時則罪, 穀種不給者, 當告官而給之, 有牛不借者, 當告官而治之, 堤堰之合築者, 預先築之, 溝渠之合修者, 及時修之. 如有不能, 則農監當有重罰.

一. 농감은 본리에서 소를 가진 사람을 자세히 살펴 두었다가 농사철이 되면 소 주인으로 하여금 먼저 논밭을 갈게 한 다음 차례차례 소가 없는 사람들에게 빌려주게 하되, 날짜를 잘 안배해서 때를 놓쳐 농토를 묵히는 일이 없도록 해야 한다. 만약 소가 있으면서 빌려주지 않는 자가 있으면 관에 고발하여 처벌하도록 한다. 논밭을 다 간 뒤에는 면임(面任)에게 알려 '모리(某里)는 며칟날부터 갈기 시작하여 며칟날 마쳤습니다.'라고 보고하게 해서, 관가로 하여금 그 근만(勤慢)을 살필 수 있도록 한다.

一, 農監詳察本里有牛人, 當耕田之時, 使牛主先耕, 次次借無牛者, 量日排定, 俾無晚時陳廢之患爲宜. 而如有有牛而不借者, 告官致罰, 耕畢後告于面任, 以報某里某日始耕, 某日畢耕, 使官家考其勤慢.

一. 옛사람이 중시한 것은 농상(農桑)이었다. 이런 까닭에 성조(聖

朝)의 수령칠사(守令七事)에도 농상의 번성을 첫째로 꼽았던 것이다. 이제 이 고을을 보면, 비록 농사에 힘쓴다고는 하지만 잠농(蠶農)은 전폐하여 하지 않으니, 참으로 개탄스럽다. 이제 농감으로 하여금 집집마다 단단히 신칙(申飭)하여 대·중·소 민호(民戶)를 막론하고 집 울타리 아래 및 밭두둑 등에 뽕나무와 옻나무를 많이 심도록 하되 많이 심을수록 더욱 좋다. 만약 열 그루 미만일 경우에는 그 집주인을 벌할 뿐만 아니라 농감에게도 죄를 줄 것이다. 이제 이미 절기가 늦었으니 속히 지시하여 한식 전에 다 심도록 한다.

一. 古人所重, 在於農桑, 故聖朝七事, 以農桑盛爲首. 今觀此邑, 雖云務農, 而至于蠶農, 則全廢不爲, 誠可歎也. 今令農監逐戶申飭, 無論大中小戶, 多種桑漆於家居籬下及田疇之邊, 多多益善, 若不滿十株, 則非但本主有罰, 農監亦當有罪. 今已節晚, 速速知委, 寒食前畢種.

一. 농사철에는 남녀를 막론하고 모두 들에 나간다. 남녀 간의 분별은 예로부터 매우 엄하니, 비록 밭에서 김을 맬 때라도 여자는 한쪽 편에 있고 남자는 다른 한쪽 편에 있어 서로 섞여서 농담하거나 장난치는 따위의 불경(不敬)한 일이 없도록 해야 한다.

一. 耕耘之時, 無論男女, 皆在田畝. 男女之分, 自古甚嚴, 雖在耘田之時, 女在一邊, 男在一邊, 俾勿渾雜, 以致戲謔不敬之事.

잡저
雜著

1. 천학고

天學考 을사년(1785, 74세)

서양(西洋) 서적이 선조(宣祖) 말년부터 이미 우리나라에 들어와 명경석유(名卿碩儒)들이 누구나 보면서 제자(諸子)와 도가(道家)·불가(佛家)의 글처럼 여겨 서실에 비치했다. 그러나 서양 서적에서 취하는 것은 단지 상위(象緯 천문(天文))·구고(句股 수학)의 기술뿐이었다.

연래에 어떤 선비가 사행(使行)을 따라 연경(燕京)에 갔다가 서양 서적들을 가지고 왔다. 이에 계묘(1783, 정조7)와 갑진 연간에 재기(才氣)있는 젊은이들이 천학설(天學說)을 주장하기를 마치 상제(上帝)가 친히 내려와 명령하여 시키는 것처럼 하였다.

아! 일생토록 중국 성인의 글을 읽은 사람들이 하루아침에 서로 이끌고 이교(異敎)에 들어가고 말았으니, 이 어찌 "3년 동안 배우고 돌아와 자기 어머니 이름을 부른다."는 것과 다르겠는가. 참으로 애석한 노릇이다.

이제 전기(傳記)에 있는 글들을 뽑아 『천학고(天學考)』를 만들어서 그들로 하여금 이 학문이 중국에 들어온 지 이미 오래이고 우리나라에 들어온 지도 오래이지 지금 비로소 들어온 것이 아니라는 것을 알게 하노라.

西洋書, 自宣廟末年, 已來于東, 名卿碩儒, 無人不見, 視之如諸子道佛之屬, 以備書室之玩, 而所取者, 只象緯[36]·句股[37]之術而已. 年來有士人隨使行赴燕京, 得其書而來, 自癸卯·甲辰年間, 少輩之有才氣者, 倡爲天學之說, 有若上帝親降而詔使者然, 噫! 一生讀中國聖人之書, 一朝相率而歸於異教, 是何異於三年學而歸, 而名其母**38**者乎? 誠可惜也. 今取傳記之所存, 爲『天學考』, 使知此學之至中國已久, 至東方亦久, 而非自今始也.

알레니〔艾儒畧 Giulio Aleni〕의 『직방외기(職方外記)』에,

　　"여덕아국(如德亞國 Judea)은 옛날의 대진국(大秦國)으로 불림(拂菻)이라고도 하니, 곧 천주(天主)가 하강(下降)한 나라이다."

라 하였고, 이마두(利瑪竇 마테오리치)의 『천주실의(天主實義)』에는,

36　象緯 : 日月과 五星이다. 천체를 관측하는 학문을 뜻한다.

37　句股 : 직각삼각형을 표시하는 수학 용어이다. 수학을 뜻하는 말로도 쓰인다. 직각삼각형의 짧은 邊이 句이고 긴 변이 股이다. 직접 수학을 이르기도 한다.

38　三年……其母 : 宋나라에 어떤 배우는 자가 집을 떠난 지 3년 만에 돌아와 자기 어머니 이름을 불렀다. 어머니가 "네가 3년 동안 공부하고 돌아와서 내 이름을 부르는 것은 무슨 까닭이냐?"라고 물었습니다. 그러자 그 아들은 "제가 어질다고 여기는 바로는 세상에 堯舜보다 더한 이가 없는데도 그 이름을 부르고, 크다고 여기는 바로는 天地보다 더한 것이 없는데도 그 이름을 부릅니다. 지금 어머니의 어짊은 요순만 못하고 어머님의 큼은 천지만 못합니다. 그래서 어머니 이름을 부르는 것입니다."라 하였습니다. 그 어머니가 "네가 배운 것을 모두 실행할 수 있겠느냐? 그럴 수 있다면, 원컨대 너는 내 이름을 바꾸어 불러다오. 네가 배운 것을 다 실행할 수 없겠느냐? 그렇다면 어머니 이름 부르는 것을 뒤로 미루라."라 하였다.〔宋人有學者, 三年反而名其母. 其母曰 : "子學三年, 反而名我者, 何也?" 其子曰 : "吾所賢者, 無過堯·舜, 堯·舜名; 吾所大者, 無大天地, 天地名. 今母賢不過堯·舜, 母大不過天地. 是以, 名母也." 其母曰 : "子之於學者, 將盡行之乎? 願子之有以易名母也. 子之於學也, 將有所不行乎? 願子之且以名母爲後也."〕『戰國策 권24 魏策 3』

"한(漢)나라 애제(哀帝) 원수(元壽) 2년 경신년(B.C.1) 동지(冬
至) 후 3일째 되는 날 동정녀(童貞女)를 선택하여 그 태반을 빌어서
탄생하였다. 이름을 야소(耶蘇)라 하였으니, 야소는 구세주(救世
主)란 뜻이다. 서토(西土)에서, 33년간 널리 교화를 펴다가 다시
하늘로 올라갔다. 이것이 천주의 실제 행적이다. 운운."
하였다.-살펴보건대, 대진이란 이름은 후한(後漢) 때부터 비롯하였으니,
바로 전한(前漢) 때의 이간국(犁靬國)이다.-

艾儒畧『職方外記』, 如德亞國, 卽古大秦國, 亦云拂菻, 卽天主下降之國也.
利瑪竇『天主實義』, 漢哀帝元壽二年庚申冬至後三日, 擇貞女託胎降生, 號
爲耶穌. 耶蘇, 救世之稱. 弘化西土三十三年, 復昇歸天. 此天主實蹟云云.-
按大秦之名, 自後漢始, 卽前漢之犁靬國.-

○ 『한서(漢書)』에,
　"무제(武帝) 때 안식국(安息國)이 이간국(犁靬國)의 현인(眩人)을
　바쳤다."
라 하였고, 또,
　"오익산리국(烏弋山離國)은 서쪽으로 이간·조지(條支)와 인접한
　다."
라 하였는데, 안사고(顏師古)의 주(注)에,
　"현인(眩人)은 곧 오늘날 칼을 삼키고 불을 토하며 오이를 세우고
　나무를 심으며 사람을 베고 말을 자르는 것과 같은 마술을 부리는
　사람이다."
라 하였다.

○『漢書』: "武帝時, 安息國獻犁軒眩人." 又云: "烏弋山離國西與犁軒條支接." 師古曰: "眩人, 卽今吞刀吐火[39], 植瓜種樹[40], 屠人截馬[41]之術."

○『열자(列子)』에,

"주(周)나라 목왕(穆王) 때 서쪽 끝 지역의 나라에서 화인(化人)이 왔는데, 물과 불 속으로 들어가고 쇠와 돌을 뚫고 산천(山川)을 뒤집어 놓고 성읍(城邑)을 옮기는 등 천변만화의 조화가 무궁무진 하였으며, 물건의 모양을 바꾸고 사람의 생각을 바꾸었다."

라 하였다.-살펴보건대, 화인(化人)은 곧 현인(眩人)이다. 대개 이간국(犁軒國)은 중국으로부터 4만여 리 떨어져 있으니, 가장 서쪽의 땅이다. 그 나라 사람들은 환술(幻術)을 잘하고 재주가 많았으므로 서역의 나라들이 모두 사모하여 본받았다. 따라서 중국에 들어온 지 이미 오랜 것이다.-

....

39 種瓜移井 : 張衡의 「西京賦」에서 "순식간에 기묘한 조화를 부려 용모를 바꾸고 分身을 하며, 칼을 삼키고 불을 토하며, 雲霧를 일으켜 사방이 어두워지며, 땅을 그어 내를 만들어, 渭水로 흐르고 涇水로 통하게 하였다.〔奇幻倏忽, 易貌分形, 吞刀吐火, 雲霧杳冥, 畫地成川, 流渭通涇.〕"라 하였다.

40 植瓜種樹 : 『搜神記』에서 "吳나라 때 徐光이란 자가 있었는데 마술을 잘 부렸다. 시장에서 오이를 달라고 하였더니 주인이 주지 않자 그 오이씨를 찾아내어 심었다. 금새 오이 덩굴이 뻗고 꽃과 열매가 맺혀 따서 먹고 구경하던 사람들에게도 주었다. 사람들이 오이를 가져와서 보면 모두 못 먹는 것이 되어있었다."라 하였다. 『太平御覽 권978』

41 屠人截馬 : 사람과 말을 베어서 자른 것처럼 보였는데 상처가 없는 마술을 말한다.

○『列子』曰: "周穆王時, 西極之國, 有化人來, 入水火貫金石, 反山川移城邑, 千變萬化, 不可窮極. 變物之形, 易人之慮."-按化人, 卽眩人也. 盖犁軒去中國四萬餘里, 最西之地. 其人善幻多技能, 西域諸國皆慕效之. 其通中國, 盖已久矣.-

○『통전(通典)』에,

"『후한서(後漢書)』에 나오는 대진국(大秦國)은 전한(前漢) 때의 이간국(犁軒國)이니, 후한(後漢) 때에 비로소 중국과 교통하였다. 환제(桓帝) 연가(延嘉) 초에 국왕 안돈(安敦 안토니우스)은 사신을 보내어 일남(日南)의 국경 밖에서 조공을 바쳤다. 그 나라가 조지(條支) 서쪽에 있으니, 바다를 건너는 길이 4만 리이며 장안까지 길이 4만 리이다.-살펴보건대, 이는 육로(陸路)를 말한 것이다.- 땅이 평탄하여 사람들이 널리 분포해서 사는데, 동서남북이 각각 수천 리이다. 그 임금은 일정한 왕실이 없고 현명한 이를 뽑아서 세운다. 신체가 장대(長大)하고 평정(平正)한 것이 중국 사람과 유사하기 때문에 대진(大秦)이라 하는 것이다. 혹자는 본래 중국 사람이라고 말하기도 한다. 갖가지 향과 금·은 및 기이한 보물, 진귀한 금수(禽獸)와 환인(幻人)이 있으며, 안식국(安息國)의 오랑캐들과 교역한다.

불림국(拂林國)은 고국(苦國) 서쪽에 있는데, 대진이라고도 한다. 사람들의 얼굴색이 붉으면서 희다. 왕성(王城)은 사방이 80리이며, 사면의 영토가 각각 수천 리이고 강한 군대가 백만이나 된다. 대식국(大食國)의 서쪽 경계에 있어서 늘 대식국과 겨루다가 후에 대식국에게 병합되었다. 그 법은 돼지·개·나귀·말 등의 고기를 먹지 않으며, 임금이나 부모 등 존자(尊者)에게 절하지 않으며,

귀신을 믿지 않고 하늘에만 제사를 올릴 뿐이다. 그 풍속은 7일마다 하루씩 쉬는데, 그 날은 매매하지 출납하지 않으며, 종일토록 술을 마시며 논다."

라 하였고, 또,

"대식국은 파사(波斯)의 서쪽에 있는데, 남녀가 모두 신체가 장대하며 의복이 깨끗하며 거동이 우아하다. 귀천을 따지지 않고 모두 하루에 다섯 차례 하늘에 예배한다. 또 예당(禮堂)이 있는데 수만 명을 수용할 수 있다. 7일마다 왕이 나와서 예배를 올리는데, 높은 자리에 올라가서 대중에게 설법하기를, '인생(人生)은 매우 어렵고 천도(天道)는 쉽지 않다. 간사하거나 잘못하거나 겁박(劫迫)하거나 도둑질하는 일, 잡다한 행동이나 쓸데없는 말, 자신의 안녕을 위해 남을 위태롭게 하는 일, 가난한 자를 속이고 천한 자를 학대하는 일, 이 중에서 어느 하나라도 범하면 그 죄가 더할 수 없이 크다. 무릇 전쟁이 있을 때에 싸우다가 적에게 죽임을 당하면 반드시 하늘에 태어나고 그 적을 죽이면 한량없는 복을 받는다.'라 하니, 온 나라가 이에 교화를 받고 물 흐르듯이 가르침을 따른다."

라 하였고, 또,

"대식과 파사 등 나라들의 풍속은 하늘에 예배하며 절로 죽은 짐승의 고기와 묵은 고기를 먹지 않는다. 고국(苦國)은 대식의 서쪽 경계에 있는데, 역시 대국이다. 사람들이 대개 체구가 크며, 의상이 헐렁하고 커서 유복(儒服)과 비슷하다."

라 하였고, 또,

"고창국(高昌國)은 그 풍속이 천신(天神)을 섬기며 불법(佛法)도 믿는다. 언기국(焉耆國)은 풍속이 천신을 섬긴다. 조국(漕國)은 곧 한(漢)나라 때의 계빈국(罽賓國)이다. 총령산(葱嶺山)에 천신을 섬기는 자가 있어서 사당을 세웠는데, 그 의제(儀制)가 매우 화려하여 금은으로 집을 짓고 은으로 바닥을 만들었다."

라 하였고, 또,

"나라 안에 득실신(得悉神)이 있는데, 서해(西海) 동쪽의 나라들은 전부 이를 공경하여 섬긴다."

라 하였고, 또,

"강거국(康居國)은 풍속이 천신을 섬겨 몹시 숭경(崇敬)한다. 천신의 아이가 7월에 죽었는데 그 해골을 잃어버렸다. 그래서 신을 섬기는 사람들이 그 달이 되면 남녀 300~500명이 울부짖으며 들판에 흩어져서 천신의 아들의 해골을 찾다가 7일 만에 그친다고 한다."

라 하였고, 또,

"골국(滑國)은 거사(車師)의 별종이다. 풍속이 천신과 화신(火神)을 섬긴다. 매일 문밖에 나가서 신에게 제사한 뒤에 식사를 하는데, 꿇어앉아서 한 번 절하고 그친다."

라 하였고,-살펴보건대 하늘을 섬기는 학문은 대진 한 나라 뿐만이 아니니, 대저 예로부터 여러 나라들이 다 그러하였다.- 또,

"한(漢)나라 때 반초(班超)가 연속(椽屬)인 감영(甘英)을 대진에 사신으로 보냈다. 감영이 조지(條支)에 이르러 바다에 당도하였다. 바다를 건너 안식국(安息國) 서쪽으로 가려고 하니 뱃사람이 말하기를, '바다가 넓으니 좋은 바람을 만나야 석 달에 건널 수 있고, 만일 나쁜 바람을 만나면 3년이 걸릴 수도 있다.'라 하기에 감영이 이 말을 듣고 그만두었다."

라 하였고, 또,

"천축국(天竺國)에 사율(沙律)이란 이름의 신인(神人)이 있다. 한(漢)나라 애제(哀帝) 원수(元壽) 원년(B.C 2)에 박사 제자(博士弟子) 경닉(景匿)이 대월지(大月氏) 사신이 가져온 불경(佛經)을 받았다. 그 불경의 내용이 노자『도덕경(道德經)』과 비슷한 점이 있었으니, 대개 옛날에 노자가 서쪽으로 함곡관(函谷關)을 나가 서역의 천축을 지나다가 가르쳤던 것이다."

라 하였다.

○『通典』:"『後漢書』大秦國前漢時犁軒國, 後漢時始通焉. 桓帝延嘉初, 國王安敦遣使, 自日南徼外獻貢, 國在條支西渡海四萬里, 去長安四萬里.-按此以陸路言.- 其地平正, 人居星布, 東西南北, 各數千里. 其王無常, 簡立賢者, 其人長大平正, 有類中國, 故謂之大秦. 或云:'本中國人也.'有諸香金銀奇寶珍禽異獸幻人, 與安息諸胡交市. 拂箖國在苦國西, 亦曰大秦. 其人顏色紅白, 王城方八十里, 四面境土各數千里, 勝兵百萬, 在大食西界, 常與大食相禦, 後爲大食所幷. 其法不食猪狗驢馬等肉, 不拜國王父母之尊, 不信鬼神, 祀天而已. 其俗每七日一暇, 不買賣不出納, 惟飮酒謔浪終日."又曰:"大食國在波斯之西, 士女瓌偉長大, 衣裳鮮潔, 容止閑麗, 無問貴賤, 一日五時禮天, 又有禮堂, 容數萬人. 每七日, 王出禮拜, 登高坐, 爲衆說法曰:'人生甚難, 天道不易. 姦非刦窃, 細行謾言, 安己危人, 欺貧虐賤, 有一於此, 罪莫大焉. 凡有征戰, 爲敵所戮, 必得生天, 殺其敵人, 獲福無量.'率土稟化, 從之如流."又曰:"大食·波斯諸國之俗禮天, 不食自死肉及宿肉. 苦國在大食西界, 亦大國. 人多魁偉, 衣裳寬大, 有似儒服."又曰:"高昌國俗事天神, 兼信佛法. 焉耆國俗事天神. 漕國卽漢時罽賓國也. 葱嶺山有順天神者建祠, 儀制甚華, 金銀爲屋, 以銀爲地."又曰:"國中有得悉神, 自西

海以東諸國, 幷敬事之." 又曰: "康居國俗事天神, 崇敬甚重云. 神兒七月
死, 失骸骨. 事神之人, 每至其月, 男婦三五百人, 號哭散在草野, 求天兒骸
骨, 七日便止." 又曰: "滑國, 車師之別種也. 俗事天神・火神, 每日出戶祀
神而後食, 跪一拜而止."-按事天之學, 非徒大秦一國, 自古諸國, 大抵皆然矣.- 又
曰: "漢班超遣椽甘英, 使大秦抵條支, 臨大海, 欲渡而安息西界. 船人曰:
'海水廣大, 逢善風三月乃渡, 若遇惡風, 亦有三歲者.' 英聞而止." 又曰: "天
竺國有神人名沙律者, 漢哀帝元壽元年, 博士弟子景匱, 受大月氏使浮屠經,
所載與老子經相出入. 盖昔老子西出關, 過西域之天竺而敎之."

○ 『북사(北史)』에,

"대진국은 일명 이간(犂靬)이라고도 하는데, 조지(條支)로부터 서
쪽으로 바다를 건너는 길이 1만 리이며, 대국(代國)으로부터 육지
로 가는 길이 3만 9400리이다. 땅이 사방 6천 리이며 두 바다 사이에
있다. 왕성(王城)은 5개의 성으로 나뉘어 있는데 왕은 중앙의 성
(城)에 산다. 성에는 여덟 신하를 두어서 사방을 맡아 다스리게
하며, 왕성에도 역시 여덟 신하를 두어서 사성(四城)을 나누어 관
장하게 하되, 일을 계획할 때는 네 성이 모여서 의논한다. 억울한
일이 있어 소송하는 자가 있으면, 그 지방을 맡은 신하를 작게는
꾸짖고 크게는 내쫓은 다음에 현명한 자를 뽑아서 대신한다. 사람
들이 용모가 단정하고 체구가 장대하며, 의복과 거기(車旗)는 중국
의 제도를 모방했기 때문에 외역(外域)에서는 대진이라고 부른다.
수(隋)나라 개황(開皇) 연간에 그 나라 사람 살합팔(撒哈八)・살
아적(撒阿的)・간갈사(幹葛思)가 중국에 들어왔다. 그 교(敎)는
하늘을 섬기는 것으로 근본을 삼는데, 이들이 처음 그 교를 중국에

전하였다."

라 하였다.

○『北史』:"大秦國, 一名犁靬, 從條支西渡海曲一萬里, 去代三萬九千四百里, 地方六千里, 居兩海之間. 王城分爲五城, 王居中城, 城置八臣, 主四方, 而王城亦置八臣, 分主四城, 謀事, 四城集議. 有訴訟冤枉者, 當方之臣, 小則責讓, 大則黜退, 令擧賢以代. 其人端正長大, 衣服車旗, 儀擬中國, 故外域謂之大秦. 隋開皇中, 國人撒哈八撒阿的幹葛思入中國. 其教以事天爲本, 始傳其教."

○ 『자치통감(資治通鑑)』에,

  "당(唐)나라 무종(武宗) 회창(會昌) 5년에 승니(僧尼)와 대진의 목
  호현신(穆護祆神)을 모두 강제로 귀속(歸俗)시켰다."

라 하였는데, 호삼성(胡三省)의 주(注)에,

  "목호(穆護)는 석씨(釋氏)의 외교(外敎)이니, 곧 마니(摩尼)의 일
  종이다."

라 하였다. 마니는 『당회요(唐會要)』에,

  "헌종(憲宗) 원화(元和) 원년에 회흘(回紇)의 중 마니가 왔다. 절
  을 짓고 그를 거주하게 하였는데, 그 교는 천축(天竺)과 다르다."

라 하였으니, 곧 이른바 명교(明敎)의 중이었던 것이다. 현(祆)은
독음이 호(胡)·연(烟)의 반절(反切)로, 오랑캐의 신이다.-살펴보건
대 대진의 풍속에 머리를 깎고 아내를 두지 않는 것은 중과 다름이 없고, 다
만 하늘을 섬기는 것과 부처를 섬기는 것이 서로 같지 않을 뿐이다. 개황(開
皇) 이후로 그 교(敎)가 중국에 유행하였다 그리하여 관사(舘舍)를 지어서

거주하기를 도관(道觀)이나 불찰(佛刹)과 다름없도록 하여 그 교를 주관하게 하였다. 회창(會昌) 이후로는 그 교가 끊어졌다.-

○『資治通鑑』: "唐武宗會昌五年, 僧尼及幷大秦穆護祆神, 皆勒歸俗." 胡三省註: "穆護釋氏外敎, 卽摩尼之類." 摩尼者, 『唐會要』: "憲宗元和元年, 回紇僧摩尼來, 置寺處之, 其敎與天竺異." 卽其所謂明敎僧也. 祆, 胡烟反, 胡神也.-按大秦之俗, 削髮不畜妻, 與僧無異, 但事天事佛不同. 開皇以後, 其敎行乎中國, 築舘居生, 與道觀佛刹無異, 使主其敎而已. 會昌以後, 其敎遂絶.-

○ 『홍서원시비서(鴻書原始秘書)』에 말하기를,

"회흘인(回紇人)이 받드는 것은 오직 하나의 하늘이 있는 줄 알 뿐이요 기타 신이나 부처는 모두 받들지 않는다. 그들은 '비록 신이니 부처니 하더라도 모두 하늘이 그들을 낳았다. 따라서 하늘에 예배하고 하늘에 기도해야 바라는 도(道)를 얻을 수 있다. 신이 되고 부처가 된 자들은 하늘이 그들에게 그렇게 되도록 하지 않았다면 그들이 어떻게 그렇게 될 수 있었겠는가. 따라서 나를 낳고 나를 길러주는 것은 모두 하늘이며 만물이 모두 하늘이 낳은 것임을 알 수 있다. 이런 까닭에 받들어 모실 바는 하늘이다. 만약 따로 신이나 부처에게 예배하면 이는 두 마음을 가지는 것으로 사람의 불충(不忠)·불효(不孝)와 같다.'라 생각한다. 그 교문(敎門)은 오직 하늘을 받드는 것만 알기 때문에, 매년 정월 초하루부터 매일 일어나서 새벽과 저녁으로 규복(叫福)한다. 얼굴을 돌려 벽을 등진 채 '눈으로는 사특한 것을 보지 않는다'라 하며, 손가락으로 귀를 막고서 '귀로는 음란한 소리를 듣지 않는다'라 하며, 머리를 쳐들고 하늘에 부르짖으면서 '복을 빈다'고 하며, 두 손으로 물건을 받는 자세를 하고서 '복을 받는다'고 하며, 손으로 마치 물건을 받아 품 안에 집어넣는 시늉을 하고서 '하늘이 복을 주었다'고 한다. 그런 뒤에 절하여 사례한다. 이를 규복(叫福)이라 한다. 세속에서 규불(叫佛)이라 하는 것은 와전(訛傳)된 것이다. 그래서 규복루(叫福樓)라는 것이 있으니, 바로 이것이다."

라 하였다.-살펴보건대, 회흘은 당(唐)나라 때의 이른바 회흘이 아니고 바로 후세에 회회(回回)라고 부르는 것이다. 서역의 나라들은 별도로 천신(天神)을 높여 섬겼는데, 지금의 이른바 회부(回部)가 이것이니, 어느 한 나라 이름이 아니다. 지봉(芝峯)도 "회흘은 당나라 때의 회흘이 아니고 곧 옛날의 대식국(大食國)이다"라 하였다.-

○『鴻書原始秘書』曰: "回紇人所奉者, 只知有一天, 其他神佛皆不奉. 雖曰神曰佛, 謂皆是天生他也. 拜天求天, 求道方得, 爲神爲佛, 天不敎他做, 他如何得做? 是知生我養我皆是天, 萬物皆是天生, 故所奉者天也. 若別拜奉神佛, 是有二心, 與人不忠不孝一般. 其敎門只知奉天, 故每歲自正朝日起, 晨昏叫福, 以面背其壁曰: '目不視邪色', 以指掩其耳曰: '耳不聽淫聲', 方擧首叫天, 謂之叫福; 兩手捧之曰接福, 以手如得物狀, 揣入懷內曰: '天賜福矣.' 然後拜謝, 是謂叫福. 世俗以叫佛, 傳之謬矣. 故有叫福樓, 是也."-按回紇者, 非唐所謂回紇也, 卽後世所稱回回. 西域諸國, 別有尊事天神, 今所謂回部, 是也, 非一國之名. 芝峯亦曰: '回紇, 非唐之回紇也, 卽古之大食國也.'-

○ 명(明)나라 가정(嘉靖) 연간에 정효(鄭曉)가 지은 「오학편(吾學篇)」에,

"서역에 묵덕나(默德那)라는 나라가 있으니, 곧 회회국(回回國)이다. 당초 국왕 모한맥덕(驀罕驀德 모하메드)은 태어날 때부터 영성(靈聖)하여 서역의 나라들을 신복(臣服)시켰다. 그 나라들이 모한맥덕을 높여서 별암원이(別諳援爾)를 삼았으니, 중국어로는 천사(天使)이다. 나라 안에 불경 30장(藏)이 있는데 모두 3천6백여 권이다. 글은 전서(篆書)·예서(隷書)·초서·해서(楷書) 등으로 쓰여 있으니, 서양 사람들은 모두 이러한 서체들을 쓴다. 그 땅은 천방국(天方國)에 인접해 있으니, 일명 천당(天堂)이라고 한다. 날씨가 온화하여 사계절이 다 봄과 같으며, 토지가 비옥하고 곡식이 풍성해서 거주하는 백성들이 생업을 즐거워한다. 음양(陰陽)·성력(星曆)·의약·음악 등의 기예에 밝으며, 풍속이 살생을 엄중히 여겨 돼지고기를 먹지 않으며, 기물이 매우 정교하다. 선덕(宣德) 연간에 천방국을 따라 조공(朝貢)하였다."
라 하였다.

○明, 嘉靖間, 鄭曉『吾學篇』云: "西域有默德那邦, 卽回回國. 初, 國王驀罕驀德生而靈聖, 臣服西域諸國, 諸國尊爲別諳援爾, 華言天使也. 國中有佛經三十藏, 凡三千六百餘卷. 書兼篆隷草楷, 西洋皆用之. 其地接天方國, 一名天堂, 風景融和, 四時如春, 田沃稻饒, 居民樂業, 有陰陽星曆醫藥音樂諸技藝. 俗重殺, 不食猪肉, 器最精巧. 宣德中, 隨天方國朝貢."

○『명사(明史)』에,
"신종(神宗) 만력(萬曆) 29년인 신축년 2월에 천진(天津)의 세감(稅監) 마당(馬堂)이 대서양(大西洋)의 이마두(利瑪竇 마테오리치)

의 방물(方物)을 올렸다. 예부(禮部)가 아뢰기를, '대서양은 『대명
회전(大明會典)』에 올라있지 않으니, 그 진위(眞僞)를 알 수 없습
니다. 게다가 공물로 바친 「천주녀도(天主女圖)」가 이미 불경(不
經)한 물건이며, 주머니 속에 신선골(神仙骨) 등의 물건이 들어
있습니다. 대저 신선이라면 하늘로 날아 올라갔을 터이니, 어찌
뼈가 남아있을 수 있겠습니까. 관대(冠帶)를 주어서 자기 나라로
돌려보내야 합니다'라 하였는데, 비답이 없었다."
라 하였다.

○ 『明史』: "神宗萬曆二十九年辛丑春二月, 天津稅監馬堂進大西洋利瑪竇
方物. 禮部言:'大西洋不載會典, 眞僞不可知, 且所貢天主女圖, 旣屬不經,
而囊有神仙骨等物. 夫仙則飛昇, 安得有骨? 宜給冠帶, 令還其國.' 不報."

○ 전목재(錢牧齋)의 『경교고(景敎考)』에,
"대진(大秦)은 지금의 서양 오랑캐이다. 승려 중에 영리하여 문자
에 통달한 자가 입술에 기름을 바르고 혓바닥을 놀려 함부로 말한
다. 이들은 비록 명수(名數)를 잘 알아 취할 만한 점이 있긴 하지만
그 교리는 서역의 오랑캐들이 섬기는 천지(天地)·일월(日月)·
수화(水火) 등 여러 신(神)을 섬기는 데 불과하니, 분명 축교(竺
敎)의 한 지파로서 가장 하열(下劣)한 교(敎)이다."
라 하였다.-살펴보건대, 경교(景敎)란 서사(西土) 경정(景淨)이 지은 비문
에 나오는 말이다. 그의 책『진도자정(眞道自訂)』에 기록하기를, "명나라 천
계(天啓) 3년에 관중(關中)에서 땅을 파다가 허물어진 담장 밑에서 비석 하
나를 발굴하였다. 그 비석에는 성교(聖敎)의 교리가 간략하게 기록되어 있

었으며, 성교의 인사(人士) 72인의 이름이 새겨져 있었다. 경교는 당(唐)나라 정관(貞觀) 9년에 중국에 들어왔으며, 비석을 세운 때는 당나라 건중(建中) 2년 정월이다."라 하였다. 전목재가 찬술한 것이 바로 이것이다. 전목재는 당시 사람으로서 서사(西士)와 종유(從遊)하여 사실을 잘 알았을 터이니, 그의 말은 더욱 믿을 만하다.-

○錢牧齋『景教考』曰: "大秦今西洋夷, 僧之點通文字者, 膏脣拭舌, 妄爲之辭, 雖有妙解名數之可取, 其所行敎, 不過西夷之事天地日月水火諸神者, 明是竺敎之一支下乘最劣者."-按景敎者, 卽西士景淨所撰碑. 其書『眞道自訂』曰: "明天啓三年, 關中起土, 獲一碑於敗墻下. 碑約記聖敎之理, 勒傳聖敎之士七十二人. 唐貞觀九年, 入中國, 建碑之時, 係唐建中二年正月." 錢所撰卽此也. 錢是當時人, 與西士從遊而習知之, 則其言尤可信也.-

○ 청(淸)나라의 학자 고염무(顧炎武)의 『일지록(日知錄)』에, "대진국은 『후한서』「서역전(西域傳)」에 처음 보이는데, '바다 서쪽에 있고 영토가 사방 수천 리이며 400여 개의 성이 있고 복속된 작은 나라가 수십 개이다.'라 하였고, 또, '천축국은 서쪽으로 대진국과 통한다'라 하였다. 지금 불경에 모두 적기를 '대진의 구마라습(鳩摩羅什)이 번역하였다.'라 하였는데, 이 대진을 요흥(姚興)의 국호(國號)라 하는 것은 틀렸다."
라 하였고, 또,
"당(唐)나라 현종(玄宗) 개원(開元) 7년에 토화라(吐火羅) 국왕이 천문(天)을 해독하는 사람 대모사(大慕闍)를 바쳤다. 대모사는 물으면 모르는 것이 없었다. 그가 법당(法堂)을 하나 설치하고 본

교(本敎)의 교리에 따라서 공양하기를 청하였는데, 허락하지 않았
다. 이는 오늘날 이마두의 천주당(天主堂)과 비슷한 것인데 현종
시대에는 설치되지 못했으니, 어찌 당시 조정에 학식 있는 사람들
이 많았기 때문이 아니겠는가."

라 하였다.-살펴보건대 이 말은 역시 천주설(天主說)을 옳지 않다고 한 것
이다.-

○淸儒顧炎武『日知錄』曰：“大秦國始見於『後漢書』「西域傳」：'在海西, 地
方數千里, 有四百餘城, 小國役屬者數十.' 又云：'天竺國西與大秦國通.' 今
佛經皆題云：'大秦鳩摩羅什譯.' 謂是姚興[42]國號, 非也.” 又曰：“唐玄宗開元
七年, 吐火羅國王, 獻解天文人大慕闍, 問無不知. 請置一法堂, 依本敎供
養, 不許. 此與今之利瑪竇天主堂相似, 而不能行於玄宗之世, 豈非其時在
朝多學識之人哉?”-按此言, 亦以天主說爲非矣.-

○『지봉유설(芝峯類說)』에,

"대서국(大西國)에 이마두라는 자가 있어 항해(航海)한 지 8년 만
에 8만 리 파도를 건너서 동월(東粤)에 와서 10여 년 동안 살았다.
그가 저술한 『천주실의(天主實義)』는 첫머리에 천주(天主)가 처음
으로 천지를 창조하여 안양(安養 극락의 이칭)을 주재한다는 도리를
말하고, 다음으로 사람의 영혼은 불멸하므로 금수와는 크게 다르

---

42 姚興 : 중국 16국 시대 後秦의 왕으로, 자는 子略이고 羌族 사람 姚萇의 아들
이다. 불교를 숭상하여 鳩摩羅什 등 고승에게 불경을 번역하게 하였다.

다는 것을 말하고, 그 다음으로 육도(六道)를 윤회한다는 불교의
주장이 잘못된 것임과 천당과 지옥이 선악의 과보(果報)임을 변파
(辯破)하고, 끝으로 사람의 품성이 본래 선(善)하므로 천주를 공경
하여 받들어야 한다는 이치를 말하였다. 그 풍속은 임금을 '교화황
(敎化皇)'이라고 부르는데, 결혼하지 않기 때문에 왕위를 세습하는
일이 없고 현명한 사람을 선택하여 임금으로 세운다. 또 그 풍속은
우의(友誼)를 중시하고 사사로이 저축하지 않는다. 「중우론(重友
論)」을 지었다. 초굉(焦竑)은 '서역의 리군(利君 이마두(利瑪竇))이
벗은 제이(第二)의 나라고 하였으니, 이 말이 매우 기이하다'라 하
였다. 『속이담(續耳譚)』에 자세히 보인다."
라 하였다.

○『芝峯類說』曰: "大西國, 有利瑪竇者, 泛海八年, 越八萬里風濤, 居東粤
十餘年. 所著『天主實義』, 首論天主始制天地・主宰安養之道, 次論人魂不
滅, 大異禽獸, 次辯輪回六道之謬・天堂地獄善惡之報, 末論人性本善而敬
奉天主之意. 其俗謂君曰敎化皇, 不婚娶, 故無世襲嗣, 擇賢而立之. 又其俗
重友誼, 不爲私畜, 著『重友論』. 焦竑曰: '西域利君以爲友者第二我, 此言
奇甚'云. 事詳見『續耳譚』."

○ 성호선생의 『천주실의』 발문(跋文)에 대략,
　"『천학실의』란 책은 이씨(利氏) 마두(瑪竇)가 지은 것이다. 그는
　구라파(歐邏巴) 사람으로 만력(萬曆) 연간에 예수회(耶蘇會)의 붕
　우인 양마락(陽瑪諾)・애유략(艾儒畧)・필방제(畢方濟)・웅삼발
　(熊三拔)・방적아(龐迪我) 등 몇 사람과 함께 바다를 건너와서,

3년 만에 비로소 현달(顯達)하였다. 그 학문은 오로지 천주(天主)만을 높였다. 천주는 곧 유가에서 말하는 상제(上帝)이지만, 공경히 섬기고 조심하고 두려워하고 믿는 것은 불씨(佛氏)의 석가이다. 천당과 지옥을 들어 말함으로써 권면하고 징계하며, 세상을 두루 다니면서 인도하고 교화한 자를 야소(耶蘇)라 한다. 야소란 자는 서국(西國)의 구세주를 일컫는 말이다. 야소란 이름을 말하기 시작한 것은 또한 중고(中古) 시대부터였으니, 이 때는 순박한 인심이 차츰 각박해지고 성현이 떠난 지 오래라 사욕을 따르는 사람은 날로 많아지고 도이를 따르는 사람은 점점 드물어졌다. 이에 천주가 크게 자비심을 일으켜 친히 세상을 구하러 내려와서 동정녀(童貞女)를 선택하여 교접하지 않고 태반(胎盤)을 빌려 여덕아국(如德亞國)에 강생(降生)하고 이름을 야소라 하였다. 그는 33년간 세상을 널리 교화한 뒤 다시 하늘로 올라갔다. 그 교리가 마침내 구라파 여러 나라에 전파되었다. 야소가 살았던 때는 1603년 전이다.

이씨(利氏)가 중국에 와서 수십 종의 책을 지었는데, 천문을 관찰하고 지리를 살피며 천체의 운행을 계산하여 역법(曆法)을 만든 것은 일찍이 중국에 없던 바이다. 그러나 그가 축건(竺乾)의 교를 배척한 것은 지극하지만 마침내 자신의 교도 환망(幻妄)으로 귀착하고 만다는 사실은 오히려 깨닫지 못하였다. 중국 사람들은 불교를 처음 받아들였던 한(漢)나라 명제(明帝) 이전에는 죽었다가 다시 살아난 자가 모두 천당과 지옥을 보지 못했으니, 어찌 유독 윤회설만 그릇된 것이고 천당과 지옥이 있다는 주장은 옳단 말인가. 그리고 만약 천주가 지상의 백성들을 사랑하여 인간 세상에 환생(幻生)해서 흡사 사람이 가르침을 베푸는 것처럼 교리를 일러준다면, 수많은 나라들에 자비를 베풀어야 할 사람들이 어찌 한량이 있겠는가. 그런데 한 사람의 천주가 그 많은 나라들을 두루 다니면서 일깨워 준다면 너무 수고롭지 않겠는가. 또 구라파의 교를 전해 듣지 못한 구라파 동쪽의 사람들에게는 어찌하여 구라파처럼 갖가지 신령한 이적(異蹟)을 보이는 천주가 나타나지 않는단 말인가. 그렇다면 천주가 보였다는 그 갖가지 신령한 이적들도 마귀의 행태가 아닌지 어떻게 알겠는가.

생각건대 서양 나라들의 풍속 또한 점점 야박하게 변하여 사람들이 길흉의 응보를 점점 믿지 않자 이에 천주경(天主經)의 가르침이 있게 되었던 것이니, 처음에는 중국 『시경(詩經)』·『서경(書經)』의 가르침과 같은 것에 불과했을 터이다. 그런데도 오히려 사람들이 따르지 않을까 염려하여 천당과 지옥이 있다는 주장을 하여 지금까지 전해온 것이다. 그 이후 야소가 했다는 많은 신령한 이적들은 저들이 말하는 마귀나 광인(誑人)이 하는 짓에 불과한 것이다.

대개 중국은 진실한 자취만 말하니 자취가 없으면 어리석은 자들이 믿지 않고, 서양은 허환(虛幻)한 자취를 말하니 자취가 현란(眩亂)할수록 미혹한 자들이 더 깊이 빠져든다. 그 형세가 그럴 수밖에 없다. 그런데 마귀가 이와 같은 까닭은 또한 천주의 가르침이 이미 사람들의 마음을 깊이 병들게 했기 때문이다. 이는 불교가 중국에 들어온 뒤에야 중국 사람들이 죽었다가 다시 살아나면 천당이나 지옥 및 전생의 일들을 기억해 내는 것과 같은 것이다. 저 서사(西士)들은 궁구하지 못한 이치가 없고 알지 못하는 이치가 없는데도 그 굳어진 미혹에서 벗어나지 못하고 있으니, 애석한 노릇이다."

라 하였다.-살펴보건대, 선생님의 말씀이 이와 같은데도 지금 우리 학문을 하는 자들이 간혹 말하기를 '선생님도 일찍이 천주학을 공부했다'라 하면서 자기 주장을 펴고자 한다. 그리하여 선생님의 말씀을 가지고 자기 주장을 정당화하면서 자신이 스승을 무함(誣陷)하는 죄에 빠져 든다는 사실을 깨닫지 못하니, 어찌 한심하지 않겠는가! 그 학술의 차이는 따로 문답(問答)으로 정리한다.-

○星湖先生「天主實義跋文」略曰: "天學實義者, 利氏瑪竇之所述也. 卽歐邏巴人, 萬曆間, 與耶蘇會朋友陽瑪諾・艾儒畧・畢方濟熊・三拔龐迪我等數人, 航海來賓, 三年始達. 其學專以天主爲尊, 天主者, 卽儒家之上帝, 而其敬事愼畏信, 則佛氏之釋迦也. 以天堂地獄爲勸懲, 以周流導化爲耶蘇. 耶蘇者, 西國救世之稱也. 自言耶蘓之名, 亦自中古起, 淳樸漸漓, 聖賢化去, 從欲日衆, 循理日稀. 於是, 天主大發慈悲, 親來救世, 擇貞女, 無所交感, 托胎降生於如德亞國, 名爲耶蘇. 弘化三十三年, 復昇歸天. 其敎遂流及歐邏巴諸國, 耶蘇之世, 上距一千有六百有三年. 而利氏至中國, 著書數十種, 其仰觀俯察・推數授時之妙, 中國未始有也. 然其所以斥竺乾之敎者至矣, 猶未覺畢竟同歸於幻妄也. 但中國自漢明帝以前, 死而還生者, 幷無天堂地獄之可證, 則何獨輪廻爲非而天堂地獄爲是耶? 若天主慈悲下民, 現幻於寶界間, 或相告語, 一如人之施敎, 則億萬邦域, 可慈可悲者何限? 而一天主遍行提警, 得無勞乎? 自歐邏巴以東其不聞歐邏巴之敎者, 又何無天主現跡不似歐邏巴之種種靈異耶? 然則其種種靈異, 亦安知夫不在於魔鬼套中耶? 意者西國之俗, 亦駸駸淪變, 其吉凶報應之間, 漸不尊信. 於是, 有天主經之敎. 其始不過如中國『詩』・『書』之云. 憫其猶不率也, 則濟之以天堂地獄之說, 流傳至今. 其後來種種靈異之跡, 不過彼所謂魔鬼誑人之致也. 盖中國言其實跡, 跡泯而愚者不信, 西國言其幻跡, 跡眩而迷者愈惑, 其勢然也. 惟魔鬼之所以如此者, 亦由天主之敎已痼人心故也. 如佛敎入中國, 然後中國之死而復生者, 能記天堂地獄及前世之事者也. 彼西士之無理不窮, 無幽不通, 而尙不離於膠漆盆中, 惜哉?"-按先生之言如此, 而今爲此學者間或曰: "先生亦嘗爲之." 欲伸己說, 因而爲重, 而不覺自歸於誣師之科, 豈不寒心哉? 其學術之差, 別具于問答.-

천학문답(天學問答)

혹자가 묻기를,

"근래의 이른바 천학(天學)이 옛날에도 있었는가?"

라 하기에, 내가 대답하기를,

"있었다. 『서경(書經)』에, '위대하신 상제(上帝)께서 하민(下民)에게 바른 본성을 내리셨으니, 그 떳떳한 본성을 따라 그 바른 도리를 실천한다'라 하였으며, 『시경(詩經)』에 '문왕(文王)께서는 삼가고 조심하여 상제를 밝게 섬긴다'라 하였고, 또 '하늘의 위엄을 두려워하여 이에 보전한다'라 하였으며, 공자(孔子)는 '천명(天命)을 두려워한다'라 하였으며, 자사(子思)는 '하늘이 명한 것을 일러 성(性)이라 한다'라 하였으며, 맹자(孟子)는 '마음을 보존하여 본성(本性)을 배양하는 것이 하늘을 섬기는 일이다'라 하였다. 우리 유자(儒者)의 학문 또한 하늘을 섬기는 것에서 벗어나지 않으니, 동중서(董仲舒)가 말한 '도(道)의 큰 근원은 하늘에서 나온다'는 것이 이것이다."

라 하였다.

或問: "今世所謂天學, 於古有之乎?" 曰: "有之. 『書』曰: '惟皇上帝, 降衷
下民. 若有恒性, 克綏厥猷.' 『詩』曰: '惟此文王, 小心翼翼, 昭事上帝.' 又
曰: '畏天之威, 于時保之.' 孔子曰: '畏天命.' 子思曰: '天命之謂性.' 孟子
曰: '存心養性, 所以事天也.' 吾儒之學, 亦不外於事天, 董子所謂道之大原
出乎天, 是也."

혹자가 말하기를,

> "우리 유자(儒者)의 학문이 과연 하늘을 섬기는 것을 벗어나지 않
> 는다면 그대가 서사(西士)의 학문을 배척하는 것은 무엇 때문인
> 가?"

라 하기에, 대답하기를,

> "이른바 하늘을 섬기는 것은 같지만 이쪽은 바르고 저쪽은 삿되니,
> 이것이 내가 배척하는 까닭이다."

라 하였다.

或曰: "吾儒之學, 果不外於事天, 則子斥西士之學, 何也?" 曰: "其所謂事天
則一也. 而此正彼邪, 此吾所以斥之也."

혹자가 말하기를,

> "저 서사(西士)가 동정(童貞)의 몸으로 수행을 하는 것은 중국의
> 행실이 독실한 자들도 능히 미칠 수 없다. 게다가 지해(知解)가
> 매우 뛰어나 심지어 하늘의 도수를 관측하고 역법(曆法)을 계산하
> 며 기계와 기구를 만들었으니, 구중(九重)의 하늘을 환히 꿰뚫어
> 보는 기구와 80리를 날아가는 화포(火砲) 같은 것들은 어찌 신이

(神異)하지 않겠는가.-우리나라 인조(仁祖)때 사신 정두원(鄭斗元)이 올린 장계(狀啓)에 "서양 사람 육약한(陸若漢)이 화기(火器)를 잘 만드는 데, 80리 거리까지 날아가는 화포를 만들 수 있다."라 하였다. 육약한은 바로 이마두(利瑪竇)의 친구이다.- 서양 사람들은 게다가 온 세계를 두루 다니는데, 어느 나라든 그 나라에 들어가면 얼마 안 되어서 그 나라의 언어와 문자를 알고, 하늘의 도수를 측량하면 일일이 부합하니, 이는 실로 신성(神聖)한 사람이다. 이미 신성하다면 어찌 믿을 수 없단 말인가?"

라 하기에, 대답하기를,

"이는 과연 그렇다. 그러나 천지의 대세(大勢)를 가지고 말한다면, 서역은 곤륜산(崑崙山) 아래에 터를 잡고 있어서 천하의 중앙이 된다. 그래서 풍기(風氣)가 돈후하고 인물의 체격이 크며 진기한 보물들이 생산된다. 이는 사람 배속의 장부(臟腑)에 혈맥이 모여 있고 음식이 모여서 사람을 살게 하는 근본이 되는 것과 같다. 그런데 중국으로 말하면, 천하의 동남쪽에 위치하여 양명(陽明)함이 모이는 곳이다. 그러므로 그 양명한 기운을 받고 태어난 이는 과연 신성한 사람이니, 요(堯)·순(舜)·우(禹)·탕(湯)·문(文)·무(武)·주공(周公)·공자(孔子) 같은 분들이 이들이다. 이는 사람의 심장이 가슴 속에 있으면서 신명(神明)의 집이 되어 온갖 조화가 그 속에서 나오는 것과 같다. 이로써 말한다면, 중국의 성학(聖學)은 올바른 것이며, 서양의 천학(天學)은 비록 그 사람들이 말하는 진도(眞道)요 성교(聖敎)지만 우리가 말하는 성학은 아니다."
라 하였다.

或曰："彼西士之童身制行, 非中國篤行之士所能及也. 且其知解絶人, 至於天度推步, 曆法籌數, 製造器皿, 若洞貫九重之天, 八十里火炮之類, 豈不神異?-我仁祖朝, 使臣鄭斗元狀啓：'西洋人陸若漢製火器, 能作八十里之火炮. 若漢, 卽利瑪竇之友.- 其國之人, 又能周行大地, 入其國則未幾而能通其言語文字, 測量天度, 一一符合, 此實神聖之人也. 旣爲神聖, 則烏不可信乎?"曰："是果然矣. 然以天地之大勢言之, 西域據崑崙之下而爲天下中. 是以風氣敦厚, 人物奇偉, 寶藏興焉, 猶人之腹臟, 血脉聚而飮食歸, 爲生人之本. 若中國則據天下之東南而陽明聚之. 是以, 稟是氣而生者, 果是神聖之人, 若堯舜禹湯文武周孔, 是也. 猶人之心臟居胸中, 而爲神明之舍, 萬化出焉. 以是言之, 則中國之聖學, 其正也；西國之天學, 雖其人所謂眞道聖敎, 而非吾所謂聖學也."

혹자가 묻기를,

"무슨 말인가?"

라 하기에, 대답하기를,

"오직 이 한 마음은 천성에 근본한다. 능히 이 마음을 잡아 보존하여 그 본성을 잘 지켜 우리 상제(上帝)께서 부여한 천명(天命)을 잊지 않으면, 하늘을 섬기는 도리가 이보다 나은 것이 없다. 무엇하러 굳이 서사처럼 아침과 낮에 기도하여 지난 잘못의 용서받아 지옥에 떨어지지 않기를 간구(懇求)하기를 마치 무당이 기도하듯이 하여, 하루에 다섯 번 하늘에 예배하고 7일에 하루를 재소(齋素)해야만, 하늘을 섬기는 도리를 다할 수 있는 것이겠는가."

라 하였다.

或問: "何謂也?" 曰: "惟此一心, 本乎天性. 若能操存此心, 保有其性, 無忘吾上帝所賦之命, 則事天之道, 無過於是. 何必如西士朝晝祈懇, 赦其舊過, 求免地獄, 如巫覡祈禱之事, 一日五拜天, 七日一齋素, 然後可以盡事天之道乎?"

혹자가 말하기를,

"세상에 삼교(三敎)가 있으니, 유교와 불교와 도교이다. 그런데 지금 서사가 '천(天)'으로 그 학(學)을 이름한 것은 그 뜻이 어디에 있는가?"

라 하기에, 대답하기를,

"성인의 도는 하나일 뿐이니, 어찌 삼교가 있을 수 있겠는가. 삼교란 이름은 후세의 비속한 견해에서 나온 것이다. 불(佛)은 서방의 교로서 인간의 윤리를 끊어 없앴고, 도(道)는 현세를 벗어난 교로서 세상을 살아가는 도리와는 무관하니, 어찌 유교와 같이 놓고 비교할 수 있겠는가. 서사가 천으로 그들의 학을 이름한 것은 그 뜻이 몹시 참망(僭妄)하다. 대개 서역 일대는 예로부터 이학(異學)이 무수히 일어나서 불씨(佛氏) 이외에도 갖가지 교가 많았으니, 『전등록(傳燈錄)』 등의 책을 보면 알 수 있다. 서사들이 천이란 말을 쓴 뜻은 '더없이 높은 것이 천이니, 천이라고 말하면 다른 교들이 어찌 감히 대항할 수 있겠는가.'라 여겼기 때문이다. 이는 마치 천자(天子)를 끼고 제후를 호령하려는 뜻이니, 그 속셈이 또한 간교하다 하겠다. 우리 유교로 말하자면, 성인이 하늘의 뜻을 이어서 즉위하여 하늘을 대신하여 천하를 다스리는 것으로, 천서(天叙)·천질(天秩)·천명(天命)·천토(天討)가 하늘로부터 나

오지 않는 것이 없으니, 모두 천명(天命)이 유행(流行)하는 것이
다. 어찌 군이 '천'이란 말을 써서 그 학(學)에다 이름을 붙여야만
진도(眞道)가 되고 성교(聖敎)가 되겠는가."
라 하였다.

或曰: "世有三敎, 曰儒曰釋曰道. 今西士以天名學, 其意何居?" 曰: "聖人之
道一而已, 豈有三敎乎? 三敎之名, 後世俗見之累也. 佛是西方之敎而絕滅
倫理, 道是世外之敎而無關世道, 豈可與儒敎比而同稱乎? 西士之以天名
學, 意已僭妄矣. 盖西域一帶, 自古異學蝟興, 佛氏之外, 諸敎亦多. 觀於『
傳燈』等書, 可知矣. 西士之言天者, 其意以爲莫尊者天, 言天則諸敎, 豈敢
相抗? 是則挾天子令諸侯之意, 其計亦巧矣. 吾儒之敎則聖人繼天而立, 代
天工而治天下, 叙秩命討, 莫不由天, 則是皆天命之流行也. 何必以天名學
而後, 爲眞道 · 聖敎乎?"

혹자가 말하기를,

"서사 이외에는 천(天)을 말한 사람이 더 없는가?"
라 하기에, 대답하기를,

"『묵자(墨子)』에 「천지편(天志篇)」이 있는데, 말하기를 '하늘의 뜻
을 따르는 자는 사람들이 서로 남을 사랑하고 서로 남을 이롭게
하여 반드시 상을 받으며, 하늘의 뜻을 거스르는 자는 각자 서로
미워하고 서로 해를 끼쳐서 반드시 벌을 받는다. 삼대(三代)의 성
왕(聖王)인 우(禹) · 탕(湯) · 문(文) · 무(武)는 하늘의 뜻을 따라
서 상을 받은 이들이며, 걸(桀) · 주(紂) · 유(幽) · 려(厲)는 하늘
의 뜻을 거슬러 벌을 받은 자들이다. 그 일로 말하자면, 위로는

하늘을 높이고 중간으로는 귀신을 섬기고 아래로는 사람을 사랑하는 것이다. 하늘이 사랑하는 것을 다 같이 사랑하고, 하늘이 이롭게 하고자 하는 것을 다 같이 이롭게 한다.'라 하였으니, 이것이 묵자가 하늘을 말한 것으로서, 서로 남을 사랑하고 서로 남을 이롭게 한다는 것이 그 대의(大義)이다. 서사의 '원한을 잊고 원수를 사랑하라.'는 말은 서로 남을 사랑하라는 '겸애(兼愛)'와 다름이 없으며, 자신을 단속하여 고된 수행을 하는 것은 묵자의 검소함을 숭상한다는 '상검(尙儉)'과 같다. 다만 서로 다른 점은 묵자는 현세(現世)로써 하늘을 말하였고 서사는 후세(後世)로써 하늘을 말하였으니, 묵자에 비해 더욱 궤탄(詭誕)하다. 대개 서학(西學)에서 후세를 말한 것은 전적으로 불씨(佛氏)의 여론(餘論)이며, 사랑과 검박(儉朴)을 말한 것은 묵씨의 지류(支流)이다. 이 어찌 주공(周公)과 공자(孔子)를 배운 자가 익힐 바이겠는가. 오늘날의 이른바 유자(儒者)는 일찍이 도불(道佛)의 천당·지옥에 관한 설과 묵씨의 겸애론(兼愛論)을 비판하였으면서, 유독 서사의 말에 대해서만은 변별(辨別)하지도 않고서 곧장 말하기를, '이는 천주를 모시는 교이다. 중국의 성인이 비록 존귀하지만 어찌 천주를 능가할 수 있겠는가.'라 하니, 미치광이처럼 함부로 말하는 것이 이와 같은 지경에까지 이르렀다."

라 하였다.

或曰: "西士之外, 更無言天者乎?" 曰: "墨子有「天志篇」, 其言曰: '順天意者, 兼相愛, 交相利, 必得賞; 反天意者, 別相惡, 交相賊, 必得罰. 三代聖王禹湯文武, 順天意而得賞者也; 桀紂幽厲, 反天意而得罰者也. 其事上尊

天, 中事鬼神, 下愛人, 天之所愛, 兼而愛之, 所利兼而利之.'此墨子之言
天, 而兼愛兼利, 其大義也. 西士忘讐愛仇之說, 與兼愛無異; 其約身攻苦,
與尙儉相同. 但其異者, 墨子言天以現世, 西士言天以後世. 比之墨氏, 尤爲
詭誕矣. 大抵西學之言後世, 專是佛氏餘論, 而兼愛尙儉, 墨氏之流, 是豈學
周孔者所習者乎? 今之所謂儒者, 嘗斥道佛堂獄之說·墨氏兼愛之論, 而至
於西士之語, 不復卞別, 直曰:'此天主之敎也. 中國聖人雖尊, 豈有加於天
主乎?'其猖狂妄言, 無所忌憚, 至於如此矣."

혹자가 말하기를,

"야소(耶蘇)는 세상을 구제하는 사람을 일컫는 이름이니, 성인이
도를 행한 뜻과 다른 점이 없을 듯하다."

라 하기에, 대답하기를,

"이 무슨 말인가? 야소가 세상을 구원하는 것은 그 목적을 오로지
후세(後世)에 두고서 천당과 지옥의 설로 이를 권면하고 징계하며,
성인이 도(道)를 행하는 것은 그 목적을 오로지 현세에 두고서 명
덕(明德)과 신민(新民)으로써 교화하니, 그 공사(公私)의 차이가
절로 같지 않다. 설사 저들이 말하는 것처럼 실제로 천당과 지옥이
있다고 하더라도, 사람이 현세에 살면서 선을 행하고 악을 버려
행실이 온전하고 덕이 갖추어졌으면 틀림없이 천당으로 갈 것이며,
선을 버리고 악을 행하여 행실이 옳지 못하고 덕이 없으면 틀림없
이 지옥으로 갈 것이다. 따라서 사람이 현세에 사는 동안 부지런히
선을 행하여 하늘이 내려준 나의 참된 천성을 저버리지 않으면 될
따름이니, 어찌 털끝만큼인들 후세의 복을 바라는 마음을 가질 필
요가 있겠는가. 정자(程子)는 '석씨(釋氏)는 생사(生死)를 벗어나

고 하니, 오로지 자기 일인의 사욕을 추구하는 것일 뿐이다.'라 하
였으니, 천학(天學)이 지옥을 면하기를 구하는 것이 자기 일신의
사욕을 추구하는 것이 아니겠는가?"
라 하였다.

或曰: "耶蘇, 救世之名也. 與聖人行道之意, 似不異矣." 曰: "是何言也? 耶
蘇救世, 專在後世, 以天堂地獄爲勸懲; 聖人行道, 專在現世, 以明德新民
爲敎化. 其公私之別, 自不同矣. 假使信有堂獄, 如彼之說, 人在現世, 爲善
去惡, 行全德備, 則必歸天堂; 去善爲惡, 行虧德蔑, 則必歸地獄. 人當於現
世之內, 孳孳爲善, 毋負我降衷之天性而已, 有何一毫邀福於後世之念? 程
子曰: '釋氏超脫死生, 專爲一己之私.' 天學之祈免地獄, 非爲一己之私乎?"

혹자가 말하기를,
"고금에 천학을 말한 자가 없지 않다. 옛날에는 추연(鄒衍)이 있었
고 아조(我朝)에 와서는 허균(許筠)이 있었으니, 그 실상을 듣고
싶다."
라 하기에, 대답하기를,
"추연이 하늘을 이야기한 것은 너무 헤아릴 수 없을 만큼 드넓어
귀착할 곳이 없으니, 서사들이 천도(天度)와 지구(地毬)를 말한
것이 착착 실제와 부합하는 것만 못하다. 허균은 총명하고 문장에
능했으나 행검(行檢)이 전혀 없어서 거상(居喪) 중에 고기를 먹고
아이를 낳았으므로 사람들이 모두 침을 뱉으며 비루하게 여겼었다.
그래서 스스로 사류(士流)에게 용납될 수 없는 줄 알고 불교에 귀
의하여 밤낮으로 부처에 예배하고 불경을 독송하여 지옥에 빠지지

않고자 하였다. 그는 주장하기를 '남녀의 정욕은 천성(天性)이고, 윤리와 기강을 분별하는 일은 성인의 가르침이다. 하늘은 성인보다 높으니, 차라리 성인의 가르침을 어길지언정 하늘로부터 받은 본성을 어길 수는 없다.'라 하였다. 이런 까닭에 당시 부박(浮薄)하고 문사(文詞)가 있어 그의 문도가 된 자들이 천학설(天學說)을 주장했으니, 사실은 서학과는 천양지차(天壤之差)로 달라 나란히 놓고 말할 수 없는 것이었다. 대저 학술이 어긋나면 모두 이단이 되고 마니 조심하지 않을 수 없다. 노담(老聃)·불씨(佛氏)·양주(楊朱)·묵적(墨翟)은 모두 필시 신성한 사람들이었을 터이나 결국에는 허무적멸(虛無寂滅)하고 무부무군(無父無君)한 교리로 귀착하고 말았다. 왕양명(王陽明)은 유학을 크게 창도(唱導)했지만 기실은 이단이었다. 이런 까닭에 그의 문도인 안산농(顔山農)이란 자는 욕(欲) 자 하나로 법문(法門)을 삼고, 하심은(何心隱)이란 자는 살(殺) 자 하나로 종지(宗旨)를 삼아서 두 사람 다 말하기를 '우리 선생님의 양지(良知)의 학문은 마음을 스승으로 삼는 것이니, 마음에서 나오는 것은 모두 양지이다. 나는 내 마음에서 나오는 것을 따르겠다.'라 하였다. 이들은 결국 남만(南蠻)과 연결하여 반란을 일으키다가 주살(誅殺)되고 말았다. 이로써 말하자면 학자(學者)는 응당 학문의 근원을 잘 변별해서 이러한 말류의 폐단을 살펴야 한다."

라 하였다.

或曰: "古今言天學者, 不無其人, 於古有鄒衍, 於我朝有許筠, 願得其實."
曰: "鄒衍談天, 滉洋難測, 無所歸宿, 不如西士之論天度地毬, 鑿鑿符合.

筠則聰明能文章, 專無行檢, 居喪食肉産子, 人皆唾鄙. 自知不爲士流所容,
托迹於佛, 日夜拜佛誦經, 求免地獄. 倡言曰: '男女情欲, 天也; 分別倫紀,
聖人之敎也. 天尊於聖人, 則寧違於聖人, 而不敢違天稟之本性.' 以是, 當
時浮薄有文詞爲其門徒者, 倡爲天學之說, 其實與西土之學, 霄壤不侔, 不
可比而同稱也. 大抵學術之差, 皆歸異端, 不可不愼也. 老佛楊墨, 皆必神聖
之人, 而末梢終歸於虛無寂滅無父無君之敎. 王陽明大倡儒學, 而其實異端.
是以, 其徒顏山農者, 以一欲字爲法門; 何心隱者, 以一殺字爲宗旨, 皆曰:
'我先生良知之學, 以心爲師. 心之所出, 皆良知也. 我則從吾心之所出.' 末乃
與南蠻連結作亂被誅. 以此言之, 學者當卜於爲學原頭而察此末流之弊也."

혹자가 말하기를,

   "서사의 학설은 이와 달라 단지 선을 행하고 악을 버리는 것인데,
   무슨 유폐(流弊)라 말할 게 있겠는가?"

라 하기에, 대답하기를,

   "이 무슨 말인가. 선(善)은 해야 하고 악(樂)은 하지 말아야 한다는
   것은 어리석든 지혜롭든 현명하든 불초하든 모든 사람이 다 아는
   바이다. 지금 여기에 어떤 사람이 있는데 그가 지극히 악한 사람이
   라고 하자. 그러나 누가 그를 보고 '그대는 선한 사람이다.'라고
   칭찬하면 그 사람이 기뻐할 것이고, '그대는 악한 사람이다.'고 하
   면 그 사람이 노할 것이다. 선악에 대한 구별은 비록 악인이라도
   이미 알고 있는 것이다. 세상에 어찌 악을 행하고 선을 버리는 학문
   이 있겠는가? 이런 까닭에 예로부터 이단들이 모두 선을 행하고
   악을 버리는 것으로써 교리(敎理)를 삼았던 것이니, 지금 서사가
   선한 일을 하고 악한 일을 하지 말라고 하는 말이 서사들만 하는

것이겠는가. 내가 걱정하는 바는 그 말류의 폐단을 가지고 말하는 것이다. 그 학문이 현재를 가지고 말하지 않고 오로지 후세의 천당과 지옥의 응보를 가지고 말하니, 이 어찌 허탄하고 망령되어 성인의 바른 가르침을 해치는 것이 아니겠는가. 성인의 가르침은 오직 현세에서 의당 해야 할 일을 하는 것이니, 광명정대하여 털끝만큼도 감추어지거나 모호한 것이 없다. 공자는 괴(怪)·력(力)·난(亂)·신(神)을 말하지 않았으니, 괴(怪)란 드물게 있는 일이고, 신(神)이란 보이지 않는 것이다. 만약 드물게 있는 일이나 보이지 않는 사물을 가지고 끝없이 말한다면 사람들의 마음이 선동되어 모두 황탄(荒誕)한 곳에 빠져들고 말 것이다. 그 중에서 큰 예(例)를 들어 말하자면, 한(漢)나라 때 장각(張角), 당(唐)나라 때 방훈(龐勛)과 황소(黃巢), 송(宋)나라 때 왕칙(王則)과 방납(方臘), 원(元)나라 때 홍건적(紅巾賊), 명(明)나라 말엽의 유적(流賊)들이 모두 그러한 부류이다. 기타 소소한 요적(妖賊)들로는 백련교(白蓮敎)·미륵교(彌勒敎)의 무리들이 곳곳마다 무수히 일어났으니, 사전(史傳)은 이를 분명히 전하고 있다. 우리나라에서는 영종조(英宗朝) 무인년에 신계현(新溪顯)의 요무(妖巫) 영무(英武)란 자가 미륵불로 자칭하였는데, 여러 고을의 사람들이 몰려들어 생불(生佛)이 세상에 나왔다고 하면서 합장하여 맞이하고 예배하였다. 그는 백성들로 하여금 받들어 모시던 모든 신사(神社)와 잡귀들을 모조리 없애게 하면서 말하기를, '부처가 이미 세상에 나왔는데 어찌 모실 다른 신이 있겠는가.'라 하였다. 이에 백성들이 모두 그 말을 따라서 이른바 기도할 때 쓰는 신상(神箱)이니 신항(神缸)이니 하는 것들을 모조리 깨뜨리고 불태워버렸다. 그리하여 몇 달

만에 황해도에서부터 고양(高陽) 이북과 영동(嶺東) 일도(一道)의 백성들이 온통가 휩쓸리어 그를 따랐으니, 서사의 이른바 천주교라는 것이 빨리 확산되는 것이 어찌 이보다 더하겠는가. 그 당시 상(上)이 어사 이경옥(李敬玉)을 보내어 조사하여 처벌하였지만 그 요망한 세력이 한 달이 넘도록 진정되지 않았으니, 사람의 마음이 동요하기는 쉽고 진정되기는 어려우며, 미혹하기는 쉽고 경오(警寤)하는 어려운 것이 대저 이와 같다. 지금 세상에서 이 천주학을 하는 자들은 '일심(一心)으로 상제를 받들어 섬기기를 잠시도 쉬지 않는다.'라 하여 이를 우리 유가의 주경(主敬)의 학에다 비기고, 또 '몸을 단속하고 거친 밥을 먹으면서 분수에 넘치는 생각을 하지 않는다.'라 하여 이를 우리 유가의 극기(克己) 공부에 비긴다. 실은 이 천주학을 하는 자들이 비록 문로(門路)는 우리 유교와 다르지만 선을 행한다는 점은 같으니, 어찌 귀하지 않겠는가. 다만 세상의 도리는 거짓되고 사람의 마음이란 측량하기 어려운 것이다. 가령 어떤 요사스러운 사람이 나와서 '동쪽에도 한 분의 천주(天主)가 내려왔고 서쪽에도 한 분의 천주가 내려왔다.'라고 거짓으로 부르짖으면, 사람들의 마음이 탄망(誕妄)한 것에 익숙하여 실제로 그럴 것이라고 여겨서 바람에 휩쓸리듯 이를 따를 것이다. 이러한 때에 가서 이 천주학을 하는 자들이 '나는 정당하고 저쪽은 사특하며, 나는 진실하고 저쪽은 거짓이다.'라고 말할 수 있겠는가. 성학의 모적(蟊賊)이 되고 난적(亂賊)의 화살이 되는 줄 스스로 깨닫지 못한 채 좋아하고 있으니, 슬프고 슬픈 일이다."

라 하였다.

或曰: "西士之說, 異於是. 只是爲善去惡, 則有何流弊之可言乎?" 曰: "是何言也? 善之當爲, 惡之不當爲, 是愚智賢不肖之所同知也. 今有人於此, 其人至惡也. 然而又有人稱之曰: '子是善人也.' 則其人喜, 曰: '子是惡人也.' 則其人怒. 善惡之別, 雖惡人已知之矣, 世豈有爲惡去善之學乎? 是以, 從古異端, 皆以爲善去惡爲教. 今此西士爲善去惡之言, 獨西士言之而已乎? 吾所憂者, 以其流弊而言也. 其學不以現世爲言, 而專以後世堂獄之報爲言, 是豈非誕妄而害聖人之正教乎? 聖人之教, 惟於現世, 爲所當爲之事, 光明正大, 無一毫隱曲慌惚之事. 是以, 孔子不語怪力亂神[43], 怪是稀有之事, 神是不見之物. 若以稀有不見之事, 言之不已, 則人心煽動, 皆歸荒誕之域. 以其大者言之, 漢之張角 · 唐之龐勛黃巢, 宋之王則方臘 · 元之紅巾賊 · 明末之流賊, 皆其流也. 其他小小妖賊, 稱彌勒佛[44]白蓮社[45]之徒, 在在蝟興, 史傳不誣. 至若我英宗朝戊寅, 新溪縣有妖巫英武者, 自稱彌勒佛, 列邑輻湊, 謂之生佛出世, 合掌迎拜. 令民盡除神社雜鬼之尊奉者曰: '佛旣出世, 豈有他神之可奉者乎?' 於是, 民皆聽命, 所謂祈禱神箱神缸之屬, 率皆碎破而焚

---

43 孔子……亂神:『論語』「述而」에 "공자는 괴이한 것과 용력에 관한 것과 悖亂한 것과 귀신에 관한 것을 말씀하지 않으셨다.〔子不語怪力亂神〕"라 하였다

44 稱彌勒佛: 彌勒은 彌勒教이다. 宋나라 仁宗 때 王則(?~1048)이 貝州 宣毅軍의 하급 장교로서 彌勒教를 만들었고, 慶歷 7년(1047)에 그 州의 장교들과 미륵교 신자들을 규합하여 난을 일으켜 자칭 東平郡王이라 하였다. 이듬해 조정에서 파견한 文彦博 등에 의해 난은 평정되고 王則은 서울로 압송되어 처형되었다.『宋史 권313 文彦博傳』

45 白蓮社: 元나라 때 欒城 사람 韓山童 부자가 흰 연꽃이 핀 것을 가지고 彌勒佛이 강림하였다고 하면서 만든 白蓮教를 가리킨다. 백성을 유혹하여 크게 세력을 떨치고 난리를 일으켰다. 이것이 紅巾賊의 난리이다.『明史 권122』

之. 不數月之內, 自海西及高陽以北嶺東一道, 靡然從之. 西士所謂天主之敎, 其從化之速, 豈過於是乎? 其時, 自上送御史李敬玉按誅之, 而其妖彌月不定. 人心之易動難定易惑難悟, 大抵如是矣. 今世爲此學者, 其言曰: '一心尊事上帝, 無一息之停.' 比之吾儒主敬之學也. 又曰: '飭躬薄食, 無踰濫之念.' 比之吾儒克己之工也. 實爲此學者, 雖其門路異而爲善則同, 豈不可貴? 但世道巧僞, 人心難測. 設有一箇妖人, 假冒倡言東有一天主降, 西有一天主降, 民心習於誕妄, 以爲實然而風從矣. 當此之時, 爲此學者, 其能曰: '我正而彼邪, 我實而彼僞乎?' 自不覺爲聖學之蟊賊·亂賊之嚆矢而甘心焉, 哀哉哀哉?"

혹자가 말하기를,

"현세와 후세가 무엇인지 들려줄 수 있겠는가?"

라 하기에, 대답하기를,

"현세란 바로 지금 우리가 살고 있는 현재의 세상이며, 후세란 죽은 뒤에 영신(靈神)이 없어지지 않아서 착한 일을 한 자는 천당에 가서 영원한 쾌락을 누리고 악한 일을 한 자는 지옥에 가서 영원히 모진 형벌을 받는다고 하는 것이다."

라 하였다.

或曰: "現世後世之說, 可得聞乎?" 曰: "現世者, 卽今吾生現在之世; 後世者, 死後靈神不滅, 善者受天堂萬世之快樂, 惡者受地獄萬世之虐刑, 是也."

혹자가 말하기를,

"그대가 현세를 중시하는 것은 과연 우리 중국 성인의 가르침에 어긋나지 않으니 바꿀 수 없는 정론이다. 그런데 이른바 영신이 죽지 않는다는 것과 천당이니 지옥이니 하는 말은 또한 실제로 그러하여 의심할 나위 없는 것인가?"

라 하기에, 대답하기를,

"이는 형체가 없어 모호한 일에 대해 확언(確言)할 수는 없다. 그러나 이치로 미루어 보고 경서(經書)에서 말한 바와 전기(傳記)에 기록된 바를 가지고 말해본다면 알기 어렵지 않을 듯하다. 우리는 공자(孔子)를 배우는 자들이니, 다만 자로(子路)가 공자에게 물은 것을 가지고 말해 보겠다. 자로가 귀신을 섬기는 일을 묻자 공자가 대답하기를 '사람을 섬길 줄 모른다면 어찌 귀신 섬길 줄 알겠는가.'라 하였으며, 죽음에 대하여 묻자 대답하기를 '삶을 알지 못한다면 어찌 죽음을 알겠는가.'라 하였다. 이처럼 성인의 대답이 모호하고 분명하지 않으니, 곤륜탄조(昆侖吞棗)에 가까운 것이 아니겠는가. 자로는 성문(聖門)의 고제(高弟)이니 신학 후진(新學後進)과 다르다. 지금 자로의 이 질문에는 의당 대답하기를, '사람이 태어남은 천주가 양생(養生)해준 은덕을 온전히 받은 것이니, 당연히 천주를 섬기는 것으로 일을 삼아야 한다. 사람이 죽으면 육신은 없어지더라도 영신(靈神)은 길이 남아서 살았을 때의 선악에 따라 죽은 뒤에 영신이 천당이나 지옥의 응보를 받게 된다.'라 해야 할 듯하니, 이렇게 명백하게 말하면 어찌 통쾌하지 않겠는가. 그러나 설사 사후에 이런 일이 있다 하더라도 성인의 뜻은 괴신(怪神)은 말하지 않고자 하여 그런 것일 뿐이다. 더구나 반드시 알 수 있다고 보장할 수 없음에랴. 만약 그렇다면 성인의 학문은 천주교의 구세(救世)의 학문과 다른 것이다. 성인은 하늘을 본받았으니 어찌 하늘을 어기

면서 교화하였겠는가. 이것이 내가 저들을 배척하여 이학(異學)이
라고 하는 까닭이다."

라 하였다.

或曰: "吾子以現世爲重, 果不違於吾中國聖人之敎, 無可改評. 其所謂靈神
不死及堂獄之說, 亦實然無疑乎?" 曰: "是不可以質言於無形慌惚之事, 而
以理推之, 以經書之所言·傳記之所記言之, 似不難知矣. 我輩學孔子者也,
但以子路問孔子之事言之, 子路問事鬼. 子曰: '未知事人, 焉知事鬼.[46]' 問
死, 曰: '未知生, 焉知死.' 聖人所答, 模糊不分明, 其不幾於昆侖吞棗[47]乎?
子路是聖門高弟, 異於新學後進. 今此之問, 似當曰: '人之生, 全受天主生
養之德, 當以事天主爲工. 人之死, 雖肉身漸滅, 靈神長存, 生時善惡, 死後
靈神, 受堂獄之報.' 以此明白言之, 則豈不痛快乎? 設有是事, 聖人之意,
不過不語怪神而然矣, 況未必可知乎? 若然則聖人之學, 異於天主救世之
學, 聖人法天, 則豈有違天而行敎乎? 此吾所以斥之爲異學也."

혹자가 말하기를,

----

46 未知……事鬼:『論語』「先進」에는 "사람을 능히 섬기지 못한다면 어찌 능히
　　귀신을 섬길 수 있겠는가.〔未能事人, 焉能事鬼.〕"로 되어 있다.

47 昆侖吞棗:昆侖은 鶻圇 또는 囫圇, 渾淪으로도 쓰는데, 히말라야에 사는 새라
　　고 한다. 이 새가 대추를 먹을 때 씹지 않고 꿀꺽 삼키기 때문에 이런 말이
　　생겼다 한다. 朱熹가 "지금 걸핏하면 곧바로 먼저 本末과 精粗가 두 이치가
　　없다고 하니, 그야말로 곤륜이 대추를 삼키는 격이다.〔今動不動便先說簡本末
　　精粗無二致, 正是鶻崙吞棗.〕"라 하였다.『朱子大全 권39 答許順之』

"서사가 현세를 배척하는 것은 단지 그 학문이 다른 것에 불과하다. 그런데 그대는 어찌하여 심하게 배척하는가?"

라 하기에, 대답하기를,

"내가 어찌 심하게 배척하겠는가. 다만 그 주장이 옳지 않음을 밝히고자 하는 것일 뿐이다. 내가 이미 이 현세에 살고 있고 보면, 의당 현세의 일에 진력(盡力)하기를 위에서 말한 바와 같이 해야 할 것이니, 여기에 더 보탤 일이 무엇이 있겠는가. 서사의 말을 가지고 한 번 말해보겠다. 그들은 말하기를 '지금의 세상은 괴로운 세상이다.'라 하고, 또 '현세는 잠시 머물러 가는 세상이다.'라 하고, 또 '현세는 사람의 세상이 아니라 금수(禽獸)의 본처(本處)이다.'라 하고, 또 '이 세상은 금수의 세상이다.'라 한다. 이런 까닭에 서양의 현사(賢士) 흑랍(黑臘)이라는 자는 늘 웃기만 하였으니 세상 사람들이 허물(虛物)을 좇아다니는 것을 보고 웃는 것이며, 덕목(德牧)이라는 자는 늘 곡하였으니 세상 사람들이 불쌍해서 곡하는 것일 뿐이다. 이는 서사(西士)만 아는 것이겠는가. 대우(大禹)는 '삶은 잠시 머무는 것이며 죽음은 본래 고향에 돌아가는 것이다.'라 하였다. 후세 사람들이 누구나 다 이 세상을 잠시 머무는 객사(客舍)로 여기니, 어찌 장구히 연연해 할 만한 것이겠는가. 그 말은 옳지만, 이른바 금수의 세상이라고 하는 것은 전혀 그렇지 않다. 상제(上帝)가 이 삼계(三界)의 세상을 만듦에 우뚝이 하늘은 위에서 높고 땅은 나직이 아래에 놓다. 하늘의 양기는 밑으로 내려오고 땅의 음기는 위로 올라가서 서로 얽혀서 만물이 화생(化生)하니, 상제가 그 중에서 가장 청숙(淸淑)한 기질을 받은 자를 사람이라 명명(命名)하여 삼재(三才)에 참여시켰다. 이 사람이 하늘을 가리켜 하늘이라 하고 땅을 가리켜 땅이라 하며, 만물 중에서 기를 만한 것은 기르고 잡아먹을 만한 것은 잡아먹고 이용할 만한 것은 이용하니, 이 모두가 우리 사람들이 상제의 일을 도와서 이루어주는 도리가 아닌 것이 없다. 이제 '금수의 본처이다.'라 하고, '금수의 세상이 다.'라 하니, 과연 말이 되겠는가. 그 말이 엉터리라는 것은 굳이 많은 말로 변별할 필요도 없다. 그런데도 어리석은 사람들이 미혹한 것은 무엇 때문인가. 만약 서사의 말대로라면 그 유폐는 필시 불생(不生)을 선(善)이라고 하는 데까지 이를 것이다. 가사 모든 인류가 다 멸망한다면 이 천지간이 텅텅 비어서 금수의 세상이 되지 않겠는가."

라 하였다.

或曰: "西士之斥現世, 不過其學異也. 子何斥之甚邪?" 曰: "吾何甚? 但明其不然而已. 吾生也, 旣生此現世, 則當盡現世之事, 如上所云, 有何更加之工乎? 試以西士之言言之, 其言曰: '今世勞苦世也.' 又曰: '現世暫世也.' 又曰: '現世非人世也. 禽獸之所本處也.' 又曰: '此世禽獸世也.' 是以, 其國有賢士黑臘者恒笑, 笑世人之逐虛物也; 德牧者恒哭, 哭因憐之耳. 此獨西士知之乎? 大禹曰: '生寄死歸.[48]' 後人莫不以此世爲逆旅, 則豈長久可戀之物

---

48 生寄死歸 : 禹임금이 제후들과 함께 연회를 마치고 강을 건너는데 갑자기 황룡이 배를 등에 지고 물 위로 올리니 배에 타고 있던 사람들이 모두 두려워하였다. 우임금이 하늘을 우러러 탄식하면서 "나는 하늘로부터 명을 받아 백성들을 위해 온 힘을 전부 바쳤다. 삶은 잠시 머무는 것이며, 죽음은 고향에 돌아가는 것이라 하였으니, 하늘의 뜻에 따르리라.〔吾受命於天, 竭力以勞萬

乎? 其言則是, 而但所謂禽獸世者, 大不然. 惟我上帝, 造此三界, 巍然而天
尊於上, 頹然而地處於下. 陽氣下降, 陰氣上升, 氤氳交媾, 萬物化生. 上帝
以其得氣質之最淸淑者, 命之爲人, 參爲三才. 指天而曰天, 指地而曰地, 萬
物之可畜者畜之, 可殺者殺之, 可用者用之, 莫非吾人宰成輔相之道. 今曰
禽獸之所本處, 曰禽獸世者, 其果成說乎? 其說之妄, 不必多卞. 而愚者惑
焉, 何哉? 若如西士之說, 則其流也必以不生爲善. 若使人類盡滅, 則天地
之間, 空蕩爲禽獸之場乎?"

혹자가 말하기를,

　"서사들이 말하기를, '사람에게는 세 가지 원수가 있다. 자기 몸이
　첫째 원수이니, 성색(聲色)·취미(臭味)·태타(怠惰)·방자(放
　恣)·안일(安逸)로써 은연중에 내면에서 나를 함닉(陷溺)한다. 세
　속(世俗)이 둘째 원수이니, 재물·권세·공업(功業)·명예·유
　희·오락·완호(玩好)로써 외면에서 공공연히 나를 침해한다. 마
　귀(魔鬼)가 셋째 원수이니, 거오(倨傲)하고 매혹적인 술수로 나를
　기만하고 나를 현혹하여 안팎으로 나를 공격한다.' 하니, 이 말이
　어찌 절실하지 않은가."

라 하기에, 대답하기를,

　"그대의 미혹이 심하구나. 자기 몸이 원수라는 말은 윤리에 크게
　어긋나는 것이다. 사람에게 이 몸이 있으면 형기(形氣)의 욕망이
　없을 수 없으니, 이런 까닭에 우리 유자(儒者)들의 극기설(克己說)

　民. 生寄也, 死歸也.]"라 하였다. 『十八史略 권1』

이 성립하는 것이다. 지금 만약 이 몸이 살아있는 것을 원수라 한다면 이 몸이 어디에서 태어났는가. 이 몸은 부모에게서 태어난 것이니, 이는 부모를 원수로 여기는 것이다. 게다가 이미 이 세상에 태어났고 보면 부귀와 빈천, 궁통(窮通)과 이해(利害)가 있는 것은 당연한 형세이다. 그런데 이를 성찰하여 극복하는 공부는 알지 못하고 이 세속을 원수라고 한다면, 군신(君臣)의 의리 또한 끊어지게 마련이다. 마귀에 관한 말은 더욱 이치에 맞지 않다. 사람은 형기(形氣)를 가지고 있으니, 그 형기의 욕망은 비록 성인일지라도 면할 수 없는 것이다. 다만 성인과 우인(愚人)의 나뉘는 까닭은 과(過)·불급(不及)의 차이에 있을 뿐이다. 이런 까닭에 우리 유자(儒者)의 극기(克己) 공부는, 자신이 천성(天性)에 본래 있는 마음으로 형기의 사욕을 다스려 절제하여 중도를 넘지 않도록 하는 것일 뿐이다. 마귀를 누가 보았겠는가. 가사 마귀가 있다 하더라도 이는 외물(外物)이다. 외물의 유혹 때문에 자기 본성을 잃어버리는 경우도 혹 있지만, 사람이 선하지 못한 것은 형기의 사욕 때문이니, 이 어찌 모두 마귀의 일이겠는가. 내면과 외면에서 공부하는 방법이 다르니, 유자(儒者)의 극기 공부는 내면에서 하는 것이고, 서사(西士)의 주장은 형기를 버리라 하고 마귀에서 연유한다고 하니, 내면과 외면·긴절(緊切)함과 헐후(歇後)함의 차이가 절로 다르다. 이는 굳이 변론할 필요조차 없다.”

라 하였다.

或曰: “西士之言, 謂: ‘人有三仇. 己身一也, 以其聲色臭味怠惰放恣偸佚, 闇溺我于內矣; 世俗二也, 以其財勢功名戲樂玩好, 顯侵我于外矣; 魔鬼三

也, 以其倨傲魅惑, 誑我眩我, 內外伐我.'是言豈不切實乎?" 曰: "子之惑,
甚矣. 已身爲仇之說, 其悖倫, 大矣. 人有此身, 則不無形氣之慾. 吾儒克己
之說, 所以立也. 今若以此身之生爲仇, 則此身從何生乎? 此身之生, 由於
父母, 是以父母爲仇矣. 且旣生此世, 則富貴貧賤窮通利害, 勢當然矣. 不知
所以省察克治之工, 而以世俗爲仇, 則君臣之義亦絶矣. 若魔鬼之說, 尤不
近理. 人有此形氣, 則形氣之慾, 雖聖人不能免. 而但聖愚之判, 在于過不及
之間耳. 是以, 吾儒克己之工, 以自己天性本有之心治形氣之慾, 節之而不
使過中而已. 魔鬼誰能見之? 假使有之, 是外物也. 以外物之誘, 而喪自己
之性, 容或有之. 人之不善, 由於形氣之慾, 豈皆魔鬼之事乎? 其內外致工
之術, 不同. 儒者克己之工, 由於內; 西士之言, 舍形氣而謂由於魔鬼; 內外
緊歇之別, 自不同矣. 此不足卞也."

혹자가 말하기를,

"서사(西士)는 말하기를, '서양의 옛 경(經)에 의하면, 천주가 천지
를 개벽하고 곧 남자 하나를 낳아 이름을 아당(亞黨 아담)이라 하
고, 여자 하나를 낳아 이름을 액말(阨襪 이브)이라 하였다고 하였으
니, 이것이 세상 사람의 시조이다.'라 하는데, 그러한가?"

라 하기에, 대답하기를,

"이치로 미루어 보면 이는 그렇지 않다. 천주의 신권(神權)이 무엇
인들 하지 못하겠는가. 그러나 천지가 개벽할 때 음(陰) · 양 두
기운이 오르내리고 서로 결합하여 만물을 화생(化生)하였는데 그
중에서 맑고 바른 기운을 얻은 자는 사람이 되고, 흐리고 치우친
기운을 얻은 자는 금수와 초목이 되었다. 지금 목전의 일을 가지고
말해보겠다. 이〔蝨〕가 화생(化生)하는 것은 사람에서인가, 옷에서

인가. 몸을 깨끗이 씻어서 한 점의 때도 없도록 한 다음 새로 지은 옷을 갈아입어도 며칠 지나지 않아 반드시 저고리에도 몇 마리의 이가 생기고 바지에도 몇 마리의 이가 생기니, 이 이는 어디에서 나오는 것인가. 필시 사람과 옷의 기운이 서로 엉겨서 생겨나는 것이니, 이것이 기화(氣化)가 아니겠는가. 또 한 삼태기의 흙을 풀뿌리 하나 나무 열매 하나 없고 벌레나 개미 한 마리 없는 상태로 빈 시렁 위에 얹어 두더라도, 바람이 불고 비가 적셔 습기가 모이면 역시 얼마 안 되어 틀림없이 초목이나 벌레가 그 속에서 생기니, 또한 기화(氣化)로 그렇게 되는 것이 아니겠는가. 기화한 이후에는 이어서 형체가 생겨 그 종류가 자꾸만 번성하는 것이다. 사람이 태어나는 것인들 어찌 이와 다르리오. 이 대지 위에 사는 사람들이 모두 아담 한 사람의 자손이라고 한다면 과연 말이 되겠는가? 만일 그 주장이 사실이라면 금수나 초목도 처음에는 단지 하나만 있다가 여러 가지로 번성한 것이 된다. 이런 주장들은 굳이 깊이 탐구할 것도 없고 믿을 것도 못 된다."

라 하였다.

或曰: "其言曰: '西國古經, 天主闢天地, 卽生一男名亞黨, 一女名陃襪, 是爲世人之祖, 然乎? 曰: "以理推之, 此亦不然矣. 天主神權, 何所不爲? 然而其闢天地也, 陰陽二氣, 升降交媾, 化生萬物, 而得其淸淑之正氣者爲人, 得其穢濁之偏氣者, 爲禽獸草木. 今以目前事言之, 蝨之化生, 由於人乎? 由於衣乎? 此有澡潔其身, 無一點垢膩, 着新製衣袴, 服未數日, 必衣有數箇蝨, 袴有數箇蝨, 此蝨從何出乎? 必是人與衣氣相蒸鬱而生, 此非氣化乎? 此又有一畚土, 無一草根木實, 無一虫蟻, 而置之空架之上, 風鼓雨潤,濕氣壅鬱, 亦未幾何, 必有草木蟲蟻生于其中, 亦非氣化而然乎? 氣化以後, 因以形化, 其類漸繁. 人之生, 何異於是? 大地齊民, 皆爲亞黨一人之子孫, 其果成說乎? 若如其說, 則禽獸草木, 其初只有一箇物繁生. 若此之說, 不必深究, 亦不足信也."

혹자가 말하기를,

"서학을 하는 자들은 원조(原祖)·재조(再祖)라는 말을 하는데, 들려줄 수 있겠는가?"

라 하기에, 대답하기를,

"원조는 바로 위에서 말한 아당이며, 재조는 지금 일컫는 천주 야소(耶蘇)이다. 『천주실의』에 '천지가 처음 개벽했을 때에는 사람은 데 병이 없고 늘 날씨가 따스하고 늘 매우 즐거웠다. 새와 짐승 등 만물이 모두 사람의 명령을 순종했으니, 그저 상제만 받들어 모시면 되었다. 그런데 사람이 천주의 명을 거스른 뒤부터 만물도 사람을 배반하여 온갖 재앙이 생기게 되었고, 그 자손들이 모두들 더러운 행실에 익숙해지게 되었다.'라 하였다. 또 『천주실의』에서 인용한 『진도자증(眞道自證)』에 '천주가 원조를 낳아 천하 만인의 조상으로 삼고 특별히 은혜를 베풀어 마음대로 살게 하였다. 이 원조는 성정이 착하고 아름다워 모든 이치를 다 환히 아니 천지간의 만물이 그의 명을 천주의 명처럼 따랐다. 이에 사악한 마귀가 시기하여 그를 제거할 방법을 꾀하였다. 천주는 이 기회에 원조를 한번 시험해 보고자 하여 사신(邪神)을 시켜 유혹하게 하니, 원조가 본분을 잃고 은혜를 잊은 채 마귀를 좇아 천주의 명을 거역하였다. 그러자 천주의 인자하던 마음이 의노(義怒)로 바뀌어 죽은 뒤

에 지옥의 고통을 받게 하였으며, 그의 자손들도 대대로 같은 벌을
받았다.'라 하였다. 아! 이 무슨 말인가. 상제가 아당을 만들어 인
류의 조상으로 삼았다면 아당이 신성하는 것을 알 수 있다. 그런데
어찌 상제가 마귀의 거짓말을 듣고 몰래 마귀를 시켜 아당의 마음
이 진실한지 시험하였겠는가. 가사 아당이 참망(僭妄)한 마음을
가지고 있었다 하더라도 상제는 의당 다시 주의를 주고 권면하여
고치게 하기를 어진 아버지가 자식에게 하듯이, 좋은 스승이 제자
에게 하듯이 해야 했을 것이다. 그런데 어찌 상제로서 이런 일을
했단 말인가. 이 말을 한 자는 그가 하늘을 업신여긴 죄를 이루
다 말할 수 있겠는가. 설사 아당에게 죄가 있다고 하더라도, 그
죄는 그 자신에 그쳐야 할 것이지 어찌 만세의 자손들이 같은 벌을
받는 이치가 어디 있단 말인가. 선왕(先王)의 정치는 벌이 후사(後
嗣)에 미치지 않았는데, 더구나 만세에 이르도록 그 자손을 괴롭힌
단 말인가. 『천주실의』에 의하면, 중국 사람이 '선악에 대한 응보가
본인에게 없으면 반드시 자손에게 있으니, 굳이 천당과 지옥을 말
할 필요가 없다.'라 하니, 서사(西士)가 '왕패(王霸)의 법에도 죄가
아들에게 미치지 않는데 천주가 죄를 지은 본인을 두고 아들에게
응보를 내리겠는가.'라 하였으니, 이 조항에서 한 말을 가지고 말하
면 그 설 자체가 서로 모순된다. 이 또한 매우 가소롭다."
라 하였다.

或曰: "爲西學者, 有原祖·再祖之說, 可得聞歟?" 曰: "原祖卽上所云亞黨
也, 再祖今所稱天主耶蘇也. 『實義』云: '開闢初, 生人無病, 常是陽和, 常甚
快樂, 鳥獸萬彙, 順聽其命, 循奉上帝而已. 由人犯天主命, 萬物亦反背于

人, 萬禍生焉, 爲其子孫者, 相率而習於醜行.' 又其書所云『眞道自證』[49]曰:
'天主生原祖, 爲天下萬民之祖, 特恩縱之. 性善情美, 萬理具照, 天地萬物,
遵若主命. 邪魔忌而謀去之, 而天主乘此欲試原祖, 邪神誘之. 失本忘恩, 從
魔以方命. 天主仁慈, 轉爲義怒, 死得地獄之苦, 世世子孫, 同受其罰'云.
噫! 是何言哉? 上帝造出亞黨, 以爲人類之祖, 則其神聖可知矣. 焉有上帝
聽魔鬼之譖, 潛使魔鬼試其心之眞僞乎? 若使亞黨設有僭妄之心, 上帝當更
敕勵, 使之改革, 若賢父之於子・良師之於弟子, 可也. 豈以上帝而有是事
乎? 爲此言者, 其慢天之罪, 可勝言哉? 假使亞黨有罪, 罪止其身而已, 亦
安有萬世子孫, 同受其罰之理乎? 先王之政, 罰不及嗣[50], 況至萬世而苦其
子孫乎? 『實義』中士曰: '善惡有報, 不於本身, 必於子孫, 不必言天堂地
獄.' 西士曰: '王覇之法, 罪不及胄, 天主捨本身而惟胄是報耶?' 以此條所言
言之, 則其說自相矛盾, 亦甚可笑.'

혹자가 다시 재조(再祖)의 일을 묻기에, 대답하기를,

　"그 설이 지극히 많으니 말하기가 어렵다. 우선 그 대략을 들어
　말해보겠다. 『천주실의』에 '아당이 스스로 온갖 화환(禍患)을 불러
　들자 자손들이 서로 이끌고서 더러운 짓을 하여 순박하던 습속은
　점점 각박해지고, 성현(聖賢)이 세상을 떠나자 사욕을 따르는 자는
　많아지고 도리를 따르는 자는 드물어졌다. 이에 천주가 크게 자비

---

49 眞道自證 : 예수회 소속 프랑스 선교사 샤바냑〔沙守信 ; Chavagnac〕의 저술로
　　1718년(숙종44) 북경에서 간행되었다. 우리나라에서는 18세기 중엽에 들어
　　왔다.
50 罰不及嗣 : 『書經』 「虞書 大禹謨」에 보인다.

심을 내어 친히 내려와서 세상을 구원하였다. 한(漢)나라 애제(哀帝) 원수(元壽) 2년에 동정녀를 선택하여 어머니로 삼고, 남녀 간의 교감(交感)이 없이 태반을 빌려 강생(降生)하니, 이름이 야소이다. 야소란 바로 세상을 구원하는 사람이다. 서토(西土)에서 33년간 널리 교화를 펴다가 다시 하늘로 올라갔다.'라 하였다. 상제가 친히 내려와서 강생하였다는 이 주장에 의거하여 말하면, 이 때에 천상에는 상제가 없었던 것인가. 또 『진도자증』에 '성경에 의하면, 천주가 원조(原祖)의 자손 중에서 한 사람을 다시 세워서 인류의 재조(再祖)로 삼았다고 하였고, 또 천주의 성자(聖子)로서 진짜 천주와 다르지 않다고 하였다.'라 하여 친히 강생하였다는 말과 다르니, 그 학문을 믿을 수 없는 것이 이와 같다. 또 『진도자증』에 '야소는 모든 사람들의 죄를 자신의 책임으로 여겨 자신의 소중한 생명을 버리고 십자가에 못 박혀서 죽었다.'라 하였다. 이미 상제가 친히 강생하였다 하고 또 진짜 천주와 다름이 없다 해놓고서 감히 '십자가에 못 박혀 죽어 천수(天壽)를 다 누리지 못했다.'라 한단 말인가. 그 우매하고 무지하여 존엄한 천주를 업신여기는 것이 심하다. 이런 말들을 십분 온당하다고 여겨 믿고 따를 수 있겠는가."라 하였다.

或復問再祖之事, 曰: "其說至繁, 難以言旣. 姑擧其畧. 『實義』言: '亞黨自致萬禍, 子孫相率以習醜行, 淳樸漸漓, 聖賢化去, 從欲者衆, 循理者稀. 天主大發慈悲, 親來救世. 漢哀帝元壽二年, 擇貞女爲母, 無所交感, 托胎降生, 名耶蘇. 耶蘇卽救世也. 弘化西土三十三年, 復昇歸天'云. 據此親來降生之說而言之, 則當此之時, 天上其無上帝耶? 又『眞道自證』曰: '聖經言天

主於原祖子孫中, 再立一人, 爲人類之再祖, 又稱天主聖子, 無異眞天主.'
與親來降生之言不同, 其學之不可信, 有如此者. 又曰: '耶蘇以萬民之罪爲
己任, 損己之寶命, 被釘於十字架而死'云. 旣曰上帝親降, 又曰無異眞天主
云, 則敢曰被釘而死不得考終耶? 其愚昧無知, 侮慢尊嚴甚矣. 此等言語,
其可謂十分停當而信從之乎?'

혹자가 말하기를,

"그대의 말대로라면 그들의 주장은 모두 허황하다."

라 하기에, 대답하기를,

"우리 중국으로 말하면, 아득한 상고(上古) 때에는 전해오는 말들
이 대부분 허황했는데, 성인이 나온 뒤에야 이런 말들을 모두 산삭
(刪削)해 버렸습니다. 서토(西土)의 아득한 태초에도 황당하고 괴
상한 말들이 어찌 없었겠는가. 그들은 말하기를 '천지가 개벽한
이후 문자가 모두 지금까지 남아 있다.'라 하면서 이를 성경(聖經)
이라 하여 존신(尊信)한다. 이는 아마도 일종의 신성한 자가 나와
서 이런 설(說)을 만들어 사람을 권유(勸誘)한 것이니, 이는 신도
(神道)로써 가르침을 베푼 뜻이었다. 다만 우리 중국에서 성인이
나와 바로잡은 것만은 못할 뿐이다.-예를 들면, 여와(女媧)가 오색
돌로 무너진 하늘을 기웠다거나, 후예(后羿)가 아홉 개의 해를 쏘아 맞혔다
거나 하는 이야기들은 모두 삭제하여 바로잡은 것들이다.- 야소의 일은
비록 매우 기이하기는 하지만, 또한 불교의 현성(顯聖)·현령(顯
靈)과 같은 것에 불과할 뿐이다. 이것이 과연 상제인 진짜 천주가
친히 하늘에서 내려와 이런 영괴(靈怪)한 일들을 하였겠는가. 따
라서 그 학문의 원두(原頭)가 분명 이단(異端)임은 의심할 나위

없다."
라 하였다.

或曰: "若子之言, 則其說皆妄矣." 曰: "以我中國言之, 邃古之初, 所傳言語, 率多荒怪. 而聖人出, 然後皆歸刪黜之科爾. 安知西土古初, 亦豈無荒怪之語乎? 其言曰: '開闢以後, 文字至今皆存, 謂之聖經而尊信之. 盖有一種神聖之人作, 而作爲此等說, 勸誘人民, 是亦神道設教之意也, 但不如我中國聖人之出而能正之耳. -若女媧之鍊石補天, 后羿之射中九烏, 皆歸刪正之科. - 耶蘇之事, 雖甚奇異, 亦不過佛氏顯聖・顯靈之類耳. 此果是上帝眞天主親來而作此等靈怪之事乎? 其學之原頭, 決是異端, 無疑矣."

혹자가 말하기를,

"세 가지 원수라는 설은 과연 기탄없이 몹시 해괴한 말을 한 것이다. 만약 자기 몸을 원수라고 한다면 이 몸은 부모에게서 태어났으니 부모와 자식 사이의 윤리가 이미 어긋난 것이 되며, 세속(世俗)을 원수라고 한다면 성인이 도를 행하여 사람들에게 은택을 주는 공덕이 모두 허사가 되니 군신(君臣) 사이의 윤리가 어긋난 것이 되며, 천학(天學)은 동정(童貞)의 몸을 귀하게 여기고 『칠극(七克)』에 금혼(禁婚)에 관한 말이 있으니 부부 사이의 윤리가 끊어지게 된다. 사람이 이 세상에 살면서 이 세 가지 윤리를 귀하게 여긴다. 그런데 잠시 세상에 산다고 하여 이 세 가지 윤리를 아랑곳하지 않고, 오로지 천당과 지옥만을 중시하니, 이는 불씨(佛氏)의 지류(支流)이다. 게다가 그 마귀의 설은 더욱 허황하고 괴이하여 우리 유자(儒者)가 말할 바가 아니니, 그대가 배척하는 것은 당연한 일

이다. 다만 서사(西士)가 말하는 천학(天學) 공부라는 것은 어떤
것인가?"

라 하기에, 대답하기를,

"이는 이미 전후로 대략 말하였다. 그들은 말하기를 '매일 아침에
눈과 마음이 함께 하늘을 우러러 천주가 나를 낳아주고 나를 길러
주고 나를 가르쳐주기까지 한 무한한 은혜에 감사한다. 그리고 오
늘 나를 보우하사, 망념(妄念)하지 않으며 망언(妄言)하지 않으며
망행(妄行)하지 않는다는 세 가지 맹서를 반드시 꼭 실천할 수 있
도록 해 달라고 기도한다. 또 저녁이 되면 땅바닥에 엎드려서 그
날 자신이 생각한 것, 말한 것, 행동한 것이 망령된지 아닌지를
엄히 스스로 성찰한다. 그리하여 잘못한 것이 없으면 그 공덕을
천주에게 돌려 은혜롭게 보우해 주신 것에 머리를 조아려 감사하
며, 만약 조금이라도 잘못한 것이 있으면 통렬히 뉘우치고 천주께
기도하여 자비로 용서해주길 빈다.'라 하였으니, 그 대체가 이와
같을 뿐이다. 이는 우리 유자(儒者)의 성신(誠身)의 공부와 비슷한
데, 지금 이 천학을 하는 자들은 이를 유학과 대등한 것으로 보아
이것을 참된 공부라고 하니, 무슨 까닭인가. 게다가 그 거조나 모양
이 우리 유학의 성훈(聖訓)과 같은가, 다른가."

라 하였다.

或曰: "三仇之說, 果是妄駁無忌憚之甚也. 若以己身爲仇, 則是身生於父母,
父子之倫, 已悖矣; 以世俗爲仇, 則聖人行道致澤之功, 皆歸虛幻, 而君臣
之倫, 乖矣; 其學以童身爲貴, 而『七克書』[51]有禁婚之語, 則夫婦之倫, 絶
矣. 人生此世, 以此三倫爲貴, 而皆謂之暫世而無所恤, 惟以堂獄爲重, 此佛

氏之流也. 且其魔鬼之說, 尤爲荒怪, 非吾儒之所言, 則吾子之斥去也, 宜矣. 但西士所謂天學工夫如何?”曰:“此已畧言於前後, 其言曰:‘每朝目與心偕, 仰天籲謝天主生我養我, 至敎誨我無量, 次祈今日祐我, 必踐三誓毋妄念毋妄言毋妄行, 至夕又俯身投地, 嚴自察省本日所思所言所動作, 有妄與否. 否則歸功天主, 叩謝恩祐; 若有差爽, 卽自痛悔, 禱祈天主慈恕宥赦.’其大體如斯而已. 此比吾儒誠身之學, 而今爲此學者, 等視儒學而謂此爲眞, 何哉? 且其擧措貌樣, 與吾聖訓, 同乎異乎?”

혹자가 말하기를,

"서사는 '불씨(佛氏)가 우리나라의 가르침을 훔쳐서 따로 문호(門戶)를 세웠다.'라 하는데, 그러한가?"

라 하기에, 대답하기를,

"불씨의 석가는 주(周)나라 소왕(昭王) 때 태어났고, 천주교의 야소는 한(漢)나라 애제(哀帝) 때 태어났으니, 선후의 차이는 굳이 여러 말로 밝힐 필요도 없다."

라 하였다.

或曰:“西士謂佛氏偸其國之敎, 自立門戶, 然乎?”曰:“佛氏釋迦生於周昭

---

51 『七克書』: 스페인 출신의 예수회 선교사 디다체 데 빤또하(Didace de Pantoja, 1571~1618)가 지은 책이다. 그의 중국 이름은 龐迪我이고 자는 順陽이다. 1600년 마테오 리치를 따라 북경에 가서 선교 활동을 하였다. 이 책은 일곱 권으로 되어 있는데 천주교의 伏傲・平妬・解貪・熄忿・塞饕・坊淫・策怠 등 7克의 설을 논하였다. 『四庫提要 子 雜家類存目』

王時, 天主耶蘇生於漢哀帝時, 則先後之別, 不容多卜."

혹자가 말하기를,

"서사가 말하기를, '우리나라에 개벽 이후의 역사 기록이 지금까지
남아 있으니, 모두 3,600권이다. 이 기록들에서 야소의 출생은 모두
그 시기를 예언해 놓았으니, 사적이 민멸하여 없어지고 허위가 뒤섞
여 있는 중국의 역사 기록과는 다르다.'라고 하는데 그러한가?"
라 하기에, 대답하기를,

"내가 보지 않았으니 그렇지 않다고 말할 수는 없다. 가사 그러한
역사 기록에 서양에 있다 하더라도 지금 서사의 저술에서 인용한
경문(經文)이 바로 그 역사 기록의 말일 터이니, 필시 그 중에서도
정선(精選)하여 말했을 것이다. 그런데 지금 안목이 있는 사람으로
하여금 이를 보게 하면 우리 중국 성인의 말씀과 비교하여 어느
것이 낫겠는가. 그대가 보면 알 수 있을 것이다."
라 하였다.

或曰: "西士言: '其國有開闢以後史記, 至今皆存, 凡三千六百卷. 耶蘇之生,
皆預言其期, 不若中國史之泯滅不存虛僞相雜, 然乎?" 曰: "非吾見, 則不可
言其不然. 而假使有之, 今其書所引經文, 卽其語也, 必擇其精者言之. 而今
使有眼者見之, 其與吾中國聖人之語, 孰優孰劣? 子若見之, 可以知之矣."

혹자가 말하기를,

"그들은 오로지 교리를 전파하는 것을 중시하여 8, 9만 리 바닷길을
건너며 사람을 잡아먹고 사람을 죽이는 나라들을 지나면서도 두려

워할 줄 모르며, 상어와 악어, 범과 이리를 만나도 피할 줄을 모르니, 소견(所見)이 확실하고 역량이 뛰어난 자가 아니고서야 이럴 수 있겠는가?"

라 하기에, 대답하기를,

"역사를 상고해 보면, 요진(姚秦)의 구마라습(鳩摩羅什)과 소량(蕭梁)의 달마(達摩)가 모두 대서국(大西國)에서 바다를 건너 왔다. 이들도 역시 중국에 그들의 가르침을 펴고자 하여 온 것이니 저들과 무엇이 다르겠는가. 이 두 중이 전한 것은 지금 세상에 간행되어 있는 불서(佛書)에 불과하다. 서사의 학문을 중국에 유행시키고 싶다고 하더라도 이 또한 그 유행하는 것들이 오늘날의 불서와 같은 데 불과할 것이다. 어찌 우리 유자들로 하여금 주공(周公)과 공자(孔子)의 도(道)를 버리고 그들의 교리를 따르게 할 수 있겠는가."

라 하였다.

或曰: "其人專以行敎爲重, 越滄溟八九萬里, 經唁人戕人之國而不知懼, 罹鮫鱷虎狼之患而不知避. 若非所見之的實力量之絶人, 能如是乎?" 曰: "以史考之, 姚秦之鳩摩羅什·蕭梁之達摩, 皆自大西國涉重溟而至, 是亦欲行其敎於中國, 此何以異? 是二僧之所傳, 不過今行佛書. 使西士之學, 雖欲行於中國, 此亦不過其類行之如今佛書而已. 豈可使吾儒舍周孔之道而從之乎?"

혹자가 말하기를,

"서사가 말하기를 '야소가 교화를 편 이후로 지금까지 1천 7~800년이 지났다. 교화가 이웃 나라까지 전파되어 왕위를 찬탈하거나 임금을 시해하는 일이 없고 남의 나라를 침략하고 정벌하는 해(害)가 없어졌으니, 서양 수만 리 지역이 지금까지도 그러하다. 중국에는 성인이 많기는 하지만 대대로 일어났다 사라졌다 하니, 중국의 교화는 그 근본을 탐구하지 못해서 그런 것임을 알 수 있다.'라고 한다. 우리 유자들이 이런 말을 듣고는 망연자실하여 도리어 중국 성인의 교화가 저 야소의 교화만 못하다고 하는데, 그러한가?"

라 하기에, 대답하기를,

"서양 지역은 풍속이 돈후하고 인심이 순박하니 중국처럼 교묘한 수단으로 속임수를 일삼지 않는다면 혹 그럴 수도 있을 것이다. 그러나 이는 모두 과장한 말이다. 일찍이 역대의 역사를 보건대, 한(漢)나라 애제(哀帝) 이후로 대서(大西)의 오랑캐들이 서로 침략하여 병합한 경우가 많았으니, 사서(史書)에서 어찌 거짓말을 하였겠는가. 이는 믿을 것이 못 된다. 또 왜국(倭國)의 시조 협야(狹野)는 곧 그들의 이른바 신무천황(神武天皇)으로서, 주(周)나라 평왕(平王) 때 나라를 세워 지금까지도 한 성씨가 계속 이어오고 있으며, 국가를 통제하는 방법과 봉건의 제도는 또한 지금의 중국과는 비교할 수 없이 견고하다. 그렇지만 어찌 이 점만 가지고 중국보다 낫다고 할 수 있겠는가. 이들이 모두 천학을 알아서 그런 것인가."

라 하였다.

或曰: "西士之言: '自耶蘇之教行後, 至今千七八百年, 而化行鄰國, 無纂弑之事, 無侵伐之害, 西國累萬里, 至今猶然. 中國聖人雖多, 代興代滅, 則可知中國之教, 不探其本而然也.' 爲吾儒者聞之, 茫然自失, 反以中國聖人之教, 謂不及於彼, 其果然乎?" 曰: "西域一方, 風氣敦厚, 人心淳樸, 不甚如中國之巧僞, 則容或有之. 然是皆夸大之語也. 嘗觀歷代諸史, 漢哀以後, 大西諸夷之侵伐幷合者多, 史豈誣說乎? 是不足取信. 且倭國始祖狹野, 卽其所謂神武天皇也, 立國當周平王之時, 至今一姓相傳, 其制國之術·封建之法, 亦非今中國之所可比, 則豈可以此而謂過於中國乎? 是皆知天學而然耶?"

혹자가 말하기를,

"야소는 세상을 구원하고자 십자가에 못 박혔다. 그는 천지 만물을 뒤흔들 수 있으면서도 자신을 못 박은 사람을 해치지 않았으니, 지극한 인(仁)이 아니고서야 그럴 수 있겠는가?"

라 하기에, 대답하기를,

"이는 위에서 말한 '원수를 잊고 원수를 사랑하라.'는 것이니, 마테오리치의 『기인(畸人)』에 '천주가 사람들에게 덕으로 원수를 갚고 원한으로 원수를 갚지 말라고 가르쳤다.'라 하였다. 무릇 원수에는 두 종류가 있다. 만약 나를 해친 원수라면 옛날의 군자 중에 이렇게 한 사람이 많이 있었다. 그러나 임금이나 아버지의 원수인데도 이렇게 하라고 의리를 크게 해치는 것이다. 이는 내가 겸애(兼愛)를 주장하는 묵자(墨子)의 부류를 두고 하는 말인데, 이 경우는 더 심한 자들이다."

라 하였다.

或曰: "耶蘇救世, 被釘於架, 能震撼天地萬物, 而不傷一釘己之人, 此非至仁而然耶?" 曰: "此上所謂忘讐愛仇者也. 『畸人書』曰: '天主教士, 以德報讐, 不以讐報讐.' 凡讐有兩般. 若害我之讐, 古君子之若是者多矣, 若以君父之讐, 而以此爲教, 則其害義, 大矣. 此吾所以謂墨子兼愛之流, 而此其甚者也."

혹자가 말하기를,

"서사는 중국인들이 상제가 이 천지와 만물을 만들었다는 사실을 알지 못한다고 질타한다. 그러나 주자(周子)의 「태극도설(太極圖說)」에서는 '리(理)가 만물의 근원이다.'라고 하였고, 또 주자(朱子)는 '하늘은 곧 리(理)이다.'라고 하였으니, 이는 어떻게 생각하는가?"

라 하기에, 대답하기를,

"상제는 주재(主宰)를 일컫는 말로 만물을 총괄하는 주인이라는 것은 우리 유자가 이미 말하였다. 사람들이 하늘을 일컫는 것이 두 가지이다. 하나는 주재하는 하늘로, '하늘이 명한 성(性)'이라고 하거나 '천명을 두려워한다.'라고 하는 것이니, 이는 '하늘은 곧 리(理)'인 경우이다. 하나는 형기(形氣)의 하늘이니, 이 하늘은 곧 물(物)이다. 주자(周子)의 「태극도(太極圖)」는 '태극(太極)이 양의(兩儀)를 낳는다.'는 공자(孔子)의 말에 근본한 것으로, 주재한다는 측면으로 말하면 상제(上帝)이지만, 무성무취(無聲無臭)의 측면으로 말하면 태극이며 리(理)이니, 상제와 태극의 리(理)를 둘로 나누어 말할 수 있겠는가. 서사(西士)는 말하기를 '옛날의 군자가 천지의 상제를 공경했다는 말은 들었지만 태극을 존봉(尊奉)했다는 말은 듣지 못하였다.'라 하고, 또 말하기를 '리(理)는 사물에 의지하는 것이다. 사물이 있으면 그 사물의 리가 있고 사물이 없으면 그 사물의 리도 없으니, 임금이 있으면 신하가 있고 임금이 없으면 신하도 없는 것이다. 이와 같이 공허한 리(理)를 가지고 사물의 근원이라고 한다면 이것은 불로(佛老)와 다를 바 없다.'라고 하는데, 이러한 주장이 과연 말이 되겠는가. 상제는 리의 근원으로서 이 천지 만물을 만들었다. 천지 만물은 저절로 생겨날 수 없고 반드시 천지 만물의 리가 있기 때문에 이 천지 만물이 생겨난 것이다. 어찌 그 리가 없으면서 저절로 생겨날 리가 있겠는가. 이것이 바로 후유(後儒)들이 주장하는 기(氣)가 리에 앞선다는 설이니, 따져 밝힐 것도 못 된다. 공자는 '태극이 양의(兩儀)를 낳는다.'라 하였으며, 또 '한 번 음(陰)이 되고 한 번 양(陽)이 되는 것을 일러 도(道)라 한다.'라 하였으니, 도가 곧 리이다. 만약 서사의 말대로라면 이는 공자까지도 아울러 배척하는 것이 된다. 우리 유자(儒者)는 응당 눈을 밝게 뜨고 용기를 내어 저들을 배척하기에도 겨를이 없어야 할 것이다."

라 하였다.

或曰: "西士斥中國之人不知上帝造此天地萬物, 而周子「太極圖」言理爲物之原. 朱子又曰天卽理也之說, 如何?" 曰: "上帝, 主宰之稱, 而爲萬物之總主, 吾儒已言之矣. 人之稱天有二. 一是主宰之天, 曰天命之性曰畏天命之類, 是天卽理也; 一是形氣之天, 是天卽物也. 周子之圖, 本於孔子太極生兩儀之言, 以有主宰而言之則曰上帝, 以無聲無臭而言之則曰太極曰理. 上帝與太極之理, 其可貳而言之乎? 其言曰: '但聞古先君子敬恭于天地之上帝, 未聞有尊奉太極者.' 又曰: '理是依賴者, 有物則有物之理, 無物則無物之理; 有君則有臣, 無君則無臣. 若以虛理爲物之原, 是無異乎佛老之說'云, 此等言語, 其果成說乎? 上帝爲理之原, 而造此天地萬物. 天地萬物不能自生, 必有天地萬物之理, 故生此天地萬物. 安有無其理而自生之理乎? 此卽

後儒氣先於理之說, 不足卞矣. 孔子曰: '太極生兩儀.' 又曰: '一陰一陽之謂
道.' 道卽理也. 若如西士之言, 則是幷與孔子而斥之也. 爲吾儒者, 當明目
張膽排擯之不暇也."

혹자가 말하기를,

　"『천주실의』나 『기인(畸人)』 등의 책을 보면, 서사가 말하면 일반
　선비들이 옷깃을 여미고서 믿고 따르지 않는 자가 없는 것은 어째
　서인가?"

라 하기에, 대답하기를,

　"이런 책들은 모두 서사가 자문자답(自問自答)한 것이기 때문에
　그 글이 이와 같을 뿐이다. 만약 학식이 높은 선비와 말한다면 어찌
　옷깃을 여미고서 믿고 따를 리가 있겠는가."

라 하였다.

或曰: "觀『實義』·『畸人』等書, 西士所言, 中士莫不斂衽信從者, 何哉?"
曰: "此等書, 皆西士設問而自作, 故如是耳. 若與識道之儒士言之, 豈有斂
衽信從之理乎?"

혹자가 말하기를,

　"천주(天主)라는 칭호는 중국의 서적에도 혹 보이는 것이 있는가?"

라 하기에, 대답하기를,

　"경전(經傳)에는 보이지 않는다. 다만 『사기(史記)』 「봉선서(封禪
　書)」에 팔신(八神)에 제사지냈다는 기록이 있는데, '첫째는 천주
　(天主)이니, 천제(天齊)에 제사했다.'라 하였다. 그리고 『한서(漢

書)』의 「곽거병전(霍去病傳)」에 '원수(元狩) 원년에 휴도왕(休屠王)이 하늘에 제사하는 금인(金人)을 얻었다.'라 하였고, 「김일제전(金日磾傳)」에는 '휴도왕이 금인을 만들어 천주(天主)에게 제사하였다.'라 하였으니, 천주라는 명칭이 여기에서 보인다. 여순(如淳)의 주(注)에서는 '하늘에 제사할 때 금인(金人)을 신주로 삼은 것이다.'라 하였고, 안사고(顔師古)의 주에서는 '금인을 만들어 천신(天神)의 상(像)으로 삼아서 제사한 것이니, 지금의 불상(佛像)이 그 유법(遺法)이다.'라 하였다. 『한무고사(漢武故事)』에 '곤야왕(昆耶王)이 휴도왕을 죽이고 와서 항복하였다. 그에게서 금인의 신상(神像)을 얻어서 상(上)이 이를 감천궁(甘泉宮)에 안치하였다. 금인은 모두 길이가 1장(丈)이 넘는다. 그들은 제사 때 소나 양 등을 쓰지 않고 단지 향을 피우고 예배만 하였는데, 상이 그들 나라의 풍속을 따라서 제사하게 하였다.'라 하였다. 이러한 설들을 근거해 보건대, 안사고의 주에서는 비록 지금의 부처를 이른다고 했지만, '천신(天神)'이란 두 글자로 미루어 보면 부처와는 다른 것이다. 아마도 금으로 천주(天主)를 만들어서 제사하기를 오늘날 천주학을 하는 자들이 천주의 화상을 그려 놓고 예배하는 것처럼 한 듯하다. 이것이 고금의 변천이다. 흉노의 우현왕(右賢王)이 서쪽으로 서역과 교통하였으니 아마도 그 교(敎)를 받아들여 제사했을 듯하다. 또 『진도자증(眞道自證)』이란 책에는 '야소가 태어나자 성모(聖母)가 안고 성전(聖殿)으로 가서 천주대(天主臺) 앞에 바쳤다.'라 하였은즉 천주란 명칭은 한(漢)나라 애제(哀帝) 이전부터 이미 있었던 것이다. 따라서 야소가 천주가 아님을 알 수 있다."라 하였다.

或曰: "天主之稱, 或有見中國之書者乎?" 曰: "經傳不見, 但『史記』「封禪書」祀八神, 一曰天主祠天, 『漢書』「霍去病傳」: '元狩元年, 得休屠王祭天金人.'「金日磾傳」: '休屠作金人祭天主.' 天主之名, 見於此. 如淳註曰: '祭天, 以金人爲主.' 師古註曰: '作金人, 以天神之像而祭之. 今之佛像, 是其遺法.'『漢武故事』曰: '昆邪殺休屠王來降, 得金人之神, 上置之甘泉宮. 金人者皆長丈餘, 其祭不用牛羊, 惟燒香禮拜. 上使依其國俗祀之.' 據此諸說, 顏註雖謂之今佛, 而以天神二字觀之, 與佛異矣. 疑以金作天主而祭之, 如今爲此學者爲天主畫像而禮拜之, 此古今之變也. 凶奴右賢王西通西域, 疑得其敎而祭之也. 又其書『眞道自證』曰: '耶蘇之生, 聖母抱之往聖殿, 獻於天主臺前'云, 則天主之名, 已在於漢哀之前, 而非耶蘇爲天主也, 可知."

혹자가 말하기를,

　"『열자(列子)』를 보면, 상태재(商太宰)가 공자(孔子)에게 성인에 대해 묻기를 '구(丘)는 성인이십니까?'라 하니, 대답하기를 '내 어찌 감히 성인이라 하리오.'라 하였다. 또 삼황(三皇)·오제(五帝)·삼왕(三王)에 대하여 묻자, 모두 다 '성인인지는 나는 모르겠다.'라 하였다. 상태재(商太宰)가 말하기를, '그렇다면 누가 성인입니까?'라 물으니, 대답하기를, '서방(西方)에 성자(聖者)가 있으니, 다스리지 않아도 어지럽지 않고, 말을 하지 않아도 사람들이 절로 믿으며, 교화하지 않아도 절로 교화가 되어서, 참으로 위대하여 사람들이 무어라고 형언할 수 없다.'라 하였다. 부처를 믿는 자들은 이것이 부처를 가리켜 한 말이라고들 한다. 그러나 오늘날에 보면 천주(天主)를 가리켜 한 말인 듯하다."

라 하기에, 대답하기를,

"『열자』는 황당한 글이니 어찌 믿을 게 있겠는가. 공자가 요(堯)
임금을 칭송하기를, '참으로 위대하여 사람들이 형용할 수가 없다.'
라 하였으니, 서방의 성인에 대한 말과 같다. 그런데 오제(五帝)를
성인이 아니라고 하였으니, 어찌 그렇겠는가."
라 하였다.

或曰: "『列子』: 商太宰問孔子以聖曰: '丘其聖歟?' 答曰: '吾何敢?' 又問三
皇·五帝·三王, 皆曰: '聖則吾不知.' 商曰: '然則孰爲聖?' 曰: '西方有聖
者, 不治而不亂, 不言而自信, 不化而自行, 蕩蕩乎民無能名焉.' 爲佛者以
爲指佛而言, 然以今觀之, 似指天主而言也." 曰: "『列子』, 荒唐之文, 何足
取信? 孔子稱堯曰: '蕩蕩乎民無能名焉', 與西方之聖同, 而謂五帝非聖, 豈
其然乎?"

혹자가 말하기를,

"지금 듣건대, 천주학을 하는 자들은 교사(教師)로 대부(代父)를
삼고,-천주가 대부(大父)이니 하늘을 대신하여 가르침을 베푸는 자를 대
부(代父)라고 한다.- 천주의 자리를 설치해 놓은 다음 배우는 사람은
석 자 길이 깨끗한 천을 목에 걸치면 대부가 손으로 그 사람의 정수
리를 씻어주니, 이것이 마두(瑪竇)가 말한 성수(聖水)로 마음의
때를 씻는다는 것이다. 또 촛불을 밝히고는 배우는 사람들이 부복
하여 종전에 저지른 잘못을 다 말하고서 회개(悔改)하겠다는 뜻을
보이며, 또 입교(入教)한 이후에는 다시는 잘못을 저지르지 않겠다
는 뜻을 말하며, 또 별호(別號 세례명)를 정해준다고 한다. 이런
것들은 어떤 뜻인가?"

라 하기에, 대답하기를,

"이는 오로지 불씨(佛氏)의 양태이다. 불씨에는 법사(法師)·율사
(律師)가 있고, 연비(煙臂)·참회(懺悔)·관정(灌頂)하는 의절
(儀節) 등이 있으니, 이와 무엇이 다르겠는가. 그래서 나는 저들의
습속은 저들이나 할 것이지 성인의 가르침을 익힌 중국 사람들이
할 것이 못 된다고 하는 것이다."

라 하였다.

或曰: "今聞爲其學者, 以敎師爲代父, -天主爲大父, 故代天而施敎, 謂之代父.-
設天主位, 學者以三尺淨布掛項, 以手洗頂, 瑪寶所謂聖水, 所以洗心垢者
也. 又明燭, 學者俯伏, 盡說從前過咎, 以致悔悟之志, 又陳入敎以後不復犯
過之意, 而又定別號云. 此意如何?" 曰: "此專是佛氏兼子也. 佛氏有法師·
律師·燃臂·懺悔·灌頂之節, 此何異焉? 是以, 吾以爲其俗爲之, 非吾中
國習聖人之敎者所可行也."

혹자가 말하기를,

"이마두는 말하기를, '영혼에는 세 가지가 있으니, 생혼(生魂)·각
혼(覺魂)·영혼(靈魂)이다. 초목은 생혼만 있고 각혼과 영혼은 없
으며, 금수는 생혼과 각혼만 있고 영혼은 없으며, 사람은 생혼·각
혼·영혼이 다 있다. 생혼과 각혼은 형질(形質)에서 나오는 것이므
로 의존하던 형질이 없어지면 생혼과 각혼이 함께 없어지지만, 영
혼은 형질에서 나오는 것이 아니기 때문에 사람이 죽어도 없어지지
않고 그대로 남아 있다.'라 하는데, 이 설은 어떠한가?"

라 하기에, 대답하기를,

"우리 중국에도 그런 설이 있다. 『순자(荀子)』에 '물과 불은 기운은 있고 생명은 없으며, 초목은 생명은 있고 지각은 없으며, 금수는 지각은 있고 의리(義理)는 없는데, 사람은 기운·생명·지각·의리를 모두 가지고 있으므로 세상에서 가장 존귀한 존재가 된다.'라 하였는데, 이 말을 진서산(眞西山)이 『성리대전(性理大全)』에 표출(表出)하였다. 서사의 말은 이것과 대체로 같지만, 영혼이 죽지 않는다는 말은 석씨와 다름이 없으니, 우리 유자(儒者)는 말하지 않는 바이다."

라 하였다.

或曰: "利瑪竇言: '魂有三, 生魂·覺魂·靈魂. 草木之魂, 有生無覺無靈; 禽獸之魂, 有生有覺無靈; 人之魂, 有生有覺有靈. 生覺二魂, 從質而出, 所依者盡, 則生覺俱盡; 靈魂非出於質, 雖人死而不滅自在也.' 此說何如?"
曰: "吾中國亦有之. 『荀子』曰: '水火有氣而無生, 草木有生而無知, 禽獸有知而無義, 人有氣有生有知有義, 故最爲天下貴也.' 此語眞西山表出於『性理大全』中. 西士之言, 與此大同, 而但靈魂不死之言, 與釋氏無異, 吾儒之所不道也."

혹자가 말하기를,

"근래에 한 상사생(上舍生)이 석전(釋奠)에 참석하려고 하자 천주학을 하는 그의 벗이 말리면서 말하기를 '무릇 거짓 형상을 설치해 놓고 지내는 제사는 모두 마귀가 와서 먹는다. 어찌 공자의 신이 와서 먹을 수 있겠는가. 인가(人家)의 제사도 마찬가지다. 나는 비록 시속을 따라 제사를 지내고는 있지만, 마음으로는 그것이 허망(虛妄)한 것인 줄 알기 때문에 반드시 하늘을 우러러 천주에게 부득이하여 지낸다는 뜻을 묵묵히 아뢴 뒤에야 지낸다.'라 하였다고 하니, 예(禮)를 어기고 교화를 망침이 이보다 심한 것이 어디 있겠는가?"

라 하기에, 대답하기를,

"이 또한 서사의 말이다. 그런 말을 하는 자는 '조상 중의 선한 분은 하늘에 있으니 필시 제사를 먹으러 올 리가 없고, 악하여 지옥에 떨어진 이는 비록 오고 싶더라도 올 수 있겠는가.'라고 말한다. 이는 성인이 제례(祭禮)를 제정한 뜻과는 같지 않으니, 그대가 예를 어기고 교화를 망칠까 걱정한 것이 참으로 옳고 참으로 옳다. 또한 가소로운 일이 있다. 지금 이 천주학을 하는 자들은 천주의 형상을 걸어놓고 예배하고 기도한다. 이 또한 하나의 거짓 형상이니 역시 일종의 마귀인 셈이다. 성호선생은 '갖가지 영이(靈異)한 일들이 마귀의 행태가 아닌지 어떻게 알겠는가.'라고 했으니, 선생님은 이미 그런 사실을 알고 있었던 것이다. 그렇다면 마귀는 변환(變幻)이 막측(莫測)하여 선(善)을 가장하여 혹세무민(惑世誣民)하는 자가 있거늘 서사가 여기에 현혹하여 그를 존숭(尊崇)하는 것이니, 어찌 가소롭지 않겠는가. 그들의 말을 들으면 거짓 천주가 있다고 하는데, 이 또한 마귀의 환롱(幻弄)일 것이다. 거짓 천주라고 가칭하였고 보면, 그 거짓 천주가 거짓 형상에 의부(依附)하지 못 할 것이 있겠는가."

라 하였다.

或曰: "近有上舍生將參釋奠, 其友之爲此學者止之曰: '凡假像設祭, 皆魔鬼

來食, 豈有孔子之神來享乎? 人家祭祀亦然. 余則雖未免從俗行之, 而心知
其妄, 故必仰天嘿奏于天主不得已爲之之意, 然後行之.' 悖禮毁教, 孰甚於
此?" 曰: "此亦西士之言. 爲其言者曰: '祖先之善者在天, 必無來享之理; 惡
墮地獄者, 雖欲來, 得乎?' 此與聖人制祭禮之義不同, 吾子悖禮毁教之憂,
信然信然. 亦有可笑者, 今爲此學者, 揭天主而禮拜禱祈焉. 此亦假像, 則亦
一魔鬼也. 星湖先生所謂其種種靈異, 安知不在於魔鬼套中者, 先生已知其
然矣. 然則魔鬼之變幻莫測, 亦有假善而惑世者, 以愚下民, 而西士惑之而
尊崇, 豈不可笑哉? 聞其說, 有僞天主, 是亦魔鬼之幻弄也. 假稱僞天主, 則
其不能依附於假像乎?"

혹자가 말하기를,

  "도교(道敎)·불교 및 서사들은 마귀란 말을 많이 한다. 마귀는
  과연 어떤 신이기에 천주도 막지 못하여 악행을 하도록 두는 것인
  가?"

라 하기에, 대답하기를,

  "그들은 이렇게 주장한다. '처음에 천주가 명하여 순수한 신(神)을
  만드니, 그 품성이 지극히 아름다웠다. 이를 아홉 등급으로 나누어
  천주의 명령을 받들도록 했기 때문에 이름을 천신(天神)이라 하였
  다. 또 거대한 신이 있었는데, 오만하고 방자하여 스스로 천주에게
  버림을 받고 악신(惡神)의 괴수가 되었다. 천주가 그를 지옥에 떨
  어뜨리고 이름을 마귀라 하였다. 천주가 그를 잠시 놓아주어서 선
  한 사람의 공력을 단련시키고 악한 사람의 죄를 응징하도록 하였
  다.' 선인의 공력을 단련시킨다는 것은 천주가 마귀를 시켜서 선한
  사람을 유인하여 악한 일을 하라고 시켜보아서 그 공부가 어떤가를

시험하는 것이다.-이하는 원문이 결락(缺落)되었음.-"
라 하였다.

或曰: "道·佛二敎及西士盛稱魔鬼, 魔鬼果是何神, 而天主不能禁遏, 使之
行惡耶?" 曰: "其說言: '厥初天主命生純神, 其性絶美, 品分九等, 以供王
令, 故曰天神. 又有鉅神, 傲慢自足, 自絶於主, 爲惡神之魁. 天主使之墮在
地獄, 名曰魔鬼. 天主暫放之, 以煉善人之功, 以癉惡人之罪.' 煉善人之功
者, 謂天主使魔鬼, 誘善人使爲惡, 以驗工夫之-以下缺.-"

혹자가 말하기를,

"이제 그대의 말을 들어보니 천학이 이단임은 의심할 나위가 없다.
우리 유학의 명덕(明德)·신민(新民)의 공부는 모두 현세를 가지
고 말하고, 서사(西士)의 선을 하고 악을 버리는 일은 모두 후세를
위해서 말한 것이다. 사람이 이 세상에 태어났고 보면 응당 현세의
일에 힘을 다하여 그 지선(至善)을 추구할 따름이니, 어찌 털끝만
큼이라도 후세의 복을 바라는 마음을 가져서야 되겠는가. 천학의
입두문로(入頭門路)는 우리 유학과 크게 달라서 그 뜻이 오로지
일개 사심에서 나온 것이니, 우리 유자의 공정한 학문이 어찌 이와
같겠는가. 이제부터는 응당 그대의 말로써 정도를 삼겠다."
라 하기에, 내가 이 말을 듣고 웃었다.

혹자가 물러간 후 문답한 말을 써서 이 글을 지었으니, 혹시라도
세교(世敎)에 보탬이 될 수도 있을 것이다.

을사년(1785, 정조9) 가평일(嘉平日)에 우이자(虞夷子)는 쓰노라.

或曰: "今聞吾子之言, 其爲異端無疑. 吾儒明德・新民之功, 皆以現世而言也. 西士爲善去惡之事, 皆爲後世而言也. 人旣生此現世, 則當盡現世之事, 求其至善而已, 豈可有一毫邀福於後世之意乎? 其學之入頭門路, 與吾儒大錯, 而其意專出於一己之私. 吾儒公正之學, 豈如是乎? 自今當以吾子之言爲正." 余聞而笑之. 客退而書其問答, 爲此文, 庶幾或有補於世敎耳. 乙巳嘉平日, 虞夷子書.

부록(附錄)

혹자가 물러갈 때 다시 묻기를,

"지금 천주학을 하는 사람 중에 성호선생도 천주학을 했다고 말하는 이들이 많은데, 참으로 그러한가?"

라 하기에, 대답하기를,

"내가 병인년(1746, 영조22)에 처음으로 선생님을 찾아뵈었다. 당시 선생님께 나와 경사(經史)의 설을 남김없이 담론하셨다고 할 만하다. 담론이 끝날 무렵 서양 학문에 이르러 선생님께서 말씀하시기를 '서양 사람들 중에는 대저 이인(異人)이 많으니, 예로부터 천문(天文)의 관측, 기기(器機)의 제조, 산수(算數) 등의 기술은 중국이 미칠 수 없다. 이런 까닭에 중국 사람들이 이런 것들은 모두 호승(胡僧)들이 더 잘한다고 인정하였으니, 주자(朱子)의 설을 보더라도 알 수 있다. 지금의 시헌역법(時憲曆法)은 100대(代)가 지나도 폐단이 없을 것이라 할 만하다. 세월이 오래 지나면서 역가(曆家)의 역수(曆數)에 오차가 생기는 것은 전적으로 세차법(歲差法)의 요령(要領)을 제대로 알지 못해 그러한 것이다. 나는 늘 서양의 역법은 요(堯)임금 때의 역법보다 훨씬 낫다고 생각해 왔다. 이런 까닭에 더러 헐뜯는 이들이 나를 보고 서양 학문을 한다고 말하니, 어찌 가소롭지 않은가.'라 하셨다. 내가 이어서 묻기를, '양학(洋學)도 학술로 말할 만한 것이 있습니까?'라 하니, 선생님께서 '있다.'라 하시고, 이어서 삼혼(三魂)의 설 및 영신(靈神)이 죽지 않는다는 설, 천당과 지옥의 설을 말씀하시고는, '이는 분명 이단이니, 모두 불씨(佛氏)의 별파(別派)이다.'라 하셨다. 당시에 들은 바는 이와 같다. 그 후에 내가 다시 물었더니, 대답하시기를, '천주의 설을 나는 믿지 않는다. 귀신도 지속(遲速)의 차이가 있으니, 낱낱이 다 같지는 않다.'라 하였고, 또 말씀하시기를, '『칠극(七克)』이란 책은 바로 사물(四勿)의 각주(脚註)와 같은 것이다. 그 중에는 매우 절실한 말이 많지만, 이는 단지 문인(文人)의 재담(才談)이나 아이들이나 들을 경어(警語)에 불과하다. 그러나 그 황탄(荒誕)한 말들을 제거하고 경어만을 요약한다면 우리 유자(儒者)의 극기(克己) 공부에 조금의 도움이 없지는 않을 것이다. 이단의 글일지라도 그 말이 옳으면 취할 뿐이다. 군자가 남의 좋은 점을 인정해 주는 뜻이 어찌 피차의 차이를 두겠는가. 요컨대 그 단서를 알아서 취택해야 할 것이다.'라 하셨다. 선생님께서는 또 『천학실의(天學實義)』의 발문을 지으셨다.-위 「천학고(天學攷)」에 보인다.- 이제 선생님께서 나와 문답하신 말씀 및 이 발문을 가지고 본다면 과연 선생님께서 천주학을 존신(尊信)하였다고 할 수 있겠는가. 이는 무식한 젊은이들이 자신들이 천주학에 빠졌기 때문에 스승까지 끌어다 실증(實證)한 것이니, 거리낌이 없는 방자한 소인들이라 할 수 있다. 다행히 내가 지금 살아 있기에 그 시비를 가릴 수 있지, 내가 만약

죽었더라면 후생들이 틀림없이 그 말을 믿었을 터이니, 어찌 사문
(斯文)의 큰 수치가 되지 않겠는가."

라 하였다.

或之退也, 復問曰: "今之爲此學者, 多言吾星湖先生亦嘗爲之, 其信然乎?"
余曰: "余於丙寅歲, 始謁于先生. 先生與之談論經史諸說, 可謂無所遺矣.
末梢至西洋學, 先生曰: '西洋之人, 大抵多異人. 自古天文推步製造器皿筭
數等術, 非中夏之所及也. 是以, 中夏之人, 以此等事, 皆歸重於胡僧. 觀於
朱夫子說, 亦可知矣. 今時憲曆法[52] 可謂百代無弊. 曆家之歲久差忒, 專由
歲差法之不得其要而然也. 吾常謂西國曆法非堯時曆之可比也. 以是, 人或
毁之者, 以余爲西洋之學, 豈不可笑乎?' 余因問: '洋學有可以學術言之者
乎?' 先生曰: '有之矣.' 因言三魂之說及靈神不死・天堂地獄之語曰: '此決
是異端, 專是佛氏之別派也.' 當時所聞如此. 其後余復有所問, 答曰: '天主
之說, 非吾所信. 鬼神之有淹速之別, 非箇箇同然也.' 又曰: '『七克』之書,
是四勿[53]之註脚, 其言盖多刺骨之語, 是不過如文人之才談・小兒之警語.
然而削其荒誕之語而節略警語, 於吾儒克己之功, 未必無少補. 異端之書,

---

52 時憲曆法 : 태음력의 舊法에 太陽曆의 원리를 부합시켜 24절기의 시각과 하루
의 시각을 정밀히 계산하여 만든 曆法이다. 明나라 崇禎 초기에 독일의 선교사
아담 샬이 만든 것으로, 우리나라에서는 1644년(인조22)에 金堉이 燕京에서
가지고 들어와서 1653년(효종4)부터 사용하였다.

53 四勿 : 顔淵이 仁을 실천하는 조목을 묻자 孔子가 "예가 아니면 보지 말며,
예가 아니면 듣지 말며, 예가 아니면 말하지 말며, 예가 아니면 움직이지
말라.〔非禮勿視, 非禮勿聽, 非禮勿言, 非禮勿動.〕"한 데서 온 말이다. 『論語
顔淵』

其言是則取之而已. 君子與人爲善⁵⁴之意, 豈有彼此之異哉? 要當識其端而
取之, 可也.'先生又作「天學實義跋」.-見上攷文.- 今以先生與余問答之語及
此跋文觀之, 其果尊信之乎? 此不過無識少輩以其自己之陷溺, 并與師門而
實之, 可謂小人之無忌憚也. 幸以我今生存, 能卜其是非而已, 我若已死, 則
後生輩亦必信其言矣. 豈不爲斯文之大可羞吝者乎?"

혹자가 또 묻기를,

"성호선생이 일찍이 이마두(利瑪竇 마테오리치)를 성인이라 했다고
하면서, 이들이 이를 빙자하여 말하는 자들이 많으니, 참으로 그러
한가?"

라 하기에, 내가 듣고서 나도 모르게 실소(失笑)하고 대답하기를,

"성인에는 여러 가지가 있어 공자(孔子)와 같은 성인도 있고 삼성
(三聖)과 같은 성인도 있으니, 일괄하여 말할 수가 없다. 옛사람이
성(聖) 자를 풀이하기를, '통명(通明)함을 일러 성이라 한다.'라
하였으니, 대인(大人)이면서 화한 성(聖)과는 다르다. 선생님께서
이 말을 하셨는지 나는 모르겠다. 혹시 하셨는데 내가 잊어버린
것인가. 가령 이런 말을 했다 할지라도 서사의 재식(才識)이 통명
(通明)하다고 할 만한 점을 말한 것에 불과할 것이다. 이 어찌 요순

---

⁵⁴ 君子與人爲善 : 남의 좋은 점을 인정하여 남이 善을 할 수 있도록 도와준다는
뜻이다. 맹자가 舜임금에 대해 말하면서 "남에게서 취하여 선을 행함은, 이는
남이 선을 하도록 도와주는 것이다. 그러므로 군자는 남이 선을 하도록 도와
주는 것보다 더 훌륭함이 없는 것이다.〔取諸人以爲善, 是與人爲善者也. 故君
子莫大乎與人爲善.〕"한 데서 온 말이다. 『孟子 公孫丑上』

(堯舜)·주공(周公)·공자(孔子)와 같은 성인으로서 허여한 것이 겠는가. 근일에 사람들이 흔히 모인(某人)을 성인이라고 하는데, 그 모인은 나도 본 사람이다. 선생이 설사 이런 말을 했다고 하더라도 이는 이 모인과 같은 경우에 불과할 것이다. 어찌 진짜 성인이겠는가. 아아, 우리의 도가 밝혀지지 못하여 사람들은 저마다 자기의 좁은 소견을 가지고 스스로 옳다고 여기면서 깨닫지 못하고 나아가 후생(後生)을 그르치기까지 하면서도 스스로 알지 못하니, 참으로 안타까운 노릇이다. 달리 무슨 말을 더 하겠는가."

라 하였다. 이 날에 다시 쓰노라.

或又問曰:"星湖先生嘗謂利瑪竇聖人也. 此輩之藉此爲言者多, 其信然乎?" 余聞之, 不覺失笑曰:"聖有多般, 有夫子之聖, 有三聖[55]之聖, 不可以一槪言也. 古人釋聖字曰通明之謂聖, 與大而化之之聖[56]不同矣. 先生此言, 余未有知. 或有之而余或忘之耶? 假有是言, 其言不過西士才識, 可謂通明矣. 豈以吾堯舜周孔之聖許之者乎? 近日人多以某人爲聖人, 某人余所見也. 先

---

55 三聖 : 맹자가 "伯夷는 성인 중의 淸한 자이고, 伊尹은 성인 중의 自任한 자이고, 柳下惠는 성인 중의 和한 자이다.〔伯夷聖之淸者也, 伊尹聖之任者也, 柳下惠聖之和者也.〕"라 한 데서 온 말이다. 『孟子 萬章下』

56 大而化之之聖 : 『孟子』 「盡心下」에 "사람들이 좋아할 만한 것을 善이라 하고, 자기 몸에 선을 소유한 것을 信이라 하고, 선이 충실한 것을 美라 하고, 충실하여 빛남이 있는 것을 大라 하고, 대인이면서 저절로 화한 것을 成이라 하고, 聖이면서 측량할 수 없는 것을 神이라 한다.〔可欲之謂善, 有諸己之謂信, 充實之謂美, 充實而有光輝之謂大, 大而化之之謂聖, 聖而不可知之之謂神.〕"라 하였다.

生雖有此言, 是不過某人之類耳. 豈眞聖人也哉? 噫嘻! 吾道不明, 人各以自己斗筲之見, 自以爲是而不能覺焉, 至於誤後生而不知, 誠足憐悶. 他尙何言?" 是日復題.

2. 향사례홀기-향음주례를 먼저 행하였다.-

鄕射禮笏記-先行鄕飮酒禮.-

자리를 설치한다-당(堂)의 서쪽 영(楹) 사이의 북쪽에 가까운 곳에 빈(賓)의 자리를 설치하되, 남쪽을 향하게 한다. 조계(阼階) 위에 주인의 자리를 설치하되, 서쪽을 향하게 한다. 서계(西階) 위에 개(介)의 자리를 설치하되, 동쪽을 향하게 한다.-개(介)의 자리는 지금은 뺀다.- 빈석(賓席)의 서쪽에 삼빈(三賓)의 자리를 설치하되, 남쪽으로 향하게 하며 모두 서로 붙지 않도록 한다.-삼빈의 자리는 지금은 뺀다.- 당(堂) 아래 서계(西階) 서남쪽에 중빈(衆賓)의 자리를 설치하되, 동쪽으로 향하게 하며 북쪽을 상석(上席)으로 한다. 다 앉을 수 없으면 문의 왼쪽을 따라 설치하되, 북쪽을 향하게 하며 동쪽을 상석으로 한다. 조계 동쪽에 찬자(贊者)의 자리를 설치하되, 서쪽을 향하게 하며 북쪽을 상석으로 한다.-찬자의 자리는 지금은 뺀다.- 빈석(賓席) 동쪽의 조금 북쪽에 술항아리 두 개를 둔다. 현주(玄酒)는 서쪽에 놓아두되, 구기와 뚜껑을 함께 준비한다. 대광주리를 술항아리 남쪽의 동쪽 자리에 놓아두고 작(爵)과 치(觶)를 담아 두되, 모두 탁자를 마련하여 놓아둔다. 물받이그릇을 조계(阼階)의 동남쪽에 놓아둔다. 물을 물받이그릇 동쪽에 두고 대광주리를 물받이그릇 서쪽의 남쪽 자리에 놓아두되, 역시 탁자를 준비하여 놓아둔다.-위 대광주리에는 작(爵) 세 개와 치(觶) 한 개를 두는데 지금은 작 하나만 사용하고, 아래 대광주리에는 치 네 개를 두는데 지금은 하나만 사용한다.- 당(堂) 동북쪽에서 개를 삶는다. 포(脯)와 육장은 주인의 북쪽에 둔다.-지금은 평상시 먹는 반찬으로 대신한다.- 조(俎)는 당 동쪽 벽 아래에 둔다.-조(俎)는 목접(木楪)으로 대신한다.- 빈과 개 외에는 모두 나

이에 따라 차례로 앉는다.-

設位-席賓於堂西楹間近北南向, 席主人於阼階上西向, 席介於西階上東向.-今闕.- 席
三賓於賓席之西南向, 皆不屬.-今闕.- 席衆賓於堂下西階西南, 東向北上. 不盡則從門
左北向東上. 席贊者於阼階東, 西向北上.-今闕.- 奠兩壺於賓席之東少北, 玄酒在西,
加勺羃. 置篚於壺南東肆, 實以爵觶, 皆以卓子安置. 設洗於阼階東南, 水在洗東, 篚
在洗西南肆, 亦以卓子安置.-上篚爵三觶一, 今用一爵. 下篚觶四, 今用一.- 烹狗于堂
東北. 脯醢在主人之北.-今代常饌.- 俎在堂東壁.-俎代木楪.- 賓介外皆以齒爲次.-

과녁을 설치한다. 강(綱 과녁을 펴서 매다는 줄)을 매어서 늘어뜨리되
땅에까지 닿지는 않는다.-후도(侯道 활 쏘는 곳인 당(堂)과 과녁과의 거
리)는 50보(步)로 한다. 매지 않은 왼쪽의 아래 강은 중간에 감아서 묶어둔
다. 획자(獲者 깃발을 흔들어 화살이 명중했는지를 알리는 자)는 과녁의 서
북쪽 모퉁이에 서며 정(旌)을 가진다.-

張侯. 下綱不及地武.-侯道五十步. 不繫左下綱, 中掩束之. 獲者位在侯西北隅有
旌.-

사위(射位)-예(禮)에는 당 안에 있게 되어 있는데, 지금은 계단 앞으로 옮
긴다. 사위(射位)의 두 사람 사이는 1궁(弓)의 거리를 두며, 좌물(左物)과
우물(右物)이라고 칭한다. 상사(上射)는 오른쪽 자리에 있고 하사(下射)는
왼쪽 자리에 있다.-

射位-禮在堂中, 今移階前. 射位耦間容弓, 稱左物右物. 上射居右, 下射居左.-

미리 빈(賓)에게 알려주었다가 이 때에 이르러 빈을 청하면, 빈이 문에 이른다.-알려주고 청하는 두 절차는 생략하고 기록하지 않는다.-

前期戒賓, 至是速賓, 賓及門.-戒速二節, 略不錄.-

찬례자(贊禮者)가 "빈지(賓至)"라 외치면 주인이 나가서 빈을 맞이한다.-빈이 문의 서쪽에서 동쪽을 향하여 서고, 중빈(衆賓)은 그 다음에 차례로 선다. 주인이 나와서 문 동쪽에서 서쪽을 향해서 서서 빈에게 읍(揖)하면 빈이 답하여 읍한다.-지금은 읍 대신 절을 한다.- 중빈(衆賓)에게 읍하면 중빈이 답하여 읍한다. 주인이 빈에게 읍하고 문으로 들어가기를 청하면 빈이 답하여 읍하고 사양한다. 주인은 문으로 들어가서 오른쪽에 서고 빈은 문으로 들어가서 왼쪽에 서면 중빈이 따른다. 주인이 빈에게 읍하고 먼저 나아갈 것을 청하면 빈이 답하여 읍하고 사양한다. 주인과 빈이 동서로 나뉘어 가서 계(階)에 이른다. 주인이 빈에게 읍하면 빈이 주인에게 읍하되, 세 번 읍하고 세 번 사양한다. 주인이 먼저 올라가 조계(阼階)의 동쪽에 서서 서쪽을 향한다. 빈이 따라 올라가 서계(西階) 위에 서서 동쪽을 향한다. 중빈은 서계 앞에 나이 순서로 서되 북쪽을 상석으로 한다. 주인이 북쪽을 향하여 재배하면 빈이 북쪽을 향해서 답하여 재배한다.-

贊禮者唱賓至, 主人出迎.-賓門西東向立, 衆賓次之. 主人出門東西向立, 揖賓, 賓答揖.-今以揖代拜.- 揖衆賓, 衆賓答揖. 主人揖賓以入, 賓答揖讓. 主人入門而右, 賓入門而左, 衆賓從之. 主人揖賓先行, 賓答揖讓. 主人及賓分東西而行, 至階. 主揖賓, 賓揖主, 三揖三讓. 主人先升, 立於阼階東西面. 賓隨升, 立於西階上東面. 衆賓齒立于西階前北上. 主人北面再拜, 賓北面答再拜.-

찬례자(贊禮者)가 "주인헌빈(主人獻賓)"이라 외친다.-주인이 위 대광주리에서 작(爵 술잔의 일종)을 가지고 내려오면, 빈이 내려온다. 주인이 물받이그릇이 있는 곳으로 가서 남쪽을 향해서 작을 대광주리에 놓고 관세(盥洗)한다. 주인이 읍하여 사양하면서 빈에게 올라가라고 하면, 빈이 서계(西階) 위에서 북쪽을 향하여 배세(拜洗)한다. 주인이 조계 위에서 북쪽을 향하여 전작(奠爵)하고 마침내 답배(答拜)한다. 주인이 꿇어 앉아 작을 집은 다음 일어나 술항아리로 와서 술을 따라 빈석(賓席) 앞으로 가서 빈에게 올린다. 빈이 서계 위에서 북쪽을 향하여 절하고 자리 앞으로 가서 작을 받은 다음에 물러나 서계 위로 돌아가서 북쪽을 향하여 선다. 주인이 조계 위로 물러간다. 집사(執事)가 포와 육장을 빈석(賓席) 앞으로 올리면, 빈이 북쪽을 향하여 절하고 받아서 제주(祭酒)한 다음-아래도 같다.- 일어서서 마신다.-이상은 헌례이다.--

贊禮者唱主人獻賓.-主人取爵上筐以降, 賓降. 主人適洗南面, 奠爵于筐, 盥洗. 主人揖讓以賓升, 賓西階上北面拜洗. 主人阼階上北面奠爵, 遂答拜. 主人跪取爵興, 適尊實之, 進賓席前獻賓. 賓西階上北面拜, 進席前受爵, 退復西階上北面立. 主人退阼階上. 執事薦脯醢於賓席前, 賓北面拜受祭酒.-下仝.- 興立飮.-右, 獻禮.--

찬례자가 "빈작주인(賓酢主人)"이라 외친다.-빈이 물받이그릇 있는 곳으로 내려오면, 주인이 내려온다. 빈이 손을 씻는다. 세작(洗爵)·읍양(揖讓)·승배(升拜)는 모두 위의 의식과 같다.-이상은 작례(酢禮)이다.--

贊禮者唱賓酢主人.-賓降洗, 主人降, 賓盥手. 洗爵·揖讓·升拜, 皆如上儀.-右, 酢禮.--

찬례자가 "주인수빈(主人酬賓)"이라 외친다.-주인은 술을 다 마시고 또 자신이 술을 부어서 마신다. 잔을 동서(東序)의 끝에다 놓는다. 주인이 대광주리 있는 곳으로 가서 꿇어 앉아 치(觶)를 집어 가지고 물받이그릇 있는 곳으로 내려오면, 빈은 내려오고 주인은 관세(盥洗)한다. 읍양・승배는 모두 위의 의식과 같다. 그러면 빈이 북쪽을 향하여 절하고 받은 다음 마시지 않고 자리 앞에 놓는다.-이상은 수례(酬禮)이다.--

贊禮者唱主人酬賓.-主人飮畢, 又自爵自飮. 奠爵于東序端. 主人適筐跪, 取觶降洗, 賓降, 主人盥洗. 揖讓升拜, 皆如上儀. 而賓北向拜受, 不飮而置于席前.-右, 酬禮.--

찬례자가 "헌중빈(獻衆賓)"이라 외친다.-주인이 조계 앞 서쪽에서 남쪽을 향하여 세 번 절하면, 중빈이 다 함께 답하여 한 번 절한다. 주인이 동서(東序) 끝에서 작(爵)을 잡고 내려와서 관세(盥洗)하는데, 모두 위의 의식과 같다. 중빈의 장(長)이 작을 받고 절하면 주인이 배송(拜送)한다. 중빈의 장이 앉아서 제주(祭酒)한 다음 서서 마시고 절하지는 않는다. 술을 다 마시면 작을 주인에게 주고 자리로 돌아간다. 중빈이 이어서 술을 마시는데, 모두 절은 하지 않고 작을 받은 다음 앉아서 제주(祭酒)하고 서서 마신다. 한 사람씩 술을 올릴 때마다 모두 포와 육장을 올린다.-

贊禮者唱獻衆賓.-主人於阼階前西, 南面三拜, 衆賓皆答一拜. 主人取爵于序端, 降盥洗, 皆如上儀. 衆賓之長受爵拜, 主人拜送. 衆賓之長坐祭立飮, 不拜. 旣爵, 授主人爵, 復位. 繼衆賓皆不拜, 受爵坐祭立飮. 每一人獻, 皆薦脯醢.-

빈에게 풍악을 올린다.-이 절목은 지금 풍악이 없으므로 뺀다.-

樂賓.-此節, 今無樂, 闕.-

찬례자가 "빈주각취위(賓主各就位)"라 외친다.-빈과 주인이 자리에 나아가기를 의식대로 한다.-

贊禮者唱賓主各就位.-賓主就位如儀.-

찬례자가 "입사정(立司正)"이라 외친다.-주인이 사정(司正)을 선택하여 서게 하면, 사정이 중당(中堂)에 북쪽으로 향하여 선다. 집사가 치(觶)에 술을 따라 사정에게 드린다.-여기서부터 이하는 지금은 집사가 대신 따른다.- 사정이 치를 든다.-

贊禮者唱立司正.-主人擇立司正, 司正中堂北向立. 執事酌觶獻司正.-自此以下, 今以執事代酌.- 司正擧觶.-

찬례자가 "재좌개기상읍(在坐皆起相揖)"이라 외친다.-빈과 주인 이하가 모두 일어나서 공수(拱手)하고 선다. 사정이 읍하면, 빈과 주인 이하가 모두 읍한다.-

贊禮者唱在坐皆起相揖.-賓主以下, 皆起拱立. 司正揖, 賓主以下皆揖.-

찬례자가 "사정독약(司正讀約)"이라 외친다.-사정이 치를 높이 들고 큰 소리로 낭독하기를, "삼가 생각건대, 국가가 옛 법도를 따라 예교(禮敎)를 돈독히 숭상하여 향음주례(鄕飮酒禮)와 향사례(鄕射禮)를-향사례를 하지 않은 경우에는 '향사(鄕射)'라는 두 글자는 삭제한다.- 거행하니, 이는 음식을 먹기 위한 것이 아니며 유희를 즐기기 위한 것도 아니요, 풍속을 바로잡고 덕행(德行)을 보기 위한 것이다. 오늘 젊은이와 어른이 다 모였으니, 각자 서로 권면하여 자식이 되어서는 효성을 다하고 나라를 위해서는 충성을 다하며, 형제간에는 우애롭고 부부간에는 화순(和順)하며, 장유(長幼)에는 질서가 있고 붕우(朋友)에는 신의가 있으며, 안으로는 종족(宗族)과 화목하고 밖으로는 이웃과 화목하여 혹시라도 잘못을 저질러서 낳아주신 부모를 욕되게 하는 일이 없도록 하라!"라 한다. 읽기를 마친다.-

贊禮者唱司正讀約.-司正乃揚觶高聲朗讀曰: "恭惟國家率由舊章, 敦崇禮敎, 擧行鄕飮鄕射-不射則去此二字之禮-, 非爲飮食, 非爲遊戲, 欲其正風俗而觀德行. 今日少長咸集, 各相勸勉, 爲子盡孝, 爲國盡忠, 兄弟友恭, 夫婦和順, 長幼有序, 朋友有信, 內睦宗族, 外和鄕里, 無或廢墮, 以忝所生." 讀畢.-

찬례자가 "사정음주상읍개좌(司正飮酒相揖皆坐)"를 외친다.-사정이 술을 다 마신 다음 치를 집사에게 주면, 집사가 포(脯)를 올린다. 사정이 읍하면 빈과 주인 이하가 모두 답하여 읍한다. 사정이 자리로 돌아가면, 빈과 주인 이하가 모두 자리에 앉는다.-

贊禮者唱司正飮酒相揖皆坐.-司正飮畢, 以觶授執事, 執事薦脯. 司正揖, 賓主以下皆報揖. 司正復位, 賓主以下皆坐.-

찬례자가 "청행사례(請行射禮)"라 외친다.-주인이 사사(司射)를 선택
하여 서게 하면 사사가 깍지와 팔찌를 갖추고 활을 들고 승시(乘矢)-화살 네
대이다.-를 가지고서 북쪽을 향하여 빈에게 고하기를, "음례(飮禮)를 이미
마쳤고, 활과 화살이 준비되었으니, 사례를 행하고자 합니다."라 한다. 빈이
허락하면 다시 주인에게 고한다.-

贊禮者唱請行射禮.-主人擇立司射, 司射具決拾執弓持乘矢,-四矢.- 北面告
于賓曰："飮禮旣畢, 弓矢旣具, 請行射禮." 賓許, 又告于主人.

찬례자가 "사사비우(司射比耦)"라 외친다.-사사가 서계(西階)로 내려
와서 사람들의 짝을 맞추는데, 나이가 많은 사람이 상사(上射)가 되고 젊은
사람이 하사(下射)가 된다. 차례차례 짝을 맞추어서 모두 뜰에서 서로 마주
보고 서되, 북쪽을 상석(上席)으로 한다. 상사는 서쪽에서 동쪽을 향하고 하
사는 동쪽에서 서쪽을 향한다. 짝들은 모두 차례에 따라 순서대로 선다. 모
두 어깨를 벗고 깍지와 팔찌를 끼고 활을 잡고 화살 세 대를 허리띠에 꽂고
한 개는 두 손가락으로 잡는다. 집사가 과녁의 왼쪽 아래 강(綱)을 맨다. 획
(獲)-지금은 감전(監箭)이라 일컫는다.-이 정(旌 깃발의 일종)을 들고 과녁
의 서북쪽에 서서 기다린다.-

贊禮者唱司射比耦.-司射降自西階, 比衆耦, 年長者爲上射, 年少者爲下射. 次次比
耦, 皆庭上東西相向北上. 上射居西東向, 下射居東西向. 衆耦皆依次序立, 皆袒. 決
拾執弓, 搢三矢于腰帶, 以一矢挾於二指間. 執事繫侯左下綱. 獲-今稱監箭.-執旌, 居
侯西北以俟.-

찬례자가 "사사유사(司射誘射)"라 외친다.-사사(司射)가 화살 세 대를 허리띠에 꽂고 한 대를 두 손가락으로 잡는다. 상사(上射)는 서계로, 하사(下射)는 동계(東階)로 서로 읍하고 오른 다음 사위(射位)에 이르러 멈춰서 읍한다. 모두 서서 과녁을 향하여 활을 쏜다. 활쏘기를 마치면 다시 화살 한 대를 뽑아서 잡고 서계로 내려와서 자리로 돌아간다. 획자(獲者)가 결과를 알릴 때, 화살이 과녁이 있는 곳을 지나갔으면 깃발을 들어 하늘을 가리키고. 화살이 과녁에 미치지 못했으면 깃발을 거꾸로 세워 땅을 가리키며, 화살이 왼쪽으로 갔으면 왼쪽으로 흔들고, 오른쪽으로 갔으면 오른쪽으로 흔들며, 명중하였으면 북을 친다. 사정이 획지(畫紙)를 들고 과녁을 맞혔는지 맞히지 못했는지 성적을 매긴다.-이는 지금의 시속을 따른 것이다.--

贊禮者唱司射誘射.-司射搢三挾一. 上射由西階, 下射由東階, 相揖以升, 當射位搢, 皆向鵠立發矢. 射畢, 改取一矢挾之, 降自西階反位. 獲者告箭時, 過則擧旗指天, 不及則偃旗指地, 左則揮左, 右則揮右, 中則擊鼓. 司正持畫紙, 以考中不中.-此依今俗.-

찬례자가 "개이차사(皆以次射)"라 외친다.-사사(司射)가 활을 들고 화살 한 대를 가지고 서계로 올라가서 중당(中堂)에 이르러 빈과 주인에게 읍하고 '활을 쏘라'고 고한다. 주인이 먼저 일어나서 읍하면 빈이 답하여 일어난다. 모두 깍지와 팔찌를 끼고 활을 들고 화살 세 대를 허리띠에 꽂고 한 대를 손가락으로 잡는다. 빈은 서쪽, 주인은 동쪽에서 서서 서로 읍하고 사위(射位)로 가서 쏘기를 의식대로 하고 활쏘기를 마친 다음 함께 자리로 돌아와서 선다. 사사가 모든 짝들에게 쏘기를 청하면 차례로 읍하고 올라가서 사위에 이르러 활을 쏘기를 의식대로 하고, 쏘기를 마치면 내려와서 자리로 돌아가 읍한다. 다음에 쏠 사람이 올라가기를 의식대로 한다. 모두 쏘기를 마치면 사정이 기록한 점수를 계산하여 승부를 판정한다.-

贊禮者唱皆以次射.-司射執弓挾一, 升自西階, 至中堂, 揖告賓主射. 主人先起揖, 賓答起, 皆具決拾執弓, 搢三挾一. 賓西主東, 相揖而至射位射如儀. 訖, 具復位立. 司射請衆耦以次揖升, 當位射, 皆如儀, 射畢, 降復位揖. 次射者以升如儀, 皆射畢, 司正計畫, 定勝不勝.

찬례자가 "승자읍 불승자승음(勝者揖不勝者升飮)"이라 외친다.-집사가 당의 서쪽에 주탁(酒卓)을 마련하고 치(觶)에 술을 따라서 그 위에 놓는다. 이긴 사람은 어깨를 벗고서 깍지와 팔찌를 끼고 장궁(張弓 시위를 당겨맨 활)을 잡으며, 진 사람은 옷을 입고서 깍지와 팔찌를 벗고 이궁(弛弓 시위를 풀어놓은 활)을 얹는다. 이긴 사람이 읍하면 진 사람이 계단에 오르되, 계단에 이르러 읍한다. 이긴 사람이 먼저 오르되, 다 올라간 다음 서로 마주보고 읍한다. 이긴 사람은 당에 올라가서 북쪽을 향하여 조금 오른쪽에 서며, 진 사람은 당에 올라가서 북쪽을 향하여 꿇어앉는다. 집사가 진 사람으로 하여금 치를 잡게 하면, 진 사람이 나아가서 앉아 치를 들고 서서 술을 마신 뒤 앉아서 탁자 위에 치를 놓고 일어나서 읍한다. 진 사람이 먼저 내려와서, 올라가 마실 사람과 읍한다. 집사가 치에 술을 따라서 탁자 위에 놓으면, 올라가서 마실 사람이 처음과 같이 한다. 만약 빈이나 주인이 졌을 경우에는 활을 잡지 않고, 집사가 치에 술을 따라서 주면 빈이 자리에서 이를 받은 다음 서계 위로 가서 북쪽을 향하여 서서 마신 후에 집사에게 치를 주고자리로 돌아간다. 주인도 마찬가지다.-

贊禮者唱勝者揖不勝者升飲.-執事設酒卓于堂西, 酌觶奠于其上. 勝者袒決拾執張弓, 不勝者襲脫決拾加弛弓. 勝者揖, 不勝者升階, 當階揖. 勝者先升, 旣升相向揖. 勝者升堂, 北面少右立; 不勝者升堂, 北向跪. 執事令不勝者取觶, 不勝者進坐取觶立飲, 坐奠觶于卓, 興揖. 不勝者先降, 與升飲者揖. 執事酌觶奠卓上, 升飲者如初. 若賓主人不勝, 則不執弓, 執事酌觶以授, 賓於位受觶, 適西階上, 北面立飲, 授觶執事, 反就席. 主人亦然.-

찬례자가 "빈주개읍취좌(賓主皆揖就坐)"라 외친다.

贊禮者唱賓主皆揖就坐.

찬례자가 "부사악빈(復射樂賓)"이라 외친다.-지금은 풍악이 없으므로 풍악은 뺀다. 사사(司射)가 화살 한 대를 가지고 나아가서 상사(上射)로 하여금 처음과 같이 하게 한다. 한 짝[耦]이 읍하고 올라가서 처음과 같이 한다.-화살을 쏠 때마다 풍악을 울린다. 그러나 활쏘기는 반드시 절도에 맞아야 하니, 풍악은 지금 쓰지 않는다.- 빈과 주인과 중빈이 처음처럼 하고 활쏘기를 마친다.-

贊禮者唱復射樂賓.-今無樂闋. 司射挾一介以進, 使上射如初. 一耦揖升如初.-每發矢, 皆樂作, 射必中節, 今不用.- 賓主人衆賓如初, 卒射.-

찬례자가 "승자읍 불승자승음(勝者揖不勝者升飲)"이라 외친다.-점수 계산은 처음과 같이 한다. 이긴 사람은 장궁(張弓)을 활을 잡고 진 사람은 이궁(弛弓)을 잡고 올라가서 술을 마시기를 처음과 같이 한다. 모두 다 마시

고 나면 잔을 치운다.-각자 활과 화살을 거둔다.--

贊禮者唱勝者揖不勝者升飮.-視筭如初. 勝者執張弓, 不勝者執弛弓, 升飮如初. 飮遍撤觶.-各收弓矢.--

찬례자가 "개부위좌 행려수례(皆復位坐行旅酬禮)"라 외친다.-빈과 주인과 중빈이 각각 본래 자리로 돌아간다. 주인이 치(觶)에 술을 따라서 읍하고 빈에게 올리면 빈이 읍하고 받는다. 집사가 포(脯)를 올린다. 치의 술을 다 마시면 빈이 주인에게 답례로 술을 의식대로 올리고 읍한다. 사정이 중빈(衆賓)의 장(長)에게 술을 권하면 중빈의 장이 받아서 마신다. 집사가 포를 올린다. 이하 모두 같다. 차례차례 술을 부어 권하여 옥관자(沃盥者 손 씻을 때 물을 부어 주는 사람)에 이르러 그친다. 빈이 많으면 양쪽에서 권하여 올린다. 예를 마치면 술상을 거둔다.-

贊禮者唱皆復位坐, 行旅酬禮.-賓主衆賓各復本位. 主人酌觶揖獻賓, 賓揖受. 執事薦脯. 卒觶, 賓酢主人如儀揖. 司正酬衆賓之長, 衆賓長受飮. 執事薦脯. 下並同, 次次勸酬, 至于沃盥者而止. 賓多則兩頭勸起. 禮畢, 撤.-

찬례자가 "행연례(行燕禮)"라 외친다.-집사가 음식을 올리고 술을 돌리되 모두 나이 순서로 한다. 세 순배 또는 다섯 순배로 하니, 이것이 이른바 무산작(無算爵)이다. 모두 절하지 않는다. 다 먹기를 마치면 음식을 거둔다.-

贊禮者唱行燕禮.-執事進饌案行酒, 皆以齒. 或三行五行, 所謂無筭爵. 皆不拜. 食畢撤饌.-

찬례자가 "예필(禮畢)"이라 외친다.-주인이 조계 위에 서쪽을 향하여 선다. 빈이 서계 위에 동쪽을 향하여 선다. 주인이 재배하면 빈이 답하여 재배한다. 주인이 중빈을 향하고 서로 읍한다. 빈이 내려와서 나가면 중빈이 이를 따른다. 주인이 문밖에서 전송하되, 주인과 빈이 동쪽과 서쪽에서 서로 읍한 다음 물러간다.-

贊禮者唱禮畢.-主人阼階上西向立, 賓西階上東向立. 主人再拜, 賓答再拜. 主人向衆賓相揖. 賓降出, 衆賓從之. 主人送于門外, 東西相揖, 乃退.-

3. 행사에 필요한 인원
合用之人

주인-고을의 관장(官長)이나 동리(洞里)의 장(長)이 된다.-

빈(賓)-어진 사람이 된다.-

개(介)-빈 다음 가는 사람이다. 그만한 사람이 없으면 뺀다. 사례(射禮)에는 없다.-

준(遵)-향중(鄕中)의 치사자(致仕者)로 하되, 빼기도 한다.-

찬자(贊者)-주인을 돕는 자이다.-

삼빈(三賓)-중빈(衆賓) 중에서 나이가 많고 덕망이 있는 사람을 추천하되, 그런 사람이 없으면 뺀다.-

중빈(衆賓)·집사자(執事者)-주인의 하속(下屬)이 하며 일을 집행한다.-

사정(司正)-문학(文學)이 있는 선비를 추천한다. 위의를 잃은 자를 규검(糾檢)하는 일을 맡으며, 독약(讀約)한다. 활쏘기를 할 때는 사마(司馬)가 되어 점수를 계산한다.-

악공(樂工) 4인-관현(管絃)이 없으므로 뺀다.-

사사(司射)-활쏘기를 관장하며, 활을 쏘도록 유도한다.-

사사기(司射器)-활·화살·깍지·팔찌 등을 관장하여, 활을 쏠 때 이러한 물품들을 나누어 준다.-

획자(獲者)-지금은 감전관(監箭官)이라 한다. 깃발을 흔들어 화살의 명중 여부를 알린다.-

삼우(三耦)-덕행(德行)과 도예(道藝)가 있는 사람을 뽑되, 그런 사람이 없으면 뺀다.-

중빈(衆賓)-중빈이 연장자를 추천하여 장(長)으로 삼는다.

찬례자(贊禮者)-찬자(贊者)가 겸한다.-

主人-州縣官或洞里長.-

賓-賢者.-

介-次於賓, 無則闕. 射禮無.-

遵-鄕中致仕者. 或闕.-

贊者-佐主人者.-

三賓-衆賓中推年德, 否則闕.-

衆賓·執事者-主人下屬, 執役.-

司正-推文學士. 掌糾檢失儀, 讀約. 射則爲司馬計畫.-

樂工四人-管絃無, 闕.-

司射-掌射事, 誘射.-

司射器-掌弓矢決拾, 射時分給.-

獲者-今稱監箭官, 執旋告矢.-

三耦-擇德行道藝者. 無, 闕.-

衆賓-衆賓推年長者爲長.-

贊禮者-贊者兼.-

4. 행사에 필요한 기물
合用之器

개 삶을 솥 1개

　도마〔俎〕 3개

　포(脯) 5마리와 육장〔脡醢〕

　술항아리 2개-모두 구기와 덮개를 갖춘다.-

　현주(玄酒) 1병-3병을 함께 반(盤) 위에 놓는다.-

　대광주리 1개-반탁(盤卓)으로 대신하기도 한다.-

　작(爵) 3개

　치(觶) 1개-술잔은 모두 위 대광주리에 담는다.-

　물받이그릇 1개

　물 1통

　치(觶) 4개-모두 아래 대광주리에 담거나 반탁(盤卓)에 놓는다.-

　과녁

　깃발〔旌〕 1개-획자(獲者)가 잡는 것이다.-

　활

　승시(乘矢)-화살 4개이다.-

　깍지〔決〕

　팔찌〔拾〕-위 네 가지는 활 쏘는 사람이 모두 지참한다.-

　복(福)-화살을 담는 것이다. 빼기도 한다.-

　풍(豐)-술병인데, 진 사람에게 먹이는 것이다. 빼기도 한다.-

狗鼎一

俎三

脯五脡醢

酒壺二-皆加勺羃.-

玄酒一壺-三壺並安盤上.-

篚一-或代盤卓.-

爵三

觶一-並奠上篚中.-

洗一

水一

觶四-並奠下篚，或盤卓.-

侯

旌一-獲者所執.-

弓

乘矢-四介.-

決

拾-四者射者皆具.-

福-承矢者，或闕.-

豐-酒壺，飲不勝者. 或闕.-

5. 향사례도

鄕射禮圖

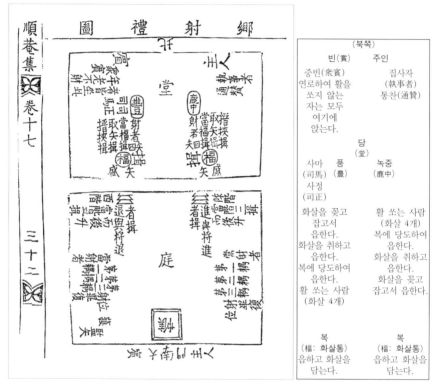

활쏘기를 마치고 이긴 자는 읍하고 이기지 못한 자는 올라가서 술을
마시는 그림

빈(賓) 집사자 (執事者)	주인 집사자 (執事者)		계단(그림)	계단(그림)
이긴 자는 서고 이기지 못한 자는 무릎을 꿇고 앉아서 마신다			이긴 자는 올라간다 이긴 자는 읍하고. 활쏘기를 마치지 못한 자는	이긴 자는 올라간다 이긴 자는 읍하고. 활쏘기를 마치지 못한 자는
복(楅: 화살통)	복(楅: 화살통)		첫째 짝 둘째 짝 셋째 짝 을 다 쏘고서 모두 제 자리로 돌아간다.	첫째 짝 둘째 짝 셋째 짝 을 다 쏘고서 모두 제 자리로 돌아간다.
				과녁

6. 휴옹(休翁) 정공-홍익-의 사당 건립을 위한 통문-○ 남을 대신하여 지은 것이다.-

休翁鄭公-弘翼-建祠洞文-己丑 ○代人作.- 기축년(1769, 58세)

생각건대 이륜(彝倫)을 바로 세우는 것은 인도(人道) 중에서 큰 일이요, 현덕(賢德)을 높이는 것은 실로 사림(士林)의 큰 일입니다. 이런 까닭에 그 덕행과 풍절(風節)이 진실로 후진(後進)의 사표가 되고 각박한 세상 사람들을 가르쳐 권면할 만한 분이면, 모두 조두(俎豆)를 갖춰 제향(祭享)하지 않음이 없는 것입니다. 크게는 서원(書院)으로 모시고 작게는 사당으로 모시니, 이는 바로 현사(賢士)를 동서(東序)에 제사하고 향선생(鄕先生)을 사문(社門)에서 제사한 고례(古禮)의 뜻이기도 합니다. 우리 국가가 어진 이를 높이고 도(道)를 중시하는 뜻이 모두 여기에 깃들어 있으니, 풍교(風敎)와 문물이 전대를 능가한 것은 진실로 이 때문입니다.

우리 고을로 말하자면, 귀암(龜巖)·수곡(秀谷)·명고(明皐) 세 서원은 각각 전배(前輩)들이 사시던 지역에 설립하여, 한편으로는 우러러 사모하는 마음을 담고 한편으로는 선비들이 모여서 강습하는 곳으로 삼은 것이니, 그 의의(意義)가 도리어 중하지 않겠습니까.

고 부제학 휴옹 정충정공(鄭忠貞公)은 광해군 정사년(1617)에 모후(母后)를 폐출(廢黜)하려고 조정의 의론을 억지로 모아서 이를 국시(國是)라고 주장하면서 크게 위세를 떨쳐 갖가지 혹독한 형구(刑具)를 벌여 놓고 이의를 제기하는 자를 기다렸습니다. 당시에 조야(朝野)가 모두 숨을 죽이고 오직 뜻에 순종할 뿐이었는데, 공은 꿋꿋

한 절조(節操)로 강직한 의논을 올렸는데 사의(辭意)가 늠름하였습니다. 이에 당시 정론(正論)을 높이 손꼽을 때 공과 이백사(李白沙)를 으뜸으로 삼고 김성옹(金醒翁)과 김청풍(金淸風)을 그 다음으로 삼았습니다.

아! 충언(忠言)은 받아들여지지 않고 혹독한 화가 닥쳐와 남쪽과 북쪽 변방으로 귀양 가느라 거의 6, 7천 리 길을 왕래해야 했고, 남쪽의 황량한 바닷가에 폐고(廢錮)한 것이 6, 7년이었습니다. 이에 장독(瘴毒)이 몸에 쌓여 마침내 고질병이 되고 말았습니다. 반정(反正) 초기에 맨 먼저 발탁되어 정중한 은권(恩眷)을 입었지만 크게 뜻을 펴지도 못한 채 세상을 떠나고 말았으니, 세도(世道)의 불행을 이루 다 말할 수 있겠습니까.

후일에 국가가 시호와 증직(贈職)을 내려 숭보(崇報)의 도리를 다 하였습니다. 그러나 백사(白沙)와 두 김공(金公)에 경우에는 모두 거주하던 곳이나 귀양 갔던 곳에 서원을 세워 제향을 올렸으나 유독 정공(鄭公)에게만은 이런 제향의 은전이 미치지 못하였으니, 어찌 성세(盛世)의 흠사(欠事)요 사림의 수치가 아니겠습니까.

본부(本府) 경안면(慶安面)은 곧 공이 사시던 곳이고 묘소도 역시 이 고을에 있습니다. 아름다운 발자취와 유풍(遺風)을 고로(故老)들이 지금도 이야기하고 있으니, 후생들이 경모(景慕)하는 마음은 더욱 간절합니다. 의당 김공(金公)과 이공(李公)의 세 서원의 예(例)에 따라야 하지만 서원은 설립하지 말라는 금령(禁令)이 있으니, 비록 감히 바랄 수 없습니다. 그렇지만 옛사람의 사문(社門)에 제사했던 의리에 의거하여 향현(鄕賢)으로 모시고 제사하는 것은 진실로 그만 둘 수 없습니다.

이는 사문(斯文)의 중대한 일이니, 모름지기 동지(同志)들과 함께 논의해야겠습니다. 이에 감히 사림들이 일제히 모여 석전(釋奠)을 지내는 자리에 통고하오니, 일을 시작하려 하는 이 때 여러분의 중론을 널리 듣고자 합니다.

오호라! 아름다운 덕(德)을 좋아하는 병이(秉彝)의 천성은 모든 사람들에게 다 같이 있으며, 선현(先賢)을 받들어 섬기는 것은 당연한 사론(士論)이니, 모두 다 좋아하시리라 생각됩니다. 이에 삼가 고합니다.

竊惟扶植彝倫, 乃人道之大端, 尊尙賢德, 實士林之夸節. 是以, 其德行風節, 苟可以師表後進風勵薄俗者, 則無不俎豆而腏享之, 大則以院, 小則以祠, 此卽古禮祭賢士於東序, 祀鄕先生於社門之義. 而我國家尊賢重道之意, 皆寓於此. 風敎文物之軼于前代者, 良以此也. 試以吾鄕言之, 龜巖·秀谷·明皐三書院之設, 各因前輩所居之地而立之, 一以寓羹墻瞻想之懷, 一以爲羣居講習之所, 其義顧不重歟? 故副提學休翁鄭忠貞公, 當光海丁巳之歲, 將廢母后, 勒受廷議, 以爲國是之論, 而大張威虐, 桁楊鼎鑊, 以待異議者. 當時朝野脅息, 惟意順旨. 而公抗節進議, 辭意凜然, 當時推正論, 以公及李白沙爲首, 而金醒翁·金淸風, 又其次也. 噫! 忠言未售, 毒禍斯至, 南竄北謫, 驅馳道途, 幾六七千里, 廢錮南荒海濱六七年餘, 瘴毒所聚, 遂成痼疾. 迨乎改玉之初, 首蒙擢拔, 恩眷鄭重, 未及大施而卒. 其爲世道之不幸, 可勝言哉? 後來朝家幷賜諡贈爵, 以盡崇報之道. 於白沙及兩金公, 皆因所居或被謫之地, 設院享祀, 而俎豆之儀, 獨不及於鄭公, 豈不爲盛世之欠事而多士之所羞耶? 府之慶安面, 卽公杖屨之所, 而衣冠之藏, 亦在是焉. 芳躅遺風, 故老猶能傳說. 其爲後生之景慕, 愈益親切矣. 當依金李諸公三院之例, 而設院有禁, 雖不敢望, 祀以鄕賢, 以附古人祭社之義, 誠不可已者.
此係斯文重事, 須與同志共議. 玆敢通告于釋奠士林齊會之席, 謀事之始,
固當博採衆論. 嗚呼! 秉彝好德, 是有生之所同; 尊事先賢, 士論之當然. 想
所樂聞, 故玆以奉告.

7. 열녀 숙인 조씨에 대한 정문-○ 남을 대신하여 지은 것이다.-

烈女淑人趙氏呈文-己卯年 ○代人作.- 기묘년(1759, 48세)

생각건대 사람이 할 대절(大節)은 삼강(三綱)보다 더한 것이 없으며, 국가가 하는 숭장(崇獎)은 절효(節孝)보다 더한 것이 없으니, 실로 윤상(倫常)을 부식(扶植)하고 풍교(風敎)를 배양하는 도리가 오로지 여기에 있기 때문입니다.

　본부 경안면(慶安面)에 거주한 고(故) 장령(掌令) 정광운(鄭廣運)이 병자년 섣달 7일에 죽었습니다. 그의 아내 배천조씨〔白川趙氏〕가 초상 중에 자결하고자 하다가 주위 사람이 누차 구해 주어 살아났습니다. 그녀는 평소에 사람들에게 말하기를 "지금은 비록 죽지 못했지만 3년상 중에 어찌 죽을 수 있는 날이 없겠는가."라 하였습니다. 초상 이후로 종상(終祥)에 이르기까지 죽을 먹고 소식(素食)을 하며 헝클어진 머리를 빗지도 않고 얼굴의 때도 씻지 않았으며, 옷에는 이가 득실거려도 아랑곳하지 않았습니다. 초상 때 시신을 덮었던 이불과 시신 밑에 깔았던 자리를 항상 덮고 깔면서 말하기를, "죽거든 반드시 이것으로 나를 염(斂)하라." 하였습니다. 자제들이 울면서 도로 평상시처럼 할 것을 청했으나 끝내 듣지 않았습니다.

　작년 12월에 이르러 대상(大祥)을 사흘 남겨두고 약을 마시고 자결하였는데, 곁에 있던 사람이 즉시 구해주어 죽음을 면하였습니다. 그 후로는 자녀들을 위로하여 의혹을 풀어주고 말이나 행동이 평소와 다르지 않는 것이 10여 일에 이르니, 집안사람들도 마음을 놓았습니다. 같은 달 21일 저녁에 또다시 은밀한 곳에서 약을 마시고 크게 구토를 하더니, 옆 사람들이 미처 알아차리기도 전에 이미 구할 수 없는 지경에 이르러 이튿날 진시(辰時)에 마침내 운명하고 말았습니다. 운명한 후에 의대(衣帶) 속에서 유서(遺書)를 찾아냈는데, 모두가 자녀들을 권계(勸誡)하는 말이었습니다. 유서의 끝에 "내가 굳이 죽고자 한 것은 일찍이 지아비를 따라 죽겠다는 약속을 했기 때문이다. 그리고 3년상 안에 죽지 못한 것은 내가 몸소 제전(祭奠)을 올려서 아내의 도리를 다하고자 해서였다. 이제 이미 상(喪)이 끝났으니, 약속을 지킬 수 있다."라 하였습니다.

아아! 세상에 열부(烈婦)가 없는 것은 아니지만, 혹은 초상 때에 자결하여 남편을 따르기도 하고 혹은 청상(靑孀) 과부로서 일신을 의탁할 곳이 없어서 목숨을 버리기도 합니다. 조씨(趙氏)로 말하면, 그 곧은 마음과 굳은 절개가 날이 갈수록 더욱 독실하였으며, 네 아들과 두 딸이 슬하에 있는데도 이 세상의 즐거움을 즐거움으로 여기지 않고 끝내 자신의 뜻을 관철하여 죽음을 마치 고향으로 돌아가는 것처럼 편안히 여겼으니, 그 열렬한 기상과 강강(剛剛)한 성품은 평상시에 소양(素養)을 쌓아온 이가 아니고서 능히 이와 같을 수 있겠습니까.

또 들건대 조씨가 본가(本家)에 있을 때 그의 선고(先考)가 네 번 상처(喪妻)하여 다섯 번이나 상복을 입었는데도 모두 3년 동안 죽을 먹었으며, 정씨(鄭氏)에게 시집와서는 예(禮)로써 시부모를 섬겨 시부모가 살아계실 때에는 애경(愛敬)의 도리를 다하고 시부모가 죽은 뒤에는 애모(哀慕)의 예절(禮節)을 다했기에 그 진실한 마음과 돈독한 성품이 온 고을에 알려졌다고 합니다. 그런데 마지막에 수립한 절조가 또 이와 같으니, 이 어찌 지금처럼 쇠미한 세상에서 볼 수 있는 행실이겠습니까.

민(民) 등은 공의(公議)에 격동(激動)하여 감탄을 이길 수 없습니다. 이에 감히 우러러 유상(留相 留守를 가리킴)께 호소하옵니다. 삼가 바라건대 구중(九重)의 성상께 전달(轉達)하여 정문을 하사하는 은전을 내려 풍성(風聲)을 세워주시면, 더없는 다행이겠습니다.

竊惟人道之大節, 莫過於三綱; 國家之崇獎, 莫過於節孝. 誠以扶植倫常, 培養風教, 唯在於是也. 本府慶安面居故掌令鄭廣運卒于丙子臘月七日, 其室內白川趙氏, 欲自決于初喪之內, 傍人累救得保, 而居常言於人曰: "今雖不死, 三年之內, 豈無可死之日乎?" 自初喪以後, 至于終祥, 而啜粥行素, 髮亂不梳, 面垢不洗, 蟣蝨縱橫衣領而不之恤焉. 初喪時覆屍之衾·藉屍之席, 恒必覆藉曰: "死必以此歛我." 其輩子弟雖號泣勸諭, 請復常度, 而終不聽焉. 至昨年十二月大祥前三日, 飮藥自裁, 傍人急時救之, 得解. 自後慰解諸子女, 言語擧止, 不異平日, 至于十餘日, 家人亦信之. 同月二十一日夕, 又於隱處飮藥大吐, 傍人未及知而已至難救之境, 翌日辰時, 竟至殞命. 及終而得遺書於衣帶中, 皆勸戒子女之語, 其末有曰: "余之必欲無生者, 嘗有隨死之約故耳; 不死於三年之內者, 欲躬執祭奠, 恭修婦道. 今喪已畢矣, 可以踐約." 嗚呼! 世之烈婦, 不無其人, 而或在於初喪之時, 或是靑孀一身無托而捐生者. 至若趙氏, 貞心苦節, 愈久愈篤, 四子二女, 羅列膝下, 而不以人世之樂爲樂, 終遂其志, 視死如歸. 其烈烈之氣·剛剛之性, 若無平日素養于中者, 能若是乎? 且聞趙氏在本家時, 其先考四次喪配, 五服其喪, 皆啜粥三年, 及歸鄭氏, 事尊章以禮, 生而致愛敬之道, 沒而盡哀慕之節. 其誠心篤性, 著聞鄕里. 而末梢樹立, 又至如此. 此豈衰世可見之行耶? 民等公議所激, 不勝感歎. 玆敢仰籲於留相. 伏乞轉達九重, 俾蒙旌褒之典, 用樹一代之風聲, 千萬幸甚.

서序
기記
발跋

1. 을묘제야의 소서

乙卯除夜小序 을묘년(1735, 24세)

오늘밤은 어떤 밤인가? 해가 바뀌는 섣달그믐이다. 절서(節序)의 빠름은 전광석화와도 같고, 세월의 흐름은 달리는 말이 문틈을 지나고 뱀이 골짜기로 스며드는 것과 같구나. 시인은 "한 해가 저문다."라 읊어 자신의 감회를 붙였고, 공자(孔子)는 "세월이 우리를 기다려 주지 않는다."는 말에 탄식하고 한숨을 쉬었지.

이 때 율(律)은 대려(大呂)에서 끝나고 북두(北斗)는 맹추(孟陬)에 표(杓)를 세우니, 북쪽 육지에는 겨울의 위엄이 거두어지고 동쪽 교외에서 봄기운이 일어난다. 24절기(節氣)가 내일 아침부터 시작되고, 360일이 오늘밤으로써 끝나니 어떻게 해를 마칠거나.

세상 사람들은 이 날을 즐거워하여 술잔을 들고 삶은 게 다리를 잡고서 사람들이 누구나 맘껏 즐기며, 윷놀이를 하면서 집집마다 한껏 즐긴다. 옥가락지를 숨기는 내기는 아이들은 한(漢)나라 궁전의 일을 흉내낸 것이요, 폭죽(爆竹)을 터뜨려 악귀를 내쫓는 것은 마을이 초(楚)나라 사람의 풍속을 이어받은 것이다. 새해를 맞이하고 묵은해를 보내는 것이 하룻밤의 중간에 있고, 새해와 묵은해가 나뉘는 것은 3경(更)의 전후에 있다.

나는 2년 동안 객지에 와 지내며 늘 병이 몸을 떠나지 않았으니, 타향의 풍광(風光)을 보노라면 고향 마을의 물색(物色)이 생각난다. 흰 구름이 고개에 비끼면 몇 번이나 양공(梁公)과 같은 그리움에 젖었던가. 푸른 풀이 연못에 나면 부질없이 혜련(惠連)의 꿈을 꾸었어라.

이는 인지상정(人之常情)이니, 그렇지 않을 수 있겠는가.

더구나 또 잃기 쉬운 것이 때이고, 이루기 어려운 것이 학문이다. 남양(南陽)의 등우(鄧禹)가 지팡이 짚고 나섰던 나이는 이미 지났고, 북해상(北海相) 공융(孔融)의 집에 비로소 빈객이 가득했던 나이에는 거의 반이 되었다.

추운 겨울이 오고 더운 여름이 오는 것은 비록 천도(天道)의 변천이지만, 성(聖)이 되고 광(狂)이 되는 것은 사람의 노력에 달려 있다. 지나간 일은 그만이니 내가 어찌할 수가 있으리오. 앞으로는 잘할 수 있으리니, 지금 이후로는 각성하리라. 비록 일 년 내내 꼿꼿이 앉아 글을 읽지는 못할지언정, 날마다 부지런히 노력할 수는 있으리라 생각한다. 밤이 깊을 제 등잔 심지를 돋우고서 감회가 일어 붓을 들어 내 심정을 쓴다.

今夕何夕? 歲除日除. 節序怱怱, 迫同電光石火; 流景冉冉, 正似隙駒[57]壑蛇.[58] 詩人詠云暮而寄懷[59], 尼父嘆不與而興喟.[60] 于時, 律窮大呂[61], 斗建

---

57 隙駒 : 달리는 망아지가 벽의 틈을 지나간다는 말로, 세월이 매우 빨리 지나감을 비유한다. 莊子가 "사람이 천지간에 살아가는 것은 마치 흰 망아지가 틈을 지나가는 것과 같다.〔人生天地之間 若白駒過隙〕"라 하였다. 『莊子 知北遊』

58 壑蛇 : 宋나라 소식의 「守歲」에 "한 해가 가는 것을 알고 싶은가. 골짜기로 스며 들어가는 뱀과 같구나.〔欲知垂盡歲, 有似赴壑蛇.〕"라 하였다. 『東坡全集 권1』

59 詩人……寄懷 : 『詩經』 「唐風 蟋蟀」에 "귀뚜라미가 집 안으로 드니, 벌써 해가 저물었네. 지금 우리들이 아니 즐기면, 세월은 흘러 가리.〔蟋蟀在堂 歲聿云暮 今我不樂 日月其逝〕"라 하였다.

孟陬[62], 北陸斂玄冥之威, 東郊浮靑陽之氣. 二十四候, 明朝爲元, 三百六
旬, 今宵已盡, 何以卒歲? 俗樂玆辰, 執杯持螯[63], 人人自得, 呼盧擲雉, 家
家盡歡. 藏鉤較勝, 兒童效漢宮之事[64]; 爆竹驚鬼, 鄕里傳楚人之風.[65] 迎送
在一宵之中間, 新舊分三更之前後. 余則二年爲客, 一病相隨, 對他鄕之風
光, 憶故里之物色. 白雲橫嶺, 幾勞梁公之思[66]; 靑草生塘, 徒煩惠連之

60 尼父……興唱 : 춘추시대 魯나라 季氏의 家臣 陽貨가 길에서 공자를 만나 出
仕하라고 권하면서 "해와 달이 흘러가니 세월이 나를 기다려 주지 않는다.〔日
月逝矣, 歲不我與.〕"고 한 말을 인용하였다. 『論語 陽貨』

61 律窮大呂 : 1년 12개월을 6律·6呂로 배정하는데 12월은 大呂에 해당한다.

62 斗建孟陬 : 북두칠성의 자루가 매일 戌時가 되면 月建方을 가리키는데 정월이
되면 寅方을 가리킨다. 孟陬는 인방을 말한다.

63 執杯持螯 : 저본에는 螯자가 鰲자로 되어 있는데, 오자라 고쳤다. 晉나라 畢卓
이 술을 몹시 좋아하여 "한 손에는 집게 삶은 게 다리를 잡고, 한 손에는 술잔
을 들면 일생을 족히 보낼 만하다.〔一手拿着蟹螯, 一手捧着酒杯, 便足以了一
生.〕"라 하였다. 이를 성어로 '持螯把酒'라 한다. 『世說新語 任誕』

64 藏鉤……之事 : 옥가락지를 한 손에 감춘 다음 두 손 가운데 어느 손에 감추었
는지를 맞추게 하는 놀이이다. 漢나라 昭帝의 어머니가 미색이 있었는데 한쪽
손이 고부라져 펴지 못했다. 입궁한 뒤에 武帝가 그 손을 펴자, 옥가락지가
들어있었다. 이후로 사람들이 이러한 놀이를 했다고 한다. 『漢武故事』

65 爆竹……之風 : 南朝 梁나라 宗懍이 楚나라 지역의 풍속을 기록한 『荊楚歲時
記』에 "정월 초하루에 닭이 울면 일어나 먼저 뜰 앞에 폭죽을 터뜨리고 풀을
태워서 도깨비와 악귀를 물리친다."라 하였다.

66 梁公之思 : 어버이를 그리워하는 마음이다. 양공은 梁國公에 봉해진 狄仁傑
을 가리킨다. 적인걸이 太行山(태항산)을 넘어가다가 멀리 河陽 땅 위에 떠
있는 흰 구름을 바라보고 "저 구름 아래 우리 어버이가 계신다." 하고, 한참을
바라보다가 구름이 지나간 후에야 떠났다. 『新唐書 권115 狄仁傑傳』

夢⁶⁷. 人之情也, 能不然乎? 況又易失者時, 難就者學. 南陽杜策之歲⁶⁸, 倏

已過焉; 北海始滿之年⁶⁹, 今幾半矣. 一寒一暑, 縱天道之推遷, 爲聖爲

狂⁷⁰, 在人事之勤逸. 所冀, 逝者已矣, 吾復何爲! 來焉可追, 今以後覺. 雖

不能窮年兀兀, 庶有望維日孜孜. 剔燈興懷, 援筆寫意.

---

67 惠連之夢 : 謝惠連은 晉나라 謝靈雲의 族弟이다. 사영운은 평소 사혜련을 만
나면 좋은 시구가 생각난다고 하였다. 사령운이 말하기를, "시를 지을 때에 혜련
을 마주하고 있으면 좋은 구절이 생각난다."라 하였다. 한번은 사령운 永嘉에
서 시를 생각하다가 종일이 지나도록 좋은 시구가 생각나지 않다가 갑자기
꿈 속에 혜련을 보자 문득 '지당에 봄풀이 돋아난다.〔池塘生春草〕'라는 구절이
떠올랐다. 『南史 권19 謝惠連傳』

68 南陽杜策之歲 : 後漢 때 南陽 사람 鄧禹는 13세에 長安에서 유학할 때 후일에
光武帝가 되는 劉秀를 만나 절친하게 지냈다. 그 후 유수가 擧兵하여 河北에
오자 등우가 지팡이를 짚고 그를 따라 갔다. 鄴 땅에 이르렀을 때 유수가
말하기를, "나는 마음대로 관직을 줄 수 있는 힘이 있다. 그대가 멀리서 나를
찾아온 것은 벼슬을 하고 싶어서인가?"라 하니, 등우가 대답하기를, "벼슬은
원치 않습니다."라 하였다. 광무제가 묻기를, "그렇다면 무엇을 하고 싶은가?"
하니, 등우가 대답하기를, "단지 明公의 威德이 四海에 베풀어지기를 바라고,
제가 작은 힘이나마 다하여 功名을 竹帛에 남기고 싶을 따름입니다."라고 하
였다. 『後漢書 권16 鄧禹傳』

69 北海始滿之年 : 北海는 後漢 때 建安七子의 한 사람으로 北海相을 지낸 孔融
을 가리킨다. 공융이 나이가 많아 한직으로 물러난 뒤에 비로소 빈객들이
늘 집에 가득하였다. 그는 늘 말하기를 "座上에는 손님이 항상 가득하고 주전
자엔 술이 빌 때가 없으니, 나는 걱정할 것이 없다."라 하였다. 『後漢書 권70
孔融列傳』

70 爲聖爲狂 : 『書經』 「多方」에 "성인도 생각하지 않으면 광인이 되고, 광인도
능히 생각하면 성인이 된다.〔惟聖罔念作狂, 惟狂克念作聖.〕"라 하였다.

2. 『일록』의 서문

『日錄』序 계해년(1743, 32세)

일록(日錄)을 계해년 동짓달부터 쓰기 시작했는데, 병술(丙戌)은 곧 갑자년 동지이라 이에 나의 나이가 서른둘이다. 화갑(花甲)이 돌아 천도(天道)는 위에서 변하고 지뢰(地雷)가 돌아와 양기(陽氣)는 아래에서 움직인다. 머리는 둥글고 발은 네모나서 삼재(三才)에 참여하였으니, 과거에 물든 더러운 습성을 고치고 일신(日新) 공부에 힘쓰고자 생각하지 않을 수 있겠는가.

무릇 하루 동안에 이치의 정추(精粗)와 사물의 대소(大小)를 막론하고 나의 이목이 눈이 듣고 본 것과 나의 사려에 일어난 것들을 모두 삼가 써서, 선한 것이면 그 양심을 보호하여 미루어 넓히며, 선하지 못한 것이면 그 기미를 끊어 막았다. 그리하여 붓을 들고 쓸 때에 기록할 수 없는 일이 있지 않도록 하며, 남에게 보여줄 수 없는 말이 있지 않도록 하였다. 옛날에 사마온공(司馬溫公)은 스스로 말하기를 "평소 한 일 중에 남에게 말할 수 없는 것이 없었다."라 하였으니, 나도 이 일록에 대해 그렇게 말하고 싶다.

이 날 하늘의 해는 위에서 명명(明明)하며 귀신은 곁에서 양양(洋洋)하니, 불선(不善)한 짓을 해놓고 계면쩍어 사실을 숨기는 소인이 되지 말아야겠다.

日錄始于癸亥至月, 丙戌卽甲子冬至也. 於是焉, 犬馬齒三十有二矣. 花甲周而天道變于上, 地雷復而陽氣動于下. 圓顱方趾, 忝于參三, 則其不思所以革舊染之汚而勉日新之工乎? 凡諸一日之內, 理無精粗, 事無鉅細, 耳目之所聞見·思慮之所萌動, 皆當謹而書之, 若其善也則保護其良心而推而擴之, 若其不善也則遏絶其幾微而窒而塞之. 執筆臨書, 毋使有不可錄之事, 毋使有不可見人之言. 昔司馬公自言: "平生所爲, 未嘗有不可對人言者." 余於是錄也, 亦欲云然. 是日也, 天日明明在上, 鬼神洋洋在傍[71], 毋爲厭然之小人而無忌憚[72]也.

---

71 鬼神洋洋在傍 : 『中庸章句』 16장에 귀신을 말하면서 "천하 사람들로 하여금 재계하고 성대한 의복을 입고서 제사를 받들게 하고는, 洋洋히 위에 계신 듯도 하고 좌우에 계신 듯도 하니라.〔使天下之人, 齋明盛服, 以承祭祀. 洋洋乎如在其上, 如在其左右.〕"라 하였다. 洋洋은 朱子의 注에서는 "流動하고 충만한 모습이다."라 하였다.

72 厭然……忌憚 : 『大學章句』 傳6장에 "소인이 한가로이 지낼 때에 不善한 짓을 하되 못하는 바가 없다가 군자를 본 뒤에 계면쩍어 자기의 불선을 가리고 善을 드러낸다.〔小人閒居, 爲不善, 無所不至, 見君子而后厭然, 揜其不善, 而著其善.〕"이라 하였다.

3. 『이자수어』의 서문

『李子粹語』序 계유년(1753, 42세)

주자(朱子)가 세상을 떠난 지 302년 만에 퇴계 이자(退溪李子)가 동방에서 일어나 사도(斯道)를 자기의 소임으로 삼고 주자의 학문을 강명(講明)하였으니, 평소 그 저술의 섬부(贍富)하고 문하 제자들의 기록이 많기로는 우리나라 유사 이래로 일찍이 없었던 바이다.

그렇지만 그 저술이 너무 호박(浩博)하여 사람으로 하여금 망양(望洋)의 탄식을 하게 한다. 성호(星湖) 이선생(李先生)께서 이 점을 염려하여 강학(講學)하는 겨를에 퇴계선생의 글에 더욱 힘을 쏟아, 예(禮)에는 『유편(類編)』을 만들고, 사칠론(四七論)에는 『조변(條辨)』을 만들고, 또 그 중 요긴한 말을 절취(節取)하여 『도동록(道東錄)』을 만드셨다. 이 중에 다른 책들은 이미 완성되었지만 오직 『도동록』한 책만은 미처 수정을 못하였기에 성호선생께서 늘 안타깝게 생각하시다가, 내가 불민한 사람인 줄 모르시고 이 책을 교증(校證)하는 일을 맡기셨다. 이에 내가 원본(原本)을 가지고서 산증(刪增)한 다음 편목(篇目)은 『근사록(近思錄)』에 의거하여 범례를 정하였다. 그리고 윤장 동규씨(尹丈東奎氏)와 편지를 주고받으며 서로 교감하여 무릇 원고를 세 번 고친 뒤에야 책이 이루어졌다.

책이 이루어지자 성호선생이 다시 『이자수어(李子粹語)』라 명명하였다. 자(子)라 일컫는 것은 후인(後人)이 존모(尊慕)할 때 쓰는 말이다. 우리나라 사람들이 존모하는 분으로는 퇴계보다 더한 이가 없으니, 이자(李子)라는 호칭에 대해 우리나라 사람들이 딴 말을 하지 않을 것이다. 혹자는 이 책이 언행(言行)을 같이 수록한 것인데도 수어(粹語)라는 이름만 붙인 것은 온당하지 않은 것이 아닐까 생각하는데, 이는 그렇지 않다. 『국어(國語)』는 어(語)지만 사적(事跡)이 그 속에 들어있으며, 『논어(論語)』는 어(語)이지만 행실이 그 속에 들어있고, 『이정수언(二程粹言)』・『주자어류(朱子語類)』 같은 책에 이르러서도 모두 행실과 사적을 섞어서 실어 놓았다. 옛사람의 예(例)가 이미 이와 같거니와 게다가 이 책은 여러 책 중에서 순수하고 아름다운 말을 요약하여 편성(編成)한 것이니, 실로 무슨 문제 될 게 있다고 언행(言行) 중 언(言) 한 쪽만 수록한 것으로 보인다고 혐의할 필요가 있겠는가.

아! 공자(孔子)가 세상을 떠나자 미언(微言)이 끊어지고 칠십제자(七十弟子)가 흩어지자 대의(大義)가 어긋났으니, 어찌 옛날만 그랬겠는가. 퇴계선생이 세상을 떠난 지 이제 184년이 되었다. 그 저서는 비록 남아 있지만 선생을 이어서 일어난 사람이 없으니, 탄식을 금할 수 있겠는가. 나는 일찍이 듣건대,

"공맹(孔孟)의 말은 왕조(王朝)의 법령과 같고, 정주(程朱)의 말은 엄사(嚴師)의 단속과 같고, 퇴계의 말은 자부(慈父)의 훈계와 같다."

라 하였다. 무릇 성현의 가르침이 어느 것인들 학자(學者)에게 약석(藥石)이 되지 않으랴만 이자(李子)는 살았던 땅이 우리와 같고 살았던 시대가 우리와 가깝기 때문에 우리가 받는 감동이 더욱 간절하다. 진실로 이 책을 읽고 가슴에 새겨 실천하기를 자애로운 아버지의 가르침을 받는 것처럼 한다면, 이는 이자께서 후인에게 바라신 바이며, 후인이 이자를 높이고 섬기는 실사(實事)일 것이다. 대

저 이렇게 해야만 우리 성호선생께서 명명(命名)하신 뜻을 저버리지 않을 것이요 이 책을 편집한 작업도 부질없는 일이 되지 않을 것이다. 오당(吾黨)의 군자들은 어찌 서로 힘쓰지 않으리오.

朱子歿三百有二載, 而退溪李子起於東方, 以斯道爲己任, 講明朱子之學, 平日著述之富, 門弟記錄之多, 自東方以來, 所未有也. 顧其書浩博, 使人有望洋之歎. 星湖李先生爲是之懼, 講學之暇, 尤用力於先生之書, 於禮有『類編』, 於四七論有『條辨』, 又節其要語, 爲『道東錄』. 他書已完, 而惟『道東』一書, 未及修正, 先生每以爲恨, 不知余不敏, 託以校証. 於是, 取原本而刪增, 篇目依『近思』定例, 與尹丈東奎氏往復參校, 凡三易藁而書成. 書成而先生復命之曰『李子粹語』. 稱子者, 是後人尊慕之辭也. 東人之尊慕, 莫過於退溪, 則李子之稱, 宜東人之無異辭也. 或疑此書兼取言行, 而只稱粹語爲未安, 是則不然矣.『國語』語而事在其間,『論語』語而行在其中, 至若『二程粹言』・『朱子語類』之類, 皆錯擧行事之實. 古人之例, 已有如此者, 而況此書旣節其諸書粹美之語而成編, 則固何所妨而有偏枯之嫌耶? 噫! 仲尼歿而微言絶, 七十子散而大義乖, 奚獨古時然也? 先生之歿, 今百八十四年矣. 其書雖存, 而無有能繼先生而興者, 可勝歎哉! 不佞嘗聞之曰: "孔孟之言, 如王朝之法令; 程朱之言, 如嚴師之勅勵; 退溪之言, 如慈父之訓戒." 夫聖賢之敎, 孰非學者之藥石, 而矧李子則其地同, 其世近, 其興感爲尤切矣. 誠讀是書而服膺體行, 如受慈父之敎, 則是李子所望於後人, 而後人尊事李子之實事也. 夫然後庶無負我先生命名之義, 而吾儕編摩之役, 不徒爲汗漫事矣. 吾黨君子盍相與勉之哉?

4. 『읍혈록』의 서문

『泣血錄』序 병자년(1756, 45세)

이 책을 어이 차마 기록하리오. 차마 할 수 없다 하여 기록하지 않는다면 늘 아버님을 사모하는 마음을 깃들일 데가 없고 우리 자손에게 전하여 줄 수가 없다.

『효경(孝經)』에 "어버이가 병들면 근심을 다해야 한다."라 하였고, 맹자(孟子)는 "친상(親喪)은 실로 자신의 도리를 다할 바이다."라 하였다. 누가 이러한 글을 읽지 않았으며 누가 이러한 뜻을 모르랴만, 능히 근심을 다하고 예(禮)를 다하는 사람이 있는가!

심하도다, 나의 불초함이여! 열 달 동안 시질(侍疾)하다가 끝내 상(喪)을 당하고 말았는데, 집이 가난하여 재물이 없어 치상(治喪)에 아쉬움을 남긴 것이 실로 많았다. 저 하늘을 감격시켜 어버이의 수명을 연장시키고 품팔이를 해 재물을 마련하여 어버이의 상(喪)을 치른 사람은 어떤 사람이며 나는 또한 어떤 사람인가! 심하도다, 나의 불초함이여!

병환이 나실 때부터 역책(易簀)하시어 염을 하고 장사를 지낸 절차로부터 소상(小祥)·대상(大祥)·담제(禫祭)·부묘(祔廟)의 의식까지를 적어 나의 지극히 애통한 마음을 나타냄으로써 우리 자손 된 이들로 하여금 감계(鑑戒)하고 본받을 바가 있게 하노라.

是錄也, 可忍錄哉? 以不忍而不錄, 無以寓羹墻之懷, 無以垂示吾子孫也.
經曰: "病則致其憂." 孟子曰: "親喪固所自盡." 誰不讀是書, 誰不識是義?

而能致其憂, 能盡其禮者, 有人乎哉? 甚矣, 余之不肖也! 十朔侍疾, 竟罹巨創, 家貧無財, 遺憾實多. 彼格天而能延親之壽, 傭賃而能辦親之喪者, 何人也! 余亦人也! 甚矣, 余之不肖也! 錄自疾病以後至易簀斂葬之節, 及虞至祥禫祔廟之儀, 以著吾至痛, 使爲吾子孫者, 有所戒法焉.

5. 『경안2리동약』의 서문

『慶安二里洞約』序 병자년(1756, 45세)

나는 『주례(周禮)』를 읽어보고 성왕(聖王)이 천하를 다스린 대법(大法)을 알았다. 성인은 정치를 할 때 큰 강령(綱領)을 거행하는 데 힘쓰는 법이거늘, 어찌하여 번거로움을 꺼리지 않고 비(比)·여(閭)·족(族)·당(黨)과 같은 세세한 제도를 만들었단 말인가. 무릇 진작하지 않으면 일어나지 않으며 인도하지 않으면 따르지 않는 것이 백성들의 실정이니, 진작하여 일어나게 하고 인도하여 따르게 하는 방법은 반드시 백성이 눈으로 보는 데로부터 시작해야만 감동하여 따르기 쉬운 법이다. 그러므로 그 가까운 것과 작은 것부터 시작함으로써 온 천하를 하나로 교화한 것이다. 이렇게 하지 않으면 생양(生養)을 이룰 수가 없고 풍속을 같게 할 수가 없고 정령(政令)을 시행할 수 없으니, 비록 성왕(聖王)이라도 교화를 베풀 수가 없게 된다.

후대로 내려와 한(漢)·당(唐)·송(宋)·명(明) 시대에 삼로(三老)·이정(里正)·보장(保長)·방장(坊長) 등의 법은 『주례』의 그 제도와 같았다. 그러나 윗사람은 도리로 헤아려 판단함이 없고 아랫사람은 법도로 자신을 지킴이 없어 사람마다 제 자신만 생각하고 선비들은 저마다 다른 주장을 하였다. 그래서 다스림이 비록 잠깐 융성하더라도 곧바로 비루해지고 말았던 것이니, 이 때문에 백성의 풍속이 고대(古代)에 미치지 못하고 백세(百世)토록 선치(善治)가 없었던 것이다. 이런 까닭에 곤궁하여 아래에 있는 군자가 간혹 수신제가

(修身齊家)의 여력을 미루어 향리(鄕里)에 미쳐 사람들을 선하게 인도하기도 했지만 주제넘게 아랫사람으로서 예제(禮制)를 함부로 의론하여 만들었다는 혐의는 없었으니, 남전여씨(藍田呂氏)의 향약(鄕約)같은 경우가 이것이다. 우리나라 선배로서 수령직을 맡아 고을에서 지낸 분들도 모두 의심하지 않고 이 향약을 시행하였으니, 예컨대 일두(一蠹)는 안음(安陰)에서, 퇴계는 예안(禮安)에서, 율곡(栗谷)은 석담(石潭)에서 시행했던 것이 이것이다. 그렇다면 오늘 우리 동(洞)의 입약(立約) 또한 참람한 것이 아니요, 실로 윗사람이 일으켜 시행하고자 하는 바이다.

아! 우리 동은 수십 년 이래 풍속이 퇴폐한 나머지 풍속이 몹시 나쁜 마을이 되고 말았다. 게다가 교활한 아전과 완악(頑惡)한 군교(軍校)가 나라의 권력을 빙자하여 횡포를 부려왔으니, 어떻게 백성이 곤궁해지지 않고 풍속이 야박해지지 않을 수 있으리오. 밖으로부터 오는 모멸은 실로 어쩔 수가 없다. 그렇지만 예의(禮義)는 고유한 천성에 뿌리를 두는 것이니, 만약 그 고유한 천성을 따라 수명(修明)하면 될 것이다. 이것이 정공남(鄭孔南)이 이 일에 지성스러운 뜻을 두고 나에게 부탁을 하여 조례(條例)를 세운 까닭이다.

무릇 법을 만들어 사람을 인도할 때는 먼저 민심이 따르게 해야 하는데, 민심이 따르지 않는 것은 언제나 해정(害政)에서 연유한다. 이제 동중(洞中)에서 백성의 폐해가 되는 것을 빗질하듯이 말끔히 제거하여 민심이 의귀(依歸)할 바가 있도록 한 뒤에야 교화가 시행될 수 있을 것이다.

맹자는 왕정(王政)을 말하면서 백성의 생업을 제정(制定)해 주는 것을 학교 교육보다 먼저 말하였으니, 실로 이 때문이었다. 내가 이를 정공남에게 말했더니, 정공남도 수긍하였다. 그리하여 폐정(弊政)을 고치고 교화(敎化)를 돈독하게 하며, 금령(禁令)을 신칙(申飭)하고 권징(勸懲)을 분명히 하노니, 우리 동이 이를 어기지 않고 잘 준행(遵行)하면, 성상의 치화(治化)에도 조금은 도움이 될 것이다. 만약 이를 핑계로 삼아 무단(武斷)하는 술책을 부린다면, 나와 공남이 부끄러워하는 바이다. 나는 누구인가? 영장(靈長)의 기인(畸人)이요, 정공남은 나의 벗이다.

余讀『周禮』, 知聖王治天下之大法也. 聖人爲政, 務擧大綱, 何規規乎比閭族黨之間而不憚煩耶? 夫不振不作, 不導不行, 民之情, 而振作導行之術, 須從民目擊處起, 必有興感而易行者, 故自其近者小者始, 而擧天下同一敎也. 不如是, 無以遂生養, 無以同風俗, 無以行政令, 雖聖王, 不能施其敎矣. 降而漢唐宋明, 若三老 · 里正 · 保長 · 坊長之法, 猶其制也. 然而上無道揆, 下無法守[73], 人私其身, 士異其論, 治雖暫隆而俄而汚焉, 此民俗之所以不及古而百世無善治也. 是以, 窮而在下之君子, 或推其修齊之餘, 及於鄕里, 以淑諸人, 而無僭上議禮[74]之嫌. 若藍田呂氏之鄕約是已. 我東先輩

---

73 上無……法守 :『孟子』「離婁上」에 "위에는 道揆가 없으며 아래에는 法守가 없어, 조정에서는 道를 믿지 않으며 관리들은 법도를 믿지 아니하며, 君子가 義를 범하고, 小人이 법을 범한다면, 나라가 보존되는 것은 요행이다.〔上無道揆也, 下無法守也, 朝不信道, 工不信度, 君子犯義, 小人犯刑, 國之所存者幸也.〕"라 하였다. 朱熹의 注에 "道揆는 義理로 사물을 헤아려 마땅하게 하는 것이요, 法守는 법도로써 자신을 지키는 것이다."라 하였다.

74 議禮 :『中庸章句』28장에 "천자가 아니면 예제(禮制)를 의논하여 개정하지 못하며 법도를 제정하지 못하며 문적을 살펴 정하지 못한다.〔非天子, 不議禮,

之居是官也, 居是鄕也, 皆不疑而行之. 若一蠹之於安陰・退溪之於禮安・
栗谷之於石潭, 是已. 然則今日吾洞之立約, 亦非僭, 而固上之人所欲興行
者矣. 噫! 吾洞數十年來, 風斁俗敗, 便作互鄕之難言[75], 而猾任頑校又憑城
社[76]而恣橫, 如之何民不窮而俗不渝也? 外侮之來, 固無可奈, 而禮義根於
人心之固有, 若因其固有者而修明之則可矣. 此鄭孔南之所以拳拳于此, 而
託余而立條者也. 夫作法導人, 先順民心, 民心之不順, 恒由於害政. 今洞中
爲民害者, 梳櫛而除之, 使民心有所歸依, 然後敎亦可行. 孟子論王政, 制民
産, 居學校之先, 良以此也. 余以此語孔南, 而孔南亦肯焉, 遂革弊政敦敎
化, 申禁令明勸懲. 遵此而行, 不我矛而爾盾, 其亦有補我聖上化理之一端
矣. 如或託此爲武斷之奇術, 則余孔南之所羞也. 余誰? 靈長之畸人也; 孔
南, 其友也.

不制度, 不考文.〕"라 하였다.

75 互鄕之難言 : 『論語』「述而」에 "호향 사람은 더불어 말하기 어렵다.〔互鄕難與
言〕."라 하였는데, 朱熹의 注에 "그 고을 사람의 습성이 不善한 데 습성이
들어 더불어 善을 말하기 어렵다는 것이다."라 하였다.

76 城社 : 간악한 신하가 의지하는 국가의 권세를 뜻한다. 성 밑에 굴을 파고
사는 여우와 사당에 숨어 사는 쥐는 비록 잡고 싶지만 성을 무너뜨리거나
사당의 신주를 훼손할까 두려워서 마음대로 잡을 수 없듯이 임금의 총애를
믿고 권세를 부리는 간신은 임금에게 욕이 미칠까 두려워 함부로 제거하기가
어렵다는 말이다. 성어로 城狐社鼠라 한다. 『晉書 권49 謝鯤傳』

6. 『임관정요』의 서문

『臨官政要』序 정축년(1757, 46세)

천덕(天德)과 왕도(王道)는 본래 일체요, 수기(修己)와 치인(治人)은 두 가지가 아니다. 따라서 배우고 여력이 있으면 벼슬을 하고 벼슬을 하면서 여력이 있으면 배우는 법이니, 출(出)ㆍ처(處)는 같지 않으나 그 도(道)는 같다. 공자(孔子)가 자로(子路)의 말재주를 미워하고 칠조개(漆雕開)가 "출사(出仕)할 자신이 없다."고 말한 것을 좋아한 데는 까닭이 있었던 것이다.

그렇다면 사람이 정치하는 것이 배우지 않고 가능하겠는가? 일찍이 살펴보건대, 선유(先儒)가 출사(出仕)하여 백성을 다스릴 때 정교(政教)를 설치하여 시행하고 규모를 상밀(詳密)하게 정비하는 것이 세인에 비할 바가 아니었다. 또 역대의 순리전(循吏傳)을 보면, 비록 유가(儒家)의 사업만을 좋은 지방관의 요건으로 삼지는 않았으나 모두 "경사(經史)에 널리 통달했다."라 하거나 "아무 경(經)에 조예가 깊었다."라 하지 않음이 없으니, 일찍이 학문하지 않고 정치를 잘한 사람은 없었다. 그런데 후세에는 학문과 정치가 둘로 나뉘어져 유리(儒吏)와 속리(俗吏)의 구별이 있고 법률학(法律學)이 항상 중시되니, 슬픈 일이다.

진서산(眞西山)이 일찍이 경전(經傳) 중에서 정치를 논한 글을 편집하여 『정경(政經)』이란 책을 만들었으니, 학문의 밖에 정치가 있는 것이 아니다. 그 체(體)는 비록 같지만 실제 일에 옮겨 시행할 경우에는 적용하는 것이 다르기 때문에 따로 구별하지 않을 수 없었던 것이니, 이것이 『정경』이 『심경(心經)』과 표리(表裏)가 되는 까닭이다.

내가 젊을 때 이 책을 만들었다. 비록 나 자신의 지위를 벗어나 정사(政事)을 말했다는 혐의는 있지만 또한 목적이 있어 만든 것이다. 난고(亂藁) 속에다 두고 일찍이 꺼내어 남에게 보인 적이 없었으나, 그래도 아는 사람 중에서 간혹 정사를 하게 되어 가르침을 청하는 이가 있으면 반드시 이것을 내어 주었으니, 대개 옛사람이 증언(贈言)했던 뜻을 따른 것이다. 나는 벼슬에 오르지 못한 사람이다. 피리를 만져보고 하늘의 해로 착각하는 격이라 쓰임새는 혹 틀릴 수도 있지만, 문을 닫고 앉아서 신발을 만들어도 대체는 비슷한 법이다.

옛날에 부염(傅琰)이 『치현보(治縣譜)』를 만들었는데, 자손들끼리만 서로 전수하고 남에게 보여주지 않더니 대대로 관리로서 치적을 이루어 『남사(南史)』에 크게 일컬어졌다. 나는 마음속으로 이를 비루하게 여겨 말하기를,

"이는 정치를 잘한다는 명성을 홀로 차지하려는 것이다. 진실로 세상 사람들로 하여금 내가 한 일을 배우게 하면 남의 정사가 나의 정사일 것이니, 초궁(楚弓)의 득실(得失)에 어찌 마음을 쓸 것이 있겠는가?"

라 하였다.

이 책은 모두 3편이니, 「정어(政語)」는 성인의 교훈이요, 「정적(政績)」은 이미 과거에 시행한 효과요, 「시조(時措)」는 나의 어리석은 소견으로 시의(時宜)를 참작한 것이다. 풍속은 피차의 구별이 있고 인심은 고금의 다름이 있으며, 세도(世道)는 오융(汚隆)의 차이가 있고 법제는 치란(治亂)의 나뉨이 있으니, 적의(適宜)하게 변통하는 것은 본인에게 달려 있다.

天德·王道本一體, 修己·治人無二致. 學優而仕, 仕優而學, 出處不同, 其道則同也. 夫子惡子路之佞[77]而說漆雕開之未信[78], 有以夫! 然則人之爲政, 非學而能之乎? 嘗觀先儒出而臨民, 政教之設施, 規模之詳密, 非世人所比, 亦觀歷代循吏傳, 雖非專責以儒家事業, 而無不曰博通經史, 曰治某經, 未嘗以不學而能政者也. 後世學與政爲二, 有儒吏·俗吏之別, 而法律之學, 恒爲重焉, 悲夫! 眞西山嘗輯經傳論政文字, 爲『政經』一書, 非學外有政也. 其體雖同, 而措之事爲之間, 施用有異, 故不得不殊而別之, 此與『心經』相爲表裏者也. 余少時爲是書, 雖有出位[79]之嫌, 而亦有爲爲之者也. 在亂藁中, 未嘗出而示人, 然而相識中, 或有爲政而請教者, 亦必以是投之. 盖附古人贈言[80]之意也. 余未試者也, 撫鑰疑日[81], 其用或錯; 閉戶爲屨[82], 大體斯

---

77 夫子惡子路之佞 : 子路가 말하기를 "백성이 있고 사직이 있으니, 하필 글을 읽은 뒤에야 학문을 하리오.〔有民人焉, 有社稷焉, 何必讀書, 然後爲學?〕"하니, 공자가 "이 때문에 말재주 있는 자를 미워하는 것이다.〔是故惡夫佞者.〕"라 하였다. 『論語 先進』

78 說漆雕開之未信 : 『論語 公冶長』에 "공자께서 칠조개에게 벼슬을 하라고 권하셨는데, 그가 대답하기를 '저는 벼슬하는 것을 아직 자신할 수 없습니다.'라 하니, 공자께서 기뻐하셨다.〔子使漆雕開仕. 對曰 : '吾斯之未能信.' 子說.〕"라 하였다.

79 出位 : 『周易 艮卦』 象辭에 "군자는 이를 보고서 자신의 생각을 그 지위에 벗어나지 않게 한다.〔君子以, 思不出其位.〕"라 한 데서 온 말이다. 『論語 泰伯』에는 "그 지위에 있지 않고서는 그 정사를 말하지 않는다.〔不在其位, 不謀其政.〕"라 하였다.

80 古人贈言 : 贈言은 길 떠나는 사람에게 贈別의 의미로 말을 해주는 것이다. 西漢 사람 段會宗이 처음에 雁門太守에 임명되었다가 부임하기도 전에 파면되었고 후일에 西域의 都護에 제수되어 부임하려 하자 친하게 지내던 谷永이

存. 昔傅琰爲『治縣譜』, 子孫相傳, 不以示人, 世以吏績著稱『南史』. 余心鄙之曰: "是欲獨擅能名也. 誠使世人學我之爲, 則人之政, 我之政也. 楚弓得失[83], 何必用心於其間哉?" 書凡三篇, 曰政語, 聖人之訓也. 曰政績, 已行之效也. 曰時措, 瞀說之酌時而斟之者也. 風俗有彼此之別, 人心有古今之殊, 世道有汚隆之異, 法制有治亂之分, 變通之宜, 存乎其人.

그가 늙은 나이에 변방으로 나가는 것을 안타깝게 여기며 贈言하기를 "그대는 옛 제도를 따르고, 특별한 공로를 세우려 들지 말라. 임기를 마치고 다시 속히 돌아오기만 해도 안문의 불우함을 補償하기에 충분할 것이네."라고 하였다 한다. 『漢書 권70 段會宗傳』

81 撫鑰疑日 : 蘇東坡의 『日喩』에, "태어나면서부터 소경인 자는 해를 모른다. 어떤 사람이, '해의 빛은 촛불의 빛과 같다.' 하자, 초를 만져보면서 해가 그렇게 생겼다고 상상을 하다가 나중에는 피리를 만지며 그것이 해라고 생각하였다." 하였다.

82 閉戶爲屨 : 맹자가 "발 크기를 모르고 신발을 만들어도 삼태기가 되지는 않는 법이니, 그것은 천하의 발이 대개 비슷하기 때문이다."라 한 데서 인용한 말이다. 『孟子 告子上』

83 楚弓得失 : 楚王이 활을 잃자 좌우에서 찾으려 하였는데, 왕이 "초왕이 잃은 것은 초인이 얻을 것이니 찾을 것이 없다."라 하였다. 이 말을 들은 공자가 말하기를, "어찌 그리도 도량이 좁은가. '사람이 잃은 것을 사람이 얻을 것이다.'고 하지 않다니."라 하였다. 『孔子家語』

7. 『광주부지』의 서문

『廣州府志』序 정축년(1757, 46세)

군읍(郡邑)에 지(志)가 있는 것은 원래 국사(國史)에서 유래한다. 『주례(周禮)』를 보면, 소사(小史)는 방국(邦國)의 기록을 맡고 외사(外史)는 사방의 기록을 맡았으며, 시(詩)를 채집하는 관원은 또한 열국(列國)의 풍요(風謠)를 바칠 수 있었다. 그리하여 천자(天子)는 궁궐 밖에 나가지 않고도 구주(九州)의 지역 면적과 산림·천택·구릉·분연(墳衍)·원습(原隰) 등의 명물(名物)이며 인정(人情)과 물태(物態), 치란(治亂)과 화복(禍福)의 자취를 환히 눈으로 보듯이 알아서 국가를 다스리는 단서로 삼았던 것이니, 이 어찌 성대하지 아니한가!

후대에는 비록 성주(成周)의 제도만은 못했지만, 그래도 역대의 모든 사책(史策)에 각각 지리지(地理志)가 있었으며, 그 밖에도 『산해경(山海經)』·『괄지지(括地志)』·『환우기(寰宇記)』·『명산록(名山錄)』·『수경(水經)』 등의 책들이 대대로 이어져 나왔다. 명(明)나라에 이르러서는 천하에 조령(詔令)을 선포하여 군읍에 지(志)가 있고 각 성(省)에 지가 있도록 한 다음 이 지들을 위에서 총합하여 『일통지(一統志)』를 만들었으니, 그 법이 지극히 좋다.

애석하도다! 동방에는 징험할 만한 문헌(文獻)이 없고, 오직 한 질 『여지승람(輿地勝覽)』이 있으나 매우 소략하다. 게다가 이 책을 이은 것이 없으니 고금의 차이에 따라 빠진 부분이 많다. 이 밖에 나라 안 360여 개 고을 중 지(志)가 있는 곳이 많지 않고, 각 도(道)에 지가 있다는 말은 들어보지 못했으니, 전해오는 문헌이 방대한 중국에 부끄럽다.

광주부(廣州府)는 옛날에는 국도(國都)였고 지금은 웅진(雄鎭)으로서 일국의 중앙에 자리 잡고서 왕성(王城)의 외호(外護)가 되어 삼보(三輔)의 형세를 갖추고 진양(晉陽)의 보장(保障)을 겸하고 있다. 이곳을 다스리는 규모는 작은 군읍과는 비할 바가 아니건만, 읍지가 없어 옛 일을 참고하려 해도 징험할 자료가 없으니, 참으로 한 고을의 수치다.

계유년 여름에 유수(留守) 이공(李公)이 이 점을 개탄하여, 내가 이 고을 사람으로서 고사(故事)를 익히 알고 있을 것이라 여겨 편지를 보내 묻고 찬술(撰述)하는 일을 위촉하였다. 내가 그만한 사람이 못된다고 누차 사양하다 못해 마침내 붓을 들고 다음과 같이 고하기를,

"무릇 책은 으레 범례(凡例)를 세우는데, 우리나라의 지리지들을 보면 규모의 상밀(詳密)한 정도가 같지 않으니, 무엇을 근거로 삼아야 합니까?"

라 했더니, 공이 말하기를,

"뜻한 바 있어 이 일을 맡겼으니, 내가 간여할 수 없소. 책은 그대의 책이니 나를 의식하지 마시오."

라 하였다.

내가 믿어 주는 뜻에 감복하여 마침내 자신의 우루(愚陋)한 식견을 헤아리지 않고 물러나와 수집(修輯)하였다. 전기(傳記)를 열람하고 금석문자(金石文字)를 찾아보고 여론을 참작하고 이문(異聞)을 징험하여, 차라리 자세하게 할지언정 소략하지 않도록 하고, 사실대로만 쓰고 과장하지를 않아 신빙할 만한 사서(史書)의 예(例)를 오로지

따랐다.

이 책에서 기사편(紀事編)이란 본기(本紀)와 같은 것으로서 여러 가지 일의 강령(綱領)이 되며, 그 밖에 상지(象志)란 것이 있고 상표(象表)란 것이 있고 상열전(象列傳)이란 것이 있어서 세상에 간행된 지리지와는 규모가 조금 다르다. 이는 한 부(府)의 크고 작은 사실을 빠짐없이 기록함으로써 혹시라도 치도(治道)에 보탬이 되게 하고자 한 것이다.

아! 공자(孔子)는 하(夏)나라와 은(殷)나라의 예(禮)를 기록하면서 기(杞)나라와 송(宋)나라의 예(禮)를 징험할 수 없다고 탄식했었다. 하물며 이 부(府)의 사적은 예로부터 실로 상고할 데가 없거늘 감히 내 마음대로 만들 수 있겠는가! 하물며 저서(著書)란 반드시 전인(前人)의 수찬(修撰)을 이어 받아야 하는데 이 책은 이어 받을 바가 없음에랴. 또 동지(同志)들이 함께 편찬하는 것은 문견(聞見)한 바를 넓히고자 하는 것인데 이 책은 나의 편견(偏見)에서 나왔음에랴. 또 오랫동안 공력을 들여 상세하게 기록하는 것인데 이 책은 갑작스레 만든 것임에랴. 이런 까닭에 이 책은 상세하게 기록하고자 해도 상세하게 기록할 수 없는 점이 있고, 사실대로 기록하고자 해도 사실대로 기록할 수 없는 점이 있으니, 이는 나의 죄가 아니라 형세가 그렇게 만든 것이다. 그러나 대체는 이미 섰으니 이를 이어서 능히 보충하여 완성할 사람이 있다면 이는 나의 행운이 아니라 실로 우리 광주부의 행운일 것이다.

책은 이미 완성하였으나 이공이 체직(遞職)되어 돌아가서 얼마 안 되어 세상을 떠났기에 이 책은 간행되지 못하고 말았으니, 책 하나가 간행되고 안 되는 것에도 운수가 있는가? 상자 속에 오랫동안 넣어두

면 보는 사람이 그 내력을 알지 못할 터이기에 대략 전말을 서술해
둔다.

郡邑之有志, 源于國史. 『周禮』小史掌邦國之志, 外史掌四方之志, 採詩之
官, 亦得以列國風謠上之. 天子不出戶, 而九州之地域廣輪・山林川澤丘陵
墳衍原隰之名物與夫人情物態治亂休咎之迹, 瞭然在目而爲出治之端, 豈不
盛哉? 後世雖不能如成周之制, 而歷代諸史, 各有地志, 其他若『山海經』・
『括地志』・『寰宇記』・『名山錄』・『水經』之屬, 代不乏作. 至于皇明, 宣詔
天下, 令郡邑有志, 令各省有志, 緫之于上而爲『一統志』, 法至善也. 惜乎!
東方文獻無徵, 惟有一部『輿地勝覽』而疎畧甚矣. 且無繼之者, 則古今之別
而遺佚多. 自餘域內三百餘邑, 有志者少, 而各道之有志無聞焉, 其有愧于
中華文獻之傳大矣. 廣之爲府, 在古爲國都, 在今爲雄鎭, 據一國之中而爲
王城外護, 有三輔之形勢, 兼晉陽之保障.[84] 其制治之規, 不可與小郡邑比
也, 而邑誌闕焉, 考事無徵, 誠一府之所羞也. 癸酉夏, 留守李公慨然于斯,
以不佞爲土人而習于故事, 發書問之, 委以撰述之役. 不佞以非其人屢辭而
不得, 遂屬筆而告之曰: "凡書發凡立例, 例也. 竊觀我國地志, 規模詳密不
同, 當以何爲據耶?" 公曰: "相託有意, 則余不可以間之. 書, 子之書也, 無
以我爲也." 不佞於是感其相與之意, 遂不揆愚陋, 退而脩輯, 歷傳記搜金石,
酌輿論徵異聞, 寧詳無畧, 寧實無夸, 一依信史之例. 所謂記事編者, 本紀之

---

84 晉陽之保障 : 廣州 남한산성이 군량을 비축해 두어 유사시에 국가의 울타리
　　역할을 할 수 있음을 말한다. 전국시대 趙簡子가 尹鐸을 晉陽을 맡아 다스리게
　　하니, 윤탁이 조간자에게 農蠶을 잘하오리까? 아니면 保障이 되게 하오리
　　까?〔爲繭絲乎? 抑爲保障乎?〕"라 하였다. 『資治通鑑 권1 周紀 威烈王23年』

類而爲衆事之綱領也, 其餘有象志者焉, 有象表者焉, 有象列傳者焉, 與世行地志, 規模差別. 欲使一府之事, 鉅細無遺, 而庶或有補於治道也. 噫! 夫子志二代之禮, 嘗歎杞宋之無徵[85], 則況此府之古實無考, 而其敢創爲之乎? 又況著書, 必因前人之脩撰, 而此無所因乎? 又有同志之撰輯, 所以廣聞見, 而此出於偏見乎? 又有用功之久而致詳者, 而此出於卒乍乎? 故是書雖欲詳而有不得詳者, 雖欲實而有不得實者, 此非余之罪也, 勢使然也. 然大體旣立, 繼是而有能補成之者, 則非不佞之幸, 抑一府之幸也. 書旣成, 而李公遞歸, 未幾而卒, 書因而不行焉. 一書之行否, 其有數存焉耶? 藏諸篋笥之久, 覽者不知其因, 故畧序顚末焉.

85 夫子……無徵 : 공자가 "하나라의 예를 내가 말할 수는 있지만 기나라에서 증거 자료를 찾을 수 없고, 은나라의 예를 내가 말할 수는 있지만 송나라에서 증거 자료를 찾기가 어려운 것은 문헌이 부족하기 때문이다. 문헌이 충분하다면 내가 증명할 수가 있다.〔夏禮吾能言之, 杞不足徵也 ; 殷禮吾能言之, 宋不足徵也 : 文獻不足故也. 足則吾能徵之矣.〕"라 하였다. 『論語 八佾』

8. 『교정가례부췌』의 서문

『校訂家禮附贅』序 무인년(1758, 47세)

예(禮)는 적의(適宜)한 바를 따르는 것이니, 고례(古禮)만 따르면 융통성이 없고 금례(今禮)만 따르면 비속하게 된다. 그래서 고금이 변천하면서 문(文)·질(質)을 손익(損益)하고 조절하여 시대를 따랐던 것이니, 이는 남다르게 하는 것을 좋아해서가 아니라 시세가 그렇게 만든 것이다.

주문공(朱文公)의 『가례(家禮)』는 가장 적의한 것으로서 천하에 두루 행해도 의심할 나위 없고 만세에 길이 전해도 더욱 신뢰할 수 있다. 그러나 그 큰 강령은 바르지만 절목(節目)들이 혹 소략하니, 학자들이 간혹 미완성의 책으로 의심하기도 한다. 그리하여 제가(諸家)의 주설(註說)이 무려 10여 가지가 되니, 모두 『가례』의 우익(羽翼)이 아님이 없다.

우리 종중(宗中)에 오휴자(五休子) 안공(安公)이 있으니, 이름은 신(玒)이요 자는 대지(待之)이다. 문교(文敎)를 숭상하던 선묘(宣廟) 때에 영남에 표은(豹隱)하여 예학(禮學)을 연구했는데 특히 『가례』를 힘써 연구하였다. 그가 일찍이 생각하기를,

"우리나라는 좌해(左海)에 치우쳐 중국과 거리가 수천만 리이고, 주자가 살던 시대로부터도 수백 년이 흘렀으니, 고금(古今)에 적의한 바의 차이와 습속이 숭상하는 바의 차이가 없을 수 없다."

라 하고, 마침내 『가례부췌(家禮附贅)』한 책을 저술하여 집안에서도 쓰고 향당(鄕黨)에서도 쓰니, 모두가 적의하다고 하였다.

후손 경현(景賢)씨가 이 책이 세월이 오래 지나면 없어질까 우려하여 인쇄해서 후세에 길이 전하고자 하여 천리 길을 달려와서 나에게 교정을 해달라고 하니, 매우 성사(盛事)이다.

『예기(禮記)』「제통(祭統)」에 "선대(先代)에 아름다운 사적이 없는데도 일컫는다면 이는 남을 속이는 것이요, 선(善)이 있는데도 알지 못한다면 후손이 밝지 못한 것이요, 알고도 후세에 전하지 않는다면 이는 후손이 어질지 못한 것이다."라 하였다. 무릇 당세에 불우(不遇)하여 도덕을 지닌 채 숨어 지내며 글을 저술하여 입언(立言)한 사람이 얼마나 많겠는가? 그런데도 훌륭한 자손이 그 가업을 계승하지 못하면 남의 집 창문이나 벽을 바르는 종이가 되지 않는 경우가 거의 드물다. 경현씨 같은 사람은 밝고 어지니 안씨의 훌륭한 자손이라고 할 수 있겠다.

삼가 받아서 읽어보고 약간 고정(考正)하고 다시 약간의 조항을 교정(校訂)하였으니, 이는 또한 공이 후진에게 바랐던 바일 터라 참람(僭濫)한 줄 모르고 하였다.

禮從宜, 遵古則泥, 循今則俗. 古今之變而質文損益之節隨之, 非好爲異, 時使然也. 『文公家禮』最得其宜, 行之天下而不疑, 傳之萬世而益信, 然其大綱正而節目或踈. 學者疑爲未成之書, 而諸家註說, 無慮十餘家, 莫非『家禮』之羽翼也. 吾宗有五休子安公諱玑字待之, 當宣廟右文之時, 豹隱[86]嶺表,

---

86 豹隱 : 劉向의 『烈女傳』에, 陶答子의 처가 답자에게 말하기를, "첩은 들으니 남산에 검은 표범이 있어 안개 속에서 7일을 내려오지도 않고 먹지도 않는데,

劬心禮學, 而尤致力於『家禮』, 嘗曰: "吾東僻居左海, 地之相去也, 幾千萬
里; 世之相後也, 亦累百載, 不能無古今之異宜・俗尙之不同." 遂著『家禮
附贅』一書, 用之家人, 用之鄕黨, 莫不曰宜. 後孫景賢氏恐其久而泯也, 將
欲鋟梓以壽其傳, 走千里而來, 俾余校讐, 甚盛擧也. 『記』曰: "先代無美而
稱之, 是誣也; 有善而不知, 不明也; 知而不傳, 不仁也." 夫人不遇於時, 而
潛居抱道, 著書立言者, 何限? 無良子孫世其業, 則不爲人塗窓壁者幾希.
若景賢氏, 可謂明且仁而爲安氏之良子孫矣. 謹受而讀之, 畧加考正, 復爲
校訂若干條, 是亦公之所望於後進者, 故不覺僭而爲之耳.

그것은 그 털을 윤택케 하여 무늬를 만들고자 함이며 숨어서 해를 피하려는
것이라고 합니다." 하였다. 賢者가 은거함을 형용하는 말이다.

9. 한함지-덕일-에게 주는 서

贈韓咸之-德一-序 경진년(1760, 49세)

옛날에 주익공(周益恭 주필대(周必大))이 옹주 통판(邕州通判)으로 있으면서 과감하게 결단을 내려 구차하지 않자 남헌(南軒) 장선생(張先生)이 『논어』의 미견강자(未見剛者)·『중용』의 자로문강(子路問強)·『맹자』의 상문대용(嘗聞大勇) 세 장(章)을 써 주면서 말하기를,

"이른바 강(剛)과 이른바 강(強)과 이른바 용(勇)이란 것을 그 뜻을 깊이 생각하여 자신에 체득(體得)한다면 한쪽으로 너무 치우친 점을 바로잡아 덕(德)을 향상하는 것을 또 어찌 이루 헤아릴 수 있으리오?"

라 하였으니, 아, 그 권면한 뜻이 참으로 지성스럽다.

우인(友人) 한함지(韓咸之)가 남천(南川) 수령으로 나갔다가 작은 일로 상관의 뜻을 거슬러 벼슬을 버리고 곧바로 돌아오니, 이에 조야(朝野)가 놀라고 중론이 시끄러웠다. 나는 이 소식을 듣고 기뻐하면서 "이 사람들이 어찌 그를 알겠는가? 지금 세상에는 직도(直道)가 보이지 않아 몸가짐은 유약한 것을 덕이라 하고 관직 생활은 순종하는 것을 잘한다 하니, 사귀는 벗에게 아양을 떨어 명예를 구하고 상관에게 잘 보여 포상을 받고자 하는 사람들이 거의 대부분이다. 그런데 지금 함지는 과감히 결단하여 구차하지 않으며 주저하지 않고 처사(處事)하여 한 고을의 녹봉을 가볍게 여기고 처자의 기한(飢寒)을 아랑곳하지 않았으니, 그 심지(心志)를 짐작할 만하다. 이 점이 내가

오래 사귈수록 그를 더욱 존경하는 까닭이다."

라 하였다.

  그가 돌아갈 때 나에게 전별의 말을 해달라고 하였다. 나는 글재주
없는데 어떻게 글을 지어 줄 수 있겠는가. 마침내 남헌이 주익공에게
준 것을 말해주고 또 말하기를,

  "욕심을 적게 하는 것은 강덕(剛德)의 근본이요, 의리에 맞도록
하는 것은 강(强)의 중도(中道)를 얻는 것이요, 직(直)은 용(勇)의
앞에 있다. 세 가지를 능히 실천할 수 있으면 그 까닭을 아는 것은
또 글을 읽어서 그 이치를 궁구(窮究)하는 데 달려 있다. 이치를
밝게 안 뒤에야 강(剛)과 강(强)과 용(勇)을 실천하는 것이 적의
(適宜)하여 사욕에 막힐 염려가 없게 되는 것이다. 함지는 이미
이 세 가지를 능히 실천한 사람이다. 이에 다시 글을 읽어 도리를
밝히라는 뜻을 말해주노니, 시골 학구(學究)의 상투적인 말이라고
소홀히 여기지 않겠는가?"

라 하노라.

昔周益恭爲邕州通判, 剛決不苟. 南軒張先生[87]書『魯論』‘未見剛者[88]’·『中

---

87 南軒張先生 : 南宋 때 학자 張栻(1133~1180)을 가리킨다. 그는 자는 敬夫
또는 欽夫이고 호는 南軒 또는 樂齋이며, 시호는 宣公이다. 胡宏(1106~
1161)의 門人이다. 그는 漢州 錦竹 사람으로, 朱熹나 呂祖謙 등과 같은 시대를
살면서 서로 친구였으므로 당시 사람들이 이 세 사람을 東南三賢이라 일컬었
다. 저서에 『論語解』·『孟子解』·『南軒易說』 등이 있다. 『宋史 권429 張栻傳』
88 未見剛者 : 『論語』「公冶長」에 "공자께서 '나는 아직 강한 자를 보지 못하였

庸』'子路問强[89]'・孟子'嘗聞大勇[90]'三章以贈之曰: "所謂剛・所謂强・所謂勇者, 深思其義而體之於身, 揉偏而進德, 又可量也?" 噫! 其勉勵之意, 摯矣. 友人韓咸之出宰南川, 以微事忤上官, 投紱徑歸. 於是而朝野震駭, 衆議噂. 余聞而喜曰: "是豈知某也哉? 今世直道不見, 持身以脂韋爲德, 居官以巽軟爲能, 媚交友以干譽, 悅上官以求褒, 滔滔是矣. 今咸之剛決不苟, 處事不惑, 至於輕百里之俸, 而不恤妻兒飢寒之憂, 其所存可知也. 此余所以交

다.'라 하시니, 혹자가 '申棖입니다.'라 하였다. 공자께서 말씀하시기를, '신정은 욕심이 많아 그런 것이니, 어찌 강하다 할 수 있으리오.'라 하셨다.〔子曰 吾未見剛者 或對曰 申棖 子曰 棖也 慾 焉得剛〕"라 하였다.

89 子路問强 : 『中庸章句』10章에 "子路가 强함에 대해 물으니, 공자가 '남방의 강함인가? 북방의 강함인가? 아니면 너의 강함인가? 너그럽고 유순히 하여 남을 가르쳐주고, 무도한 것에 보복하지 않는 것은 남방의 강함이니, 군자가 이에 처한다. 병기와 갑옷을 깔고 자면서 죽어도 싫어하지 않음은 북방의 강함이니, 강한 자가 이에 처한다. 이런 까닭에 군자는 화(和)하되 흐르지 않으니, 강하다, 꿋꿋함이여! 중립하여 치우치지 않으니, 강하다, 꿋꿋함이여! 나라에 도가 있을 때에는 궁할 때의 뜻을 변치 않으니, 강하다, 꿋꿋함이여! 나라에 도가 없을 때에는 죽음에 이르러도 지조를 변치 않으니, 강하다, 꿋꿋함이여!'라 하였다.〔子路問强 子曰: "南方之强與, 北方之强與, 抑而强與, 寬柔以教, 不報無道, 南方之强也, 君子居之. 衽金革, 死而不厭, 北方之强也, 而强者居之. 故 君子, 和而不流, 强哉矯, 中立而不倚, 强哉矯. 國有道, 不變塞焉, 强哉矯. 國無道, 至死不變, 强哉矯."〕라 하였다.

90 嘗聞大勇 : 曾子가 "내가 일찍이 큰 용맹을 부자께 들었다. 스스로 나를 반성해 보아 정직하지 못했으면 상대가 아무리 천한 사람일지라도 내가 그를 두렵게 하지 않거니와 스스로 나를 반성해 보아 정직했으면 아무리 천만 명의 사람이 앞에 있을지라도 나는 가서 대적하리라.〔吾嘗聞大勇於夫子矣. 自反而不縮, 雖褐寬博, 吾不惴焉; 自反而縮, 雖千萬人, 吾往矣.〕"라 하였다. 『孟子 公孫丑上』

之久而益加敬焉者也." 於其歸也, 責余以贐言之義. 余不文, 何以文爲哉?
遂以南軒所以贈周益恭者告之, 且曰: "寡欲爲剛德之本, 理義⁹¹爲得强之
中, 直在勇前, 三者之能, 知其所以然, 又在乎讀書以窮其理. 理明然後曰剛
曰强曰勇, 處得其宜而無扞格之患. 咸之旣能是三者矣. 又語以讀書明理之
義. 其不以學究常談而忽之耶?"

---

91 理義 : 『周易』 「說卦」에 "도덕에 화순하되 의리에 맞게 하며, 이치를 궁구하고
    성을 다하여 명에 이르는 것이다.〔和順於道德, 而理於義, 窮理盡性, 以至於
    命.〕"라 한 데서 온 말이다.

10. 『백선시』의 서문

『百選詩』序 계미년(1763, 52세)

문장은 하나의 작은 기예이고 게다가 시는 이 중에서도 한 기예일 뿐이거늘 옛사람은 시에 무슨 취할 점이 있다고 흥미진진하게 말해 마지않았던가.

대저 성(性)이 움직인 것이 정(情)이다. 정에는 희(喜)·노(怒)·애(哀)·락(樂)의 느낌이 있으니, 이를 소리로 나타내면 구(謳)·음(吟)·탄(歎)·타(詫)의 다름이 있다. 이에 이러한 소리들을 글로 표현하는 데서 시도(詩道)가 생겨나니, 억지로 수식하지 않고 성정(性情)의 본연(本然)을 그대로 따르는 것이다. 그렇다면 시가 문장에 서 있어 비중이 어찌 작고 옅은 것이겠는가!

일찍이 역대를 두루 살펴보아 논하건대, 국풍(國風)과 소아(小雅)·대아(大雅)의 정격(正格)은 갱재(賡載)에서 비롯하였고, 그 변격(變格)은 오자지가(五子之歌)에서 비롯하였다. 그 후대로 내려오면서 작자(作者)가 점점 많아지다가 주(周)나라에 이르러 제도가 크게 갖추어졌으니, 시를 조정에 진달하게 하여 그 지방의 풍속을 살펴보고 교묘(郊廟)와 향당(鄕黨)에서도 시를 쓰지 않는 곳이 없었다. 그러다가 공자가 시를 305편으로 산정(刪定)하여 후세에 전하자 시의 도(道)가 이에 성대해졌다.

아! 주나라가 쇠하자 시가 없어지니, 굴원(屈原)이 시의 법을 이어받아서 『이소경(離騷經)』을 만들었고, 소무(蘇武)와 이릉(李陵)이 그 법을 이어받아 오언(五言)의 시를 지었다. 이를 뒤이어 칠언(七

言)이 지어지고 다시 뒤이어 율시(律詩)가 지어졌다. 한(漢)나라 이후에는 시가 따로 하나의 격식이 되어『시경』삼백편(三百篇)과는 같지 않았고, 시를 조정에 진달하는 의리는 없어졌다. 사람들은 망치와 끌을 들고서 시를 조탁하여 저마다 문호(門戶)를 여니, 시도(詩道)가 드디어 크게 변하였다.

그러나 그 변한 바에 나아가 논하면, 한위(漢魏)는 질(質)이 문(文)보다 많고 육조(六朝)는 화(華)가 실(實)보다 많다. 질과 문, 화와 실이 중도(中道)에 맞아『시경』국풍(國風) 시인의 체격(體格)을 갖춘 것은 오직 당시(唐詩)이다. 당시는 또 초당(初唐)·성당(盛唐)·만당(晚唐)의 구분이 있는데, 성당이 그 중에서도 더욱 탁월하다. 만약 한위(漢魏)에서 질(質)과 실(實)을 찾아 얻고 육조에서 문(文)과 화(華)를 따서 얻고 성당에서 체재(體裁)를 취한다면, 후세에 시를 말할 경우에 이보다 더할 것이 없으리라.

역대에 지은 시적들은 한우충동(汗牛充棟)이라 할 만큼 매우 많다. 이에 초선(抄選)한 시집들이 나왔으니, 소통(蕭統)의『문선(文選)』은 고금에 으뜸으로 추앙받고, 당(唐)나라에서는 양사홍(楊士弘)의『당음(唐音)』과 고정례(高廷禮)의『품휘(品彙)』가 상승(上乘)의 뛰어난 작품으로 일컬어지는데, 유독『당음』만 동방에 성행하였다. 근세에 또 이른바『시선(詩選)』이란 것이 있는데, 시를 간택한 것이 또한 정밀하다.

나는 본래 시학(詩學)에 어둡고 또 외진 시골에서 곤궁하게 사는 터라 가숙(家塾)의 동자에게 시를 가르치고자 해도 몽학(蒙學)의 수준에 맞는 교재가 없었다. 그래서 제가(諸家)들이 초선한 오언(五言)과 칠언(七言)을 취하여 장편(長篇)·단편(短篇)·율시(律詩)·절

구(絶句)로 분류하되, 고체(古體)와 근체(近體)를 막론하고 모두 100
수에 그치고 이름을 백선시(百選詩)라 하였다. 또 옛사람의 단가(短
歌)·삼언(三言)·사언(四言)·육언(六言)·소체(騷體)·금조(琴
操)와 같은 것들로부터 사(詞)에 이르는 모든 작품들은 잡체(雜體)라
하여 이 책의 끝에 덧붙였다.

송(宋)나라 사람의 시는 논자가 의론(議論)에 가깝다고 비판하였
다. 그러나 잘 알려지고 뛰어난 작품들은 자연히 드러날 수 밖에 없는
것들이 있기에 지금 명가(名家)들의 약간 편을 취하여 속편(續編)이
라 하였다. 원(元)·명(明) 이하의 작품들도 대략 취하고, 염락(濂
洛) 제현(諸賢)의 시도 덧붙였으며, 또한『초사후어(楚辭後語)』에
근본하여 특별히 국가(鞠歌)·의초(擬招)의 유의(遺意)를 드러내었
다. 이는 대개 배우는 자로 하여금 시가 단지 풍월을 읊조리고 기교를
자랑하기 위한 것만이 아님을 알게 하고자 한 것이다. 만약 이로부터
미루어 올라간다면『시경』「삼백편」의 유의(遺意)를 알 수 있을 것이
요, 시는 성정(性情)에 근본한다 뜻도 거의 알 수 있으리라.

어떤 사람이 내 집에 들렀다가 이 책을 보고 꾸짖기를,

"일찍이 그대가 글을 잘 한다는 소문을 듣지 못했고, 시를 잘 한다
는 말은 더더욱 듣지 못했은즉, 이 선집(選集)한 책이 어찌 성률(聲
律)과 사리(詞理)의 경중(輕重)을 제대로 안 것이라 하겠으며, 남
에게 업신여김을 받지 않을 수 있겠는가?"

라 하였다. 이에 내가 대답하기를,

"그렇다. 그러나 소명태자(昭明太子 소통(蕭統)) 이후로 시를 선집
한 사람이 한둘이 아니었고, 종영(鍾嶸) 이후로 시를 논평한 사람
이 한둘이 아니었다. 나는 그들이 뽑은 시 중에서 여러 평론가들이

칭찬한 것들을 취하였으니, 거의 틀리지는 않을 것이다. 예컨대 여기에 말이 있다고 하자. 백락(伯樂)이 지나가다가 보고서 천리마라고 하고 노예를 시켜 그 말을 끌고 저자 거리를 지나가게 하면, 사람들이 비록 노예를 무지하다고 비웃을지라도 반드시 백락이 한 말을 믿을 것이다. 내가 비록 말을 끌고 가는 노예일지언정 지금 뽑은 것은 모두 백락의 품평을 거친 것이니, 사람들이 만약 흠을 본다면 내가 반드시 평론한 옛사람으로써 증거를 삼으리.”

라 하니, 그 사람이 웃고 갔다. 이에 그 사람과 문답한 말을 아울러 기록하여 서문을 삼노라.

文章一小技, 而詩又爲其偏藝, 則古人曷取乎斯而津津言之不已耶? 夫性之動爲情, 情有喜怒哀樂之感, 發之聲而有謳吟歡詫之不同. 於是焉, 文之以詞而詩道興, 不假修餙而率由於性情之本然. 然則詩之於文章, 豈淺淺也哉? 嘗歷考而論之, 風・雅之正, 始于賡載[92], 其變者兆于五子.[93] 降是而作

92　賡載 : 舜임금과 신하 皐陶(고요)가 조정에서 노래를 지어 불러 서로 권면한 것으로 賡載歌라 한다. 舜이 먼저 “손발 같은 신하들이 기꺼이 일을 하면, 원수의 다스림이 흥기하여 백관이 모두 기뻐할 것이다.〔股肱喜哉, 元首起哉, 百工熙哉.〕”라 하자, “유념하시어 신하들을 거느리고 일을 하시되, 법도를 삼가하여 공경하시며, 일이 이루어짐을 자주 살피시어 공경하소서.〔念哉, 率作興事, 愼乃憲, 欽哉, 屢省乃成, 欽哉!〕”라 한 화답한 다음 이어 “임금이 밝으시면 신하들이 어질어서, 모든 일이 편안해질 것입니다.〔元首明哉, 股肱良哉, 庶事康哉.〕”라 한 데서 유래하였다. 『書經　益稷』

93　五子 : 『書經』 夏書의 篇名인 「五子之歌」이다. 夏나라 왕 太康이 즉위하여 줄곧 나가 놀기만 하고 국정을 돌보지 않아 有窮의 임금 羿가 돌아오는 길을

者漸繁, 至周大備, 陳詩觀風, 而郊廟・鄕黨, 莫不用之. 及乎夫子定著爲三百五篇, 以傳後世, 詩之道, 於斯盛矣. 噫! 周衰而詩亡, 屈原得之以爲騷, 蘇・李得之以爲五言[94]. 繼是而七言作, 又繼而律詩作. 自漢以後, 詩別爲一格, 與三百篇之詩不同, 而陳詩之義無聞. 人執椎鑿, 家開門戶, 而詩道遂大變矣. 然就其變而論之, 則漢魏質過於文, 六朝華浮於實. 得二者之中, 備風人之體, 惟唐爲然. 唐又有初盛晩之分, 盛其尤卓然者也. 若能求質實于漢魏, 採文華于六朝, 取體裁于盛唐, 則後世言詩, 無過于是矣. 歷代述作紛然, 可以汗牛. 於是而選抄者出焉, 蕭統『文選』, 古今推爲第一. 於唐則楊士弘之『唐音』・高廷禮之『品彙』, 最號上乘奇品, 而獨『唐音』盛行東方. 近世又有所謂『詩選』者, 揀擇亦精矣. 余素昧詩學, 且僻陋窮居, 雖欲敎授家塾童子, 而患無以應之, 遂取諸家所選五七言, 分長篇短篇律詩絶句, 而無論往體近體, 皆止於百首, 名曰『百選詩』, 又以古短歌三言四言六言騷體琴操之屬以及于詩餘, 謂之雜體, 附于篇末. 宋人之詩, 論者譏其涉于議論. 然而名章傑作, 自有難揜者矣. 今取諸名家若干篇, 謂之續篇, 元明以下, 亦略取之, 而附濂洛諸賢之詩, 亦本于『楚辭後語』[95], 特著鞠歌[96]・擬招[97]之遺意.

막고 왕위를 찬탈하니, 태강의 다섯 아우가 그 형을 원망하며 지은 노래이다.

94 蘇・李……五言: 蘇・李는 漢나라 사람 蘇武와 李陵을 가리킨다. 소무가 匈奴에 사신으로 가서 돌아오지 못하고 억류되어 있다가 19년 만에 고국으로 돌아가게 되자 흉노에 항복하여 그곳에 살고 있던 이릉이 송별의 시를 지었는데, 이것이 五言古詩의 시초라 한다.

95 『楚辭後語』: 朱熹가 편집한 책으로 모두 52편으로 되어 있다. 楚辭 이후에 나온 좋은 작품들을 모은 것이다.

96 鞠歌: 古樂府의 平調曲 7가지 중 하나로, 원래의 가사는 사라지고 陸機・李白・謝靈運・謝惠連 등의 擬作들만 남아 있다. 鞠歌行라고도 한다. 『樂府詩

盖欲使學者知詩不獨爲嘲風弄月矜巧衒奇之資而已. 若能自此推而上之, 則可以得三百篇之遺旨, 而本乎性情之義, 亦庶幾矣. 客有過而誚之者曰: "未嘗聞子以文稱, 而尤未聞能詩, 則是書之選, 安能稱聲律詞理之輕重而其不取侮於人乎?" 余應之曰: "唯. 然自昭明以後, 選詩者非一家; 自鍾嶸以後, 評詩者非一人. 余就其選而取諸評之所稱者, 則思過半矣. 於此有馬焉, 伯樂過之曰千里馬, 使奴隷牽而過市, 人雖笑奴隷之無知, 而必信伯樂之言矣. 余雖奴隷之牽馬者, 今所選, 皆曾經伯樂之品題矣. 人若有譏, 吾必以評家質之." 客笑而去. 并記其問答之語, 爲之序.

集 相和歌辭八 鞠歌行』

97 擬招 : 전국시대 楚나라 宋玉의 「招魂賦」를 본떠서 宋나라 때 藍田 呂大臨이 「擬招辭」를 지었고, 漢나라 때 淮南王 劉安의 門客인 小山이 지은 「招隱士」를 본떠서 송나라 때 范縝이 「擬招隱士」를 지은 것과 같은 경우를 말한다.

11. 『모은유고』의 서문

『茅隱遺稿』序 병술년(1766, 55세)

하늘은 세상에 늘 인재를 내는 것은 아니고, 인재가 있더라도 장수하지 못하는 경우가 많으니, 이는 이치가 일정하기 어려운 것이다.

옛날에 재주는 있었지만 장수하지 못한 자로는 당(唐)나라 이장길(李長吉)과 송(宋)나라 형돈부(邢敦夫)와 명(明)나라 서창곡(徐昌穀)이 있다. 그들은 한갓 문사(文辭)만 잘했을 뿐인데도 당시의 선배 대인(大人)들이 슬퍼하지 않은 사람이 없었다. 하물며 사문(斯文)의 중대한 책임을 떠맡아 우리 도(道)를 의탁할 사람이라면 더욱 애석하기가 어떠하겠는가!

오당(吾黨)에 권자경(權子庚)이란 이가 있었으니 자는 자서(子西)요 자호는 모은(茅隱)이다. 천품이 도(道)에 가깝고 학문이 투철하고 식견이 높았으니, 참으로 생민(生民) 중에서 빼어난 사람이었다. 그는 불행히 8세에 병에 걸려 여러 해 동안 병을 앓았고, 나이 16세에 『심경(心經)』을 읽고서 비로소 성현의 학문에 뜻을 두었다. 몇 해가 안 되어 경사(經史)와 염락(濂洛)의 모든 글을 두루 읽어 은미한 성명(性命)의 근원과 세상의 온갖 사물의 변화와 드러난 치란(治亂)의 자취들을 모조리 강명(講明)하고 절충하였으니, 가위 기재(奇才)라 할 만하다. 그러나 지난 해 8월에 마침내 세상을 떠나고 말았으니, 그의 나이 26세였다. 아! 애석하다.

그의 부친 상사공(上舍公)이 그가 뜻을 이루지 못한 채 죽은 것을 비통하게 여겨 유고(遺稿)를 수습해 가지고 사우(士友)에게 서문을 받아 간행하여 불후(不朽)하게 하고자 한다. 아, 당세 사람의 글이 어찌 사람을 불후하게 할 수 있으리오. 이 유고는 아마도 사람의 찬양을 기다리지 않아도 절로 불후할 것이다.

이제 그가 백부에게 올린 편지 및 답문(答問)·잡저(雜著) 등 글을 읽어보건대, 심성(心性)의 분변(分辨)을 논하면서 곧바로 본원(本源)을 가리켜 종횡(縱橫)으로 말한 것이 이치에 맞지 않음이 없다. 학문을 논함에는 거경(居敬)으로써 근본을 세우고, 궁리(窮理)로써 지식을 지극히 하고, 역행(力行)으로써 실천하며, 이단(異端)의 사이비(似而非)를 분변하고 속유(俗儒)의 사장지학(詞章之學)을 배척하여 한 마디 한 글자도 빈 말이 없으니, 오랜 세월 공부를 하여 자득한 실질이 없고서야 능히 이럴 수 있겠는가. 이 책이 불후할 것임은 의심할 여지가 없다 하겠다.

세상에는 수고(壽考)하고 강녕(康寧)하되 취생몽사(醉生夢死)하는 자가 거의 대부분이니, 비록 백세의 장수를 누린다 할지라도 죽는 날에 사람들이 일컬을 덕이 없어, 아무런 자취도 없이 사라지고 만다. 군(君)이 세상에 살다 간 것은 실로 야주(夜舟)나 조로(朝露)와 다를 바 없이 짧았지만, 침석(枕席)을 전전(輾轉)하면서도 위기지학(爲己之學)에 뜻을 가다듬어 부지런히 노력하여 부족한 점을 채워감으로써 하늘이 내려준 성명(性命)을 저버리지 않았으니, 26년의 세월은 그 실적(實迹)이 아님이 없다. 이쪽을 가지고 저쪽을 비교한다면 더 낫지 않겠는가. 그래서 예로부터 사람을 논할 따름이지 수명이 긴지 짧은지를 가지고 기뻐하거나 슬퍼하지는 않았던 것이다. 그렇다면 그 부친 상사공의 자식 잃은 슬픔은 장차 조금 풀리겠지만, 사림(士林)의 통석(痛惜)한 심정은 세월이 오랠수록 더욱 그치지 않을 것이다.

나는 상사공과 종유(從遊)할 수 있었을 터이나, 중년에는 속무(俗務)에 매이고 만년에는 또 병폐(病廢)한 탓에 끝내 만나고 싶어 한 마음을 이룰 수 없었다. 그러나 성기(聲氣)로 상통한 바는 적지 않았다. 이제 그의 요청에 감히 글을 못한다고 사양할 수가 없기에 삼가 위와 같이 적는다.

天之生才不常有, 有而多不得其壽, 此理之難定者也. 在昔有才而不壽者, 唐有李長吉, 宋有邢敦夫, 明有徐昌穀, 彼徒以文辭而已矣. 當時先輩大人, 莫不悼傷. 況任斯文之重而有吾道之托者, 其痛惜之尤當何如哉? 吾黨有權氏子庚字子西, 自號茅隱, 天姿近道, 學透識高, 眞生民之秀也. 不幸八歲而嬰灾祟, 積歲沉縣, 年十六, 讀『心經』, 始留意於聖賢之學, 不數歲, 遍讀經史及濂洛諸書, 微而性命之源, 散而事物之變, 著而治亂之迹, 靡不講磨而折衷之, 可謂奇才. 而去歲八月, 竟不起, 得年才二十六. 嗚呼惜哉? 其大人上舍公痛其齎志而歿也, 收拾遺稿, 求文於士友, 以圖不朽. 噫! 當世之文, 豈有能不朽人者哉? 是稿也, 其將不待人而自不朽矣. 今讀其「上伯父書」及「答問」・「雜著」諸篇, 論心性之辨, 直指本源, 橫竪說去, 無不當理. 其論爲學, 則居敬以立其本, 窮理以致其知, 力行以踐其實, 辨異端似是之非, 斥俗儒詞章之學, 片言隻字, 不歸空言, 其無積累自得之實而能如是乎? 其爲不朽也, 無疑矣. 夫世之壽考康寧而醉生夢死者, 滔滔是焉, 則雖享期頤之壽, 而死之日, 人無德以稱之, 卽泯然無迹耳. 君之在世, 實夜舟[98]・朝露之同

---

98 夜舟:『莊子』「大宗師」에 "골짜기에 배를 숨기고 못 속에 산을 숨겨 놓고 견고하다고 여기지만 그러나 밤중에 힘이 센 사람이 지고 가는데도 어리석은

歸, 而宛轉床第之間, 勵志爲己, 俛焉孜孜, 日求其所未至, 不負我惟皇所降之衷. 二十六年之日月, 莫非其實迹也. 以此較彼, 不其多乎? 是以, 自昔論其人而已, 不以壽夭而忻慽之也. 然則上舍公西河之痛[99], 其將少紓, 而土林痛惜之意, 則愈久而愈不已也. 余與上舍公, 宜有從遊之樂, 而中嬰俗務, 晚又癃廢, 竟未遂盍簪之願, 而聲氣之感[100]則不淺尠矣. 今於其請, 不敢以不文辭, 謹志如右.

사람은 모른다.〔夫藏舟於壑 藏山於澤, 謂之固矣. 然而夜半有力者負之而走, 昧者不知也.〕라 한 데서 온 말로 사람의 덧없는 죽음을 뜻한다.

99 西河之痛 : 孔子의 제자 子夏가 西河에 살면서 아들을 잃고 지나치게 울어 눈이 멀었다는 고사에서 온 말로 자식을 잃었음을 뜻하는 말로 쓰인다. 『禮記 檀弓上』

100 聲氣之感 : 서로 의기가 투합함을 뜻한다. 『周易』「乾卦 文言」에 "같은 소리끼리는 서로 응하고, 같은 기운끼리는 서로 찾게 마련이다.〔同聲相應 同氣相求〕"라고 한 것을 인용하였다.

12. 『성호예식』의 서문

『星湖禮式』序 기축년(1769, 58세)

공자(孔子)는 "은(殷)나라는 하(夏)나라의 예(禮)를 인습하였고 주(周)나라는 은나라의 예를 인습하였으니 손익(損益)한 바를 알 수 있다."라 하였으니, 역대의 풍기(風氣)가 같지 않아 숭상한 바가 다르고 보면 적절하게 손익(損益)하는 것이 바로 적의(適宜)한 바를 따르는 도리인 것이다.

예(禮)로서 사람에게 긴절(緊切)한 것은 관혼상제(冠婚喪祭)에서 벗어나지 않는다. 진시황(秦始皇)의 분서(焚書) 후에 고경(古經)이 흩어져 없어져 『의례(儀禮)』에 전하는 바가 사례(士禮)에 그치니, 이를 미루어서 위로는 더하고 아래로는 줄이면 왕(王)·공(公)·경(卿)·대부(大夫) 및 민서(民庶)의 예(禮)를 거의 알 수 있을 것이다. 한(漢)나라 이후로 대대로 작자(作者)가 있었으나 인혁(因革)에 법도가 없었으니, 송(宋)나라 사마광(司馬光)의 『서의(書儀)』가 가장 알맞다고 일컬어진다. 주자(朱子)가 이를 인하여 『가례(家禮)』를 만들었는데, 쓸데없는 문식은 생략하고 근본과 실질에 힘써 오로지 천리(天理)의 정도에 나오도록 하였기에 이 책이 우뚝이 만세의 법정(法程)이 되었다. 그러나 책은 완성한 뒤에 이내 잃어버려 미처 정리하고 윤색하지 못했기 때문에 주자의 만년(晚年)의 정론(定論)과 부합하지 않는 곳이 많으니, 이것이 후학들이 아쉬워하는 점이다.

성호(星湖) 이선생(李先生)은 동방의 학술이 끊어진 뒤에 태어나 은거하면서 저술하여 육경(六經)의 뜻을 발휘하되 특히 예(禮)에 치력(致力)하였다. 풍속이 퇴폐하고 예(禮)가 문란하여 인생의 도리를 해치고 분수에 넘는 짓을 자행하는 것이 그치지 않으니, 선생이 이를 근심하여 고금의 예를 절충하고 사서인(士庶人)의 예를 참작하여, 손자의 관례(冠禮)를 행할 때는 『관의(冠儀)』를 만들고, 며느리를 맞아들일 때는 『취부의(娶婦儀)』를 만들고, 딸을 시집보낼 때는 『가녀의(嫁女儀)』를 만들고, 부인과 자식의 상(喪)을 당했을 때는 『상록(喪錄)』·『위록(威錄)』을 만들었으며, 또 『제식(祭式)』을 만들었으니, 비록 세상에 행해지지는 못했지만 일에 따라 정식(定式)을 세워 한 집안의 법칙을 삼고자 했던 것이다.

선생의 조카 병휴(秉休) 경협(景協)이 일찍이 그 유문(遺文)을 정리하고 일찍이 그 예설(禮說)을 수집하는 한편 현행 의절(儀節)들이 세월이 오래면 민멸(泯滅)할까 우려하여 이들을 합편(合編)하여 『성호예식(星湖禮式)』이라고 이름하고, 그 내용 중에 전후로 차오(差誤)한 곳과 의의(疑義)를 결정하기 어려운 곳들은 설(說)을 써서 변별한 다음 나에게 서문을 지어달라고 부탁하였다. 나는 참으로 식견이 얕고 고루하여 실로 아는 바가 없지만 의리로 보아 감히 사양을 할 수가 없기에 마침내 절하고 받아서 읽어보았다.

그 의식은 오로지 『가례』의 성법(成法)을 따랐으나 간혹 다른 곳들도 있으니, 이는 굳이 다르게 하고자 한 것이 아니라 원래 질(質)과 문(文) 어느 쪽을 따르거나 고칠 즈음에 억지로 서로 맞출 수가 없는 점이 있었기 때문이다. 고례(古禮)의 번다한 형식은 재량(裁量)하여 간략하게 하고, 금례(今禮)의 소략한 절차는 참작해서 넉넉하게 하여, 위로는 국가의 제도에 위배되지 않고 아래로는 인정에 부합하도록 하고자 했으니, 참으로 오늘날 예가(禮家)의 준척(準尺)이라 하겠다.

삼가 생각건대 예(禮)란 것은 천리(天理)가 사물에 들어 있는 것을 절문(節文)한 것이다. 이를 일러 천질(天秩)이라 하니, 이는 자연스러운 천리(天理)를 품절(品節)한 데에 근본을 둔 것이지 인력(人力)과 사의(私意)로 만든 것이 아니다. 존비(尊卑)에는 바꾸지 못할 지위가 있고 상하에는 일정한 분수가 있으니, 지위가 높은 경우에는 물품이 갖추어지고 예절이 번다하며 지위가 낮은 경우에는 물품이 적고 예절이 간단하다. 이와 같이 등위(等威)의 구분과 융쇄(隆殺)의 절차가 질서정연하여 어지럽힐 수 없으니, 이것이 예(禮)가 인도(人道)의 기강을 세우는 큰 단서가 되는 까닭이요, 집안과 나라가 망하는 것은 반드시 예(禮)가 먼저 망하는 데서 비롯한다.

선생은 일찍이 말하기를, "예(禮)는 사람의 큰 제방(堤防)이니, 제방이 무너지면 혼란하게 된다. 나는 서민이라 마땅히 서민의 예를 따라야 하니, 어찌 무턱대고 사대부 행세를 하면서 분수에 넘치는 예를 행할 수 있겠는가?"라 하였으니, 대개 이 책을 만든 데는 깊은 뜻이 있었던 것이다. 이 어찌 풍교(風敎)에 보탬이 적겠는가.

아! 덕을 아는 이는 드물고 속견(俗見)은 높아지기 쉽다. 만약 이 책에서 한 구절을 지적하여 "이는 『가례(家禮)』에 어긋난다."고 꾸짖는다면, 이는 적의(適宜)한 쪽을 따른다는 『예기』의 뜻을 모르는 것이요, 또한 선생이 주자를 잘 배운 뜻도 모르는 것이다. 어떻게 예(禮)를 제정하는 권형(權衡)을 더불어 논할 수 있겠는가.

내가 무진년에 선생을 뵈었더니, 선생이 말하기를,

"그대는 예(禮)를 아는가? 「계사전」에 '예는 낮추는 것이니, 낮기 때문에 행하기 쉽다.'라 하였다. 옛사람은 예를 제정할 때에 모두 행하기 쉬운 쪽으로 만들었는데, 지금 사람들은 궁핍하게 살면서

부자를 부러워하고 서민으로서 왕공(王公)을 흉내내느라 사치하고 참람하여 법도가 없으며 오만만 부리다가 재산을 탕진하고 마니, '예는 낮추는 것이다.'라는 뜻과 상반된다. 공자(孔子)가 또 '예는 사치하기보다는 차라리 검소해야 한다.'라 하였으니, 검소하다는 것은 낮춘다는 말이 아니겠는가. 예란 것은 명분을 정하여 참위(僭僞)를 막는 것이니, 사람이 예를 행할 때에 낮추어 검소하게 하는 뜻을 잃지 않으면 거의 틀리지 않을 것이다."

라 하였다.

내가 다시 함장(函丈)에서 들은 말을 말미에 붙여서 동지들에게 고하여 함께 하노라.

子曰: "殷因夏禮, 周因殷禮, 所損益可知也." 歷代之風氣不同, 而所尙隨異, 則損益就中, 卽從宜之義也. 禮之切於人者, 不出於冠昏喪祭. 秦火之餘, 古經散佚, 『儀禮』所傳, 止於士. 推是而上加下殺, 王公卿大夫及民庶之禮, 可幾矣. 自漢以來, 代有作者, 而因革無法, 惟宋司馬氏『書儀』, 最號得中. 朱子因之以作『家禮』, 略浮文, 務本實, 一出于天理之正, 而卓然爲天下萬世所法程. 然而書成旋失, 未及修潤, 故多與晚來定論不合, 此後學之恨也. 星湖李先生生于東方絶學之餘, 隱居著書, 發揮六經之旨, 尤致力於禮. 而俗弊禮紊, 妨生僭分, 靡所底止. 先生憂之, 折衷古今之禮, 斟酌士庶之制, 冠孫而撰『冠儀』, 娶婦而撰『娶婦儀』, 嫁女而撰『嫁女儀』, 遭內子及子喪而撰『喪威二錄』, 又撰『祭式』. 雖不能行之於世, 而隨事立式, 要爲一家之則. 先生從子秉休景協嘗釐正其遺文矣, 嘗裒輯其禮說矣, 又懼見行諸儀之久而泯也. 合編之, 名曰『星湖禮式』, 其前後之差異·疑義之難決者, 爲說而辨之, 屬鼎福序之. 鼎福誠淺陋, 實未有知, 義不敢辭, 遂拜受而讀之.

其式一遵『家禮』成法, 而間有不同者, 非苟異也, 盖有質文沿革之際, 有不可強而相合者故也. 古之繁文, 裁以就簡, 今之疏節, 酌以從優, 上不悖于國制, 下務合于人情, 誠今世禮家之準尺也. 竊惟禮者, 理之寓於物而爲之節文者也. 謂之天秩, 則以其本於天理自然之品節, 非以人力私意而爲之也. 尊卑有不易之位, 上下有一定之分, 位尊者物備而禮縟, 位卑者物薄而禮簡. 等威之分·隆殺之節, 秩然而不可亂, 此禮之所以紀綱人道之大端, 而家國之亡, 必由先去其禮. 始先生嘗曰: "禮者人之大防, 防壞則亂. 我爲匹庶, 當從匹庶之禮, 豈可冒士大夫之名而過爲非分之禮哉?" 盖是書之作, 微意存焉. 其有補於風敎, 豈淺淺也哉? 噫! 知德者鮮, 俗見易高[101], 若拈出一句一節而詆訾之曰: "是違乎『家禮』." 是不識從宜之義, 而亦不知先生善學朱子之意也. 尙可與論於制禮之權衡也哉? 鼎福於戊辰歲, 謁先生. 先生曰: "子知夫禮乎? 傳曰: '禮卑, 卑故易行.' 古人制禮, 皆從易行處起, 今人處窮約而慕富厚, 爲匹庶而效王公, 奢僭無度, 長傲蕩産, 與禮卑之意相反. 孔子又曰: '禮與其奢也, 寧儉.' 儉非卑之說乎? 禮所以定名分防僭僞, 人之爲禮, 不失卑儉之義, 則庶乎其不差矣." 鼎福復以承聞于函丈者, 附于末, 用告夫同志者共之.

---

101 俗見易高 : 時俗에서 높은 쪽으로 주장하기 쉽다는 뜻이다. 朱子의 『答鄭子明書』에 "荊公이 말한 '말세에서는 높아지기 쉽고 험한 길을 다하기 어렵다.' 한 것을 또한 생각해야 할 것이다.〔荊公所謂末俗易高險塗難盡者亦可念.〕"라 한 것을 인용하였다. 『朱子大全 권25』

13. 『동사강목』의 서문

『東史綱目』序 무술년(1778, 67세)

동방의 역사 또한 구비되었다. 기전체(紀傳體)로는 김문열(金文烈 김부식(金富軾))의 『삼국사기』와 정문성(鄭文成 정인지(鄭麟趾))의 『고려사』가 있고, 편년체(編年體)로는 서사가(徐四佳 서거정(徐居正))와 최금남(崔錦南 최부(崔溥))이 교지(敎旨)를 받들어 저술한 『동국통감(東國通鑑)』이 있으며, 이를 이어 유계(兪棨)의 『여사제강(麗史提綱)과 임상덕(林象德)의 『여사회강(麗史會綱)』이 나왔고, 초절(抄節)한 것으로는 권근(權近)의 『동국사략(東國史略)』과 오운(吳澐)의 『동사찬요(東史撰要)』 등의 책이 있으니, 찬연히 성대하도다.

『삼국사기』는 내용이 소략하되 사실과 틀리고, 『고려사』는 글이 번다하되 중요한 곳은 적다. 『동국통감』은 의례(義例)에 와전(訛傳)한 곳이 많고, 『여사제강』과 『여사회강』은 필법(筆法)이 간혹 어긋나니, 오류를 인하여 오류를 답습하고 와전한 것을 가지고 와전한 그대로 전한 것은 모든 책이 비슷하다.

내가 이 책들을 읽어보고 개탄하여 마침내 간정(刊正)해야겠다고 마음먹었다. 그래서 우리나라 역사 및 중국의 역사 중에서 우리나라의 사적을 언급한 것을 널리 취하여 오로지 주자(朱子) 강목(綱目)의 성법(成法)을 따라 모아서 한 질의 책을 만들었으니, 사실(私室)에 보관해 두고 고열(考閱)의 자료로 삼고자 한 것 뿐이지, 감히 찬술(撰述)로써 자처한 것은 아니었다.

대저 사가(史家)의 대법(大法)은 통계(統系)를 분명히 변별하며, 찬적(簒賊)을 엄격히 구분하며, 충절을 포장하며, 시비를 바로잡으며, 전장(典章)을 상세히 기록하는 것이다. 그런데 우리나라의 사서들은 이 점에 실로 문제가 많다. 이런 까닭에 한결같이 다 정리하되, 오류가 심한 것은 따로 부록 2권을 만들어 아래에 붙여 놓았다.

책을 완성한 지 20여 년이 지나도록 미처 정서하지 못하고 있다가, 병신년 겨울 호읍(湖邑)에 수령으로 나가서 공무를 보는 여가에 한 본(本)을 쓰고, 이어 그 사유를 기술하여 가숙(家塾)의 자제들에게 주노라.

東方史亦備矣, 紀傳則有金文烈·鄭文成之『三國』·『高麗史』, 編年則徐四佳·崔錦南奉敎撰『通鑑』. 因是而兪氏『提綱』·林氏『會綱』作焉, 抄節則有權氏『史畧』·吳氏『撰要』等書, 彬彬然盛矣. 然而『三國史』疎畧而爽實, 『高麗史』繁冗而寡要, 『通鑑』義例多舛, 『提綱』·『會綱』筆法或乖, 至於因謬襲誤, 以訛傳訛, 諸書等爾. 鼎福讀之慨然, 遂有刊正之意, 博取東史及中史之有及于東事者, 一遵紫陽成法, 彙成一帙, 以爲私室巾衍之藏, 資其考閱而已, 非敢以撰述自居也. 大抵史家大法, 明統系也, 嚴簒賊也, 褒忠節也, 正是非也, 詳典章也. 諸史於此, 實多可議, 故一皆釐正, 而至若訛謬之甚者, 別爲附錄二卷, 系之于下. 書成二十餘年, 久未繕寫, 丙申冬, 承乏湖邑, 簿領之暇, 書一本, 因述其由, 用授家塾子弟.

14. 『대록지』의 서문

『大麓志』序 기해년(1779, 68세)

군읍(郡邑)의 지(志)는 사(史)의 여례(餘例)이다. 옛날에는 나라마다 각기 사서(史書)가 있었으니, 대개 1800국이 있으면 반드시 1800 사서가 있게 마련이었다. 진(晉)나라의 『승(乘)』, 노(魯)나라의 『춘추(春秋)』, 초(楚)나라의 『도올(檮杌)』은 그 중의 큰 것이다. 그리고 좌씨(左氏) 내외전(內外傳)의 노(魯)·진(晉)·정(鄭)·위(衛)·송(宋)·제(齊)·초(楚)·오(吳) 등 나라의 역사들을 기록한 문체가 각기 다르고 보면, 이는 이러한 나라들에 각각 사기가 있었던 것이다. 심지어 자(子)·남(男)의 나라도 풍요(風謠)를 천자에게 바쳤으니, 모두 천직(天職)을 수행하여 서민을 자식처럼 사랑한 것이었다.

진(秦)나라가 천하를 군현(郡縣)으로 만들고부터 사관(史官)이 끊어지고 말았다. 어째서인가? 군현을 설치하자 사(士)가 관직을 세습하지 못하니, 제후국(諸候國)을 설치하고 세습할 때와는 규모가 달라졌다. 이런 까닭에 인물의 현우(賢愚), 법제의 연혁(沿革), 산천의 험이(險易), 도리(道里)의 원근, 강역(疆域)의 면적을 상고할 수가 없게 되고 말았다. 이에 『괄지지(括地志)』·『환우기(寰宇紀)』같은 책이 나왔다. 역대의 사기(史記)들에 모두 지리지(地理志)가 있는데, 명(明)나라에 이르러서는 영(令)을 내려 각 성(省)마다 지(志)를 만들게 한 다음, 위에서 이 지들을 총합하여 『일통지(一統志)』를 만들었으니, 지지(地志)의 성대함이 이에 지극하였다.

본조(本朝)에서는 『일통지』의 성대한 규모를 따라 『여지승람(輿地勝覽)』을 만들었으니, 한번 책을 열어보면 군현(郡縣)의 사적이 한 눈에 들어오도록 기술되어 있다. 이로부터 각 고을이 각기 지(志)를 만들어 옛 사적을 기록하여 후세에 전하였으니, 치도(治道)에 관계되는 것이 크다.

본읍에 구장(舊藏)해온 지(志) 1권이 있는데 너무도 애매하고 소략하여 상고할 것이 없다. 이제 『여지승람』의 본례(本例)를 따르되 그 중 강령과 조목이 미비한 것들을 많이 증보(增補)하였다. 그러나 문헌(文獻)이 전해지지 않음이 기(杞)・송(宋)에 대해 징험할 수 없던 것과 거의 같으니 탄식을 금할 수 있겠는가. 후인이 만약 이를 이어서 널리 상고해서 편수(編修)한다면 이 또한 남의 선(善)을 도와주는 뜻일 것이며, 실로 한 고을의 행운일 것이다.

郡邑之志, 史之餘例也. 古者國各有史, 盖有千八百國, 則必有千八百史也. 晉之『乘』・魯之『春秋』・楚之『檮杌』, 卽其大者, 而左氏內外傳[102]魯・晉・鄭・衛・宋・齊・楚・吳・越, 文體自別, 則諸國各有史也. 子男之國, 亦得以風謠上之天子, 皆所以治天職而子庶民也. 自秦郡縣天下, 史官遂絕, 何者? 郡縣之設, 士不世官, 與建國傳世之規不同也. 是以, 人物之賢愚・法制之沿革・山川之險易・道里之遠近・疆場之廣輪, 靡得以考焉. 於是而 『括地志』・『寰宇紀』之屬作焉. 歷代諸史, 皆有地理志, 至于大明, 令各省

---

102 左氏內外傳 : 春秋內傳인 『春秋左氏傳』과 春秋外傳인 『國語』를 병칭한 것이다.

有志, 又揚之于上而爲『一統志』. 地志之盛, 於斯至矣. 本朝因『一統志』之 盛規, 撰『輿地勝覽』, 一開卷而郡縣之事, 載若列眉. 自此以後, 列邑各有 志, 傳故實而垂後代, 其有關於治道, 大矣. 本邑有舊藏一卷, 太沒沒無可 考. 今因『勝覽』本例, 而其綱條之未備者, 亦多增補. 文獻不傳, 殆同杞宋之 無徵[103], 可勝歎哉? 後來者若繼此博考而修之, 是亦與人爲善[104]之意, 而實 一邑之幸也.

103 杞宋之無徵 : 주 85) '夫子……無徵' 참조.

104 與人爲善 : 맹자가 舜임금에 대해 말하면서 "남에게게 취하여 선을 행함은, 이는 남이 선을 하도록 도와주는 것이다. 그러므로 군자는 남이 선을 하도록 도와 주는 것보다 더 훌륭함이 없는 것이다.〔取諸人以爲善, 是與人爲善者 也. 故君子莫大乎與人爲善.〕" 한 데서 온 말이다.『孟子 公孫丑上』

15. 『조은집』의 서문

『釣隱集』序 경자년(1780, 69세)

사군자(士君子)가 처신하는 절조(節操)는 옛 성인이 이미 말씀하셨으니, 현달하면 온 천하 사람들을 함께 선(善)하게 하고 곤궁하면 홀로 자신만 선하게 하는 것이다. 현달하고 곤궁한 것이 나와 무슨 상관이 있겠는가? 오직 처한 상황에 따라 적의(適宜)하게 할 따름이다.

세교(世教)가 쇠퇴하면서부터 선비가 명절(名節)로써 자신을 가다듬지 아니하여, 평상시에는 도리를 말하고 공리(功利)를 배척하다가도 눈앞에 작은 이해를 만나면 그만 지조를 잃고 종전의 행보(行步)마저 잃지 않는 사람이 거의 없다.

진양(晉陽) 한응익(韓應益)군이 자기 선조 조은(釣隱)의 유고(遺稿)와 정랑(正郎) 장영(張鍒)이 지은 행장(行狀)을 가지고 와서 나에게 보여주었다. 내가 받아서 읽어보고서 한숨을 내 쉬고 읽었다.

공은 혼군(昏君 광해주(光海主))의 세상을 만났다. 당시 정인홍(鄭仁弘)이 경술(經術)로 일세를 속이고 국권을 쥐니 강우(江右)의 예닐곱 고을의 인사들이 물결처럼 쏠려가 그의 문하에 들어가고 싶어 하였으나 공은 힘써 정론(正論)을 지키고 우인(友人)들에게 유혹되지 않았다. 이때에 공의 나이 서른 살에 가까웠으니 한창 출세를 서두를 나이였다. 그런데도 굳게 자신의 지조를 지키고 조금도 흔들리지 않았으니, 그 학문이 바르고 소견이 밝지 않았다면 능히 그럴 수 있었겠는가! 만년(晚年)에 이르러 세도(世道)가 어쩔 수 없다는 것을 더욱

절감하고는,

태평성세 이루려던 생각 이미 틀렸으니
물고기 새와 날로 서로 친밀하여라

君民計已誤 魚鳥日相親

라는 시를 짓고, 마침내 아주 은둔하기로 결심하였다. 그리하여 계
산(谿山)에서 소요하고 담담하게 즐기며 이대로 늙어 죽기까지 뜻
을 변하지 않았으니, 참으로 궁해도 의리를 잃지 않고 세상에 은둔
하여 이름이 알려지지 않아도 근심함이 없는 분이라 하겠다.

　공은 처음에는 정한강(鄭寒岡 정구(鄭逑))과 박황암(朴篁巖 박제인
(朴齊仁))의 문하에서 수학하다가 나중에는 장여헌(張旅軒 장현광(張
顯光))에게 나아가서 수학하였다. 정한강·박황암 두 선생은 퇴도(退
陶)와 남명(南冥)의 문인이요, 여헌은 또 한강의 문하에서 나왔으니
그 학문은 연원(淵源)이 있으며, 게다가 공과 더불어 교유한 사람은
허미수(許眉叟 허목(許穆))·조간송(趙澗松 조임도(趙任道))·하겸재
(河謙齋 하홍도(河弘度)) 등이니 모두 당세의 군자들이다. 이 사실만
으로도 공을 족히 알 수가 있다.

　공은 문장으로 자처하지 않았지만, 이제 이 문집을 읽어보건대 그
글이 평온하면서 문리(文理)가 순탄하고 그 시는 담담하면서 고아(古
雅)하니, "덕이 있는 자는 반드시 말이 있다."는 말이 참으로 사실이다.

　한군이 서문을 부탁하니 참으로 감당할 수 없는 일이지만, 내가
자나 깨나 영남의 제현(諸賢)을 잊지 못해 늘 찾아뵙고 싶다는 소원이

있었기 때문에 참람한 줄도 잊고 이 글을 쓰노라.

금상(今上) 4년 경자 맹춘(孟春) 하순에 후학 한산 안정복(漢山安鼎福)은 삼가 서문을 쓰노라.

士君子處己之節, 古聖人已言之, 達則兼善天下, 窮則獨善其身[105], 其達其窮, 何關於我? 惟在隨遇而處得其宜而已. 自世教衰, 士不以名節自勵, 平居說道理斥功利, 臨小利害, 則不至於喪其守而失舊步[106]者幾希矣. 晉陽韓君應益袖其先祖釣隱遺稿及張正郎所撰之狀以示余. 余敬受而讀之, 喟而曰: 公生值昏君之世, 仁弘以經術誣一世而執國命, 江右六七邑人士波奔, 冀出其門, 而公力持正論, 不爲友人之所誘. 時, 公年幾三十, 進取方急, 而確然自守, 不少撓奪, 非其所學之正·所見之明, 能如是乎? 及其晚年, 益知世道之難爲, 迺有"君民計已誤, 魚鳥日相親"之句, 遂決意長往, 逍遙谿山, 淡然自娛, 以之老而死而不渝焉, 則眞所謂窮不失義[107], 遯世無憫[108]者也. 公

---

105 達則……其身 : 『孟子 盡心上』에 나온다.

106 失舊步 : 종전에 지켜오던 조행마저 잃는다는 뜻이다. 燕나라 壽陵에 사는 소년이 趙나라의 수도인 邯鄲에 가서 평소의 자기 걸음을 바꾸고 3년 동안 맵시 있는 걸음걸이를 배웠으나 제대로 배우지도 못하고, 본래의 걸음걸이마저도 잊어버려 결국에는 엉금엉금 기어서 돌아갔다고 하는 고사에서 유래하였다. 『莊子 秋水』

107 窮不失義 : 맹자가 "선비는 곤궁하여도 義를 잃지 않으며 영달하여도 도를 떠나지 않는다.〔士窮不失義, 達不離道.〕"라 하였다. 『孟子 盡心上』

108 遯世無憫 : 『周易』「乾卦 文言」에 "세상을 피해 은둔하되 근심함이 없으며, 옳게 여겨 주지 않아도 근심함이 없어, 즐거우면 나가서 도를 행하고, 근심스러우면 떠나서, 확고하여 그 뜻을 빼앗을 수 없다.〔遯世無悶, 不見是而無悶,

始遊於鄭寒岡・朴篔巖之門, 晚質業於張旅軒先生. 鄭・朴二先生爲退陶, 南冥門人, 旅軒又出寒岡之門, 則其學有淵源, 而公之所與遊者, 若許眉叟・趙澗松・河謙齋, 又皆當世之君子人也. 於此, 亦足以知公矣. 公不以文章自居, 而今讀是集, 其文怡然而理順, 其詩淡然而古雅, 信乎有德者必有言[109]也. 韓君屬以弁卷之文, 誠不敢當. 鼎福寠寀嶺賢, 恒有執鞭之願, 故忘其僭猥而書之. 時, 上之四年庚子孟春下澣, 後學漢山安鼎福謹序.

16. 『안동권씨족보』의 서문

『安東權氏族譜』序 계묘년(1783, 72세)

『주례(周禮)』를 보면, 소사(小史)가 계통(系統)을 정하고 소목(昭穆)을 분별하였으니 여기서 세본(世本)이 만들어졌고, 이를 뒤이어 성계록(姓系錄)이나 씨족지(氏族志) 같은 것들이 생겼다. 따라서 후세 제가(諸家)의 보첩(譜牒)은 모두가 소사(小史)의 유규(遺規)인 것이다. 위로는 조정에 세신(世臣)이 있고 사람에게 세주(世胄 종손)가 있어서 기강이 바로잡히며, 아래로는 조상을 높이고 근본을 중시하며 효제(孝悌)를 돈독히 실행함으로써 풍속이 인후(仁厚)해졌으니, 이는 세교(世敎)에 도움 되는 바가 큰 것이다.

아! 아버지를 같이 하면 형제가 되고, 조부를 같이 하면 당종(堂從)이 되고, 증조와 고조를 같이 하면 공시(功緦 대공(大功)·소공(小功)과 시마복(緦麻服))의 친척이 되고, 5세(世)가 되면 단문(袒免)의 친족이 되며, 이로부터는 점점 멀어져서 친속(親屬)이 다한다. 그러나 그 시초로 거슬러 올라가 말하면 모두 한 사람의 몸으로부터 형체가 나누어진 사람이니, 형체는 비록 나뉘었어도 한 몸에서 나온 것이 마치 나무의 가지와 줄기가 같은 뿌리에서 나온 것과 같고 물의 지류(支流)가 같은 근원에서 나온 것과 같다. 만약 이런 이치를 모르고 계통(系統)이 문란하고 소목을 징험할 수 없는 지경에 이른다면, 어찌 선왕(先王)이 종손을 세워 종족을 수합(收合)한 뜻이겠는가?

영가(永嘉 안동(安東))의 권씨는 신라 말기에 일어나 고려 때에 융성하였고 본조에 들어와 크게 번창하여 4대(代)에 걸쳐 다섯 명의 공(公)이 난 원씨(袁氏)와 8대에 걸쳐 재상(宰相)이 난 소씨(蕭氏)와 더불어 천여 년을 사이에 두고 서로 견줄 만하니, 아, 성대하여라!

그 종족이 크고 번성하기 때문에 보첩도 매우 많아 자세히 기록하기 어렵고, 힘은 부족하고 일은 거창하여 낱낱이 개정(改整)하기도 어렵다.

권익언(權益彦)군이 세월이 오래 지나면 계통이 없게 될까 염려하여 족인(族人) 아무개와 더불어 그 7대조 동흥부원군(東興府院君) 이하를 정리해서 하나의 소보(小譜)를 만들었으니, 대개 세상에서 말하는 주동 권씨(鑄洞權氏)가 모두 동흥공을 조상으로 삼기 때문에 그렇게 한 것이다.

공의 독실한 행실과 돈후한 덕은 당세에 알려져 성조(聖朝)에서 정려(旌閭)하여 포상하였고, 사림이 조두(俎豆)를 갖추어 제향하고 있다. 게다가 다섯 아들이 모두 현달(顯達)하여 가문의 융성함이 당세에 비할 데가 없으니, 실로 권씨의 중시조(中始祖)가 된다.

옛날에 노천(老泉 소식(蘇軾)의 부친 소순(蘇洵))이 소씨(蘇氏)의 족보를 만들면서 고조로부터 시작하고서 말하기를,

"친(親)이 다하면 정(情)이 다하고 정이 다하면 경사에 축하하지 않고 우환에 조문하지 않으니, 경사에 축하하지 않고 우환에 조문하지 않으면 전혀 모르는 사람과 마찬가지다."

라 하였다. 아! 저 10세, 20세의 친족은 관계가 멀어져 그 형세가 실로 전혀 모르는 사람과 같을 수밖에 없다. 그러나 이 7세 이하는 이제 족보에 수록하여, 족(族)과 속(屬)의 계통을 밝혔은즉 멀다고 할 수 없다. 한번 이 족보를 펼쳐보면 소목(昭穆)이 나열되고 자손이 그 아래에 차례로 서술되어 마치 한 집에서 한 자리에 앉아 있는

것과 같으니, 비록 친(親)이 다하고 복(服)이 다했다 할지라도 경사에 축하하고 우환에 조문하는 일을 하지 않고 말 수 없을 것이다. 9세가 동거했던 장씨(張氏) 집안과 7세가 동거한 곽씨(郭氏) 집안이 전사(前史)에서 아름다움을 독차지하지는 못할 것이다. 권군이 한 이 일이 어찌 훌륭한 것이 아니겠는가!

군이 나와 인척이라 하여 편지를 보내 나에게 서문을 부탁하였다. 내가 어찌 감히 지을 수 있으리오. 그렇다고 감히 사양할 수도 없기에 감히 짓고 보니, 참람한 짓인 줄 알겠다.

『周禮』小史定系世, 辨昭穆, 而世本有作, 繼是而姓系錄·氏族志之屬興焉. 後世諸家譜牒, 莫非小史之遺規也. 上焉則朝有世臣, 人有世冑而紀綱正, 下焉則尊祖重本, 敦行孝悌而風俗厚, 其有關於世敎, 大矣. 噫! 同禰爲昆弟, 同祖爲堂從, 同曾高爲功緦之親, 五世爲袒免之族, 過此以後, 漸至於疎遠而親屬竭矣. 原其始而言之, 皆自一人之身而分形者也. 形雖分而同出於一身, 猶木之枝幹, 同出於一根; 水之派流, 同出於一源. 若昧此理而至於統系紊亂, 昭穆難徵, 則是豈先王立宗收族之義也哉? 永嘉之權, 興於羅季, 盛於麗氏, 入本朝而大昌, 四世五公之袁[110]·八世宰相之蕭[111], 相上下千餘載之間, 吁其盛哉? 惟其族大而繁, 故譜牒浩穰, 而難於致詳, 力絀擧贏, 而又難於隨手改整矣. 權君益彦懼其久而無統也, 與族人某, 自其七世祖東興

<hr />

110 四世五公之袁 : 後漢 때 袁氏 집안을 말한다. 袁紹와 袁術이 모두 袁安의 후손이고, 4世에 5公을 배출하여 당대에 문벌이 혁혁하였다. 『史略 권3 東漢』
111 八世宰相之蕭 : 唐나라 때 蕭氏 집안에서 八代에 걸쳐 재상이 나왔다고 한다. 『今獻備遺 권28』

府院君以下, 釐爲一小譜. 盖以世所稱鑄洞之權, 皆祖于東興公而然也. 公之篤行厚德, 聞于一世, 聖朝旌閭而褒賞之, 士林俎豆而腏享焉. 且有五子并顯, 門闌之盛, 當世無比, 實爲權氏中葉始基之祖. 昔老泉修蘇氏譜, 始自高祖, 爲之言曰:"親盡則情盡, 情盡則喜不慶·憂不吊, 喜不慶·憂不吊則塗人也." 噫! 彼十世二十世之族, 則疎遠而其勢固有如塗人者矣. 若此七世以下, 今皆講族稱屬, 則不可謂之疎遠也. 一開卷而昭穆羅列, 子孫承序, 有若同堂而合席者然, 雖親盡服窮, 而喜慶憂吊, 有不容已者. 九世之張[112]·七世之郭[113], 不專美於前史矣. 權君是擧, 豈不善哉? 君以不佞有瓜葛之親, 走書而請弁文, 則吾豈敢? 又不敢辭, 而敢爲之, 斯覺僭耳.

---

112 九世之張: 張氏는 唐나라 때 사람 張公藝를 가리킨다. 그의 집에는 九世의 친족이 함께 살았는데, 高宗이 그 집을 방문하여 그렇게 할 수 있었던 방도를 묻자, 참을 '忍'자 100개를 써서 바쳤다 한다. 『小學 善行』

113 七世之郭: 隋나라 때 郭雋은 자 弘文이고 太原 사람인데 집안이 화목하여 2世가 한 집안에 살았고, 개와 돼지는 같이 젖을 먹고 까마귀와 까치도 한 둥지에 깃들었다 한다. 『海錄碎事 권7 下 烏鵲通巢』

17. 『부사집』의 서문

『浮査集』序 을사년(1785, 74세)

영남의 산수는 웅장하고 수려하여 그 맑은 기운이 사람에게 모여 영준(英俊)한 선비가 된 이들을 신라와 고려에서 성조(聖朝)에 이르기까지 손꼽아 셀 수 없으니, 땅이 신령스러우면 인걸이 배출된다는 말이 과연 거짓이 아니다.

중종·명종 시대에 융성한 문물은 한당(漢唐)을 뛰어넘어 삼대(三代)와 겨룰 만하였다. 이 때에 퇴계(退溪)와 남명(南冥) 두 선생이 영남에서 가르침을 베풀었다. 그 문하에서 수업한 선비들이 조정에 나가서는 용처럼 날아올라 세상에 필요한 인물이 되고 집안에 머물러서는 자벌레처럼 움츠린 채 자신을 수양하는 선사(善士)가 되었으니, 그 유풍(流風)과 여운(餘韻)에 실로 감발(感發)하여 흥기한 이가 있었던 것이다.

부사(浮査) 성 선생(成先生 성여신(成汝信))은 두류산(頭流山) 아래에서 출생하였는데, 어릴 때부터 우뚝하여 보통 아이들과 달랐고 책은 읽지 않은 것이 없었다. 선생은 남명(南冥)과 귀암(龜巖 이정(李楨))의 문하에서 수학하여 경의(敬義)와 효제충신(孝悌忠信)의 가르침을 듣고서 종신토록 실천하였으며 육경(六經)과 성리(性理)의 뜻을 널리 연구하여 문장으로 발휘하였으니, 리(理)가 밝아 문(文)이 통창하고 기(氣)가 씩씩하여 실(質)이 견실하였다. 이에 한 시대의 문필을 든 이들이 모두 선생을 추앙하여 으뜸으로 꼽았다.

전후해서 향시(鄕試)에 합격한 것이 모두 24회나 되었지만 만년에야 사마시(司馬試)에 합격하였다. 그러나 세상이 혼란한 세상을 만나 마침내 아주 세상을 멀리할 결심을 하고 고상하게 은거하였다. 선생과 같이 높은 재주와 깊은 학문을 가지고 무슨 일이건 못할 것이 없을 터인데 끝내 향리의 노학구(老學究)에 그쳤으니, 군자들이 이를 운명이라고 하였다.

그러나 선생은 비록 세상에 나아가 뜻을 펴지는 못했지만, 고향에 물러나 살면서 초목과 함께 사라져 가는 것을 달갑게 여겨 수석(水石)의 사이에서 세념(世念)을 잊고 미록(麋鹿)의 무리와 어울려 놀면서 일생을 마치도록 남이 알아주지 않아도 번민하지 않았으니, 이 어찌 『주역』에서 말한 '확고하여 뽑히지 않는 군자'가 아니겠는가? 이 문집 중 「계서약(鷄黍約)」·「유산록(遊山錄)」 등을 읽어보면, 선생의 풍류가 온자(蘊籍)하고 기상이 화평함을 볼 수가 있고, 「삼자해잠(三字解箴)」와 「만오잠(晩悟箴)」 등을 읽어보면 선생의 수양한 공부가 늙어갈 수록 더욱 독실했음을 알 수 있고, 「침상단편(枕上斷編)」을 읽어보면 선생의 학문의 문로(門路)가 바르다는 것을 잘 알 수 있으니, 내가 늦게 태어나서 당시에 선생을 모시고 가르침을 받지 못한 것이 한스럽다.

선생은 또 능히 그 배운 바를 미루어서 글방을 열어 가르쳐 후학들을 성취시켰고, 향약(鄕約)의 법을 시행하여 향당(鄕黨)을 인도하였으며, 몰세(沒世)하신 뒤에는 선비들이 제향(祭享)하여 그 유풍이 아직도 남아 있다. 그래서 지금 선생이 몰세하신 지 150여 년이 지났지만 사람들이 모두 '부사(浮査), 부사'라 일컫고들 있으니, 선생의 도(道)는 한 때에 굽혀졌으나 후세에 길이 펴졌다고 할 수 있겠다. 또 무슨 여한이 있겠는가?

선생의 저술은 매우 많았으나 화재를 만나 모두 소실(燒失)하여 전해지는 것이 얼마 안 된다. 선생의 7대손 동익(東益)과 사렴(師濂)이 불타고 남은 원고를 수습하여 약간 권을 만들고, 인쇄하려 하면서 거의 천리 먼 곳에서 사람을 시켜 유고와 함께 사람을 보내 나에게 교정을 부탁하고 또 서문을 부탁하였다.

내가 일찍이 『동유사실(東儒事實)』과 『덕천사우록(德川師友錄)』을 보고서 선생의 언행을 대략 알았는데, 이제 다행히 전집(全集)을 보게 되었으니, 이 얼마나 기쁜 일인가. 그래서 글을 못한다는 이유로 사양하지 못하고, 절하고서 받아 읽어본 다음 와류(訛謬)를 교정하고 편차를 바로잡고 삼가 서문을 써서 보내줌으로써 평소 선생을 우러러 존경해온 정성을 담는다.

嶺中山水, 雄拔秀麗, 淸淑之氣, 鍾于人而爲英俊之士, 由羅麗至聖朝, 指不勝屈. 地靈人傑, 果不誣矣. 中·明之際, 文化之盛, 可以超漢·唐而軼三代. 于時, 有若退溪·南冥二先生, 施敎於嶺南, 及門之士, 出而龍驤, 爲需世之用, 處而蠖屈, 爲獨善之人, 流風遺韻, 實有感發而興起者焉. 浮査成先生生于頭流之下, 少踔厲不羣, 於書無不讀, 遊南冥·龜巖之門, 得聞敬義與孝悌忠信之訓, 終身服習, 博究六經性理之旨, 發爲文章, 理明而辭達, 氣健而質實. 一時操觚者, 咸推爲首. 前後發解, 凡二十四, 而晩搴雙蓮. 値世昏亂, 遂決長往之計, 因以高臥. 以先生之高才邃學, 無試不可, 而終焉爲鄕里之老學究而止焉, 則君子謂之命也. 然先生之道, 雖不能進而有爲, 退處桑梓, 甘與草木同腐, 忘機於水石之間, 主盟於麋鹿之羣, 沒齒而無悶, 此豈非『大易』所謂確乎不拔[114]之君子乎? 讀集中「鷄黍約」·「遊山錄」等篇, 可以見先生之風流蘊藉, 氣像和泰; 讀「三字解」·「晩悟」等箴, 可以知先生自修之工, 老而彌篤; 讀「枕上斷編」, 可以悉先生學問門路之正. 吾生也晚, 恨不執杖屨而承謦欬於當日也. 先生又能推其所學以及於人, 闢齋塾之敎, 而後學焉成就之, 行鄕約之法, 而鄕黨焉化導之. 及其歿也, 多士腏享, 遺風未泯. 今去先生之世, 百五十有餘年, 而人莫不曰浮査浮査, 則先生之道, 可謂屈於一時而伸於後世矣. 又何憾焉! 先生著述甚富, 而遭回祿之灾, 擧入灰燼, 所傳無幾. 先生耳孫東益師濂掇拾於斷爛之中, 爲若干卷, 將欲鋟梓, 奉遺稿馳書幾千里而請校於不佞, 且請卷首之文. 不佞嘗於『東儒事實』及『德川師友錄』中, 畧知先生言行. 今何幸得覩全集之爲快? 不以不文辭, 拜受而讀, 校訛謬正篇次, 謹序而歸之, 以寓平日仰止之忱爾.

---

114 確乎不拔 : 세상의 변화, 득실에 따라 흔들리지 않는 확고한 지조를 뜻하는 말로 『周易』 「乾卦 文言」에 "세상에 따라 변치 않으며 명성을 이루려 하지 않아, 세상에 은둔하되 근심하지 않으며, 남으로부터 인정을 받지 못하여도 근심하지 않아, 태평한 세상이면 道를 행하고 위태한 세상이면 떠나가서, 뜻이 확고하여 뽑을 수 없는 것이 잠겨있는 龍이다.〔不易乎世, 不成乎名, 遯世无悶, 不見是而无悶, 樂則行之, 憂則違之, 確乎其不可拔, 潛龍也.〕"라 한 데서 온 말이다.

18. 『동국통감제강』의 서문

『東國通鑑提綱』序 병오년(1786, 75세)

『동국통감제강(東國通鑑提綱)』은 목재선생(木齋先生)이 저술한 것이다. 선생의 성은 홍씨(洪氏)요 휘(諱)는 여하(汝河)이며 자는 백원(百源)이니, 영남의 부계인(缶溪人)으로 함허정(涵虛亭) 문광공(文匡公) 휘 귀달(貴達)의 5세손이요 대사간(大司諫) 휘 호(鎬)의 아들이다. 문광공은 직도(直道)를 지키다가 순절(殉節)하였고 대사간은 청렴하다는 평판이 세상에 알려졌다.

선생은 어려서부터 자질이 남달랐고 자라면서는 더욱 학문을 좋아하였다. 우복(愚伏) 정선생(鄭先生)이 보고 칭찬하며 말하기를 "훗날 반드시 대유(大儒)가 될 것이다."라 하였다. 장성해서는 사서(四書)·오경(五經)·『좌전(左傳)』·『국어(國語)』·『한서(漢書)』·『사기(史記)』 등을 두루 읽고 예악(禮樂)·형법(刑法)·전승(田乘)·병모(兵謀)·음양(陰陽)·율력(律曆)에 이르기까지 강구하지 않은 바가 없었으며, 진실하고 돈독한 효우(孝友)를 천성으로 타고 났다.

효묘(孝廟) 갑오년에 진사시에 합격하고 같은 해에 경과(經科)로 급제하여 한림원(翰林苑)에 뽑혀 들어갔고 두루 화현직(華顯職)을 역임했다. 내직(內職)에 있을 때는 직절(直節)로 이름이 났고 외직(外職)에 있을 때는 이치(吏治 지방을 잘 다스림)로 소문이 났다.

경성 판관(鏡城判官)으로 있을 때 올린 응지소(應旨疏)에서, "대신(大臣)이 국가에서 주는 녹봉에는 청렴한 척하면서 변방 고을에서 재물을 갈취한다."라는 말을 했다가 시론(時論)을 거슬러 황간현(黃

澗縣)으로 귀양 갔다. 이듬해에 사면을 받고 돌아와서는 오로지 강학(講學)과 저술을 일삼아『경서구결(經書口訣)』·『해의(解義)』 등의 책을 지었다. 후일에 또 예론(禮論)으로 크게 시휘(時諱)를 저촉하였다. 얼마 지나지 않아 숙묘(肅廟)가 왕위를 이어 다시 나라의 예(禮)를 바로잡고 폐고(廢錮)된 사람들을 불러들이니, 선생이 장차 등용되려던 차에 병들어 세상을 떠났다.

선생은 일찍이 말하기를,

"도(道)의 전체는 비록 경서(經書)에 있지만 대용(大用)은 실로 사서(史書)에 있으니, 사서는 포폄(襃貶)하고 권징(勸懲)하는 책이다. 우리 동방의 사서는 대부분 보잘 것 없으니, 이것이 개탄할 일이다."

라 하고, 정인지의『고려사』를 가지고서 번다한 내용을 깎아내고, 중요한 곳들을 추리고 이름을『휘찬여사(彙纂麗史)』라 하였다. 후일에 또 말하기를,

"김부식(金富軾)의『삼국사기』는 다만 고기(古記)의 편린들만 고증을 삼았으므로 내용이 소략하고 와류(訛謬)가 많아 전혀 사법(史法)이 없다.『동국통감(東國通鑑)』은 조금 취할 만한 점은 있지만 논의할 문제점이 많다."

라 하고,『동국통감』을 수정하여 주자(朱子)의『강목(綱目)』의 범례를 따르고 이름을『동국통감제강(東國通鑑提綱)』이라 하였다. 이 책은 의당『동국통감』처럼 역사 기술이 고려 말에서 그쳐야 하는데 삼국(三國)에서 그쳤으니, 아마도 완성하지 못한 책인 듯하다.

이제 이 책을 읽어보니 차례와 절목이 모두 법도가 있다. 기자(箕子)에서 시작하여 정통(正統)의 첫머리를 삼고, 마한(馬韓)으로써

뒤를 이어 위만(衛滿)의 참람함을 배척하고, 마한이 망하기 전까지는 삼국의 임금에 대해 모두 신하의 예(例)를 쓰고 왕으로 일컫지 않았으니, 이는 실로 사가(史家)의 정례(定例)이다. 계통이 바로잡히면 참위(僭僞)가 절로 나뉘고 참위가 나뉘면 명의(名義)가 정해지는 법이니, 『춘추(春秋)』가 이루어지자 난신적자(亂臣賊子)가 두려워한 것은 명의(名義)가 정해져서 그러한 것이 아니겠는가.

이 뿐만이 아니다. 게다가 중국의 정통을 이은 세대에 대해서는 반드시 '춘황정월(春皇正月)'을 써서 일통(一統)을 크게 여긴 『춘추』의 의리를 밝혔다. 이런 까닭에 우리 동방은 단군과 기자 이후로 비록 황복(荒服) 밖 이적(夷狄)의 지역에 있었으나 줄곧 중국을 존숭하여 제후(諸候)의 법도를 삼가 지켜온 것이 전후로 한결같았던 것이다. 이것이 군자국(君子國)이란 호칭이 있었고 다른 오랑캐들이 중국을 침략하여 참란(僭亂)의 죄를 범하던 것과는 다른 까닭이다.

선생이 세상을 떠난 지 이제 113년이 되었다. 이 책이 비록 남아 있지만 세상에서 아는 사람이 없다. 선생의 자손이 대대로 보존하고 지켜오다가 사우(士友)들에게 부탁하여 교정하는 한편 재물을 거두고 모임을 만들어 판각(板刻)하니 모두 14권이다. 일이 끝나자 선생의 현손(玄孫) 석윤(錫胤)이 그 종제인 진사 석주(錫疇)를 시켜 나에게 서문을 청하였다. 나도 일찍이 교정의 일에 참여했으며 일찍부터 선생의 인품을 앙모(仰慕)해 왔으니, 감히 글재주가 없다고 사양할 수 있겠는가!

선생은 고명한 학문으로 경제(經濟)의 재주를 지니고서도 세상에 재능을 펴보지는 못했지만, 도(道)의 전체(全體)·대용(大用)을 평생 저술한 글에 실어 후학에게 남겨주었으니, 이것이 실로 사문(斯

文)의 행운이다. 어찌 불후(不朽)의 성사(盛事)가 아니겠는가.

『東國通鑑提綱』者, 木齋先生之所著也. 先生姓洪氏, 諱汝河, 字百源, 嶺之
缶溪人, 涵虛亭文匡公諱貴達之五世孫, 大司諫諱鎬之子. 文匡以直道殉身,
大諫以淸名顯世. 先生幼有異質, 長益好學. 愚伏鄭先生見而奇之曰: "異日
必成大儒." 及長, 遍讀四書·五經·『左』·『國』·『班』·『馬』, 至於禮樂刑
法, 田乘兵謀, 陰陽律曆, 靡不講究, 而孝友誠篤, 得於天姿. 孝廟甲午, 擢
進士, 同年登經科, 因選入翰苑, 歷踐華顯, 在內以直節名, 在外以吏治聞.
爲鏡城判官時應旨疏, 有大臣廉於國廩而取於藩閫之語, 遂忤時論, 編配黃
澗縣. 明年賜環而歸, 頤以講學著書爲事, 有『經書口訣』·『解義』等書. 後
又以禮論大觸時諱, 未幾肅廟嗣位, 復正邦禮, 招延廢錮之人, 先生將嚮用
而病且歿矣. 先生嘗言: "道之全體, 雖在於經, 而大用實見于史. 史者褒貶
勸懲之書也. 吾東史記, 多無可觀, 是可歎也." 取鄭氏『麗史』, 刪繁節要, 名
曰『彙纂麗史』. 後又言: "金氏『三國史記』, 只憑古記斷爛之傳, 疎畧訛謬,
全無史法, 『東國通鑑』, 稍有可取, 而亦多可議, 就加隷括, 依紫陽綱目之
例, 而名曰『東國通鑑提綱』. 此當依『東鑑』, 止於麗末, 而止於三國, 則蓋未
成書也. 今讀是書, 次第節目, 皆有法度, 始於箕子, 爲正統之首, 繼以馬韓
而斥衛滿之僭, 馬韓未亡之前, 三國之君, 皆用臣例, 不得稱王, 此實史家之
正例也. 統正而僭僞自分, 僭僞分而名義得定, 『春秋』成而亂臣賤子懼者,
其不以名義之得定而然歟? 不特此也, 又於中國正統之世, 必書春皇正月,
以明春秋大一統之義. 是以, 吾東方自檀箕以後, 雖在荒服之外, 而一脉尊
中夏謹侯度之節, 前後一揆. 此所以有君子國之稱, 異於蠻狄之猾夏而歸於
僭亂之科也. 先生之歿, 今百十有三年矣. 是書雖存, 世莫能知. 先生子孫,
世世保守, 求校於士友, 斂財結社, 錄諸文梓, 凡十四卷, 工告訖, 先生玄孫

錫胤, 使其從弟上舍錫疇, 求弁文於鼎福, 鼎福亦嘗與聞於考校之役, 夙仰先生之風矣. 其敢以辭拙辭乎? 先生以高明之學, 負經濟之才, 雖不能大施於世, 而以道之全體大用, 付之平生之所著述, 以遺後學. 此實斯文之幸, 而豈不爲不朽之盛事也哉?

19. 『대봉집』의 서문

『大峯集』序 병오년(1786, 75세)

예로부터 상론(尙論)하는 이들은 모두 '옛사람이여, 옛사람이여!'라고 인(古人)을 가볍게 본다. 그러나 세상이 멀어져 전배(前輩)의 자취를 더위잡기 어렵고 사람이 죽고 없어 후생(後生)의 논평이 미치지 못하면, 어디에서 그 덕을 상고하고 그 행적을 볼 수 있겠는가? 맹자(孟子)가 "그 시를 외우고 그 글을 읽으면서 그 사람을 모르는 것이 옳겠는가? 이런 까닭에 그 당세(當世)를 논하는 것이다."라 하였으니, 무릇 사람의 정신과 심술(心術)을 운용한 것이 글에 갖추어져 있건만 또 그 당세에 행사(行事)한 자취를 고찰한 뒤에야 그 사람을 알 수 있다.

대봉(大峯) 양공(楊公 양희지(楊熙止))이 세상을 떠난 지 이제 300년이 지나 그 유풍(遺風)과 여운(餘韻)이 거의 민몰할 지경에 이르렀다. 그 외손 진사(進士) 이천섭(李天燮)이 남은 잔고(殘稿)를 수습하여 시(詩)·문(文) 약간을 얻어 장차 간행하고자 하여 북쪽으로 400리 와서 나에게 교정을 부탁하고 또 서문을 부탁하였다.

나는 참으로 늙고 무식하여 감히 이 일을 맡을 수 없다. 그러나 돌이켜보면 나의 방조(旁祖)인 사간(司諫) 휘(諱) 팽명(彭命)이 성묘(成廟) 기축년에 공과 함께 성균관에 있었는데, 당시에 무당 하나가 내지(內旨)를 받들어 문묘(文廟)에 기도하고 제사를 지내려 하자 두 공이 같이 꾸짖어 내쫓음으로써 강직하다는 명성이 한 세상을 진동하였다. 내가 일찍이 공의 사적을 알고 싶어도 알 수 없었는데,

지금 알 수 있게 되었으니 얼마나 다행인 일인가! 감히 끝까지 사양할 수 없기에 삼가 받아서 읽어보았다.

공이 처음 벼슬길에 오른 것은 선릉(宣陵 성종)의 치세(治世) 때라 화요직(華要職)을 역임하면서 승건규류(繩愆糾謬 임금의 잘못을 규간하여 바로잡는 일)로써 자기 임무를 삼았다. 이제 임사홍(任士洪)의 목을 벨 것을 청한 소(疏)와 김언신(金彦辛)을 구원하는 차자(箚子), 척불(斥佛)하는 차자들을 보면 공의 직절(直節)을 알 수 있으니, 윤필상(尹弼商)이 말한 "임금이 성(聖)스러우면 신하가 곧다."라고 한 말이 사실이다. 그렇지만 이는 도(道)가 있는 바른 세상에서 있었던 일이니, 말하기가 쉬웠다.

연산군(燕山君)의 혼란한 시대에 이르러서는, 임금은 위에서 교만하고 신하는 아래에서 아첨하여 살육으로써 세상을 다스리는 기구를 삼으니, 사람마다 입을 다물고 바른 말을 하지 않으면서 구차히 용납되어 살아가고 있었다. 공은 대사간으로 있으면서 상소하여 6조목을 아뢰었는데, 내용이 시휘(時諱)를 많이 저촉했지만 죄를 주지는 않았다. 또 경신년에는 재이(災異)를 인하여 진계(陳啓)하여, 무오사화(戊午史禍)의 당인(黨人)으로서 서북도(西北道)에 안치된 사람들을 정상을 참작하여 이배(移配)해 줄 것을 청하여 곧바로 윤허를 받았다. 이에 김선생 굉필(金先生宏弼), 박공 한주(朴公漢柱), 조공 위(曺公偉) 등 많은 사람들이 모두 이배되었다.

아! 이 때가 어떤 세상인데 공이 이렇게까지 과감히 말할 수 있었단 말인가. 스스로 한번 죽기를 각오하였건만 공은 끝내 아무 탈이 없었으니, 아무리 혼음(昏淫)한 임금일지라도 공의 본심이 충실하여 딴 뜻이 없음을 알았던 것이요, 또한 하늘이 이치를 따르는 자를 도와주어서 그런 것일 터이다. 이는 무도한 세상에서 있었던 일이니, 말하기가 어려운 것이다. 그런데도 마침내 원우완인(元祐完人)과 같은 사람이 되었으니, 어찌 위대하지 않겠는가!

또 공이 갑자년 2월 운명할 때 지은 시 한 편을 읽어보면

하늘 가득히 눈이 부슬부슬 내린다
위태한 종묘사직을 부지하려던 뜻 어기네

漫天雨雪亂霏霏　宗社扶顚此志違

라는 구절이 있으니, 그 충분(忠憤)으로 시국을 개탄하는 마음이 죽음에 가까워도 그치지 않았음을 알 수 있다. 정충대절(貞忠大節)이 평소 축적되지 않고서야 이럴 수가 있었겠는가.

옛사람이 말하기를, "사람을 보려면 먼저 그 벗을 보라."고 하였다. 공이 교유한 사람은 모두가 당대의 명사들이었으니, 이를테면 김한훤(金寒喧 김굉필(金宏弼)), 정일두(鄭一蠹 정여창(鄭汝昌)), 남추강(南秋江 남효온(南孝溫)), 표남계(表藍溪 표연말(表沿沫)), 유뇌계(兪㵢溪 유호인(兪好仁)), 조지족(趙知足 조지서(趙之瑞)), 신삼괴(申三槐 신종호(申從)), 권충재(權冲齋 권발(權撥)), 이농암(李聾巖 이현보(李賢輔)), 김지지당(金止止堂 김맹성(金孟性)), 최충재(崔冲齋 최숙생(崔淑生)), 권공 건(權公健), 채공 수(蔡公壽) 등은 모두 도덕과 문장으로 세상에 이름이 난 분이다. 공이 교유한 벗들이 이와 같으니 공의 어짊을 알 수 있다. 일두(一蠹) 정선생(鄭先生)은 말하기를,

"시퍼런 칼날을 밟고 작록(爵祿)을 사양할 수 있는 사람은 오직

양가행(楊可行) 한 사람 뿐이다."

라 하였고, 추강은 말하기를,

"우뚝이 서서 대체(大體)를 견지하니, 참으로 재상[宰輔]의 그릇이
다."

라 하였고, 지족당(知足堂)은 말하기를,

"학문과 문장을 갖춘 선비이다."

라 하였고, 남계(藍溪)는 말하기를,

"처자(妻子)를 맡기고 어린 군주를 보필하게 할 만한 사람이다."

라 하였으니, 그가 제공(諸公)들에게 허여(許與) 받은 바가 이와 같
았다. 성묘(成廟)도 일찍이 포상(褒賞)하기를,

"하악(河嶽)의 정기(精氣)를 받아 태어난 인물이요, 문무(文武)를
온전히 갖춘 인재이다."

라 하였다. 세상에서 "신하를 알기로는 임금만한 이가 없다."라고
하니, 이로써 보면 공의 문장과 언행은 비록 세상에 크게 전파되지
는 못했지만, 한 점의 고기로 온 솥의 국맛을 알 수 있는 법이니,
어찌 꼭 많아야만 하겠는가!

나는 문장에 능하지 못한 사람이니 어찌 숨겨진 덕행을 발양(發揚)
할 수 있으리오. 그러나 파리가 천리마에 붙고자 하는 것과 같은 바람
이 있어 참람한 줄 모르고 삼가 쓰노라.

自古尙論[115]之士, 莫不曰古之人古之人, 然世遠而前輩之軌躅難攀, 人亡而

---

115 책을 읽으면서 옛날의 어진 이를 만나는 것이다. "천하의 선비들과 사귀는

後生之評議不及, 則於何而考其德而觀其行乎? 孟子曰:"誦其詩, 讀其書, 不知其人, 可乎? 是以, 論其世也."夫人精神心術之運具於文, 而又考其當世行事之迹而後, 可以知其人矣. 大峯楊公之歿, 今將三百年于玆矣, 遺風餘韻, 幾乎湮沒. 外裔李上舍天燮收拾遺文於斷爛之餘, 得詩文若干首, 將欲鋟梓, 北走四百里, 邀余校正, 且請弁卷之文. 不佞誠老耄無識, 不敢當, 顧不佞旁祖司諫諱彭命, 在成廟己丑, 與公居泮中. 時, 有巫承內旨, 禱祀文廟, 二公齊聲逐之, 由是, 直聲震一世. 不佞嘗欲得公之事而不可得, 今何幸得諸? 有不敢終辭, 謹受而讀之. 公發軔之初, 當宣陵一治之會, 歷敭華要, 以繩愆糾謬¹¹⁶爲己任. 今其請斬任士洪疏及救金彦辛斥佛二箚, 可以見公之直節, 而尹弼商所謂主聖臣直者然矣. 此則在有道之世, 言之斯爲易矣. 逮丁燕山一亂之運, 主驕於上, 臣佞於下, 以殺戮爲御世之具, 人皆緘默苟容. 公爲大諫, 疏陳六條, 言多觸諱, 而不加之罪. 又於庚申, 因災異陳啓, 請量移戊午黨人之安置西北道者, 卽蒙允兪. 於是, 而金先生宏弼・朴公漢柱・曹公偉許多人, 皆得移配. 噫! 此何等世, 而公之敢言若是. 自畫一死, 卽其分內, 而公終無恙, 則雖以昏淫之君, 盖知公素心之忠實無他, 而亦天之助

것으로도 만족하지 못하여 다시 위로 올라가 古人을 논하는 것이니, 이는 위로 고인을 사귀는 것이다.〔以友天下之善士爲未足, 又尙論古之人; 頌其詩讀其書, 不知其人, 可乎? 是以, 論其世也; 是尙友也.〕"한 데서 온 말이다. 『孟子 萬章下』

116 繩愆糾謬:『書經』「周書 囧命」에 "나 한 사람이 어질지 못하여 실로 좌우 전후의 지위에 있는 사람들이 나의 부족한 점을 도우며 허물을 바로잡고 잘못을 바로잡아 나의 나쁜 마음을 바루어 先祖의 功烈을 계승하게 해 준데 힘입고자 하노라.〔惟予一人無良, 實賴左右前後有位之士, 匡其不及, 繩愆糾謬, 格其非心, 俾克紹先.〕"이라 한 데서 온 말이다.

順者然矣. 此則在無道之世, 言之斯爲難矣. 而卒爲元祐之完人[117], 豈不偉哉? 又讀公甲子二月易簀時一律, 有漫天雨雪·宗社扶顚之句[118], 其忠憤慨時之懷, 不已於臨死之際, 非貞忠大節素所蓄積者, 其能如是乎? 古人曰: "觀人, 先觀其友." 公之所交遊, 盡一代之名勝, 若金寒暄·鄭一蠹·南秋江·表藍溪·兪濳溪·趙知足·申三槐·權冲齋·李聾巖·金止止堂·崔蠹齋·權公健·蔡公壽, 皆以道德文章名於世者也. 公之交遊如是, 則其賢可知也. 一蠹鄭先生曰: "蹈白刃, 辭爵祿, 今世惟吾楊可行一人." 秋江曰: "磊偉持大體, 眞台輔器也." 知足堂曰: "學問文章之士也." 藍溪曰: "可以託妻子, 輔幼主." 其見許於諸公如是, 而成廟嘗有褒賞之語曰: "河嶽間氣, 文武全才." 世謂知臣莫如主, 由是觀之, 公之文章言行, 雖不大傳於世, 一臠知鼎, 奚以多爲? 不佞不文, 顧何能發揚幽潛, 而竊有附驥[119]之願, 不覺僭而謹書.

---

117 元祐之完人 : 北宋 때 강직하기로 이름난 劉安世(1048~1125)를 가리킨다. 元祐는 哲宗의 연호이다. 그는 司馬光의 舊法黨에 속하여 新法黨이 득세했을 때 오랫동안 귀양을 가고 갖은 박해를 받았다. 徽宗 때에 新法黨 梁師成이 집권하자 은둔하던 유안세에게 편지를 보내 자손을 위해서라도 관직에 나오라고 종용하였다. 유안세가 말하기를 "내가 자손을 위할 생각이 있었으면 이렇게 하지 않았을 것이다. 나는 30년 동안 조정의 權貴에게 한 줄의 글도 보낸 적이 없었다. 나는 元祐完人이 되어 사마광을 지하에서 뵙고자 한다."라 하고는 그 편지를 돌려보내고 답장을 하지 않았다. 『宋史 권345 劉安世傳』『宋名臣言行錄 後集 권12』

118 甲子……之句 : 『大峯集』 권1에는 「甲子二月初五日次贈成-希顔-愚翁」이란 제목에 전문은 "三角山高漢水圍, 漫天雨雪亂霏霏. 松楸畢命何人是? 宗社扶顚此志違. 帳裏梅花憐朧色, 陌頭楊柳媚春暉. 翛然一枕前宵夢, 超絶浮埃伴鶴飛."로 되어 있고, 絶筆이란 注가 붙어 있다.

119 附驥 : 파리가 천리마의 꼬리에 붙으면 천리를 갈 수 있다는 뜻이다. 『史記』

권61 「伯夷列傳」에 "顔淵이 비록 학문에 독실했으나 孔子라는 천리마의 꼬리에 붙어서 간 덕분에 그 행실이 더욱 드러났다.〔顔淵雖篤學, 附驥尾而行益顯.〕"한 데서 온 말이다.

20. 『팔가백선』의 서문

『八家百選』序 정미년(1787, 76세)

도(道)는 형이상인 것이라 말로 형용할 수 있는 소리와 냄새가 없다. 이에 문자가 생겨나 그 소이연(所以然)을 밝혔으니, 육경(六經)의 글이 바로 이것이다. 이 육경을 이은 이후로 도(道)는 비록 하나이지만 문(文)은 시대에 따라 달랐으니, 춘추(春秋)의 글이 『서경』의 전모(典謨)만 못하고 전국(戰國)시대의 글이 『춘추』만 못하다. 그리고 이단(異端)이 봉기(蜂起)하고 처사(處士)가 횡의(橫議)하여 저마다 자기의 학문으로 글을 짓는 시대에 이르러서는 걸출한 문장으로 사람들을 놀라게 하는 것이 없지는 않지만 성인의 도(道)에 맞추어 보면 어긋난 것이었다.

서한(西漢)은 경술(經術)을 숭상하였기에 문기(文氣)가 전아(典雅)했으니, 문장이 찬연하여 볼 만하였다. 그러나 유자(儒者)들은 전주(箋注)에 빠지고 수준이 높은 이들은 왕패(王霸)를 혼동하였으니, 고대의 문장에 비하면 훨씬 수준이 낮다. 동한(東漢) 이후로는 문기(文氣)가 날로 약해지더니 위진 남북조(魏晉南北朝), 당초(唐初)에 이르러 더욱 심해져서 한갓 문사(文辭)를 엮고 색태(色態)를 꾸미는 것만 능사로 여겨 남을 기쁘게 하는 데 힘쓰고 도리에 근본한 글은 없었다.

명(明)나라 만력(萬曆) 연간에 녹문(鹿門) 모곤(茅坤)이 당송(唐宋)의 한유(韓愈)·유종원(柳宗元)·구양수(歐陽修)·소순(蘇洵)·소식(蘇軾)·소철(蘇轍)·왕안석(王安石)·증공(曾鞏)의 글을 선집(選集)하여 이름을 『팔대가문초(八大家文抄)』라고 하였다.

이 여덟 군자는 시대에 전후가 있고 문장에 고하(高下)가 있으나 모두가 육경(六經)에 근본을 두었으니, 이단(異端)의 제자(諸子)들이 각기 문장으로만 이름을 날리면서 스스로 크게 자부하는 부류와는 다르다.

수당(隋唐) 이후로는 또 이른바 과거문(科擧文)이란 것이 있어왔으니, 사군자(士君子)로서 이 세상에 태어난 사람은 비록 세상에 초절한 높은 재주와 남들보다 훨씬 뛰어난 학문이 있더라도 머리를 숙이고 공부하지 않을 수 없었다. 여덟 군자는 과거가 생겨난 후에 태어나 고인(古人)의 문기(文氣)로써 공령(工令)의 규격(規格)을 모방해 글을 지었다. 이런 까닭에 후세에 글을 짓는 이들이 모두 이 글을 종주(宗主)로 삼는다. 그러나 그 편질(篇帙)이 호한(浩汗)하여 배우는 사람들이 다 읽어볼 수가 없다.

손서(孫甥) 권선(權僎)군이 나에게 이 글을 초선(抄選)해 달라고 하기에 참망(僭妄)한 줄도 모르고 100수를 뽑아서 비평(批評)을 덧붙여 보내주면서 이름을 『팔가백선(八家百選)』이라 한다. 안목이 있는 이가 보면 필시 나를 두고 자신을 역량의 헤아리지 못한다고 비웃을 것이다. 그러나 이 책의 글을 미루어서 거슬러 올라간다면 진한(秦漢)의 고문(古文)도 거의 배울 수 있으리라.

道是形而上之物, 無聲臭之可言. 於是焉有文字, 明其所以然, 六經之文, 是也. 繼是以後, 道雖一而文以代異, 『春秋』之文, 不如典謨[120], 戰國之文, 不如『春秋』, 至於異端蠭起, 處士橫議, 各以其學爲文, 雖不無奇章傑作, 可以聳動人者, 而求之於聖人之道則悖矣. 西漢尊尙經術, 文氣典雅, 彬彬然可觀也. 然而儒者溺於箋注, 高者雜於王伯, 比之於古, 瞠乎下矣. 東京以後, 文氣日趨於弱, 至於魏晉南北朝唐初而甚焉, 徒以組織色態爲能, 務以悅人, 而本之理則無矣. 有明萬曆間, 鹿門茅氏坤, 取唐宋韓柳歐蘇王曾之文而選之, 名曰『八大家文抄』. 八君子也, 代有前後, 文有高下, 皆本於六經, 非若異端諸子之各以文名而自雄者比也. 隋·唐以後, 復有所謂科擧之文, 士君子之生此世者, 雖有高世之才·絶人之學, 不得不屈首而就之. 八君子生於科擧之後, 而以古人之文氣, 效工令之規格. 是以, 後世爲文者, 莫不以是爲宗, 而顧其篇帙浩汗, 學者不能遍讀. 孫甥權君僎, 要余抄讀, 不揆僭妄, 抄得百首, 且批評而歸之, 名曰『八家百選』. 使具眼者觀之, 必將笑其不自量也. 然推此而上溯, 則秦·漢古文, 亦可幾矣.

---

120 典謨: 『書經』의 「堯典」·「舜典」·「大禹謨」·「皐陶謨」를 말한다.

21. 『금 영렬공 문집』의 서문

『琴英烈公文集』序 정미년(1787, 76세)

사서(史書)를 읽고 사람을 논평할 때 그 권형(權衡)이 공평하기가 매우 어렵다. 후세의 사필(史筆)은 믿지 못할 것이 많으니 믿지 못할 사서의 글을 믿고 함부로 비평을 가하는 것은 사가(史家)의 신중해야 하는 뜻이 아니다.

대저 사서를 편찬할 경우에는 국사(國史)·비적(秘籍)·제가(諸家)의 비장(碑狀)·패관(稗官)·야승(野乘) 등을 섞어 뽑아서 절충하여 책을 만드니, 말한 사람이 한 사람이 아니요, 기록한 손이 한 사람의 손이 아니다. 그래서 간혹 허실(虛實)이 서로 혼잡하기도 하고 애증(愛憎)이 사감(私感)에 흔들리기도 하니, 본래 재주가 삼장(三長)을 아우르고 마음가짐이 저울대처럼 공평한 이가 아니면 어찌 차실(差失)이 없을 수 있겠는가. 이것이 사마광(司馬光)이 『자치통감고이(資治通鑑考異)』를 지은 까닭이다.

맹자는 "『서경(書經)』을 다 믿을 바에는 차라리 『서경』이 없는 편이 낫다."라 하였고, 또 "나는 「무성(武成)」에서 2, 3책(策)만을 취한다."라 하였으니, 『서경』 「무성」 같은 글도 그러한데 하물며 그 밖의 사서(史書)일 것이며, 게다가 대가로 쌀을 요구한 진수(陳壽), 예사(穢史)란 혹평을 받았던 위수(魏收) 같은 자들도 있음에랴. 참으로 사서란 읽기 어려운 것이다.

정하동(鄭河東 정인지(鄭麟趾))의 『고려사(高麗史)』 및 『동국통감(東國通鑑)』은 의례(義例)가 많이 틀리고 호오(好惡)가 공평하지 않아 후인들이 또한 예사(穢史)라고 칭한다. 그러나 명색이 전사(全史)이고 다른 책은 상고할 만한 것이 없으므로 세상에서는 많이들 믿는다. 그러나 금영렬(琴英烈)의 일에 이르러서는 무함하고 헐뜯은 사필(史筆)을 더욱 감추기 어렵다. "최충헌(崔忠獻)을 아첨하며 섬겼다." 다든가 "문생(門生) 황보관(皇甫瓘)을 충헌에게 참소하여 섬으로 귀양 보냈다."는 등의 기록은 소인이 중상 모략한 말이 아니면 필시 사관(史官)이 잘못 전해들은 말일 터이다. 어떻게 그러한 줄 알 수 있는가?

내가 한림(翰林) 진화(陳澕)의 『필기』를 보니, "금영렬(琴英烈)은 일찍이 충헌의 집에 간 적이 없고, 다만 조당(朝堂)에서 참배(參拜)하여 예(禮)를 다할 뿐이었다. 이로 말미암아 충헌이 좋아하지 않았고 충헌의 자식들과도 틈이 생겨서 말년에 자식이 교동도(喬桐島)에 귀양 가는 화가 있었다."라고 하였다. 이를 근거로 보면 충헌을 아첨하여 섬긴 사람이 실로 이럴 수 있었겠는가? 사서(史書)에 또 말하기를 "왕이 공을 의지하고 믿었다."라 하였으니, 공이 만약 충헌에게 몸을 의탁했다면 왕이 어떻게 의지하고 믿었겠는가?

또 동산(東山) 최자(崔滋)의 『보한집(補閑集)』을 보니, 공이 말년에 문생들에게 잔치를 베풀어 주었는데, 황보관과 공이 지은 연구(聯句)에

동년(同年 동방(同榜)에 급제한 사람)이 나이를 따져 형제가 되고
자리에 가득한 영웅 중에 자손이 끼었구나

同年先後爲兄弟 滿座英雄間子孫

는 구(句)가 있다. 만약 사서의 말대로라면 좌주(座主)와 문생의 의(義)가 끊어진 것이니, 비록 문생에게 잔치를 베풀어준다 할지라도 함께 연구를 읊는 것이 이토록 화기애애할 수 있었겠는가. 진화와 최자는 모두 당세의 명류들이니 필시 아부하는 말은 하지 않았을 것이다.

사서에는 또 공이 탐독(貪黷)했다고 하였는데, 만약 실제로 탐독했다면 김정숙(金貞肅 김인경(金仁鏡))이 지은 공의 만시(輓詩)에 "사후의 맑은 명성은 천고의 거울일세〔身後淸名千古鏡〕"라 한 것은 어찌하여 이렇게 말했겠는가?

이로써 보면 사서에서 공을 논평한 말들이 거짓이란 것을 알 수 있다.

사서에서 "공은 성품이 강직하고 과감하여 면대(面對)한 자리에서 남을 꺾고 숨기는 바가 없으니, 사람들이 많이들 꺼려하였다."라 하였으니, 이것이 아마 공이 원망을 산 이유였을 터이며, 이로 인해서 비방이 들끓는 것을 사관이 믿었을 터이다. 내가 일찍이 참람하게 『동사강목』이란 책을 지으면서 이 사실을 『고이(考異)』 중에서 대략 변론하고 사전(史傳)의 무필(誣筆)을 깎아 없애어 안목을 갖춘 자가 분변(分辨)할 수 있게 하였다.

아! 우리나라 사람들은 기량과 식견이 좁고 얕으며 사필(史筆)의 재주가 부족하여, 일을 기록하고 전(傳)을 지을 때에 상스럽고 자질구레한 일은 자세하게 적으면서도 대체에는 소홀하고 음사(陰私)는 꼬집어 내면서도 실덕(實德)은 덮어버린다. 이자현(李資玄)같이 고매한 사람을 "성품이 인색하고 재물을 탐했다."라고 기록하였고, 문익점(文益漸)처럼 행실이 탁월한 사람을 "권세에 의탁하고 아부하였

다."라고 꾸짖었으니, 만약 "사관들이 각해(刻害)하고 취모멱자(吹毛
覓疵)했다."라고 한 우리 퇴도선생(退陶先生)의 말씀이 없다면, 어찌
이 두 공의 흠이 되지 않겠는가. 나는 여기에서 사서가 읽기 어렵다는
것을 더욱 믿게 되었으니, 반드시 나에게 있는 권형(權衡)을 잘 살펴
서 오직 공정하게 해야 한다.

　예안(禮安)에 사는 금군(琴君) 종윤 양순(宗潤養淳)씨는 바로 공
의 먼 후손이다. 공의 실기(實記) 1권을 가지고 북쪽으로 400여 리를
달려와 나에게 서문(序文)을 부탁하였다. 내가 비록 늙고 병들었으나
감히 사양할 수가 없어, 삼가 받아서 읽어보니, 영남 군자들의 말씀이
자상하고도 분명하였다. 내 어찌 감히 군더더기 말을 덧붙일 수 있겠
는가. 그러나 내가 평소에 의심을 두었던 것이 앞에서 말한 바와 같기
때문에 참람하게 서문을 써서 동사(東史)의 잘못된 기록을 밝힌다.
그리고 공의 문장과 사업은 전적(典籍)이 모두 남아 있으니, 다시
덧붙이지 않는다.

讀史論人, 權衡甚難. 後世史筆, 多不可信, 信其不可信之文而輕加疵評, 非
史家愼重之意也. 大抵作史者襍粹國史・秘籍・諸家碑狀・稗官・野乘, 折
衷而爲之書. 蓋言之者非一人, 紀之者非一手, 間以虛實相亂, 愛憎隨情. 自
非才兼三長[121]持心如秤者, 烏得無差失? 此司馬公『考異』之所以作也. 孟子
曰: "盡信書, 不如無書." 又曰: "吾於「武成」, 取二三策." 「武成」且然, 况乎
其他而又有如求米之壽[122]・穢史之收[123]者乎? 信乎讀史之難也. 鄭河東『高

麗史』及『東國通鑑』, 義例多舛, 好惡不公, 後人亦稱穢史. 然而名爲全史,
無他書可考, 則世多信之. 而至於琴英烈[124]事, 誣毀之筆, 尤難掩焉. 曰:
"詔事忠獻"曰: "譜門生皇甫瓘於忠獻而流于島"之說, 非小人中傷之語, 必
史氏傳聞之誤. 何以知其然也? 愚見陳翰林澕『筆記』, 有曰: "琴英烈未嘗至
忠獻第, 只於朝堂, 參拜致禮而已. 由是, 忠獻不悅, 與忠獻諸子, 俱成釁
隙, 末乃有胤子喬桐島之禍." 據此則詔事忠獻者, 固如是乎? 史亦言王倚公
爲重, 公若托迹忠獻, 則王何以倚重之耶? 又見崔東山滋『補閑集』, 公晩年,
宴諸門生. 皇甫瓘與公聯句, 有"同年先後爲兄弟, 滿座英雄間子孫"之句. 若
如史言, 則座主・門生之義, 絶矣. 雖宴門生而聯唱和恰, 何若是藹然乎?
陳・崔皆當世名流, 必無阿好之言矣. 史又言公之貪黷, 而若果貪黷, 則金
貞肅哭公詩身後淸名千古鏡者, 亦何以云然耶? 以此觀之, 可知諸說之誣
也. 史言: "公性剛果, 面折人無所諱, 人多憚之."云, 則此盖公取怨之道, 宜
其騰謗, 而史氏信之也. 愚嘗僭妄爲『史綱』一書, 略辨此事於『考異』中, 刊
去史傳之誣筆, 以待具眼者辨之矣. 噫! 東人器識褊淺, 短於史才, 記事立
傳, 詳鄙瑣而忽大體, 發陰私而掩實德. 以李資玄[125]之高蹈, "有性吝貪貨"之

---

122 求米之壽 : 『三國志』를 지은 陳壽가 당시 명성이 높았던 丁儀의 아들에게
"나에게 쌀 1000斛을 주면 네 아버지의 傳을 잘 지어주겠다."라 하였다가
거절당하자 전을 지어주지 않았던 사실을 가리킨다. 『晉書 권82 陳壽列傳』

123 穢史之收 : 魏收는 北齊 때 『魏書』를 저술하면서 개인적인 원한을 마구 개입
시켜 '穢史(더러운 역사책)'이라 심한 비판을 받았다. 『通志 권15 魏收傳』

124 琴英烈 : 고려 때 문신인 琴儀(1153~1230)이다. 그는 초명이 克儀이고 자
는 節之이며, 시호는 英烈이고 본관은 奉化이다. 華要職을 두루 거쳤고 여러
차례 知貢擧가 되어 名士를 많이 배출하였으므로 당시 '琴學士玉笋門生'이라
는 말이 유행하였다.

讒；文益漸之卓行，"有依阿權勢"之誚. 若無我退陶先生斥史氏刻害吹毛之言，則豈不爲二公之瑕哉？愚於是益信讀史之難，必察乎在我之權衡而惟其公而已. 禮安琴君宗潤養淳氏，卽公之遠裔也. 持公實記一卷，北走四百餘里，請弁文于余. 余雖老洫無識，有不敢辭，謹受而讀之，嶺之諸君子言之詳且辨矣. 愚何敢架疊而爲說乎？然而愚於平日，有所致疑者，如右所言，故僭爲之序，以著東史之誣. 而至若公文章事業，典籍俱存，玆不復贅耳.

125 李資玄：고려 때의 학자로 문종 15년(1061)부터 인종 3년(1125)까지 살았던 사람이다. 大樂署丞을 사직하고 淸平山에 들어가 文殊院에서 나물밥과 베옷으로 생활하며 禪을 즐겼다. 예종이 여러 차례 불렀으나 시종일관 수도생활을 하였다.

22. 『우모통편』의 서문

『寓慕通編』序 기유년(1789, 78세)

사람에게 선조가 있는 것이 마치 나무에 뿌리가 있는 것과 같다. 나무에 뿌리가 없으면 가지와 잎이 어디에서 생기겠으며, 사람에게 선조가 없으면 자손이 어디에서 생기겠는가? 그렇다면 사람으로서 자손이 선조의 내력을 몰라서야 되겠는가.

사람이 태어나는 데 근본이 둘이니, 부족(父族)을 본종(本宗)이라 하고 모족(母族)을 외가(外家)라고 한다. 비록 경중(輕重)과 친소(親疏)의 구별은 있지만 나를 낳아준 은혜는 터럭만큼도 다를 바가 없다. 이런 까닭에 『주례(周禮)』에 목(睦 동성 친족 사이의 화목)과 인(婣 이성 인척 사이의 화목)의 행실과 불목(不睦)과 불인(不婣)에 따른 형벌이 있는 것이다. 성인이 천하를 다스릴 때 백성으로 하여금 본족에게 친목하고 외조에게도 친목하도록 하였으니, 그 가르침이 도리어 중하지 않은가!

본종은 근원이 한 사람에게서 나와 성(姓)을 전하고 계통을 이어 만세토록 흘러가는 것이 마치 한 사람과도 같다. 이것이 본종이 중한 까닭이다. 외종에 이르러서는 그 근원이 각기 달라서 부친의 외조부모가 있고 모친의 외조부모가 있으니, 미루어 올라가 그 소생(所生)의 근원을 찾는다면 결국에는 온 나라 사람에 이르게 되어 비록 각각 가문은 다르지만 나의 입장에서 본다면 나의 한 몸은 모두 한 근원에서 나뉘어 온 것이다. 생각이 여기에 미치면 어찌 경홀(輕忽)히 여길 수 있겠는가!

이수(李鏽)군은 바로 우리 세종(世宗)의 별자(別子) 임영대군 정간공(臨瀛大君貞簡公)의 9세손이다. 보학(譜學)에 밝아 일찍이 그 가보(家譜)를 간행하였고, 또 시조 사공(司空) 이하로부터 근대에 이르기까지 각기 사적을 기록하고 또 도(圖)를 만들어 그 근원을 밝히되 내편(內篇)과 외편(外篇)을 두어 본종(本宗)과 외친을 구별하고 이름을 『우모통편(寓慕通編)』이라 하였다. 한번 책을 펼쳐 보면 조상을 사모하는 마음이 유연(油然)히 일어나니, 효(孝)에 돈독한 그 뜻이 또한 선(善)하지 아니한가.

아, 어느 누가 부모와 선조가 없으랴만 세월이 오래 지나 세대가 이미 멀어지면 전형(典刑)을 부여잡을 수 없고 말씀을 들을 수 없다. 따라서 세월이 오래 흐르면 조상을 잊게 되기 쉬우니, 잊는다면 무슨 사모할 게 있으리오. 조상을 잊지 않는 방도는 반드시 글로 써서 집안에 전할 수 있는 한 질(帙)의 책으로 만드는 것이니, 이렇게 한 뒤에야 추모하는 마음을 있게 된다. 그리하여 조상의 혼령이 강림하는 것을 느낄 수 있어 유명(幽明)의 간격이 없게 될 것이니, 그 사모하는 뜻을 담은 것이 크다 하겠다. 만약 사람마다 본받아 이런 일을 한다면 풍화(風化)에 도움 되는 것이 어찌 작겠는가!

人之有祖先, 猶木之有根本. 木無根本, 則枝葉何從而生? 人無祖先, 則子孫何從而生? 然則人而不知祖先之所從來, 可乎? 人生之本有二, 父族謂之本宗, 母族謂之外家. 雖有輕重親疎之別, 而其生我之恩, 無毫髮殊. 是以, 『周禮』有睦婣之行・不睦不婣之刑. 聖人之治天下, 使民睦親於本族, 婣親於外族, 其敎顧不重歟? 本宗源出于一, 傳姓繼統, 流萬世猶一人. 此所以爲重. 至於外宗, 其源各異, 有父之外祖父母, 有母之外祖父母. 推以上之,求其所生之源, 終至於遍一國之人, 雖各有門, 自我視之, 則吾之一身, 皆分自彼源而來者. 思之至此, 豈可輕忽哉? 李君鏽, 卽我世宗別子臨瀛大君貞簡公之九世孫也. 明於譜學, 嘗刊行其家譜, 且自始祖司空以下, 至于近代, 各記事蹟, 且爲圖而明其源, 有內外二篇, 以別本宗外親之異, 名之曰『寓慕通編』. 一開卷而思慕之心, 油然而發, 其於敦孝之意, 不亦善乎? 噫! 人孰無父母祖先, 歲月旣久, 世代旣遠, 典刑莫攀, 警咳無聞, 久而易至於忘. 忘則何慕之有? 不忘之道, 必也筆之書而爲傳家之一帙, 然後可以有追慕之心, 而陟降羹墻, 幽明不隔. 其爲寓慕也, 大矣. 若使人人慕效而爲此, 則其有補於風化, 亦豈淺淺也哉?

기 記

23. 유암기

唯菴記 을미년(1775, 64세)

아들 경증(景曾)이 일찍이 자신이 거처하는 집에 유암(唯菴)이라는
편액(扁額)을 붙였기에 내가 보고 묻기를,

"유(唯)에는 세 가지 뜻이 있으니, 가정에서 '유락(唯諾)'의 유가
있고, 덕조(德操)가 '유유(唯唯)'한 유가 있고, 증자(曾子)가 '유
(唯)'라 대답한 유가 있으니, 지금은 이 중에서 어느 것을 취하였느
냐?"

라 하니, 아들이 일어나 대답하기를,

"유락의 유는 가정의 교훈을 받아 어릴 적부터 익혀온 지가 이미
오래니, 이제 가르쳐 주시지 않아도 할 수 있습니다. 증자의 유는
아성(亞聖)께서 도의 극치에 나아가서 하신 말씀이니 소자가 어찌
감히 감당하겠습니까!"

라 하였다. 내가 말하기를,

"그렇다면 네가 말하는 유는 유유(唯唯)라고 할 때의 유냐?"

하니, 대답하기를,

"그렇습니다."

라 하였다.

내가 다시 말하기를,

"유유의 유에는 두 가지 뜻이 있다. 선한 사람의 말에 그렇다[唯]고 하는 것은 괜찮겠지만, 만약 선하지 않은 사람의 말에도 그렇다고 한다면 그가 장차 '아무개도 그렇다고 했다.'고 할 터이니, 그렇게 되면 네가 선하지 않은 사람과 같게 된다. 옳겠느냐?"

라 하니, 대답하기를,

"아버님의 말씀은 진실로 옳습니다. 그러나 제가 이미 저들을 제어할 권력도 없고 또 저들을 감화시킬 덕도 없으면서 한갓 그 선하지 못한 점을 지적하여 '그렇지 않다.'고 한다면, 저들이 장차 안색을 붉히고 마음속으로 노하여 저를 해칠 방도를 생각할 것입니다. 이 어찌 크게 두려운 일이 아니겠습니까. 그런 까닭에 이런 부류에게는 비록 '그렇다.'고 하더라도, 그렇지 않다는 뜻이 그 속에 절로 들어 있으니, 공자가 양화(陽貨)에게 대답한 말씀이 이에 가깝지 않겠습니까?"

라 하였다. 내가 말하기를,

"그렇다. 지금 세상은 교화가 쇠퇴하여 사람들이 저마다 자기의 마음으로 마음을 삼아 자기가 좋아하는 것은 남도 좋아하기를 원하고 자기가 미워하는 것은 남들도 미워하기를 원하여, 호오(好惡)를 오직 사사로운 자기 마음에 따르고 공정한 의리는 아랑곳하지 않으니, 온 세상이 대개 그러하다. 내가 이미 상대를 제어할 수 있는 권력이 없고 또 상대를 감화시킬 덕도 없고 보면, 진실로 때에 따라 처신하는 수밖에 없다. 그러나 『주역』에 말하기를 '소인을 대하는 도리는 미워하지 않으면서도 엄하게 하는 것이다.'라 하였고, 맹자는 '한 자를 굽혀 한 길을 펴는 것을 군자는 하지 않는다.'라 하였으니, 이런 이치를 또한 몰라서는 안 된다."

하니, 대답하기를,

"알겠습니다. 제가 비록 불초하나 이 말씀을 실천하겠습니다."

라 하고는, 곧 절을 하고 물러갔다. 그 말을 기록하여 우리 부자가 이 세상을 살아가는 법칙을 삼는다.

家兒景曾嘗扁所居之室曰唯. 余見而問之曰: "唯有三義, 有家庭唯諾之唯, 有德操唯唯¹²⁶之唯, 有曾子曰唯¹²⁷之唯, 今何居焉?" 兒起而對曰: "唯諾之唯, 得蒙家庭之敎, 自幼習之已久, 今則不待敎而能之矣. 曰唯之唯, 是亞聖造道之至致, 小子何敢焉?" 余曰: "然則汝所謂唯者, 其唯唯之唯乎?" 對曰: "然." 余曰: "唯唯之唯有二義. 善人之言而唯之, 可; 若不善人之言而唯之, 則彼將曰某也亦唯之云爾. 是汝與不善人等也, 其可乎?" 對曰: "大人之敎, 誠然矣. 然而我旣無制彼之權, 又無化彼之德, 而徒指摘其不善而不唯之, 則彼將咈于色而怒于心, 思所以中傷之矣. 斯豈非大可懼者乎? 是以, 若此之類, 雖曰唯之, 而不唯之意, 自在其中. 孔子對陽貨之言¹²⁸, 無乃近是

---

126 德操唯唯 : 덕조는 後漢 때 사람 司馬徽의 字. 그는 남과 말할 때 그저 "그렇습니다. 그렇습니다.〔唯唯〕"라고만 하였다 한다.

127 曾子曰唯 : 『論語』「里仁」에, 공자가 "參아, 우리 도〔吾道〕는 하나의 이치로써 관통하느니라." 하자, 증자가 "예〔唯〕" 하고 대답하였다고 나온다.

128 孔子對陽貨之言 : 陽貨는 魯나라 대부 季桓子의 家臣으로 반역을 하여 노나라에서 권력을 장악한 자이다. 양화가 공자를 만나려고 찐 돼지를 보내자 공자가 그가 없는 때를 틈타 그의 집에 가서 답례하고 돌아오다가 길에서 그를 만났다. 이때 양화가 공자에게 出仕하라고 권하자 공자가 "그렇게 하겠다.〔諾〕"라고 대답하였다. 『論語 陽貨』

乎?"余曰:"唯. 今世敎化衰矣. 人各以其心爲心, 己之所好, 欲人之謂之好,
己之所惡, 欲人之謂之惡, 好惡循一己之私, 而不恤義理之公, 滔滔是也. 我
旣無制彼之權, 又無化彼之德, 則其勢固將隨時處之矣. 然『易』曰:'待小人
之道, 不惡而嚴.'孟子曰:'枉尺直尋, 君子不爲.'此義亦不可不知也."對
曰:"唯. 景曾雖不肖, 請事斯語矣."遂拜而退. 記其語, 爲余父子處此世之
柯則焉.

24. 정충각기

旌忠閣記 신해년(1791, 80세)

『주역』에 "사람의 도리를 세우니 인(仁)과 의(義)이다."라 하였으니, 사람의 도리는 오직 이 두 가지 뿐이다. 만 가지 일에 적용해도 모두가 그러하니, 우선 임금을 섬기는 도리로써 말해 보겠다. 치평(治平)한 세상에 임금의 좋은 점을 받들어 순종하는 것은 인(仁)이요, 임금의 나쁜 점을 바로잡아 구제하는 것은 의(義)이며, 환란이 일어난 때에 내 몸을 돌보지 않고 임금을 먼저 보호하는 것은 인이요, 환난을 만나 피하지 않는 것은 의이다. 그러므로 성인이 말하기를, "몸을 희생하여 인을 이룬다.〔殺身成仁〕"라 하고, 또 "삶을 버리고 의를 취한다.〔捨生取義〕"라 하였으니, 그 의리가 중하지 않은가.

죽림(竹林) 권공(權公)은 휘(諱)는 산해(山海)요 자(字)는 덕보(德甫)이니, 영락(永樂) 계미년(1403, 태종3)에 용궁현(龍宮縣) 대죽리(大竹里)의 집에서 출생하였다. 어려서부터 효성스럽고 우애로우며 학문에 부지런하였다. 「백이전(伯夷傳)」을 읽다가 세 번을 반복해 읽고는 크게 한숨을 쉬며 말하기를,

"이 사람이 있은 뒤에 만고의 강상(綱常)을 부지할 수 있었다." 라 하니, 종조(從祖) 문경공(文景公) 진(軫)이 그 말을 듣고 기특하게 여겼다. 장성해서는 선을 좋아하고 악을 미워하여 오직 의(義)만을 추구하였다.

공은 문묘(文廟)에게 동서가 되니, 왕비의 인척이라 하여 과거에 응시하려 하지 않고 벼슬에 나갈 뜻이 없고 오직 경사(經史)만을 읽으

며 스스로 즐겼다.

정통(正統) 경신년(1440, 세종22)에 재행(才行)으로 천거되어 창덕궁 녹사(昌德宮錄事)가 되었다가 주부(主簿)로 옮겨 제수되었다. 갑술년에 종부시 부정(宗簿寺副正)에 제수되니, 공이 선조(先朝)의 은총을 생각하여 어린 임금에게 보답하고자 비로소 취직(就職)하였다.

을해년에 단종이 손위(遜位)하자, 평소에 성삼문(成三問) 등과 친했던 터라 공은 늘 분울(憤鬱)한 마음을 품고서 옛 임금을 복위할 계획을 세웠는데, 일이 발각되어 공의 처남 권자신(權自愼) 및 성삼문 등이 모두 체포되었다. 공이 하늘을 우러러 눈물을 흘리고 말하기를,

"이는 하늘의 뜻이다. 죽지 않고 무엇 하리오?"

라 하고는, 마침내 누각에서 몸을 던져 자결하였다. 국문(鞫問)을 받지 않았기 때문에 비록 노적(孥籍)을 당하지는 않았지만, 왕명으로 관작을 추삭(追削)하고 전 가족을 변경(邊境)으로 이주시키고 자손을 100년간 폐고(廢錮)하였다. 가정(嘉靖) 무오년(1558, 명종13)에 해금(解禁)되자 공의 손자 경(經)이 비로소 성균관에 올랐다.

변고를 당한 날에 부인이 집안에 있던 서적을 모두 불태워 버려 평소에 저술한 것이 세상에 전해지지 않으니, 사람들이 모두 애석하게 여겼다.

공이 목숨을 버려 순절(殉節)한 것은 육신(六臣)과 다를 바가 없다. 징사(徵士) 곽진(郭嶍)이 지은 묘지(墓誌)에 "주저없이 목숨을 버렸으니, 일성(日星)처럼 빛나도다."라 하였고, 『용궁읍지(龍宮邑誌)』에는 "육신(六臣)과 더불어 일을 함께 하다가 집에서 자결하였다."라 하였으니, 공론(公論)이 오래도록 민멸되지 않은 것이다. 다만 금고하고 변경으로 강제 이주시킨 뒤로 자손이 부진하여 300여 년이

지나도록 신설(申雪)의 은혜를 입지 못하였다.

공의 12대손 종락(宗洛)이 열 번이나 상언(上言)하였으나 해사(該司)에서 오래 지난 일이라 하여 중지하고 아뢰지 않았다. 기유년(1789, 정종13) 4월에 대가(大駕)가 효창묘(孝昌墓)에 거둥하실 때 종락이 격쟁(擊錚)하여 원통한 사연을 호소하자 드디어 복작(復爵)을 명하였고, 올해 신해 2월에 대가가 홍릉(弘陵)에 거둥하실 때 송문기(宋文箕) 등 세 도(道)의 유생들이 상언하여 정려(旌閭)와 증직(贈職)의 은전(恩典)을 내려줄 것을 청하자 다시 정려를 내리고 가선대부(嘉善大夫) 이조참판(吏曹參判)을 증직하였으니, 실로 세상에 드문 특별한 은총이다.

이때는 성상께서 장릉(莊陵 단종(端宗))을 위해 순절한 모든 신하에게 숭보(崇報)하시던 즈음이라, 공의 정려와 증직이 마침 좋은 기회를 만났던 것이다. 공의 충절(忠節)이 묻혀 드러나지 못한 지가 무릇 336년이었다가 다시 세상에 드러났으니, 어찌 기이한 일이 아니겠는가.

공의 자손이 드디어 공이 살았던 대죽리(大竹里) 묘소 아래에 정문을 세우고 정충각(旌忠閣)이란 편액을 걸었다. 정문과 편액은 이조판서 홍양호(洪良浩)의 글씨요, 상량문(上樑文)은 도정(都正) 목만중(睦萬中)의 글이다. 다시 기문을 나에게 부탁하니, 나는 늙고 정신이 혼미하여 감히 감당할 수 없지만, 끝내 사양할 수 없어 삼가 위와 같이 쓴다.

아! 예로부터 충의(忠義)의 선비가 비록 공(功)이 사직(社稷)을 보존하지 못하고 힘이 전복하는 나라를 구하지는 못하더라도, 죽음을 고향에 돌아가는 것처럼 보아 운명처럼 편안히 여겼던 것은 이는 신하의 절개(節介)는 당연히 그러해야 하기 때문이다. 완악한 자를 청렴하게 하고 나약한 자를 흥기시키는 청풍(淸風)은 백세토록 길이 없어지지 않을 터이니, 이 곳을 지나며 이 글을 보는 사방의 인사들이 누군들 감개하여 사모하는 마음을 일으키지 않겠는가.

금상(今上 정조) 15년 신해 여름에 가선대부(嘉善大夫) 동지중추부사(同知中樞府事) 광성군(廣成君) 한산(漢山) 안정복은 삼가 기문을 쓰노라.

『易』稱: "立人之道曰: '仁與義.'" 人之道, 惟是二者而已. 觸之萬事而皆然, 試以事君者言之. 當治平之世, 將順其美, 仁也; 匡救其惡, 義也. 當患難之時, 後身先君, 仁也; 臨難不避; 義也. 故聖人曰: "殺身成仁." 又曰: "捨生取義." 其義顧不重耶? 竹林權公諱山海, 字德甫, 永樂癸未, 生于龍宮縣之大竹里第. 自幼孝友勤學, 讀「伯夷傳」[129], 三復太息曰: "有是人, 然後可以扶萬古之綱常." 從祖文景公軩聞而奇之. 及長, 好善嫉惡, 惟義是求. 公於文廟爲嫭, 以椒親不欲應擧, 無仕進意, 惟以經史自娛. 正統庚申, 以才行薦爲昌德官錄事, 轉爲主簿. 甲戌, 除宗簿寺副正. 公感先朝之眷遇, 欲報效於冲君, 始就職. 乙亥, 端宗遜位, 公素與成三問等友善, 常懷慨惋, 謀復舊君. 事覺, 公婦弟自愼及三問等皆就捕. 公仰天雪涕曰: "此天也. 不死何爲?" 遂投閣自殞. 以其不就鞫故, 雖不孥籍[130], 猶命追削官爵, 全家徙邊, 廢錮子孫百年. 嘉靖戊午禁解, 公之孫經始登上庠. 遭變之日, 夫人取書籍

---

129 伯夷傳: 『史記』「백이전」을 말함. 백이는 옛날 孤竹君의 아들인데 아우 叔齊와 함께 나라를 사양하여 도피하였다. 그러다가 武王이 紂를 치자 간하고 首陽山으로 들어가서 고사리를 캐먹다가 끝내 굶어죽었다.

130 孥籍: 처자를 관노로 삼고 재물을 적몰해 들이는 법

焚之, 平日著述, 不傳於世, 人皆惜之. 公辦命殉節, 與六臣無異. 郭徵士撰誌曰:"殺身不疑, 炳如日星."『龍宮邑誌』亦曰:"與六臣同事, 在家自盡." 公論久而不泯矣. 但其禁錮徙邊之後, 子孫不振, 至于三百餘年, 未蒙申雪之恩. 公十二代孫宗洛十度上言, 該司以事在久遠, 寢不以聞. 己酉四月, 孝昌墓動駕時, 擊錚鳴寃, 遂命復爵, 今辛亥二月弘陵動駕時, 三道儒生宋文箕等, 上言請旌贈之典, 又命旌閭, 贈嘉善大夫吏曹參判, 實曠世異數也. 時, 上於莊陵殉節諸臣崇報之日, 公之旌贈, 適當其會. 公之誠節, 幽菀而不彰者, 凡三百三十六年而復顯于世, 豈不異哉? 公之子孫, 遂立旌門於公所居大竹里墓下, 扁曰旌忠閣. 旌門與扁額, 洪吏判良浩筆也, 樑頌睦都正萬中文也. 又屬記文于不佞, 不佞老耄不文, 不敢當而終莫之辭, 謹書如右. 噫! 自古忠義之士, 雖功未存於社稷, 力不救於顚覆, 而視死如歸, 安之若命者, 臣節當然也. 廉頑立懦[131]之風, 百世而不磨. 四方人士之過此而見此文者, 孰不感慨而興慕乎? 時上之十五年辛亥夏, 嘉善大夫同知中樞府事廣成君漢山安鼎福謹記.

---

131 廉頑立懦 : 맹자가 "백이의 風聲을 들은 자는, 완악한 이는 청렴해지고 나약한 이는 흥기하게 된다.〔聞伯夷之風者 頑夫廉 懦夫有立志〕"라 하였다.『孟子萬章下』

발 跋

25. 『위생록』의 발문

『衛生錄』跋 병자년(1756, 45세)

화씨벽(和氏璧)은 천하의 지극한 보배이나 나의 손가락 하나와 바꿀 수 없으니, 이는 나의 손가락을 아끼는 마음이 화씨벽을 아끼는 마음보다 더하기 때문이다. 사람들이 '천금 같은 몸'이라고 하니, 천금은 귀중한 물건이다. 대개 귀중한 물건을 들어 비유한 것일 뿐이지 몸이 천금의 가치에 그친다는 말은 아니다. 몸을 애중(愛重)하는 것이 이와 같고 보면, 위생(衛生)의 방도를 어찌 강구하지 않을 수가 있겠는가.

영년(永年)이 이 책을 가지고 있은 지는 오래다. 영년은 젊어서 병치레를 잘 했는데, 이윽고 병이 다 나았다. 계유년에 내가 혈증(血症)을 앓았는데 상(喪)을 당한 이후로 병세가 더욱 깊어졌다. 영년이 이 책을 가지고 와서 주면서 말하기를,

"나의 병은 그대도 아는 바요, 이 책으로 인해 병이 나은 것도 그대가 아는 바이다. 약을 복용하는 것은 밖의 힘을 빌리는 것이니, 어찌 나에게 있는 것에 치력(致力)해 보지 않으리오?"

라 하였다. 내가 감격하여 이 책을 받았지만, 궁벽한 산골에서 쇠약한 몸으로 살아가는 터라 만념(萬念)이 다 식어 버려 배려해 준 두

터운 뜻에 부응하지 못하였기에 늘 자신을 탓하고 후회했다. 이제 이 책을 돌려주는 날에 끝내 한마디 말도 없으면 이는 끝내 우리 영년을 저버리는 일이 될 것이다.

내가 이 책을 보건대 치심(治心)·양성(養性)·연형(鍊形)·도기(導氣)의 방술이 지극하다 하겠다. 그러나 내가 어떤 사람의 말을 들은 적이 있는데, 그가 말하기를,

"위생(衛生)의 방도는 비록 안으로 그 방술을 다할지라도 외환(外患)이 오는 것을 의당 조심하여 미리 방비해야 한다. 그래야만 양쪽 모두 온전할 수 있는 법이다. 단표(單豹)는 내면을 다스렸지만 범이 그 몸을 먹어버렸고, 혜강(嵇康)은 양생(養生)을 했지만 마침내 세화(世禍)에 죽었다. 그러므로 군자는 거처하는 바를 삼가고 사귀는 바를 삼가야 하는 것이다. 위에서 말한 두 사람은 안에만 힘을 쏟고 밖에는 소홀히 하였기에 그렇게 되었던 것이니, 이것이 과연 양생의 도리를 알았다고 하겠는가?"

라 하였다. 내가 이 말을 듣고 마음에 새겨둔 지 오래이다. 이제 이 책에 그 사람의 말로써 보충하여 주노라.

和氏之璧[132], 天下之至寶也. 而不能易吾之一指者, 愛己之指踰於璧也. 人

---

132 和氏之璧 : 戰國 때 楚나라의 和氏가 荊山에서 캐낸 옥이다. 화씨가 이것을 초왕에게 바쳤으나 옥공들이 돌이라고 하자 임금을 속였다 하여 다리를 절단하는 벌을 주었다. 그런데도 포기하지 않고 계속 왕에게 올렸는데, 세 번째 올렸을 때에 옥공을 시켜 다듬자 마침내 천하의 珍品이 되었다. 나중에 趙나라 왕이 소유하였을 때에 秦王이 탐을 내어 15城과 바꾸자고까지 하였다.

之言曰: "千金之軀." 千金重物也, 盖擧重物而況之耳, 非謂軀直千金而已也. 其愛且重若是, 則衛生之道, 烏可已乎? 永年之有是書也, 固也. 永年少善病, 尋亦良已. 歲癸酉, 余病血症, 丁憂以後, 病益深. 永年卷是書而遺之曰: "吾之病, 子所知也; 因是書而祛病, 亦子所知也. 刀圭和劑, 待乎外者也. 盍致力于在我者乎?" 余感而受之, 但抱衰窮山, 萬念灰冷, 不能副眷厚之至意, 恒用咎恨. 今於還鷗之日, 終無一言, 是終負我永年也. 余觀是書, 其於治心・養性・鍊形・導氣之術至矣. 然余嘗有得於誰人者之言矣, 其言曰: "衛生之道, 雖內盡其術, 而外患之來, 當審愼而預防之, 然後可謂兩全矣. 單豹治裏而虎食其外[133], 嵇康[134]養生而卒殞世禍. 是以, 君子愼所居而謹所交, 兩人者致工乎內而疎於外若此, 此果得養生之道乎?" 余聞而心之者, 久矣. 今於是書, 以誰人者之言, 爲之補遺.

『韓非子 和氏』

133 單豹……其外: 單豹는 『莊子』「達生」에 나오는 사람이다. 그는 깊은 산속에 살면서 물만 마시고 사람들과 섞여 이익을 따지지 않고 자신의 내면을 수양하여 나이 70세에도 얼굴이 어린아이와 같았는데, 굶주린 호랑이에게 잡아먹혔다고 한다.

134 嵇康: 晉나라 竹林七賢의 한 사람으로 老莊의 學을 좋아하여 「養生篇」을 지었으나 모함을 받아 처형되었다. 『晉書 권49 嵇康傳』

26. 『동자의』의 발문

『童子儀』跋 병자년(1756, 45세)

천리 먼 길을 가는 사람은 발 아래로부터 가기 시작하고, 높은 숭산 (崇山)과 화산(華山)을 오르는 사람은 산 밑에서부터 오르기 시작하는 법이니, 군자의 학문도 이와 같다.

우인(友人) 이휘원(李輝遠)이 『동자의(童子儀)』 17조목을 지었는데, 의복과 음식의 예절과 응대와 진퇴의 의절로부터 책을 읽고 글씨를 쓰는 법에 이르기까지 무릇 배우는 사람이 알아야 할 것은 남김없이 강령을 들고 조목을 갖추었다.

말은 간단하되 뜻은 분명하여 초학자들이 읽기에 편리하니, 조석으로 강송(講誦)하여 추향(趨向)의 방향과 궤도의 바름을 알아서 점차 나아가도록 하면, 사욕에 막혀 근고(勤苦)할 우려는 없고 하학상달(下學上達)의 효과를 거둘 수 있을 것이다. 이른바 "먼 길을 가는 사람은 가까운 곳에서부터 가기 시작하고 높은 곳에 오르는 사람은 낮은 곳에서부터 오르기 시작한다."는 것이 바로 여기에 있으니, 의당 동자의 의칙(儀則)이 되고 대학(大學)의 기본이 될 것이다.

휘원은 선(善)을 좋아하는 군자이다. 내가 일찍이 그의 집에서 그가 부모에게 응대(應對)하는 예절을 목도(目覩)하고 경탄하였다. 이제 또 자신이 실천한 바를 미루어 그 자제들을 가르치니, 이 글을 보는 이들은 이 사람의 지향(志向)이 어디에 있는지를 알 수 있을 것이다.

適千里之遠者, 起於足下; 登嵩華之高者, 始於山根. 君子之學, 亦猶是也.
友人李輝遠撰『童子儀』十七條, 自衣服飲食之節・應對進退之儀, 以及於讀
書寫字之法, 凡爲學者之所當知者, 靡不綱擧而目該之. 辭簡意明, 便於初
學, 使之朝夕講誦, 知其趨向之方・塗轍之正, 以漸而入, 則無扞格勤苦之
患, 而有下學上達之效. 所謂行遠自近升高自卑者, 卽在是矣. 宜爲童子之
儀則, 而大學之基本矣. 輝遠樂善君子也. 余嘗於其鯉庭應對之節, 有目記
而欽歎者焉. 今又能推其所行, 用訓其子弟. 觀其書者, 亦足以知斯人志尙
之所存也.

27. 『오절순난록』의 발문

『五節殉難錄』跋 신묘년(1771, 60세)

우리 동방은 본래 예의의 나라로 일컬어졌거니와 조종조(祖宗朝)로부터 더욱 이륜(彛倫)을 매우 중시하여 사대부들이 평소에 모두 명절(名節)로써 자신을 가다듬었다. 이런 까닭에 한 번 사변을 만나면 충효와 절의로 세상에 드러난 자가 찬연하게 많았다.

정축년(1637, 인조15)의 변란 때 오랑캐가 강도(江都)를 함락하여 그 참혹한 참벌(斬伐)은 전사(前史)에 비할 데가 없었다. 여항(閭巷)의 성명도 알 수 없는 필부(匹婦)로부터 세족대가(世族大家)에 이르기까지 목숨을 버리고 의리를 취한 자가 이루 다 기록할 수 없을 정도로 많았는데, 그 중에도 분사(汾沙) 이상국(李相國 이성구(李聖求))의 집안이 더욱 탁월하다. 상국의 부인 권씨(權氏)와 아들 하나, 며느리 하나, 딸 둘이 모두 적을 만나 굴복하지 않고 함께 효열(孝烈)에 죽어 한 집안에서 다섯 명의 순절(殉節)이 나왔으니, 아! 훌륭하도다. 대개 그 순강(純剛)하고 정직한 기운이 본래 호연(浩然)한데다 평소에 수양한 바가 있어서 단지 이륜과 명절이 중한 줄만 알고 그 밖의 것을 몰랐기 때문에 대절(大節)을 만나 지조를 빼앗기지 않은 것이 이와 같았던 것이다.

아! 죽음은 잠깐의 아픔일 뿐이다. 저 잠깐의 아픔을 참지 못하고 참을 수 없는 부끄러움을 참으며 기꺼이 오랑캐가 하는 짓을 하여 금수(禽獸)가 되고 만 사람은 유독 무슨 마음인가?

상국의 제사를 받드는 5대손인 지금의 위솔(衛率) 극성(克誠)씨가 세대가 멀어져서 전해오는 말이 인멸될까 염려하여 이 기록을 편집하고 사우(士友)들에게 글을 받아서 후세에 길이 전하고자 하니, 매우 훌륭한 생각이다. 나는 질병에 시달린 나머지 글을 제대로 짓지 못하지만, 의리상 사양할 수 없기에 공경히 써서 보낸다.

吾東方素有禮義之稱, 而自祖宗朝, 尤以敦叙彝倫爲重, 士大夫平居, 莫不以名節自勵, 故一遇事變, 忠孝節義之著於世者, 多彬彬焉. 丁丑之變, 虜陷江都, 斬伐之慘, 前史無比. 自閭巷匹婦不可名姓者, 至于世族大家, 舍生取義者, 不可勝紀. 而分沙李相國家, 尤卓異焉. 相國夫人權氏及其一子一婦二女, 俱遇賊不屈, 并死於孝烈, 一門五節, 吁其盛哉? 盖其純剛正直之氣, 本自浩然, 而平居養之有素, 只知其彝倫名節之重而不知其他, 故能臨大節而不可奪也[135]如是矣. 噫! 死須臾痛耳. 彼不能忍須臾之痛, 而能忍不能忍之耻, 甘心於夷狄行而禽獸歸, 亦獨何心? 相國承祀來孫今衛率克誠甫, 恐其世遠而言湮也, 編是錄, 求文於士友, 將以傳諸不朽, 甚盛意也. 疾病摧頹之餘, 言不能文, 而義不可辭也. 敬書以歸之.

---

135 臨大……奪也 : 曾子가 "6척의 어린 임금을 맡길 만하고, 100리의 명을 부탁할 만하며, 대절에 임해서 그 절개를 빼앗을 수 없다면 군자다운 사람인가? 군자다운 사람이다.〔可以託六尺之孤, 可以寄百里之命, 臨大節而不可奪也. 君子人與? 君子人也.〕"라 하였다. 『論語 泰伯』

28. 잠옹 남장-하행-의 집에 보관되어 있는 어제첩의 발문
潛翁南丈-夏行-家藏御製帖跋

잠옹(潛翁) 남공(南公 남하행(南夏行))이 가장(家藏)해 온 첩(帖) 하나를 나에게 보내어 발문을 부탁하였다. 내가 이 첩을 받들고 경건히 읽어 보았다. 맨 첫머리에 어제어필(御製御筆)이 실려 있으니 바로 금상(今上) 전하(殿下)께서 김 지사 환(金知事鋐)에게 하사하신 시이고, 다음으로는 공의 백씨(伯氏) 동소공(桐巢公 남하정(南夏正))이 그 시에 화답한 시와 서(序)가 실려 있으니 바로 공이 스스로 쓴 것이다. 첩의 끝부분에 성호(星湖) 이선생(李先生)의 발문과 영사(詠史) 절구(絶句) 한 수가 있으니, 또한 성호선생의 수필(手筆)이다. 성상께 노인을 우대하는 뜻과 동소공의 찬양(贊揚)한 말이 아주 간곡하다. 그리고 이선생은 경순왕(敬順王)의 인(仁)을 미루어 말하여 김씨가 수고(壽考)하게 되는 증거로 삼고, 또 김공이 벼슬에서 물러나 세상에 욕심이 없는 없는데도 영총(榮寵)이 절로 이르렀다는 사실을 가지고 조급하게 세상에 나아가 망동(妄動)하는 사람들을 경계하였으니, 그 가르침이 간절하다 하겠다.

공은 젊어서 성호선생의 문하에 들어가 성현의 가르침을 듣고서 독학(篤學)하고 역행(力行)하며 산림에서 뜻을 지키며 살아와 이제 76세가 되었다. 잠(潛)으로 호를 삼았으니 『주역』에서 "세상을 피해 살면서 남이 알아주지 않아도 번민하지 않고 확고하여 지조가 흔들리지 않는다."라고 한 뜻에서 얻은 바가 있을 것이다.

공은 나에게 부집(父執)이 되고 또 동문(同門)의 선배이다. 이제

공의 분부가 있기에 감히 사양하지 못하고 삼가 첩의 뒤에 쓴다. 때는
금상(今上) 48년 10월 보름이다.

潛翁南公家藏一帖, 寄鼎福跋之. 鼎福擎奉莊玩, 首揭御製御筆, 卽今上殿
下賜金知事鑅詩也; 次揭公伯氏桐巢公賡和詩幷序, 卽公所自書也; 帖末有
星湖李先生跋文及詠史一絶, 亦先生手筆也. 聖主優老之意・桐巢公贊揚之
辭, 於乎摯矣. 而李先生推言敬順王之仁, 以爲金氏壽考之證, 又以金公之
退遯, 無求於世, 而榮寵之來逼, 爲躁進妄動者戒, 其爲訓切矣. 公少從先生
遊, 聞聖賢之訓, 篤學力行, 守志丘樊, 今年七十有六歲矣. 以潛爲號, 其有
得於『大易』: "遯世無悶, 確乎不拔[136]"之義乎! 公於鼎福爲父執, 而又同門
之先進也. 今有命, 不敢辭, 謹題帖後. 時上之四十八年陽月之望也.

---

136 遯世……不拔 : 주 108) '遯世無悶' 참조.

29. 옥천 안 선생의 예설에 대한 발문

玉川安先生禮說跋 갑오년(1774, 63세)

우리 종족의 선배 중에 옥천선생(玉川先生 안여경(安餘慶))이 있으니, 우문(右文) 정치를 펴던 선묘(宣廟) 시대에 대령(大嶺)의 남쪽에 은거하여 학문에 힘쓰고 예(禮)를 연구하였다. 당시의 대유(大儒)였던 정한강(鄭寒岡 정구(鄭逑))·김동강(金東岡 김우옹(金宇顒))·박대암(朴大菴 박성(朴惺)) 등 선생들이 모두 성심을 다해 교유하기를 원하고 한마음으로 추중(推重)하였으며, 선생이 몰세(沒世)한 후에 영남의 선비들이 창녕현(昌寧縣) 관산서원(冠山書院)에 배향하였으니, 선생의 어짊을 알 수 있다.

평생의 저술이 병화(兵火)에 산실(散失)되었다. 선생의 현손 안학(安鐸)씨가 유문(遺文)을 수집하고 또 선생의 조카 오휴공(五休公 안신(安玠))의 『가례부췌(家禮附贅)』 중에서 선생이 논한 예설(禮說)을 유별(類別)로 모아 나에게 교증(校證)을 맡겼다.

내가 삼가 읽어보건대, 그 조목이 다섯 가지가 있으니 해의(解義)·초해(抄解)·문답(問答)·훈의(訓義)·잡의(雜儀)이다. 그 내용은 『가례(家禮)』를 위주로 하고 고금의 예(禮)에 두루 미쳤으나 편간(篇簡)이 탈락하고 범례(凡例)가 없으니, 요컨대 미완의 책이다.

이제 그 조목을 인하여 미루어 보면, 해의는 예(禮)의 의의(疑義)를 풀이한 것이요, 초해는 절목을 초록하여 해석을 붙인 것이요, 문답은 오휴공이 지은 선생의 행장에 "한강(寒岡)·대암(大菴)과 더불어 토론하고 질정(質正)하여 기록하였다."라고 한 대목에 근거한 것이니, 제목을 문답이라 했고 보면 아마도 가설한 말일 터이다. 훈의는 예(禮)를 인용하여 가르침을 보인 것이요, 잡의(雜儀)는 선생이 평일에 의기(義起)하여 가숙(家塾)에서 행한 것이다. 애석하게도 잔결(殘缺)된 곳이 많아 그 전모를 볼 수가 없지만, 길광편우(吉光片羽)로도 그 전체 문장을 알 수 있는 법이다.

구어(句語) 중에 간혹 의심나는 것이 있으면 내가 참람되고 주제넘음을 피하지 않고 대략 본뜻으로 주석을 붙였으니, 이는 선생 앞에는 숨김이 없어야 한다는 의리에 따른 것이다. 보는 사람들은 용서해주기 바란다.

吾宗先輩, 有玉川先生, 當宣廟右文之日, 隱居大嶺之南, 勤學攻禮. 當時大儒若鄭寒岡‧金東岡‧朴大菴諸先生, 莫不傾心願交, 翕然推重, 先生歿後, 嶺中紳士附享于昌寧縣之冠山書院. 先生之賢, 其可知也. 平生著述, 散佚于兵燹之餘, 先生玄孫鐸氏裒輯遺文, 且就先生從子五休公『家禮附贅』中, 先生所論禮說, 以類相從, 授鼎福校證. 鼎福伏而讀之, 其目有五: 曰解義, 曰抄解, 曰問答, 曰訓義, 曰雜儀. 以『家禮』爲主而旁及古今之禮, 然篇簡脫落, 凡例無存, 要爲未完之書也. 今因其目而推之, 則解義者, 解禮之疑義也. 抄解者, 抄節而附以解也. 問答者, 據五休公所撰先生行狀謂: "與寒岡‧大菴商確質正而記之." 名曰問答云, 則盖設辭也. 訓義者, 引禮而示之以訓也. 雜儀者, 先生常日所自義起[137]而行之家塾者也. 惜其殘缺, 不得覩

---

137 義起 : 『禮記』 「禮運」에 "禮란 것은 義의 실질이니, 義에 맞추어서 맞으면 禮는 비록 先王 때에 없는 것일지라도 義로써 새로 만들 수 있다.〔禮也者,

其大成, 而吉光片羽[138], 可以知渾體之文章矣. 句語之間, 或有可疑者. 鼎福不避僭越, 畧注本義, 竊自附於函丈無隱之義. 觀者恕之.

義之實也; 恊諸義而恊, 則禮雖先王未之有, 可以義起.〕"라 한 데서 온 말로 禮文에 없더라도 이치를 참작하여 새로운 禮를 만드는 것이다.

138 吉光片羽: 길광의 한 조각 털이란 말로 산실되고 얼마 남지 않은 시문(詩文)을 뜻하는 말로 쓰인다. 길광은 神馬의 일종이다. 『十洲記』에 "漢武帝 天漢 3년에 西國의 왕이 길광으로 털로 짠 갖옷을 바쳤는데, 黃白色이었다. 길광은 대개 신마의 일종이다. 그 갖옷은 물에 넣으면 여러 날이 지나도 가라앉지 아니하고 불에 넣어도 타지 않는다."라 하였다.

30. 『철감록』의 발문

『掇感錄』跋 갑오년(1774, 63세)

『철감록』은 백곡노인(柏谷老人) 이지운(李之運)공이 편집한 것이다. 공은 여흥(驪興) 명문가의 후예로 영외(嶺外)에 궁벽하게 살면서 선세(先世)의 덕이 드러나지 못하는 것을 슬퍼하고 선세의 남긴 말씀이 없어지는 것을 안타깝게 여겨 문절공(文節公 이행(李行)) 이하의 시문과 사적을 수집하고 방조(旁祖)의 문자까지 두루 수록하여 먼 후손에게 전하고자 하였으니, 이는 참으로 인인 효자(仁人孝子)의 마음 씀이다. 당(唐)나라 이고(李翺)는 말하기를, "선조에게 미덕(美德)이 있는데도 모른다면 이는 밝지 못한 것이요, 알면서도 후세에 전하지 않는다면 어질지 못한 것이다."라 하였다. 무릇 사람들의 집안 선조에게 미덕이 있어 후세에 전할 만한 경우가 반드시 적지 않을 터이나, 어질고 지혜로운 후손이 많지 않기 때문에 흔히 묻혀버리고 전해지지 않으니, 애석한 심정을 이길 수 있겠는가.

선왕의 예(禮)는 한 그릇의 밥과 한 그릇의 국에도 고수레를 하지 않음이 없었으니, 이는 근본을 잊지 않는 것이다. 하찮은 쌀낱이나 나물에서도 근본을 잊지 못하는데, 하물며 사람의 이 몸은 선조(先祖)가 물려준 몸이라 형체는 바뀌어도 기운은 이어지는 것이니, 비록 백대(百代), 천대(千代)의 먼 후손에 이르더라도 그 근원을 거슬러 올라가면 하나일 뿐이다. 이런 까닭에 옛날의 효자는 어버이를 섬김에 있어 살아계실 때는 그 봉양을 극진히 하고 세상을 떠나면 그 슬픔을 극진히 하고 제사에는 그 공경을 극진히 했으며, 어버이를 섬기는 마음을 미루어 조부에 미치고 조부를 섬기는 마음을 미루어 증조와 고조에 미치고 나아가서 시조에까지 이르러서도 그 마음이 변하지 않았던 것이다. 그리하여 만약 훌륭한 덕행이 숨겨진 채 알려지지 못하거나 문장과 저술이 인멸(湮滅)하여 전해지지 못한 것이 있으면 반드시 이를 드러내어 후세에 전할 방도를 생각하였으니, 그 효성이 어찌 크지 않겠는가?

이제 이 책을 읽어보니, 이씨 집안 대대로 보관해 둘 물건에 그칠 뿐 만 아니라 또한 당세의 본보기가 될 만하다. 이에 삼가 써서 보낸다.

『摭感錄』者, 柏谷老人李公之運之所編也. 公以驪興名冑, 僻居嶺表, 悼先德之未彰, 慨遺言之湮晦, 哀輯文節公以下詩文若事蹟, 並及乎旁祖文字, 靡不收錄, 爲傳遠之計, 是誠仁人孝子之用心也. 唐李翶氏之言曰: "先祖有美而不知, 不明也; 知而不傳, 不仁也." 夫人家先祖有美而可傳者必不少, 而後孫之仁且知者無多, 故多沒沒無傳, 可勝惜哉? 先王之禮, 飯盂羹豆, 莫不祭[139]之, 爲其不忘本也. 粒粢之微, 猶不忘本. 況人之此身, 先祖之遺體, 形禫而氣續, 雖至千百代之遠, 而原其始則一而已. 是以, 古者孝子之事親也, 生則致其養, 歿則致其哀, 祭則致其敬, 推事親之心而及於祖, 推事祖之心而及於曾高, 以至於初祖, 而其心有不替也. 如有幽[140]光潛德, 鬱而不

---

139 祭 : 옛날에 음식을 먹을 때에 미리 음식을 조금 덜어내어 처음 음식을 만든 사람에게 고마움을 표시하는 의식이다. 대개 脯를 醢에 찍어 포를 담아놓은 籩과 해를 담아놓은 豆의 사이에 놓으며, 술을 땅이나 그릇에 조금 따른다. 우리나라에서는 고수레라고 한다.

140 幽 : 저본에는 遺자로 되어 있는데 오자로 판단하여 고쳤다.

暢, 文章著述, 湮而未傳, 則必思所以表章之, 以傳於後世, 其爲孝也豈不大
哉? 今讀是錄, 非特爲李氏傳家之藏, 抑可爲當世法矣. 謹書而歸之.

31. 「반계 연보」의 발문

「磻溪年譜」跋 을미년(1775, 64세)

내가 어린 시절 호남에 있을 때 어른들로부터 유반계(柳磻溪 유형원(柳馨遠)) 선생이 대덕군자(大德君子)라는 말씀을 익히 들었다. 그러나 당시에는 아직 지식이 없어 상세한 것을 알 수 없었으니, 성장한 뒤에 생각하고는 늘 매우 부끄럽고 아쉬웠다.

갑자년에 수촌공(秀村公 유발(柳發))을 서울의 도저동(桃楮洞)에서 뵈었으니, 공은 바로 선생의 증손이다. 나에게 선생의 사적을 무척 자세하게 말해 주고 선생이 저술한 『반계수록(磻溪隧錄)』을 빌려주기까지 하였다. 내가 돌아와서 그 책을 읽어보니, 참으로 천리(天理)를 운용하여 만세를 위해 태평을 열어주는 책이었다. 아아! 성대하도다. 그 후로 자주 공과 종유(從遊)하여 반계선생의 유집(遺集)과 저서(著書)를 볼 수 있었는데, 그 학문의 정밀함과 지량(志量)의 원대함은 후세의 말이나 잘하는 선비들이 미칠 수 있는 바가 아니었다.

선생은 당론(黨論)이 횡행하던 때에 태어나 은둔하여 살면서 남이 알아주지 않아도 번민하지 않고 저술로써 스스로 즐거워하여 우뚝이 원우(元佑)의 완인(完人)이 되고 성세(聖世)의 일민(逸民)이 되었다. 그리하여 세상에서 감히 선생을 비판하는 사람이 없었으니 선생의 덕을 알 만하다. 아, 세상에 선생의 저서를 좋아하는 사람들이 그저 눈앞에 두고 볼거리로 삼을 뿐만이 아니라 반드시 몸소 실행하고 마음으로 터득하여 일에 시행함으로써 실효(實效)를 도모한다면, 선생은 비록 세상을 떠났으나 선생의 도는 세상에 행해질 것이다.

이 어찌 쉽게 말할 수 있으랴.

내가 세상에 늦게 태어나서 비록 문하에서 모시고 싶은 바람이 있었으나 뜻을 이루지 못하였다. 그러다가 금년에 우연히 벼슬을 맡아 공의 계씨(季氏) 전(前) 승지(承旨) 훈(薰)의 집에 와서 묵게 되었다. 이때 공은 이미 세상을 떠나고 맏아들 명위(明渭)가 거상(居喪)하고 있었는데, 공이 쓴 선생의 연보를 꺼내어 보여주면서 윤색해 해 달라고 하고 또 발문을 부탁하였다. 내가 공에 있어서는 실로 유명(幽明) 간에 지우(知遇)의 감회가 있고, 또 전현(前賢)의 사적의 끝에 이름을 올리는 것을 영광으로 여겨 끝까지 사양하지 못했으니, 참망(僭妄)함을 느낄 뿐이다.

금상(今上) 52년 을미 섣달 중순에 후학(後學) 동궁 좌익찬(東宮左翊贊) 안정복은 공경히 기록하노라.

鼎福劬在湖南, 從長者熟聞柳磻溪先生之爲大德君子, 而時未有知, 不能得其詳. 旣長思之, 每深愧恨. 甲子歲, 謁秀村公於京師之桃楮洞, 公卽先生之曾孫也. 爲鼎福道先生事甚悉, 至借以先生所著『隨錄』. 歸來讀之, 誠運用天理, 爲萬世開太平之書也. 於乎盛哉? 後數從公遊, 得覩遺集及諸書, 其問學之精密, 志量之遠大, 非後世能言之士所可及也. 先生生於黨議橫流之際, 遯世無悶, 著書自樂, 卓然爲元佑之完人·聖世之逸民, 而世無敢雌黃焉, 則先生之德, 可知也. 噫! 使世之好先生之書者, 不徒爲目前之玩, 必也躬行心得, 措之事爲之際, 而惟實效是圖, 則先生雖沒, 而先生之道行矣. 此豈可易言哉? 鼎福生晩, 雖有執鞭之願而不可得, 今歲偶忝官方, 來舘于公之季氏前承旨薰家. 時公已卒, 胤子明渭守制在廬, 出示公所草先生年譜, 而使之脩潤, 且索跋語. 鼎福於公, 實有幽明知遇之感, 且以託名前賢事蹟之末爲榮, 不能終辭, 則斯覺僭耳. 時上之五十二年乙未臘月中澣, 後學東宮左翊贊安鼎福敬識.

32. 『백암수묘록』의 발문

『柏菴修墓錄』跋 신축년(1781, 70세)

무릇 효(孝)는 온갖 행실의 근원이니 모든 아름다운 행실들이 이를 통해 일어난다. 선유(先儒)가 효의 뜻을 풀이하여 "부모를 잘 섬기는 것이 효(孝)이다."라 하였으니, 부모가 살아계시면 예(禮)로써 섬기고, 돌아가시면 예로써 장사지내고, 예로써 제사하는 것이 바로 부모를 잘 섬기는 일의 조목이다.

옛날의 효자는 부모를 잘 섬길 줄 알았기 때문에 부모의 마음을 미루어 부모의 근본이 되는 조상에까지 미쳤었다. 이런 까닭에 조부·증조·고조를 잊지 못했고, 또 조부·증조·고조의 마음을 미루어 멀리 10대·100대에 이르러서도 잊지 못했던 것이다. 나무는 반드시 뿌리가 있고 물은 반드시 근원이 있는 법이니, 뿌리가 없고 근원이 없으면 오래지 않아 넘어지고 말라 버리게 된다. 사람에게 조상이 있는 것은 나무의 뿌리와 물의 근원과 같은 것이니, 조상이 없으면 이 몸도 없을 것이다. 사람들은 누구나 자기 몸을 사랑하지 않는 이가 없으면서 자기 몸을 낳아 준 조상은 도리어 소홀히 여기니, 몹시 무지(無知)하다.

내가 백암(柏菴) 안공(安公)의 『선영봉식록(先塋封植錄)』을 읽어 본 뒤에 이 의리가 지극하다는 것을 더욱 깨달아 효제(孝悌)의 마음이 뭉클 생겨났으니, 병이(秉彝)의 천성(天性)은 참으로 감출 수가 없는 것이다. 공은 늘 말하기를,

"묘제(廟制)는 제한이 있어 참람하게 넘을 수가 없다. 그러나 선조

의 묘소로 말하자면 선조의 체백(體魄)이 묻혀 있는 곳이다. 비록
천백 년이 지날지라도 우리 선조의 체백이 여기에 묻혀 있고 보면,
어찌 황량한 산비탈 시든 풀 속에 있는 일개 고총(古塚)처럼 보아
돌보지 않을 수 있겠는가."

라 하고, 평생토록 묘소를 손질하고 묘표(墓表)를 세우는 일을 급무
로 삼아 안팎의 분산(墳山)은 말할 것도 없고 가까운 곳으로부터 먼
곳에 이르기까지 묘역이 무너진 것은 개축하여 잔디를 덮고 지갈
(誌碣)이 없는 곳은 글을 지어 표지(標識)하였다. 또 선조의 유허
(遺墟) 및 장구(杖屨)가 이르렀던 곳에는 반드시 비석을 세워 기록
하여, 무릇 선세의 묘소나 선세의 사적에 관계된 일이라면 마음을
쓰지 않은 것이 없었으니, 효성이 탁월한 사람이 아니면 이렇게 할
수 있겠는가!

공의 효성이 이토록 독실하기 때문에 순덕(順德)의 발한 것이 도리
에 맞지 않음이 없었다. 일찍이 심양관(瀋陽舘)에서 효묘(孝廟)를
수행하면서 충성과 근신(勤愼)이 다 지극하였고, 누차 주군(州郡)을
맡아서는 정령(政令)과 교화가 잘 시행되었으며, 종족에게 인후(仁
厚)하고 요우(僚友)에게 신의가 있어 향당(鄕黨)의 사람들이 칭송하
였다. 지키는 바는 효(孝) 하나라 간약(簡約)하되 파급하는 바의 이
토록 넓었던 것이다.

공은 휘(諱)는 응창(應昌)이요 자는 흥숙(興叔)이니 문성공(文成
公 안향(安珦))의 후손이다. 일찍이 한강(寒岡 정구(鄭逑))과 여헌(旅
軒 장현광(張顯光)) 두 선생의 문하에서 수학하여 군자의 도(道)를 듣
고서 효제는 집안에서 행하고 명예는 밖에서 드러났다. 인조(仁祖)
초년에 천거를 받아 대군사부(大君師傅)에 제수된 뒤로 내외의 관직

을 두루 거쳐 당상관의 품계에 오르고 대질(大耋 80세 이상)의 장수를 누렸다. 『시경』에 "백성에게 마땅하고 벼슬아치에게 마땅한지라 하늘로부터 복록을 받도다. 보호하고 돕고 명하시고 하늘로부터 거듭하시도다."라 하였으니, 모두 공이 스스로 이룬 것이다. 아, 아름답도다!

공은 말하기를, "세상 사람이 전토(田土)나 노비(奴婢)의 일로는 해마다 찾아가는 것을 꺼리지 않아 천릿길을 멀다 하지 않으면서 유독 자기의 선산(先山)에는 여러 해 동안 성묘하지 않기도 하고 종신토록 선조의 묘소가 어디에 있는지 모르기도 하여 간혹 묘소를 잃어 찾지 못하는 경우도 있다. 이는 내 몸을 낳아준 조상의 은혜를 전토나 노비만도 못하게 여기는 것으로 경중(輕重)의 의리를 모르는 것이니, 참으로 슬픈 일이다."라 하였다. 아, 공의 이 기록을 보고 공의 이 말을 되뇌면, 이마에 땀이 나지 않을 사람이 드물 것이다.

공의 후손 사기(師沂)씨가 이리 저리 흩어진 글들을 수습하여 지금의 책 이름으로 고친 다음 농와(聾窩) 박장(朴丈)에게 서문을 받고 나에게 발문을 부탁하였다. 내가 일찍이 공의 행의(行義)에 감복했었는데, 또 훌륭한 후손이 있어서 유문(遺文)을 천양(闡揚)하니 매우 훌륭한 뜻이다. 어찌 감히 글을 못한다는 이유로 사양하겠는가. 삼가 이 글을 써서 보낸다.

夫孝者百行之源, 而衆美之所由起也. 先儒訓孝曰: "善事父母." 生事死葬祭之以禮[141], 卽善事之目也." 古之孝子知父母之善事也, 故推父母之心, 以及

乎父母之所自出, 祖曾高考妣, 不可忘也, 又推祖曾高考妣之心, 推而遠之,
至于十代百代而不可忘也. 木必有根, 水必有源, 無根無源, 蹶而涸, 可立待
也. 人之有祖也, 猶木之根而水之源, 無是祖則無是身矣. 人莫不愛其身, 而
反忽於生我身之祖先, 其不知甚矣. 余讀柏菴安公『先塋封植錄』而後, 尤覺
此義之至重, 而孝悌之心, 油然而生. 信乎秉彝之性, 有不可昧也. 公常以
爲: "廟制有限, 不可僭越, 而至若先墓, 是體魄所藏, 雖經千百載, 而吾先
之體魄在是, 則其可等視如荒原衰草中一古塚而莫之恤乎?" 平生以修墓建
表爲急務, 無論內外墳山, 自近而及遠, 塋域之圮陊者, 改築而覆莎, 誌碣之
不存者, 搆文而標識, 又於先祖遺墟及杖屨所及, 必立碑而記之, 凡係于先
墓先蹟, 靡不用心, 非誠孝之卓絶, 能如是乎? 公之篤於孝也如是, 故順
德[142]之發, 無不中理. 嘗隨孝廟於藩舘而忠謹備至, 屢典州郡而政化流行,
仁於宗族, 信於僚友, 鄉黨稱述. 所操者約, 而所及者廣, 如是夫! 公諱應
昌, 字興叔, 文成公之後也. 早遊寒岡·旅軒二先生之門, 得聞君子之道, 孝
悌行於家, 名譽著于外. 仁祖朝, 薦授大君師傅, 歷踐中外, 爵列緋玉, 壽登
大耋. 『詩』曰: "宜民宜人, 受祿于天. 保佑命之, 自天申之.[143]" 皆公之自致
而然也, 猗歟休哉? 公之言曰: "世人於土田臧獲, 不憚歲行, 不遠千里, 而

섬기고, 돌아가시면 예로 장사 지내고 예로 제사 지내는 것이다.〔生事之以
禮, 死葬之以禮, 祭之以禮.〕"라 하였다. 『論語 爲政』

142 順德: 『論語集註』 「學而」의 2장 大注에 "정자가 '효제는 순덕이다. 그러므로
윗사람을 범하기를 좋아하지 않으니, 어찌 다시 도리를 거스르고 綱常을
어지럽히는 일이 있으리오.〔程子曰: '孝弟順德也, 故不好犯上, 豈復有逆理
亂常之事?'〕"라 하였다.

143 宜民……申之: 『詩經』 「大雅 假樂」에 보인다.

獨於自己之先山, 或曠年而不省, 或終身而不知墓所, 間有失所而無徵者.
其視所生之恩, 反不及於土田臧獲, 昧於輕重之義, 誠可哀也. 噫! 觀公此
錄, 誦公此言, 其不泚顙者幾希矣. 公之後孫師沂氏收拾於斷爛之餘, 改以
今名, 受序於聾窩朴丈, 徵跋于余. 余嘗服公之行義, 又有賢孫闡揚遺文, 甚
盛意也. 其敢以不文辭? 謹識而歸之.

33. 잠옹 남장이 임사한 회소의 『자서첩』과 『성모첩』에 대한 발문
潛翁南丈臨寫懷素『自叙』 · 『聖母帖』跋 신축년(1781, 70세)

잠옹(潛翁) 남선생(南先生 남하행(南夏行))이 젊은 시절 옥동(玉洞)
과 성호(星湖) 문하에서 수학했는데, 공부하는 여가에 필법을 익혀
글씨를 잘 썼다. 나도 일찍이 '순암(順菴)' 두 대자(大字)와 '택풍헌
(澤風軒)' 세 대자와 '독립불구돈세무민(獨立不懼遯世無悶)' 여덟 대
자를 받아 벽에 걸어놓았다. 그 자체(字體)가 엄중하고 필획이 굳센
것이 태산교악(泰山喬嶽)의 기세가 있기에 때때로 쳐다보노라면 마
치 선생을 가까이 모시고 가르침을 받는 듯하다.

금년 여름에 농와(聾窩) 박장(朴丈)이 회소(懷素)의 『자서첩(自敍
帖)』과 『성모첩(聖母帖)』을 가지고 와서 보여주면서 말하기를, "이는
잠옹께서 임사(臨寫)하신 것이니, 그대가 한마디 말을 하지 않아서는
안 되겠다."라 하였다. 그래서 내가 손으로 받들고 공경히 살펴보건
대, 은구(銀鉤) · 철삭(鐵索)과 같은 굳센 글씨가 거침없이 펼쳐져
있으니, '목마른 말이 샘을 보고 달려가는 듯하고 성난 사자가 바위를
쪼개는 듯하다.'는 말이 과연 좋은 비유이다. 나는 본디 서법(書法)에
어두운데, 성호의 발문에 "마음으로 어림잡고 상상하여 임사했는데,
어쩌면 이리도 운치가 비슷한가!"라 하였고, 혜환자(惠寰子) 만채옹
(晚采翁 이용휴(李用休))은 "비록 소사(素師 회소(懷素))를 다시 살려
내어 이 글씨를 보이더라도 필시 자기가 술 취해 쓴 것이라 생각할
것이다."라 하고, 또 "기골이 뇌락(磊落)하여 세속의 연지 찍고 분바
르는 양태를 벗었다."라 하였으니, 아, 이 세 분의 말이 더할 나위

없거늘 소자(小子)가 어찌 감히 더 말을 하여 공연히 말만 많다는 기롱을 받겠는가. 다만 사문(師門) 성호(星湖) 이익(李瀷)이 이미 세상을 떠났기에 양최(樑摧)의 슬픔이 늘 간절하고, 두 벗은 멀리 떨어져 살기에 정운(停雲)의 그리움을 금할 수 없다. 그런데 선생이 세상에 안 계신지 또 10여 년이 지났으니, 이 서첩을 거듭거듭 어루만지고 보면서 슬픈 생각을 더욱 금할 수 없다.

潛翁南先生少遊玉洞星湖之門, 遊藝之暇, 善八法.[144] 鼎福嘗受順菴二大字·澤風軒三大字·獨立不懼遯世無悶八大字, 揭之壁, 字體嚴重, 筆畫遒勁, 有泰山喬嶽之勢. 時時瞻玩, 怳如昵侍承誨. 今夏, 聾窩朴丈携示懷素[145]『自叙』·『聖母』二帖曰:"此翁之臨寫者也. 子不可以無言." 遂擎手莊閱, 銀鉤鐵索[146], 縱橫迅發. 奔泉缺石[147]之語, 果善喩也. 鼎福素昧書法,

---

144 八法 : 漢字의 筆畫을 쓰는 여덟 가지 筆法으로, 書法을 뜻하는 말로 쓰인다.

145 懷素(725~785) : 唐나라 때의 승려로, 자는 藏眞이다. 술을 좋아하여 만취한 상태로 붓을 종횡으로 휘둘러 連綿體의 초서인 狂草를 잘 썼다. 남긴 書帖으로『自敍帖』·『草書千字文』·『聖母帖』·『藏眞帖』등이 있다.

146 銀鉤鐵索 : 銀鉤는 은으로 만든 갈고리이니, 字劃이 굳셈을 형용한 말이다. 杜甫의「陳拾遺古宅」에 "지금 흰 벽이 매끄러운데, 글씨가 은구를 이어 놓은 듯하네.〔到今素壁滑 灑翰銀鉤連〕" 鐵索은 쇠사슬이니, 강한 필체를 형용한 말이다. 韓愈의「石鼓歌」에 "금줄과 쇠사슬을 얽어 놓은 듯 웅장도 하고, 고정이 물에 뛰어들고 용이 북처럼 나는 듯도 하네.〔金繩鐵索鎖紐壯, 古鼎躍水龍騰梭.〕"라 하였다.『韓昌黎集 권5』

147 奔泉缺石 : 唐나라 때 名筆인 徐浩가 42폭의 병풍을 썼는데, 八體가 다 갖추어졌고 草書와 隷書 특히 뛰어났다. 당시 사람들이 그 글씨를 형용하여 "성난 사자가 바위를 쪼개는 듯하고, 목마른 준마가 샘물로 내닫는 듯하다.〔怒猊抉

而星湖跋文, 有曰:"心準意想, 是何風韻之克似也."惠寶子晚茱翁則曰:"雖起素師示之, 必自疑其乘醉寫一本."曰:"氣骨磊落, 脫世俗脂粉態."噫! 此三言盡之矣. 小子何敢復言, 以取饒舌之譏耶? 但師門已矣, 樑摧[148]之慟常切, 二友阻濶, 停雲[149]之思難禁. 而先生杖屨之曠, 又十許禩矣. 撫玩三復, 尤不勝愴慨之忱.

石, 渴驥奔泉.〕"라 하였다. 『新唐書 권160 徐浩傳』

148 樑摧 : 孔子가 자신이 죽을 꿈을 꾸고 아침에 일찍 일어나 뒷짐을 지고 지팡이를 짚고 문 앞에서 한가로이 거닐며 노래하기를, "태산이 무너지겠구나. 들보가 부러지겠구나. 철인이 죽겠구나.〔泰山其頹乎! 樑木其壞乎! 哲人其萎乎!〕"라 하였다는 데서 온 말로 스승이나 큰 학자의 죽음을 뜻한다. 『禮記 檀弓上』

149 停雲 : 陶潛의 시에, "애애정운 몽몽시우(靄靄停雲 濛濛時雨)"라는 구절이 있는데, 그 自序에, "정운은 벗을 생각하는 것이다."라고 하였다.

34. 『속천자』의 발문

『續千字』跋 신축년(1781, 70세)

우리 고을에 두 어른이 있으니, 동계(東溪) 목공(睦公)은 문장으로 이름이 알려졌고 돈옹(遯翁) 남공(南公 남하행(南夏行))은 글씨로 이름이 알려졌다. 두 공은 나이가 같고 뜻이 같으며, 뛰어난 재주를 지니고도 시대를 못 만난 것이 같고, 외로운 처지로 궁핍하게 살아 좋은 운명을 얻지 못한 것이 같다. 그러나 결코 하늘을 원망하지도 사람을 탓하지도 않으며, 선(善)을 좋아하고 도(道)를 즐기는 것이 늙어갈수록 더욱 독실해지는 것도 같다. 예로부터 벗을 교제할 때 비록 뜻이 서로 같을 수는 있어도 그 재주와 덕(德)과 운명이 두 공처럼 같은 경우는 없었으니, 아, 기이한 일이다.

우리나라 사람들이 아이들을 가르치는 글은 세 가지가 있으니, 삼량주씨(三梁周氏)의 『천자문』과 서사가(徐四佳 서거정(徐居正))의 『거정(居正)』과 유미암(柳眉巖 유희춘(柳希春))의 『유합(類合)』이 이것이다. 주씨의 『천자문(千字文)』은 전습(傳習)된 지가 오래라 세상에 성행하고 있다. 정묘년에 목공이 난리를 피해 여사(旅舍)에 머물면서 소일거리가 없어 마을 아이들에게 『천자문』을 가르치면서 『천자문』에 상용(常用)하는 문자가 많이 빠진 것을 아쉽게 생각하여 본문 이외에 다시 글자 1000자를 모아 운(韻)을 달고 이름을 『속천자(續千字)』라 하였다. 이때에 공의 나이 80세였다. 그리고 3년 뒤 경자년에 남공에게 부탁하여 『속천자』를 글씨를 쓰게 하였으니, 이때에 남공의 나이 84세였다. 내가 그 문장을 읽어보니 문장이 창고(蒼古)하고 그

필획을 보니 필획이 단엄(端嚴)하여 털끝만큼도 노쇠(老衰)한 태도가 없으니, 평소에 쌓아온 존양(存養)의 공부가 없고서야 능히 이럴 수 있었겠는가. 더욱 존경할 만하다.

남공이 또 한 본(本)을 써서 농와자(聾窩子)에게 주었다. 농와자는 비록 두 공보다 나이는 훨씬 적지만 포부를 품고서 낙척하게 사는 처지는 두 공과 마찬가지이다. 두 공이 즐겨 그와 사귀어 망년지교(忘年之交)를 맺었으니, 남공이 이를 준 데는 뜻이 있는 것이다. 농와자가 이를 받아서 아미 발문을 지어놓고 또 나에게 뒤를 이어 속초(續貂)하게 하기에 삼가 책 뒤에 기록하여 우리 고을의 기사(奇事)로 전하노라.

吾黨有二老, 東溪睦公以文聞, 遯翁南公以筆名. 二公年同也, 志同也, 懷抱利器而不利于時同也, 窮餓鰥獨而不得于命同也, 未嘗怨尤於天人, 而好善樂道, 老而愈篤, 同也. 自古交際之間, 雖或有志意之相同, 而之才之德之命之同, 未有如二公者, 吁亦異矣. 東人敎小兒之文有三, 梁周氏[150]之『千字』・徐四佳之『居正』・柳眉巖之『類合』是已. 周氏之文, 以其傳習之久, 盛行于世. 丁卯歲, 睦公避寓旅舍, 無以消遣, 課村童『千字文』, 恨其常用文字多闕, 復綴本文外得千字而韻之, 名曰『續千字』. 時, 公年八十歲, 越三年庚子, 求筆於南公而書之. 南公時年八十四歲. 余讀其文章蒼古, 觀其筆畫端

---

150 梁周氏 : 梁國은 戰國 때의 大梁과 蕭衍이 세운 남북조 시대의 梁과 朱溫이 세운 五代의 양이 있는데, 삼량은 朱梁을 말한다. 주씨는 周興嗣로, 武帝의 명을 받고 현행 『천자문』을 하룻밤 사이에 짓고 백발이 되었다고 전한다. 『梁書 권49』

嚴, 無一毫耄耋衰颯之態. 非有平日存養之工, 能如是乎? 尤可敬也. 南公又寫一本, 遺聾窩子. 聾窩子雖與二公年紀隔等, 而有抱負而落魄, 與二公等也. 二公樂與之友而忘年, 南公之贈, 盖有意也. 聾窩子旣受而跋之, 又徵余續貂, 謹識于後, 傳爲吾黨奇事.

35. 『금헌 이선생 유고』의 발문

『琴軒李先生遺稿』跋 갑진년(1784, 73세)

아조(我朝)가 개국한 지 거의 400년에 성신(聖神)이 이어지고 영재(英才)가 배출되어 치화의 성대함이 한당(漢唐)을 뛰어넘어 삼대(三代)에 미칠 만하다. 그러나 도(道)는 오융(汚隆)이 있고 때는 성쇠(盛衰)가 있으니, 융성한 치화(治化)가 다하기도 전에 오쇠(汚衰)한 운세가 항시 끼어들 게 마련이니, 이것이 천도의 무상함이요 지사(志士)가 탄식하는 까닭이다.

오호라! 인재가 많기로는 기묘년(1519, 중종14)보다 더한 때가 없고, 참벌(斬伐)의 화도 기묘년보다 참혹한 때가 없었으며, 후인(後人)의 추도(追悼)와 경모(景慕)도 기묘년의 명현보다 간절한 적이 없다. 금헌(琴軒) 이공(李公 이장곤(李長坤))은 기묘팔현(己卯八賢) 중 한 사람이니, 공의 어짊을 알 수 있다.

공은 연산군 말기에 처음 벼슬길에 올라서는 이내 갑자년 사화(士禍)를 만나 먼 산골에 몸을 숨겨 구차하게 목숨을 보전하였다. 중묘(中廟)가 반정(反正)한 때에 이르러 성명(聖明)을 제우(際遇)하여 기묘제현(己卯諸賢)들과 더불어 한 마음으로 보필하여 거의 선왕(先王)의 치화(治化)를 이룰 수 있었다. 그러나 군자가 비색(否塞)한 때를 만나 소인들이 재앙을 일으키니, 북문(北門)이 한밤중에 열리자 질풍과 우레가 진동하여 도거(刀鋸)와 정확(鼎鑊)이 도리어 현사(賢士)를 고문하는 형구(刑具)가 되었으니, 하늘을 믿기 어려움이 과연 이와 같단 말인가. 이러한 때에 사생(死生)이 눈앞에서 갈리는 판국에도 공은 선뜻 나서서 힘써 간쟁(諫爭)하여 남들이 말하기 어려운 바를 말함으로써 마침내 천심(天心)을 조금 되돌리고 화기(禍機)를 조금 누그러뜨렸으니, 공은 참으로 위무(威武)로 굽힐 수 없는 대장부라 하겠다.

공이 세상을 떠난 뒤 후사(後嗣)가 영락(零落)하여 유문(遺文)이 산일(散佚)되고 언행이 인몰(湮沒)된 지 지금에 200여 년이라 공의 사적을 고찰할 문헌이 없으니, 사림의 크게 수치스러운 일이다.

공의 방후손(旁後孫) 서룡(瑞龍)씨가 세월이 오래갈수록 더욱 공의 사적이 세상에 알려지지 못할까 염려하여 얼마 남지 않은 유문(遺文)들을 수습하여 이 책을 편성하고 장차 간행하려 하니, 매우 훌륭한 생각이다.

서룡씨가 산장(山長) 좌랑(佐郞) 안경점(安景漸)을 통해 지(誌)와 발문을 나에게 부탁하였다. 내가 보잘것없는 사람으로서 감당할 수 없지만, 실로 부기(附驥)의 바람이 있어 끝내 사양하지 못했으니, 참람(僭濫)한 줄 알겠다. 또 누락한 유사(遺事) 4, 5조(條)를 찾아서 후미(後尾)뒤 붙여 보낸다.

惟我朝開國幾四百年, 聖神相繼, 英才輩出, 治化之隆, 可以軼漢·唐而追三代矣. 然道有汚隆, 時有盛衰, 隆盛之治未究, 而汚衰之運恒間, 此天道之無常而志士所以發歎者也. 嗚呼! 人才之盛, 莫過於己卯, 斬伐之禍, 莫慘於己卯, 後人之追悼景慕, 亦莫切於己卯, 而琴軒李公爲己卯八賢之一, 則公之賢可知已. 公釋褐于喬桐主之末, 旋値甲子之禍, 竄身荒谷, 苟全性命, 及中廟改玉, 際遇聖明, 與己卯諸賢, 同心協輔, 庶幾先王之治, 而運丁大往[151], 羣小煽禍, 北門夜啓[152], 風霆震撼, 刀鋸鼎鑊, 反爲待賢士之具. 天之難諶, 果如是哉? 當是時也, 死生在卽, 而公能挺身力諫, 言人之所難言, 終使天心少回, 禍機稍紓. 公誠可謂威武不能屈之大丈夫[153]矣. 公歿之後, 後嗣零替, 遺文散佚, 言行湮沒, 尙今二百餘年, 而無文獻之傳, 則其爲士林之羞, 亦大矣. 公之旁後孫瑞龍氏懼其愈久而愈無聞也, 掇拾於斷爛之餘, 編成此篇, 將付剞劂, 甚盛意也. 瑞龍氏因山長安佐郞景漸, 要誌及跋文於余. 余以無似, 不足以當之, 實有附驥[154]之願而終不能辭, 斯覺僭耳. 又得遺事之闕漏者四五條, 以付其後而歸之.

---

151 大往: 『周易』「否卦」卦辭에 "否는 人道가 아니다. 군자의 貞에 이롭지 않으니, 大가 가고 小가 온다.〔否之匪人, 不利君子貞, 大往小來.〕"라 하였다. 여기서 大는 陽을 뜻하니 군자를 가리키고 小는 陰을 뜻하니 소인을 가리킨다. 즉 소인은 득세하고 군자를 否塞한 운세를 말한다.

152 北門夜啓: 北門은 경복궁 북쪽 문인 神武門이다. 己卯士禍 때 南袞 등이 한밤중에 몰래 북문을 통해 들어가 임금에게 告變하여 士禍를 일으켰다. 그래서 기묘사화를 北門之禍라고도 한다.

153 威武……丈夫: 孟子가 "부귀가 마음을 방탕하게 하지 못하며, 빈천이 절개를 바꾸게 하지 못하며, 위무가 지조를 굽히게 하지 못하는 이런 사람을 대장부라 한다.〔富貴不能淫, 貧賤不能移, 威武不能屈, 此之謂大丈夫.〕"라 하였다. 『孟子 滕文公下』

154 附驥: 파리가 천리마의 꼬리에 붙으면 천리를 갈 수 있다는 뜻이다. 『史記』권61「伯夷列傳」에 "顏淵이 비록 학문에 독실했으나 孔子라는 천리마의 꼬리에 붙어서 간 덕분에 그 행실이 더욱 드러났다.〔顏淵雖篤學, 附驥尾而行益顯.〕"라 한 데서 온 말이다.

36. 정사중의 『선대 필적첩』의 발문

丁思仲『先代筆蹟帖』跋 병오년(1786, 75세)

내가 일찍이 정씨(丁氏)의 『술선록(述先錄)』을 읽어본 적이 있다. 그 책에는 선대의 아름다운 언행과 환로(宦路)의 이력과 사업 등을 빠뜨리지 않고 모두 다 수록하여 자손이 보면 선조(先祖)를 사모하는 마음을 일으켜 계술(繼述)할 생각을 갖도록 하였으니, 옛사람이 "효제의 마음이 뭉클 일어난다."라고 한 것이 과연 거짓이 아니며, 세도(世道)에 도움이 되는 바가 크다 하겠다. 아! 조상과 자손은 하나의 기운이 서로 이어지니, 비록 멀리 백대(百代), 천대(千代)에 이를지라도 후손이 선조를 추모하는 마음이 일어나는 것은 절로 어찌할 수 없다. 이는 진실로 타고난 천성에서 우러나는 것이지 인위적으로 그렇게 하는 것이 아니다.

나의 벗 정사중(丁思仲)은 행실이 돈독한 선비다. 그의 9세조(世祖) 월헌공(月軒公 정수강(鄭壽崗)) 이하로부터 그 선대인(先大人)에 이르기까지 모든 수필(手筆)과 진적(眞蹟)을 모아서 1첩(帖)을 만들어 장정(裝幀)하여 집안의 보장(寶藏)을 삼고서 말하기를,

"우리 선세(先世)의 언행과 사업은 『술선록(述先錄)』에 다 기록되어 있으니, 사람들이 구비(口碑)로 전한다 할 만하고 자손만이 외우고 전한 것은 아니다. 그러나 서법(書法)과 필적(筆蹟)으로 말하자면 선조의 정신과 마음의 운용이 오로지 여기에 있으니 도리어 중요하지 않은가. 이 때문에 여러 해 동안 모아서 비로소 이 첩을 만들었다."

라 하였다.

9세(世)를 지나는 사이에 몇 차례의 병화(兵火)를 겪었는데도 조상이 남긴 글과 보배로운 글씨가 겁화(劫火)의 속에서 보존되어 마침내 사중(思仲)에게로 돌아갔으니, 이 또한 기이한 일이며, 이 또한 하늘이 효성에 감복한 소치이다.

나의 9대조 익헌공(翼憲公)이 월헌공과 친한 벗이라 일찍이 기로회(耆老會)를 만들었으니, 이는 세상에 많이 알려진 사실이다. 이제 이 서첩(書帖) 중에 월헌공이 우리 선조에게 준 짧은 편지와 율시(律詩) 한 수가 들어있는 것을 보고 손을 씻고 받들어 읽노라니 슬픈 감회를 금할 수 없다.

사중과 나의 집안은 9세 동안 세교(世交)를 맺어 왔고 사중과 나는 배항(輩行)이 같은 터라 나는 사중을 아우로 보고 사중은 나를 형으로 섬긴다. 이제 사중이 나에게 발문을 부탁하였다. 나는 실로 문장에 능하지 못하니, 어찌 남의 글에 서발(序跋)을 쓸 수 있으리오. 그러나 사중에게만은 사양할 수가 없기에 우선 이렇게 기록하여, 우리 두 사람의 자손으로 하여금 두 집의 세의(世義)가 남다름을 알아서 각기 당시 선조의 마음으로 마음을 삼게 한다. 이렇게 한다면 두 집안의 세의가 백세토록 변치 않을 것이다.

余嘗讀丁氏述先錄矣, 其於先代嘉謨懿行·宦迹事業, 率皆收錄, 靡所闕遺, 使子孫見之, 得以寓羹墻之慕而思所以繼述之, 則古人所謂孝悌之心油然而生[155]者果不誣, 而有補於世教大矣. 噫! 祖先之於子孫, 一氣相連, 雖至百千代之遠, 而興感之懷, 自有不能已者, 是固出於秉彝之性, 不假於人爲也. 吾友丁思仲, 篤行士也. 自其九世祖月軒公以下, 至于其先大人手筆眞蹟,彙爲一帖, 裝繢而寶藏之曰: "吾先世之言行事業, 『述先錄』盡之矣. 可謂人口有碑, 不獨子孫之誦而傳之也. 至若書法筆蹟, 則先祖精神心術之運, 專在於是, 顧不重歟! 用是積年鳩輯, 始成此帖." 九世之間, 經幾兵燹, 而遺唾寶墨, 得全於刧火之餘, 而終歸於思仲, 則是亦奇矣, 是亦孝感之所致也. 鼎福九世祖翼憲公與月軒公相友善, 嘗與爲耆老會, 世多傳道. 而今見帖中, 有月軒公與我先祖短札及一律, 盥手擎讀, 不勝感愴. 思仲與我爲九世世交, 而輩行與之同, 余弟視思仲, 而思仲兄事余. 今請跋於余, 余實不文, 豈敢序跋人文字哉? 於思仲有不可辭而姑記之, 使余二人子孫, 知兩家世義之非常, 各以其先祖當日之心爲心, 則可能百世無替矣.

---

155 孝悌……而生: 宋나라 때 문장가로 唐宋八大家의 한 사람인 蘇洵의 「蘇氏族譜序」에 "우리 족보를 보는 자는 孝悌의 마음이 뭉클 일어날 것이다.〔觀吾之譜者, 孝悌之心, 可以油然而生矣.〕"라 하였다. 『古文眞寶後集 권7』

37. 족보의 발문

族譜跋 경술년(1790, 79세)

우리 안씨(安氏)가 광주(廣州)를 관향(貫鄕)으로 쓴 것은 고려 초부터 이미 그러하였는데도, 대동보(大同譜)가 없어서 오랜 옛날의 보계(譜系)는 상고할 길이 없은 지 이미 오래이다. 국초(國初)에 사간공(思簡公 안성(安省)) 선조가 족보 3권을 만들었는데 그 족보는 없어져 실전(失傳)하지만 다행히 서문이 남아 있어서 범례와 규모는 대략 알 수 있다. 그 후로 종인(宗人)들이 저마다 파보(波譜)를 만들어 이어올 따름이다.

나의 증조 별검(別檢)·동지(同知) 두 부군(府君)이 모두 합보(合譜)할 뜻을 가졌으나 책이 미처 이루어지지는 못하였다. 조부 양기재 부군(兩棄齋府君)과 우리 선군(先君)이 선대의 뜻을 계술(繼述)하여 경외(京外)의 종족(宗族)들의 보첩을 수합하였으나 역시 일을 끝마치지 못하였다. 그 후 영묘(英廟) 무오년(1738)에 영남에 사는 종장(宗丈) 의형(義亨)씨가 발론(發論)하여 드디어 전보(全譜)를 만들었으니, 이번에 간행한 족보가 바로 이것이다. 여러 서문들을 보면 이 일의 전말을 알 수 있다. 만약 무오본(戊午本)이 없었다면 우리 안씨는 서성(庶姓)에 불과하고 말았을 것이니, 어찌 큰 다행이 아니겠는가! 당시 족보를 편수할 때 나도 나이 어린 후생으로서 작업하는 대열에 끼었는데, 이 족보가 간행된 지 이미 50년이 넘었다. 그 사이에 자손이 더 번창했을 뿐 아니라 이 족보 중에는 미처 상고하지 못하여 잘못 기록한 곳들도 있다.

좌랑 안경점(安景漸)은 총명하고 박식한 사람이다. 신축년에 나에게 편지를 보내기를,

"우리 집안의 전보(全譜)를 간행한 것은 실로 전고(前古)에 미처하지 못했던 일이지만 그 중에 의논할 점이 있습니다. 한 사람은 서울에서, 한 사람은 향리에서 우리 둘이 다시 수정하지 않으면 후손들이 취신(取信)할 길이 없게 될 터이니, 지금 서둘러 해야 하지 않겠습니까."

라 하였다. 내가 이에 사양하지 않고 일을 맡아, 단지 초본 1, 2본만 만들어내어 두 집에 나누어 보관해 두고자 하였다. 그런데 불행하게도 좌랑군이 세상을 떠났고 나도 노쇠하고 병폐(病廢)한데다 다시 상의할 사람이 없기에 이 일을 그만두기로 했다. 그런데 뜻밖에도 호서(湖西)의 종인(宗人) 상성(尙成)이 의욕을 갖고 앞장서서 발의하여 여러 종족들에게 통문(通文)을 돌려 각기 명하전(名下錢)을 거두어 기필코 일을 성취하고자 하였다. 다만 가난한 종중(宗中)에 힘은 미약하고 공역(工役)의 비용은 매우 많이 들어 뜻대로 되지 않은 것이 많으니, 이 점이 안타깝다. 그러나 이 족보가 이루어진 것은 지공무사(至公無私)한 뜻에서 나왔으니, 여러 종족들이 만약 이 뜻을 헤아려서 한 기운을 받은 골육이라는 의리를 잊지 않는다면, 비록 서파(庶派)일지라도 이 뜻을 미루어 소외감을 가지고 스스로 멀리하는 마음이 없을 것이다. 정자(程子)가 말한 "종족을 거두고 풍속을 후하게 한다."는 뜻이 실로 여기에 있을 것이니, 바라건대 저마다 힘쓸지어다.

吾安受姓廣州, 自麗初已然, 而無大譜, 在古尙矣無徵. 國初, 思簡公先祖爲譜三卷, 譜佚不傳, 幸有序文存焉, 凡例規模, 槩可知矣. 自後宗人各自爲派, 以相傳繼而已. 鼎福曾祖別檢・同知兩府君, 皆有合譜之意, 書未及成, 王考兩棄齋府君及我先君繼述先志, 收牒于京外宗族, 亦未卒業. 後來英廟戊午, 嶺中宗丈義亨氏發論, 遂成全譜, 今刊本是也. 觀於諸序文, 可知矣. 若無戊午本, 吾安不過爲庶姓而止耳, 豈不大幸哉? 當時修譜時, 余亦以年少後生, 參論於執役之列, 此譜之行, 今踰五十年矣. 不惟子孫繁衍, 其中有未及考信而多有訛謬者. 安佐郎景漸, 聰明博洽之人也. 辛丑年間, 貽書于余曰: "吾家全譜之流行, 果是前古未行之事, 而間有商量者. 於京於鄉, 吾二人不更修整, 則似無後來之取信, 何不及今爲之?" 余乃不辭而當之, 只欲出草本一二件, 分置兩家矣. 不幸佐郎君已逝, 余以衰癃病廢, 又無相議之人, 將欲置之, 不意湖西宗人尙成銳意唱論, 發文於諸宗, 各收名下錢, 以爲必成之地. 但貧宗力弱, 工價太重, 多有不稱意者, 是可恨也. 然今此譜之成, 出於至公無私之意, 諸宗若能體此意而不忘一氣骨肉之義, 雖庶派亦能推此意而無復疏外自別之心, 則程子所謂收宗族厚風俗[156], 亶在是矣. 幸各勉之哉?

---

156 收宗族厚風俗 : 伊川 程頤가 "천하의 인심을 결속하여 종족을 거두고 풍속을 후하게 하여 사람들로 하여금 근본을 잊지 않게 하려면, 모름지기 계보를 밝히고 세족을 거두며 종자에 관한 법을 세워야 한다.〔管攝天下人心, 收宗族厚風俗, 使人不忘本, 須是明譜系收世族立宗子法.〕"라 하였다. 『二程遺書 권6』

순암집
19권

1. 『하학지남』 뒤에 쓰다

題『下學指南』 경신년(1740, 29세)

학(學)이란 지(知)·행(行)을 총괄한 명칭이요, 그 배우는 바는 성인(聖人)을 배우는 것이다. 성인은 생지(生知)·안행(安行)이라 인륜(人倫)에 지극한 분이다. 성인의 도를 배우는 것은 성인의 지(知)와 행(行)을 찾는 데 불과하니, 일상생활 중 인륜을 벗어나지 않는다.

"순(舜)은 사물의 이치에 밝으며 인륜에 대해 살폈다."고 했으니, 이는 뭇 사물의 이치를 밝게 알고 특히 인륜에 대해 자세히 살펴 알았다는 말이다. 『대학(大學)』에서 격물치지(格物致知)의 뜻을 논하면서 "먼저 하고 뒤에 할 바를 알면 곧 도(道)에 가깝다."라 하였으니, 알아야 할 바가 비록 많지만 의당 먼저 알아야 할 바는 실로 일상생활 중의 인륜을 벗어나지 않는다.

맹자는 "요순(堯舜)의 지혜로도 모든 일에 두루 미치지 못하는 것은 선무(先務)를 급히 여겼기 때문이다."라 하였으니, 그 선무란 무슨 일을 가리키는가. 공자는 "아래에서 배워 위로 통달한다.〔下學上達〕"라 하였으니, 아래란 비근(卑近)한 것을 말한다. 비근하여 알기 쉬운 것은 일상생활 중 인륜이 아니고 무엇이겠는가. 여기에 힘을 쏟아 끊임없이 공부를 쌓아 나아가 많은 신고(辛苦)의 경계(境界)를 다 겪은 뒤에야 마음과 몸이 하나가 되어, 일상생활 중 사욕(私欲)에 막혀 곤란을 겪게 될 우려가 없이 쾌활하고 시원한 경지를 볼 수 있게 되는 것이니, 상달(上達)은 바로 여기에 있는 것이다. 따라서 이른바 학(學)이란 다만 아래에서 배우는 하학(下學)일 뿐인 것이다. 성인의 언행이 『논어』한 책에 갖추어져 있는데, 그 말은 모두 하학의 비근한 곳의 알기 쉽고 하기 쉬운 일이며, 차원이 매우 높아 실행하기 어려운 일은 없다.

후세에는 학문을 말하면 반드시 '심학(心學)'이라 하고 '리학(理學)'이라 한다. 심(心)과 리(理) 두 글자는 형태나 그림자가 없어서 손으로 더듬어 잡을 수 없는 것이니, 모두 허황한 말이다. 공자는 "평소 거처할 때 공손하고, 일을 할 때 공경하며, 남과 사귈 때 충심을 다한다."라 하였고, 또 "말은 충신(忠信)하고, 행실은 독경(篤敬)한다."라 하였으니, 과연 여기에 힘을 쏟아 잠시도 놓지 않고 오랫동안 익혀 나간다면 청명(淸明)이 몸에 있음에 지기(志氣)가 신명(神明)해져 마음은 굳이 잡지 않아도 보존되고 이치는 굳이 연구하지 않아도 밝아져서 절로 상달(上達)의 경지에 이를 것이다.

후세의 학자는 하학을 도리어 비천(卑淺)하다 하여 탐탁찮게 여기고 늘 천인성명(天人性命)·이기사칠(理氣四七)의 설에 구구하게 관심을 두지만, 가만히 그 행실을 살펴보면 일컬을 만한 것이 없으면서도 상달을 모르는 것만을 부끄럽게 여긴다. 그리하여 종신토록 학문을 해도 덕성(德性)을 끝내 수립하지 못하고 재기(才器)를 끝내 성취하지 못하여 여전히 학문을 한 적이 없는 사람의 꼴이 되고 마니 과연 무슨 이익이 있겠는가. 이는 하학의 공부를 알지 못하여 그러한 것이다.

學者, 知行之總名, 而其所學, 學聖人也. 聖人生知安行[157], 而爲人倫之

---

[157] 生知安行 :『中庸章句』20장에 "혹 태어나면서부터 알기도 하고, 혹 배워서

至.[158] 學聖人之道, 不過求聖人之知與行, 而不出於日用彛倫之外也. 舜明於庶物, 察於人倫[159], 言其明知庶物之理而尤致察於人倫也. 『大學』論格致之義, 亦曰: "知所先後, 卽近道矣." 知雖多般, 而所當先者, 實不出於日用彛倫之外. 孟子亦曰: "堯舜之知, 而不遍物, 急先務也." 其謂先務, 指何事也? 子曰: "下學而上達." 下者卑近之稱也. 卑近易知者, 非日用彛倫而何? 用工於此, 積累不已, 備盡多少辛苦境界, 然後心體爲一, 無艱難扞格之患, 而庶幾覯快活灑然之境, 上達卽在此也. 故所謂學者, 只是下學而已. 聖人言行, 具於『論語』一書, 其言皆是下學卑近處易知易行之事, 而無甚高難行之事矣. 後世論學, 必曰心學, 曰理學, 心·理二字, 是無形影無摸捉, 都是懸空說話也. 子曰: "居處恭, 執事敬, 與人忠." 又曰: "言忠信, 行篤敬." 果能於此下工, 斯須不舍, 積習之久, 淸明在躬, 志氣如神, 心不待操而存, 理不待究而明, 自能至於上達之境矣. 後世學者, 却以下學爲卑淺而不屑焉, 常區區於天人性命·理氣四七之說, 夷考其行, 多無可稱, 而唯以不知上達爲羞吝, 終身爲學, 而德性終不立, 才器終不成, 依然是未曾爲學者貌樣, 果何益哉? 是不知下學之工而然也.

혹 애를 써서 알기도 하는데, 그 앎에 미쳐서는 같다. 혹 편안히 행하기도 하고, 혹 이롭게 여겨 행하기도 하고, 혹 억지로 힘써 행하는데, 그 성공함에 미쳐서는 같다.〔或生而知之, 或學而知之, 或困而知之, 及其知之一也; 或安而行之, 或利而行之, 或勉强而行之, 及其成功一也.〕"라 한 데서 성인의 경지를 말한 '生而知之'와 '安而行之'를 축약한 것이다.

158　人倫之至 : 성인은 사람의 도리에 지극한 분이란 뜻이다.맹자가 "규구는 방원의 지극함이요 성인은 인륜의 지극함이다.〔規矩, 方員之至也; 聖人, 人倫之至也〕"라 하였다. 『孟子 離婁上』

159　舜明……人倫 : 『孟子 離婁下』에 보인다.

2. 『경안 2리 하계 명첩』에 쓰다
題『慶安二里下契名帖』정축년(1757, 46세)

아! 이는 하계(下契)의 이름을 쓴 첩자(帖子)이다. 예전에 동약(洞約)에 들지 않았을 때는 본디 유산(遊散)한 사람이었다가 이제 한 첩(帖)에 함께 들어 약속(約束)한 사람이 되었다. 무릇 사람의 마음이란 유산하면 나태하고 약속하면 경각(警覺)하는 법이니, 유산하여 마지않으면 악(惡)으로 흘러가고 약속하여 마지않으면 선(善)으로 들어가는 것은 필연의 형세이다. 오늘의 뜻은 진실로 너희들이 악을 버리고 선을 따르게 하려는 것일 뿐이다.

악에는 여러 가지가 있지만 부형에게 효제(孝悌)하지 않고 국가의 정령(政令)을 따르지 않고 동약을 지키지 않는 것이 그 중에서도 특히 큰 것이며, 선에는 여러 가지가 있지만 부형을 잘 섬기고 국가의 정령을 잘 따르고 동약을 잘 지키는 것이 그 중에서도 특히 큰 것이다. 사람의 자제로서 부형에게 효제하지 않고 국가의 백성으로서 정령을 따르지 않고 동약에 든 사람으로서 약헌(約憲)을 따르지 않는다면 비록 다른 선이 있을지라도 일컬을 것이 못 된다. 백성된 사람의 도리는 들어가서는 부형이 있는 줄 알고 나가서는 장상(長上)이 있는 아는 것에 불과하다. 이 마음을 잃지 않아서 실행하여 마지않으면 집안의 현자(賢子)가 되고 나라의 양민(良民)이 되고 향리의 선인(善人)이 됨에 권선(勸善)의 정사가 행해질 것이요, 그렇지 않으면 집안의 패자(悖子)가 되고 나라의 완민(頑民)이 되고 향리의 기인(棄人)이 됨에 악을 징계하는 벌이 따를 것이니, 힘쓰고 삼가지 않아서야 되겠는가.

금일 이후로는 같은 첩자에 이름을 쓴 뜻을 의당 생각하여 선을 서로 권면하고 악을 서로 경계하여 한 집안 식구처럼 화목하고 화락하게 지내야 할 것이다. 만약 묵은 원한이 있으면 원한을 풀고, 종전부터 좋은 사이일 경우였다면 더욱 좋은 사이를 도탑게 하여 다 같이 선으로 돌아가서 영구히 변치 말도록 해야 할 것이니, 그렇게 된다면 어찌 즐겁지 않겠는가.

만약 말할 만한 선이나 악이 있으면 각기 이름 아래에 표를 붙여 적어둠으로써 권면하고 징계하는 방도를 삼아 누구나 한번 이 첩자를 보면, 그 선과 악을 가릴 수 없도록 하는 것은 또한 그대들이 하기에 달렸으니, 힘쓸지어다.

噫! 此下契題名帖也. 昔不入約, 固是遊散之民; 今同一帖, 便爲約束之人. 凡人之心, 怠惰於游散, 警惕於約束, 遊散不已而流於惡, 約束不已而入於善, 必至之勢也. 今日之意, 誠欲令爾等棄惡而從善而已. 惡有多般, 而不孝悌於父兄, 不從國家之政令, 不遵洞約, 是其尤者也; 善亦有多般, 而能事其父兄, 能從國家之政令, 能遵洞約, 是其大者也. 爲人子弟而不孝悌於父兄, 爲國家之民而不從政令, 爲洞約之人而不遵約憲, 雖有他善, 不足稱矣. 爲民之道, 不過入而知有父兄, 出而知有長上, 不失此心而行之不已, 則爲家之賢子, 國之良民, 鄕里之善人, 勸善之政行焉; 否則爲家之悖子, 國之頑民, 鄕里之棄人, 懲惡之罰隨之. 可不勉而愼之哉? 自今以後, 宜思同帖題名之義, 相勸以善, 相戒以惡, 雍睦和樂, 如一家之人, 如有宿怨, 宜釋其怨, 或有舊好, 益篤厥好, 同歸于善, 永世勿替, 則豈不樂哉? 如有善惡之可言者, 各於名下, 付標而記之, 以爲勸懲之道, 使人一見此帖, 馨機難掩, 亦由爾等之所行也. 其勉之哉!

3. 한음 이 문익공이 자손들에게 훈시(訓示)한 편지의 뒤에 쓰다

題漢陰李文翼公訓子孫書後 기묘년(1759, 48세)

선묘조(宣廟朝)에는 훌륭한 재상이 많았지만 덕업(德業)과 기식(器識)으로 추중(推重)할 경우에는 반드시 한음(漢陰) 이문익공(李文翼公 이덕형(李德馨))이라 하였다. 내가 그 문집을 읽어보고 실로 뒤늦게 세상에 태어나 공을 뵙지 못한 것을 탄식했는데, 일찍이 공의 5대손 탑곡(塔谷) 이상사장(李上舍丈)을 통해 공이 자손들에게 훈시(訓示)한 편지를 얻어 보고서 공의 용심(用心)을 알았다.

이 편지는 만력(萬曆) 무술년(1598, 선조31) 9월 4일에 쓴 것이다. 당시에 유총병(劉總兵 명(明)나라 장수 유정(劉綎))이 서로(西路)의 장수들을 거느리고 군사를 전진시켜 적추(敵酋) 소서행장(小西行長)을 순천(順天)에서 공격하고 있었다. 공은 좌상(左相)으로서 반접사(伴接使)가 되어 군중에 있었으니 군사의 기무(機務)가 급박하여 틈이 없었을 것이다. 그런데도 공은 송(宋)나라 명신(名臣)과 염락(濂洛)의 선생들의 말씀을 절취(節取)하여 자제들에게 보내며,

"항시 이것을 보아서 양심(良心)을 감발(感發)시키도록 하라."
라 하였다.

아! 이 때가 어떤 때인데 마치 서실에서 일과 공부를 시키듯이 조용히 훈계하고 당시 전장(戰場)의 일은 한마디도 언급하지 않아 전장에 있는 것이 마치 안방 침석(枕席)에 있는 것 같았으니, 탁월한 도량을 갖춘 이가 아니고서야 이럴 수 있겠는가. 더구나 이 해에 공의 나이 38세라 맹자가 부동심(不動心)한 나이보다 두 살이나 적었는데도 능

히 이러하였으니, 이는 더욱 어려운 일이다. 입조(立朝)의 대절(大節)이 광명하고 위대하여 후세에 길이 전해지는 것이 당연하다.

평범한 사람의 입장에서 본다면, 국가에 일이 있을 때 부형으로서 자식에게 바라는 바는 반드시 공명(功名)을 세우는 일일 터인데, 공은 오직 마음을 다스리고 몸을 닦고 학문을 부지런히 하고 집안을 다스리는 일을 간곡하게 당부하였으니, 이는 본말(本末)과 선후(先後)의 도리를 잘 살핀 것이다.

내가 세 번 반복해 읽고 탄식하고는 이 글의 뒤에 써서 나의 존모하는 뜻을 담는 한편 대인(大人)으로서 대업(大業)을 이루는 이는 애초에 밖에서 얻어지는 공명을 기다리지 않고 자기 안으로 마음을 옳게 썼다는 것을 알리고자 한다. 상사공(上舍公)이 남들은 견디기 어려운 곤궁한 생활 속에서도 분수를 지키면서 지조가 정독(貞篤)하여 안빈낙도(安貧樂道)하는 것은 또한 가훈에서 말미암은 바가 있을 것이다.

粤在宣廟朝, 多賢宰相, 而推德業器識, 必曰漢陰李文翼公. 余讀其遺集, 實有晚生之歎, 嘗從公五世孫塔谷李上舍丈, 奉玩公訓子孫書, 有以知公之用心矣. 書成於萬曆戊戌九月四日, 是時, 劉總兵掌西路將進兵擊賊酋行長于順天. 公以左相, 伴在軍中, 兵機交急, 宜無暇隙, 而公節取宋名臣·濂洛諸先生語, 書歸諸子曰: "常目在之, 以感發其良心." 噫! 此何時也? 而從容訓誡, 若在書室課授時, 無一言及當日事, 處戰場如衽席, 非有絶異之度量而能如是乎? 是歲, 公年三十八, 不及孟子不動心之年二, 而能如此, 是尤難也. 宜其立朝大節, 光明俊偉, 可傳於後世也. 自常人視之, 則當國家有事之時, 父兄之望於子弟者, 必以功名相期. 而公獨眷眷於治心修身勤學理家之節, 其審於本末先後之義, 大矣. 三復歎息, 敬書其後, 以寓尊慕之意, 又欲

以知大人之能成大業者，初不待外而在我用心之得宜矣．上舍丈安分固窮，
志操貞篤，有人不堪其憂而樂之者，其亦家訓之有自歟！

4. 『정열부 행록』의 뒤에 쓰다

題『鄭烈婦行錄』後 임오년(1762, 51세)

세상에서 일컫는 부인의 절개에 세 가지가 있으니, 화난(禍難)을 만나서는 몸을 버려 의리를 지키고 구차하게 삶을 도모하지 않는 경우가 있으며, 남편이 죽은 후에 시부모가 의탁할 곳이 없으면 살아남아서 봉양하는 경우가 있으며, 남편이 죽은 후에 자식들이 어려서 제사를 맡길 데가 없으면 살아남아서 제사를 모시는 경우가 있다. 위 한 가지 경우로 말하면 상황이 급박하여 오직 한 번 죽는 길 이외에 다른 것을 따질 겨를이 없는 것이며, 아래 두 가지 경우는 평상시에 있는 일로 핍박과 능욕의 우려가 없으니, 의당 그 경중을 헤아려 처신함으로써 죽은 사람은 알고 산 사람은 유감이 없도록 해야 할 것이다.

이런 까닭에 역대의 사가(史家)들이 부인으로서 이 세 가지 경우에 잘 처신한 사람들을 모두 정렬전(貞烈傳)에 넣었으니, 이는 까닭이 있는 것이다. 아! 만약 뒤의 두 가지 경우가 없는데도 남편을 잃고서 환한 대낮에 밝힌 촛불처럼 아무런 의미 없이 외롭게 살아간다면, 이는 경중(輕重)을 헤아릴 줄 모르는 일개 과부에 지나지 않을 것이다. 그렇다면 차라리 한 번 죽어 남편을 뒤따르는 편이 낫지 않겠는가. 열부 정씨(鄭氏)와 같은 사람은 죽어서 정절(貞節)을 지켰다고 할 수 있다.

임오년 겨울에 어떤 사람이 나를 찾아와 다음과 같은 이문(異聞)을 얘기해 주었다.

"예전에 여강(驪江)을 지나가노라니 마을 할미 서너 사람이 소복을 입고 눈물을 흘리며 걸어가면서 서로 말하기를, '세상에 이런 사람이 다시 있을까! 세상에 이런 사람이 다시 있을까!' 하고, 탄식으로 부족하여 목이 메어 말도 하지 못하였다. 괴이쩍게 여겨 물어보았더니, '이 근처에 정씨(鄭氏)의 딸로서 박씨(朴氏)의 아내가 된 사람이 있었는데 남편을 따라 죽어 장사를 지내려 하기에 지금 그 상여를 보내고 오는 길입니다.'라 하였다. 그 상세한 연유를 물어보았더니 할미들이 정씨의 아름다운 행실을 하나하나 들어 대답하기를 '정씨는 재주와 용모가 특출하고 성품과 행실이 단정하였으며 여공(女工)도 매우 잘하였다.'라 하고, '결혼하기 전에는 부모 섬기기를 효성스럽게 하고 형제간에 우애가 있었다.'라 하고, '시집가서는 남편을 공경하여 뜻을 어김이 없고 가난하게 살면서도 의식(衣食)을 마련하는 일로 남편을 번거롭게 하지 않았으며, 또한 한 가지 일도 남에게 도움을 청하는 일이 없었다.'라 하였다. '남편이 병들자 정성과 힘을 다하여 병구완을 하느라 옷도 벗지 않고 잠도 자지 않았으며 밤이슬을 맞으며 기도를 하였다. 여러 달이 지나도록 이렇게 하기를 하루같이 하였다.'라 하고, '남편이 죽자 염습(斂襲)에 쓰일 물건이 모두 미리 갖추어져 있었고 곡읍(哭泣)을 예법대로 하여 허겁지겁 정신을 차리지 못하는 지경에 이르지 않았다.'라 하고, '남편은 죽고 자식도 없다고 하여 자결하려 하였으나 형제들의 제지로 하지 못하였다.'라 하고, '치상(治喪)과 장례를 몸소 치렀는데, 제수가 넉넉하고 정갈하였으며, 이웃 마을에서 와서 일을 도와준 사람들에게 제사 음식을 고르게 나누어주었다.'라 하고, '장례를 치른 뒤 형제들의 방비가 조금 느슨해지자 마침내 약을 먹고 자진하였다.'라 하고, '죽은 뒤에 베개 속에서 유서가 발견되었다. 그 유서에 「남편의 장례가 끝났으니 의당 내 뜻대로 하겠으니, 부디 남편과 한 무덤에 묻어 주시오. 제가 시어머님을 뵙기도 전에 시어머님이 돌아가신 것이 지극한 슬픔이니 시어머님이 남긴 편지 한 장을 내 널에 넣어주시오.」라 하더라.'라고 하였다. 할미들은 수백 마디 말을 늘어놓으면서 말할 때마다 눈물을 흘렸으니, 이것이 어찌 기이한 일이 아니겠는가!"

내가 말하기를,

"아아! 그 3, 4명의 시골 할미는 정씨의 족친도 아니고 비첩도 아닌데도 불쌍히 여기고 슬퍼하는 마음이 이와 같았으니, 이는 정씨의 곧은 마음과 굳은 절조(節操)가 병이(秉彝)의 천성을 감동시켜서 그런 것이다. 정씨가 누구인지 알 수 없는 것이 애석하다."
라 하였다.

그리고 얼마 뒤에 어떤 사람이 우인(友人) 신성연(申聖淵)이 지은 「열부정씨전(烈婦鄭氏傳)」과 사문(斯文) 정창신(鄭昌新)이 지은 그 여동생의 행록(行錄)을 가지고 왔으니, 바로 전에 그 사람이 말해준 정씨로서 할미들의 말과 일치했다.

그 전(傳)을 살펴보건대, 정씨는 초계인(草溪人)으로 광유후(光儒侯) 배걸(倍傑)의 후예이며 태학사(太學士) 하계(霞溪) 권유(權愈)의 외증손녀로서 사인(士人)인 무안(務安) 박사억(朴思億)에게 시집갔다. 박사억의 집안은 대대로 유업(儒業)을 이어왔다. 정씨는 시례(詩禮)의 가문에서 태어나 시례의 가문으로 시집을 갔으니 아름다운 평판과 아름다운 덕행이 있는 것은 당연하다. 그러나 타고난 자질이 아름답지 않고서야 그 절개를 세운 것이 이토록 탁월할 수 있겠는가.

정씨는 갑인년에 출생하여 임오년에 죽었으니 나이 29세였다. 그 유의(遺意)를 따라 9일 만에 남편의 무덤에 합장하였다.

아! 죽기란 어려운 것이 아닌가. 사대부가 평소 약간의 글을 읽어 다소의 의리를 알더라도 한번 변고를 만나면 흔히 이름과 지조를 잃지 않음으로써 일신의 절개를 온전히 지키지 못하는 것은 단지 죽음을 두려워해서이다. 그런데 정씨는 일개 이름없는 한 부인(婦人)으로서 능히 사람들이 다 같이 두려워하는 죽음을 두려워하지 않고 죽음을 능히 결행하였으니, 오호라! 열부(烈婦)로다.

世稱婦人節者三, 有臨難捐軀, 義不苟全者, 有夫死而尊章無依, 則生而養之者, 有夫死而遺孤未成, 烝嘗靡托, 則生而祭之者. 由上一事而言之, 事在急迫, 惟有一死而他不暇計也; 由下兩事而言之, 在平常之時, 無逼辱之患, 當量其輕重而處之, 使死者有知, 生者無憾, 可也. 是以, 歷代史氏以婦人之善處此三事者, 并入于貞烈傳, 有以也. 噫! 若無後兩事, 而畫燭[160]餘生, 兀然獨存, 不過爲無所輕重之一僝婦, 則其不愈於一死從夫之爲快乎? 若烈婦鄭氏者, 可謂得其死矣. 壬午冬, 有客過余而傳異聞曰: "昔過驪江, 有村媼三四, 素服灑泣而行, 相語曰: '世復有如此人乎? 世復有如此人乎?' 咨嗟之不足, 哽咽不能語. 怪而問之, 曰: '此有鄭氏女爲朴氏婦者, 爲夫死而將

---

160 畫燭 : 과부의 삶을 뜻한다. 唐나라 張籍의 「征婦怨」에 "지아비는 전장에서 죽고 자식은 뱃속에 있으니, 첩의 몸은 비록 살아있지만 대낮의 촛불과 같다오.〔夫死戰場子在腹 妾身雖存如畫燭〕"이라 한 데서 온 말이다. 즉 밝은 대낮에 촛불을 밝혀도 아무 도움이 되지 않듯이 살아 있어도 아무 의미가 없다는 말이다.

葬焉, 故今送其喪而歸.'云. 遂請其詳, 衆媼歷數鄭氏之懿行而對曰:'才貌之絶人, 性行之貞純, 女工之瞻敏也.'曰:'在室而事父母孝, 與兄弟友也.'曰:'出嫁而敬夫子無違, 居貧而衣食之辦, 不以煩于夫子, 亦不以一事干人也.'曰:'夫病而殫誠竭力以救之, 不解帶不交睫, 露立嘿禱, 閱累月而如一日也.'曰:'夫殁而殮襲之需, 皆其素具, 哭泣如禮, 不至顚倒失常也.'曰:'以夫死無子, 將欲引決而被諸兄之挽止也.'曰:'喪葬之躬執, 奠需至于豊潔, 而鄰里之效勞者, 分餕甚均也.'曰:'旣葬而諸兄之防患稍弛, 遂仰藥而自盡也.'曰:'旣死而得遺書於枕中, 言夫已葬矣. 當遂吾志, 宜從同穴之願. 又言未及見于姑, 而姑殁爲至痛, 姑札一紙存焉, 願殉棺內也.'衆媼道其事屢百言不已, 言必淚下, 此豈非異事哉?"余曰:"噫嘻! 彼三四村媼, 非鄭氏之族親與婢妾, 憐悲之若是, 是鄭氏之貞心勁操, 能動其秉彝之天而然也. 惜鄭氏之不知爲誰氏也." 無何, 有人携示友人申聖淵「烈婦鄭氏傳」及鄭斯文昌新所撰其女弟行錄, 卽前日客所言鄭氏, 而衆媼之言無加減也. 按傳, 鄭氏草溪人, 光儒侯倍傑之後, 太學士霞溪權愈之外曾孫女, 歸于士人務安朴思億, 思億家以儒素傳業. 生于詩禮之家, 歸于詩禮之門, 宜其有令聞令德, 而不有生質之美, 其樹立之卓, 能如是乎? 鄭氏生甲寅, 殁壬午, 得年二十九, 諸兄從其遺意, 九日而合葬其夫之塚. 嗚呼! 死不其難乎? 士大夫平居讀多少書, 識多少義理, 而一履變故, 多不能完名守節以全其身者, 徒以一死字爲畏也. 鄭氏以眇然一婦人, 能於人所同畏之一死字, 不畏焉, 能辦其死, 則嗚呼其烈矣哉?

5. 탑곡 이 상사 어른의 행장 뒤에 쓰다

題塔谷李上舍丈行狀後 병술년(1766, 55세)

천도(天道)는 선한 자에게 복(福)을 주고 악한 자에게 화(禍)를 주는 법이다. 그러나 천도가 일정하지 못한 지가 오래이니, 백이(伯夷)와 도척(盜跖) 이후로 사람들이 더욱 의심하게 되었다. 만약 천도의 이치가 참으로 그렇다고 한다면 저토록 맞지 않고, 그렇지 않다고 한다면 사람들이 장차 선(善)을 하는 데 게을러질 것이다.

혹자는 말하기를,

"천지가 생긴 지 수천만 년이 지났으니 천지도 늙었다. 지금 세상에서 하늘을 원망하는 자가 오히려 '늙은 하늘은 아는 바가 없다.'라고 하니, 이는 마치 사람이 늙어 기운이 쇠하면 성정(性情)과 호오(好惡)가 젊을 시절과 달라지는 것과 같다."

라 하니, 아아! 이 무슨 말인가.

하늘은 리(理)다. 리는 선만 있고 악은 없으니, 악이란 그 기수(氣數)의 고르지 못한 것이다. 기수가 고르지 못한 것을 가지고 천리의 본연(本然)을 의심할 수는 없다. 천지의 사이에 참여하여 삼재(三才)로서 나란히 선 것이 사람이고, 천지의 도를 도와서 이루는 것은 성인(聖人)이 하는 일이다.

옛날에 성왕(聖王)이 세상을 다스릴 때에는 하늘을 대신하여 만물을 다스려 천리가 본시 선하다는 것을 알았기 때문에 선한 자에게 복을 주고 악한 자에게 화를 주어 집집마다 모두 봉후(封候)할 만큼 아름다운 풍속을 이루었다. 이 때에는 착한 사람에게 복을 주고 악한 사람에게 화를 주는 이치가 틀림없었다. 그런데 후세에 이르러서는 반대로 되고 말았으니, 이는 모두 세도(世道)의 오융(汚隆)에 달린 것이다. 하늘이 어찌 무슨 의도를 둔 적이 있겠는가. 지금의 세상에서 상고(上古)시대의 정치를 회복하여 천지의 도를 도와서 이루기를 성왕(聖王)이 하던 것처럼 한다면 이 또한 하나의 요순(堯舜)시대가 될 터이니, 착한 사람에게 복을 주고 악한 사람에게 화를 주는 천도의 이치가 이에 틀리지 않게 될 것이다.

이제 탑곡(塔谷) 이상사장(李上舍丈)의 행장을 읽어보건대, 상사장(上舍丈)의 훌륭한 문행(文行)과 독실한 지조(志操)를 두고 사람들이 선인(善人)이라고 하지 않는 이가 없었지만, 무릇 세상에서 일컫는 불우한 운명이란 것이 모두 한 몸에 모여 끝내 궁핍하게 살다 세상을 떠났다. 그래서 사람들이 마침내 착한 사람에게 복을 주고 악한 사람에게 화를 준다는 것이 사실과 맞지 않다고 의심하여 이 말은 성인이 사람들을 교화하기 위해 가설(假說)한 말이라고 생각하게 되었다.

아! 만약 상사장이 요순(堯舜)과 같은 성인의 세상에 태어났다면 응당 집집마다 봉후(封侯)하는 대열에 끼였을 것이요, 지금 세속의 불의한 짓을 많이 하면서 부귀를 누리는 자들은 모두 화를 받게 되었을 것이다. 이는 이른바 세운(世運)의 오융(汚隆)이 그렇게 만든 것이지 천리가 어긋난 것은 아니다.

그렇다면 상사장 같은 분은 천도(天道)에서는 뜻을 펴고 인도(人道)에서는 뜻을 펴지 못한 분이라 할 만하니, 인도에서 뜻을 펴지 못한 것을 가리켜 천리의 본연(本然)을 의심해서야 되겠는가? 나는 세상 사람들이 후세 속인들의 소견을 옳게 여겨 선을 하는 데에 게으

를까 두렵다. 그래서 지금 상사장의 행장에서 느낀 바가 있어 그 천도
를 위해 해명한다.

상사장은 나에게 부집(父執)이 되는데, 이름은 광란(光蘭)이요 자
는 성의(聖猗)이고 본관은 광주(廣州)로 문익공(文翼公) 한음(漢陰)
의 후손이다.

天道福善禍淫, 而天之難定, 久矣. 夷跖以後, 人益疑之. 若謂之信然, 則如
彼其不應; 謂之不然, 則人將怠於善矣. 或者謂: "天地之生, 凡幾千萬年,
則天地亦老矣. 今俗之怨天者, 猶曰: '老天無知.' 是如人老而氣衰, 性情好
惡, 與少壯殊." 噫嘻, 是何言也! 天, 理也. 理有善而無惡, 惡者其氣數之不
齊也, 不可以氣數之不齊, 而疑天理之本然. 參天地而幷立者人也, 財成而
輔相者, 聖人之事也. 古者聖王之御世也, 代天理物, 知天理之本善, 故善者
福之, 惡者禍之, 以致比屋皆封[161]之俗. 于斯時也, 福善禍淫之說不爽. 迨
夫後世則反之, 是皆係于世道之汚隆. 天何嘗有心於其間哉? 當今之世, 而
反古之政, 財成輔相, 如聖王之爲, 則是亦一唐虞也. 福善禍淫之理, 於是而
又不爽矣. 今讀塔谷李上舍丈行狀, 上舍丈文行之美, 志操之篤, 人莫不曰
善人, 而凡世之所謂不遇命者, 叢萃于一身, 卒窮餓以歿. 人遂疑福善禍淫
之無其實, 而以福善禍淫之說, 爲聖人立敎假設之語. 噫! 若使上舍丈生于
唐虞聖人之世, 則當在比屋可封之列, 而今俗之多行不義, 富貴薰瀜者, 亦

<hr>

161 比屋皆封 : 『漢書』「王莽傳」에 "요순시대는 집집마다 다 봉할 만하였다.〔堯
舜之世, 比屋可封.〕"라 하였고, 『論衡』「率性傳」에는 "요순의 백성들은 집집
마다 다 봉해도 되었고, 걸주의 백성은 집집마다 다 죽여도 되었다.〔堯舜之
民, 可比屋而封; 桀紂之民, 可比屋而誅.〕"라 하였다.

將率歸于禍之之科矣. 是所謂世運之汚隆, 有以致之, 非天理之有忒也. 然則若上舍丈者, 可謂伸於天而屈於人者矣. 指其屈於人者而疑天理之本然, 可乎? 余恐世人以後世氓俗之見爲正, 而怠於爲善, 故今於上舍公之狀, 有感而伸其說. 上舍公於余爲父執, 名光蘭, 字聖猗, 廣州人, 漢陰文翼公之後也.

6. 유씨 섬의 『소미통감절요』외기의 뒤에 쓰다

題劉氏『少微通鑑節要』外紀後 정해년(1767, 56세)

우리 동방은 책을 간행하기도 어렵거니와 선비가 책을 읽기란 더욱 어렵다. 속수(速水 사마광(司馬光)의 호)의 『자치통감(資治通鑑)』과 고정(考亭 주자의 별호)의 『강목(綱目)』은 세상에 흔치 않고 게다가 사람들이 그 권질(卷帙)이 너무 많이 애초에 감히 읽을 엄두조차 내지 못한다. 선묘조(宣廟朝) 임진왜란 이후로 서적이 더욱 없어져 버렸다.

모당(慕堂) 홍이상(洪履祥)이 『소미통감절요(少微通鑑節要)』를 얻어 화산(花山 안동(安東)의 옛 이름)에서 간행하였다. 이로부터 이 책이 세상에 크게 유행되었고, 사람들도 이 책을 간편(簡便)하다고 여겨 마침내 동몽(童蒙)이 처음 공부할 때 읽는 책으로 삼았다. 그러나 '위열왕 무인(威烈王戊寅)' 이하만 판각하고 거슬러 올라가 태고(太古)에 이르기까지는 유섬(劉剡)씨의 원본에는 본래 있었는데도 빼버렸으니, 아마도 그 문장이 아정(雅正)하지 못해서 그렇게 했던 듯하다. 그러나 이 때문에 호고(好古)하는 이들은 늘 '무두사(無頭史 머리 없는 사서(史書))라고 하여 아쉬워한다.

정해년 봄에 감호(鑑湖) 권맹용(權孟容)이 평소 나의 사벽(史癖)을 알고 있던 터라 우인(友人)의 헌 상자를 더듬다가 당인본(唐印本)의 낡은 책 하나를 찾아내어 들고 와서 보여주었다. 바로 유섬의 원본이었다. 책은 모두 5편인데, 내가 이것을 향리의 젊은 친구들에게 나누어주어 베껴 두게 하였다. 훗날 오당(吾黨)에 능히 『통감』을 판

각하는 사람이 나와서 이 책까지 합쳐서 판각한다면, 고사(古史)의
수말(首末)이 갖추어질 것이니, 어찌 다행한 일이 아니겠는가.

東方刊書難, 士又讀書難. 『涑水通鑑』·『考亭綱目』, 世不多有, 而人亦厭
其秩多, 初不敢讀. 自宣廟壬亂後, 書籍又湮矣. 洪慕堂履祥得『少微通鑑節
要』, 刻之花山. 由是大行于世, 人亦便其簡徑, 遂爲蒙稚入學之初程. 然而
只自威烈王戊寅以下刊行, 而泝而上至太古, 劉氏剗原本固在而闕之. 意其
文之不雅馴而然也. 好古者恒以無頭史爲恨. 歲丁亥春, 鑑湖權孟容素知余
有史癖, 探友人舊篋中, 得唐印一弊冊, 携而示之, 卽劉氏本也. 書凡五篇,
分授鄕里少友, 謄置之. 後日吾黨有能刻『通鑑』者, 幷此刻之, 則古史首末
備矣. 豈不幸哉?

7. 박효백이 소노천의 「목가산기」를 읽고 쓴 기문 뒤에 쓰다
題朴孝伯讀蘇老泉「木假山記」後

옛사람이 "곤궁한 사람이 시(詩)를 잘 짓는다."라 하였다. 시는 뜻을 말한 것이다. 곤궁한 사람은 겪은 일이 많아 눈앞에서 만나는 사물들이 모두 다 내 마음 속에 감회로 와 닿는 것이 아님이 없기 때문에 이를 표출하여 시로 읊으면 남들이 형용하기 어려운 것을 능히 형용하고 남이 말하지 못하는 것을 능히 말하게 되는 것이다. 이것이 곤궁한 사람이 시를 잘 짓게 되는 까닭이다.

우리 동네의 벗 박효백(朴孝伯)은 곤궁한 사람이다. 70년 동안 글을 읽어 문장을 잘 지으리라 스스로 기약하였지만 한 번도 과거에 합격하지 못하였다. 그래서 몹시 빈곤하게 살았지만 일찍이 하늘을 원망하지도 않고 사람을 탓하지도 않았다. 우연히 소명윤(蘇明允 소순(蘇洵))의 「목가산기(木假山記)」를 읽어보고 느낀 바가 있어 설(說)을 지어 자기 뜻을 담기를,

"일리(一理)가 온 우주에 가득 차 있다가 동정(動靜)에 따라 배태(胚胎)하는 것은 리(理)이고, 일기(一氣)가 우주 안을 돌고 돌아 길흉(吉凶)으로 나뉘어 끊임없이 순환하는 것은 수(數)이다. 리와 수가 서로 발생하여 세력으로 면할 수도 없고 지교(智巧)로 바랄 수도 없는 것이니, 오직 하늘이 명하는 바를 들어 순순히 받아들이고 조용히 기다릴 뿐이다."

라 하였다.

오호라! 이는 곤궁하면서도 그 의리를 잃지 않은 것이다. 곤궁하면

서도 의리를 잃지 않으면 곤궁함이 나와 무슨 상관이 있겠는가. 곤궁한 사람이 시를 잘 짓는다는 말은 과연 거짓이 아니다.

　나도 감탄하여 그 글의 뒤에 쓰노니, 이로써 스스로 힘쓰고, 또 곤궁하면서 천명을 편안히 여기지 못하고 함부로 말하려 하는 자들에게 보여주고자 한다.

古人曰: "窮者能詩.[162]" 詩所以言志也. 窮者閱歷多, 而眼前物事, 無非吾心之所存, 故發而爲詩, 能狀人所難狀之物, 能道人所未道之語. 此其所以能詩也. 洞友朴孝伯, 窮者也. 讀書七十年, 以文章自期, 而一未售於有司, 雖貧窶瑣尾之甚, 而未嘗有怨尤於天人. 偶讀蘇明允「木假山記」, 有感而爲之說, 自寓其意而乃曰: "一理叢匝, 隨動靜而胚胎者理也; 一氣斡旋, 分吉凶而回薄者數也. 互發相生, 不可以勢力免而智巧希, 惟當聽天所命, 順受之靜竢之而已." 嗚呼! 是窮而不失其義者也. 窮而不失其義, 則窮於我何有? 窮者能詩之言, 果不誣矣. 余亦感歎而題其後, 聊以自勉, 又欲以示夫窮而不安其命, 妄欲有云云者.

<hr />

162 窮者能詩 : 宋나라 歐陽脩가 궁하게 살았던 梅聖兪에 대해 말하기를 "세상에서는 시인들 가운데 궁한 이가 많다고 하지만, 시가 사람을 궁하게 하는 것이 아니라 궁해진 뒤에야 시가 좋아진다.〔世謂詩能窮人, 非詩能窮人, 殆窮而後工也.〕"라고 하였다. 『文忠集 卷42 梅聖兪詩集序』

8. 『정산고』의 뒤에 쓰다

題『貞山藁』後 병신년(1776, 65세)

오호라! 이는 망우(亡友) 이경협(李景協 이병휴(李秉休))의 유고(遺稿)로서 기명(旣明 권철신(權哲身))이 초기(鈔記)한 것이다. 그 강의(剛毅)한 자품과 숙속(菽粟) 같은 문장과 정박(精博)한 학식과 근독(謹篤)한 공부는 겸비한 사람이 세상에 몇이나 있겠는가. 비록 나이가 비슷하여 벗으로 지내기는 했지만 실은 나의 스승이다. 금년에 서로 적조하기에 편지를 써서 사흥(士興 이기양(李基讓))에게 부쳐 『한서(漢書)』「예악지(禮樂志)」에 기술한 율려(律呂)의 잘못된 점을 물었는데, 편지가 도달하기도 전에 기명이 부음을 전해오고 또 이 편지를 보내주었다.

설위(設位)하고 한 번 곡한 뒤에 펴서 이 편지를 읽어보노라니 그의 정신과 마음을 접한 듯하다.

오호라! 지금 세상에 어찌 다시 이런 사람이 있겠는가. 더구나 나같이 어리석고 고루한 사람이 질의(質疑)할 곳이 없게 된 것이 더욱 슬프다. 그러나 나도 오래지 않아 지하로 가서 그를 만나지 않겠는가. 애통한 눈물을 거두지 못하고 붓 가는대로 써서 나의 오늘의 비통한 심정을 보인다.

嗚呼! 此亡友李景協之遺稿, 而旣明之所鈔記者也. 其剛毅之姿·菽粟之文[163]·精博之學·勤篤之工, 世有幾人乎哉? 雖以年紀之相等友之, 而實則我師也. 今歲間闊, 修書付士興, 問以『漢志』律呂之差, 書未達而旣明傳訃,且遺以此書. 設位一慟之餘, 披玩上下, 精神心術, 若將接焉. 嗚呼! 今世豈復有此等人, 而顧予蒙陋, 質疑無所, 尤可慟也. 然余亦幾何而不相從於泉下也? 哀淚未收, 信筆走草, 以示余此日之慟.

163 菽粟之文 : 朱熹의 「六先生畫像贊」 '伊川先生'에 "布帛과 같은 문장이요, 菽粟과 같은 맛이로다.〔布帛之文 菽粟之味〕"라 한 데서 온 말로 浮華한 글이 아니라 인간의 삶에 필요한 도리를 서술한 글이란 뜻이다.

9. 족제 성필의 수석시첩 뒤에 쓰다

題族弟聖弼壽席詩帖後 신축년(1781, 70세)

올해 신축년은 족제(族弟) 성필(聖弼)이 회갑을 맞는 해이다. 사람이 50년만 살면 요절(夭折)이라고 하지 않는데, 하물며 10년을 더하여 회갑을 맞았음에랴. 더구나 나는 나이가 열 살이나 더 많아 70세형으로서 61세 아우를 경축하니, 또한 기이한 일이로다.

　이미 지나간 60, 70년 세월 동안 선(善)을 하였는지 악(惡)을 하였는지는 알 수 없지만 아직 오지 않은 1, 2년 혹은 10, 20년 세월에는 행여 큰 잘못이나 없으려는지!

　세상 사람들은 장수를 경축할 때 반드시 남극성(南極星)·거북·학 등을 인용하곤 하니, 이는 거의 추구(芻狗)와 같은 것이라 실로 일컬을 게 못 된다. 성인(聖人)은 송백후조(松柏後彫)로 비유하셨으니, 사군자(士君子)의 입신(立身)과 행기(行己)는 전적으로 만절(晩節)에 있다. 능히 세한(歲寒)의 지조를 온전히 지켜 부모가 온전히 낳아준 이 몸을 잘 보전하여 돌아가는 것이 군(君)과 내가 함께 바랄 바이다.

今辛丑年, 族弟聖弼回甲之歲也. 人生五十不稱夭, 況加乎十年而渾天一周者乎? 況余齒又長乎十歲, 以七十歲之兄, 慶六十一歲之弟, 亦奇矣者乎? 已去光陰六十七十歲, 爲善爲惡, 有未可知, 而未來光陰一歲二歲或十歲二十歲, 幸而無大過乎哉? 世人慶壽, 必引南星龜鶴, 殆同卉犬[164], 此固不足稱. 聖人有松柏後凋[165]之喩, 士君子立身行己, 全在晩節. 能全歲寒之操,保此全生之軀而歸之¹⁶⁶, 君與余所共望也.

---

164 芻犬 : 芻狗와 같은 말이다. 옛날에 이를 제사에 썼는데 제사가 끝나면 내버
리므로, 소용이 있을 때는 사용하고 소용이 없을 때는 내버리는 물건에 비유
된다.

165 松柏後彫 : 孔子가 "날씨가 추워진 뒤에야 송백이 시들지 않음을 알 수 있
다.〔歲寒然後, 知松柏之後彫也.〕"라 하였다. 『論語 子罕』

166 保此……歸之 : 曾子가 "부모가 온전히 낳아주셨으니, 자식이 온전히 돌아가
야만 효도라 할 수 있다. 자기 육체를 훼손시키지 않고, 자기 몸을 욕되게
하지 않아야만 온전히 했다고 이를 수 있는 것이다.〔父母全而生之, 子全而歸
之, 可謂孝矣. 不虧其體, 不辱其身, 可謂全矣.〕"라 한 데서 온 말이다. 『禮記
祭義』

10. 『열녀여흥이씨행록』의 뒤에 쓰다

題『烈女驪興李氏行錄』後 신축년(1781, 70세)

여자의 행실은 비록 유순(柔順)해야 하지만 그 지극한 경지를 말하면 결국 정렬(貞烈)로 돌아가니, 유순은 인(仁)에 속하고 정렬은 의(義)에 속한다. 인의(仁義)의 도리는 진실로 사람이 품수(稟受)한 바이니, 본디 경중이 없다. 그러나 유순은 순경(順境)이요 정렬은 역경(逆境)이니, 순경에 처하기는 쉽고 역경에 처하기는 어렵다. 이런 까닭에 역대의 사전(史傳)에 사필(史筆)을 들어 편찬한 부덕(婦德)이 하나둘이 아니지만 모두가 정렬을 더욱 귀중하게 여겼던 것이다.

정렬에도 몇 가지가 있으니, 창황(蒼黃)한 사세(事勢)를 만나 오직 몸을 온전히 지키는 것만을 귀중히 여겨 다른 것을 돌아볼 겨를이 없는 경우도 있으며, 남편이 죽고 의탁할 곳도 없이 혈혈단신으로 외롭게 남아 삶을 즐겁게 여기지 않는 경우도 있으며, 아들도 있고 딸도 있어 의지할 수가 있지만 유독 부부의 의리를 중시하여 차마 혼자 살아남아 후일의 즐거움을 누리지 못하는 경우도 있다. 이 세 가지에서 등차를 매긴다면 셋째 일이 가장 어렵다.

사문(斯文) 영양(永陽) 안경시(安景時)씨의 아들 서중(瑞重)의 처 여흥이씨(驪興李氏)는 좋은 가문에서 태어나 이름난 문벌로 시집왔으니, 시례(詩禮)의 훈육(訓育)을 받은 바 있었다. 평소 어버이를 섬기고 시부모를 섬기고 남편을 섬기는 도리가 모두 예절에 맞아 종족과 이웃이 다들 칭찬하였다. 남편의 병이 위독하자 정성을 다하여 구완하였다. 당시 추운 겨울인데도 목욕재계하고 하늘에 기도하여 자신을 대신 죽게 해달라고 기도하였으며, 한편으로는 연로한 시아버지가 상심할까 염려하여 애써 담소하여 위로하였다. 남편이 죽은 뒤에는 몸소 염구(斂具)를 잡고 조금도 어긋남이 없이 염습하고 곡(哭)은 몇 소리만 내고 그쳤다. 염습이 끝나자 말하기를,

"내가 즉시 죽지 않은 것은 한 집에 두 초상이 나면 남편을 염습하는 데 방해되기 때문이었다. 이제는 남편의 시신이 널에 들어갈 때가 되었으니, 내가 죽어도 되겠다. 게다가 남편의 형제들이 많이 있어 시아버지 봉양을 맡길 데가 있으니, 내가 살아서 무엇하겠는가."

하고는, 드디어 약을 마시고 자진하였다. 이때에 그 시아버지가 위로하여도 마찬가지로 대답하고, 동서들이 타일러도 마찬가지로 대답하였다. 아홉 살 아들과 열네 살 딸이 부여잡고 슬피 울부짖으니, 뿌리치고 돌아보지 않으면서,

"나의 마음은 이미 정해졌으니 달리 할 말이 없다."

하고는, 그대로 숨을 거두었다.

이는 조용히 의(義)에 나아가 죽음을 보기를 고향에 돌아가는 것처럼 여긴 것이니, 규방(閨房)의 부녀자가 할 수 있는 일이 아니다. 그런데도 능히 이렇게 하였으니, 어찌 열부(烈婦)가 아니겠는가.

아! 예로부터 남자로서 성현의 글을 읽어 의리를 아는 자가 얼마나 많았던가. 그러나 결국에 이름을 망치고 행실을 그르치면서도 조금도 부끄러워하지 않은 자는 유독 무슨 마음이란 말인가!

이씨가 세상을 떠난 후 띠 속에서 한 장의 글이 나왔으니, 자녀에게 남긴 글이었다. 그 글에,

"나는 너희들에게 연연하지 못하고 너희 아버지를 따라간다. 너희

들은 잘 자라 훗날 지하로 와서 아버지와 어머니를 만나거라.”
라 하였다. 또 언문으로 쓴 작은 책이 있었는데, 모두 선행·효도·
의리·천명(天命)을 말한 것이었으니, 평소의 마음을 알 수 있다.

삼가 8장(章)의 시를 지어 우리 종중의 훈사(訓辭)로 삼는다. 시는
다음과 같다.

외로운 원앙 하늘을 나니
슬피 울면서 짝을 찾누나
아무리 찾아도 찾지 못하자
서슴없이 따라죽었어라
역시 열부가 있어
이를 보고 느껴 맹세하였으니
부부의 의리가 중하기에
함께 죽을 생각 간절했어라

孤鷰于飛 哀鳴求匹 求之不得 從死不恤
亦有烈婦 感彼成誓 判合義重 意切同逝

아름답고 착한 부인 있으니
여흥의 명문가 따님이어라
송죽같이 곧은 지조요
난초처럼 향기로운 자품이라
안씨 집안에 시집와서는
부인의 직분에 어김이 없었으니

안으로는 화순한 심성 간직하고
밖으로는 여인의 범절 갖췄어라

有美淑媛 黃驪名閥 松筠之操 蘭蕙之質
逮適安氏 婦職無違 內蘊和順 外無非儀[167]

어이하여 불행히도
남편이 병에 걸렸던가
곁에서 병구완하는 일에
혹시라도 실수가 없었어라
얼음물에 목욕하고 하늘에 빌며
손이 트는 것도 아랑곳하지 않았고
한편으로는 따뜻한 말로
시아버지 마음을 풀어드렸네

云何不幸 良人遘疾 左右救療 靡有或失
沐凍祈天 手瘃不辭 亦以溫言 時寬舅懷

---

167 無非儀 : 非는 잘못하는 것이고, 儀는 잘하는 것이다. 『詩經』「小雅 斯干」에
"여자를 낳아서는 방바닥에 잠재우고 포대기로 덮어 주며, 길쌈 도구를 갖고
놀게 하니 잘못하는 일도 없고 잘하는 일도 없는지라, 오직 술과 밥을 알아서
하여 부모님께 걱정을 끼치지 않으리라.〔乃生女子, 載寢之地. 載衣之裼, 載
弄之瓦. 無非無儀, 唯酒食是議, 無父母詒罹.〕"라 한 데서 온 말이다. 즉 여자
는 順從을 도리로 삼아 여자가 할 일만 해야 한다는 말이다.

갑자기 남편이 세상을 떠나자
예법에 따라 장례를 치렀어라
단단한 결심 흔들리지 않아
끝내 남편 따라 죽고 말았네
아들은 취학할 나이도 안 되었고
딸은 비녀 꽂을 나이가 안 됐건만
자식에 대한 정을 단호히 끊고
마침내 본래의 뜻 이루었어라

奄罹城崩 率禮奉終 志存匪石 意決下從
子不就傅 女未及笄 割恩斷情 竟遂素計

삶을 좋아하고 죽음을 싫어함은
사람이나 미물이나 공통된 마음
그러나 의리로 헤아려 보면
삶이 도리어 가벼울 수 있지
기꺼이 죽음에 나아가는 일
몇 사람이나 할 수 있을까
무릇 모든 군자들은
마땅히 이 분을 본받을지어다

好生惡死 人物通情 以義較量 重亦或輕
甘心就死 幾人能爲 凡百君子 儀監于玆

분묘가 우뚝이 솟아 있으니

구룡의 곁이로다

나무엔 연리지가 있고

새 중엔 비익조가 있으니

가지가 얽히고 화답하여 노래하매

부부가 서로 즐거우리라

길가는 사람도 탄식하면서

가던 길 멈추고 서성이누나

有墳峨峨 九龍之側 樹有連理 鳥有比翼
交柯和鳴 其樂只且 行路咨嗟 停鞭躕躇

선을 드러내고 어진 이 높힘은

성왕의 아름다운 법이며

절의를 장려하고 지조를 포상함은

나라의 훌륭한 법이라네

방백이 이미 아뢰고

어사가 거듭 아뢰었으니

정문을 세우는 의식을

머지않아 곧 보게 되리라

彰善崇賢 聖王令典 獎節褒操 有邦盛憲
方伯已啓 繡衣申達 棹楔之儀 庶幾不日

화순은 인에서 나오고

정렬은 의에서 나오거늘

인과 의를 실행하였으니

하늘과 사람에 부끄럽지 않아라

훗날 누가 역사를 쓰면서

이 아름다운 이름 기릴거나

집안의 늙은이가 시를 지어

후인에게 일러주어 훈계를 삼노라

和順由仁 貞烈由義 由仁義行 俯仰無愧
誰編彤管 以彰令聞 宗老作誦 詔後爲訓

女子之行, 雖在於柔順, 而言其至致, 率歸于貞烈. 柔順屬乎仁, 貞烈屬乎
義, 仁義之道, 固人所稟, 實無輕重. 然而柔順順境也；貞烈逆境也. 處順境
易, 處逆境難, 是以, 歷代史傳彤管所編婦德非一, 而皆以貞烈爲尤貴也. 貞
烈亦有數段, 有事値倉黃, 惟以全身爲貴, 而不暇他圖者；有夫歿無托, 單
子獨存, 而不以生爲樂者；有有子有女, 可以有賴, 而獨以伉儷義重, 不忍
獨生而享後樂者. 於此三者, 較其差等, 則末段事爲尤難也. 永陽安斯文景
時氏之子瑞重妻驪興李氏, 生于華宗, 入于名閥, 詩禮之訓, 有所受矣. 平日
事親事舅事夫之道, 咸中儀則, 而宗黨稱賞焉. 及夫疾㞃, 殫誠救護, 時當隆
冬, 齋沐禱天, 祈以身代, 又恐老舅之傷懷, 則强言笑以慰解之. 遭變以後,
躬執斂具, 絲毫不錯, 哭不過數聲而止. 及過斂後, 乃曰:"我卽不死者, 以
一室兩喪, 有妨於斂夫也. 今幾就棺, 可以死矣. 且夫之叔季多存, 奉養有
托, 我生何爲?"遂飮藥自盡. 其舅慰之而對猶前, 娣姒喩之而對猶前, 子年

九歲, 女年十四, 攀附哀號, 揮之而不顧曰: "我心已定, 他無可言." 奄然而逝. 從容就義, 視死如歸, 非閨房婦女所可辦. 而能如是, 豈不烈哉? 噫! 從古男子讀聖賢書, 識義理者何限? 而末乃虧名缺行而無少愧焉者, 亦獨何哉? 李氏沒後, 衣帶中得一紙, 遺其子女書也. 云: "吾不得係戀汝輩, 從若爺去. 好爾成立, 異日泉下來見爺孃." 又有諺傳小冊, 皆爲善行孝義命之語也. 其平日所存, 可知已. 謹掇爲八章, 以爲吾宗訓辭. 詩曰:

孤鴦于飛 哀鳴求匹. 求之不得, 從死不恤. 亦有烈婦, 感彼成誓. 判合義重, 意切同逝.

有美淑媛, 黃驪名閥. 松筠之操, 蘭蕙之質. 逮適安氏, 婦職無違. 內蘊和順, 外無非儀.

云何不幸, 良人遘疾? 左右救療, 靡有或失. 沐凍祈天, 手瘃不辭. 亦以溫言, 時寬舅懷.

奄罹城崩, 率禮奉終. 志存匪石, 意決下從. 子不就傅, 女未及笄. 割恩斷情, 竟遂素計.

好生惡死, 人物通情. 以義較量, 重亦或輕. 甘心就死, 幾人能爲? 凡百君子, 儀監于玆.

有墳峨峨, 九龍之側. 樹有連理, 鳥有比翼. 交柯和鳴, 其樂只且. 行路咨嗟, 停鞭躊躇.

彰善崇賢, 聖王令典. 獎節褒操, 有邦盛憲. 方伯已啓, 繡衣申達. 棹楔之儀, 庶幾不日.

和順由仁, 貞烈由義. 由仁義行, 俯仰無愧. 誰編彤管, 以彰令聞. 宗老作誦, 詔後爲訓.

11. 김 중군 세보의 거사비 뒤에 쓰다

題金中軍世輔去思碑後 임인년(1782, 71세)

문벌을 숭상하는 기풍이 성행하면서 재지(才智)를 갖춘 선비가 많이들 침륜(沈淪)하여 현달(顯達)하지 못하는 것은 온 천하가 다 그러하지만, 우리 동방이 더욱 심하다. 국조(國朝)의 일을 들어 말해 보면, 부수(副帥) 유극량(劉克良)과 금남군(錦南君) 정충신(鄭忠信) 같은 사람은 비록 뛰어난 재주가 있었지만 국난(國難)을 만나지 못했다면 필시 인몰(湮沒)하고 말았을 터이니, 어찌 애석한 일이 아니었겠는가.

고(故) 당성중군(唐城中軍) 김세보(金世輔)군은 민간의 백성으로 효우(孝友)가 지극하였다. 만년에 부름을 받고 막부(幕府)로 들어가 당성(唐城)에 있으면서 혜정(惠政)이 있었다. 이에 군졸들이 비석을 세우고 쓰기를,

"군졸을 사랑하고 기계(器械)를 정비하였다."

라 하였다. 이 두 가지는 병정(兵政)의 가장 중요한 일이다. 그러나 군졸을 지나치게 사랑하다 보면 너무 너그럽게 풀어놓아 부리기 어렵게 되기 쉽고, 기계를 정비하는 즈음에는 지나치게 독책(督責)하여 원망을 사기 쉽다. 그런데 군은 군졸을 잘 부리고 기계를 잘 정비하여 일이 거행되고 사람이 즐겨 따랐으니, 은혜와 위엄이 아울러 시행되고 관용과 용맹이 조화를 이루지 않고서야 능히 이렇게 할 수 있겠는가. 장수의 도리는 여기에 더할 것이 없거니와, 능히 이런 마음가짐으로써 조정에 올라 현달한다면 유극량이나 정충신의

공에도 별로 뒤지지 않을 것이다. 애석하게도 지망(地望)이 낮아서 그 발자취가 여기에 그치고 말았으니, 이는 실로 국전(國典)이 미비한 탓이라 식견 있는 선비가 탄식하는 바이다.

비석을 새긴 뒤 51년 만에 그 손자 형(泂)이 다시 이 관직을 맡아 비석을 순절사(殉節祠)의 우측으로 옮겼다. 비석을 운반할 때에 그 당시의 장졸로서 나이가 많고 높은 벼슬에 오른 이들이 앞 다투어 와서 비석을 짊어지고 들면서 말하기를 "우리 공의 비석이다."라 하였으니, 여기에서 인정(仁政)이 사람을 깊이 감복시킨다는 것을 알 수 있다. 지금 사람들이 늘 "인심이 착하지 못하다."라고 하는데, 인심이 착하지 못한 것은 윗사람이 도의(道義)로 다스리지 못하여 그렇게 된 것임을 모르고 있다. 나는 여기에서 더욱 느낀 바가 있다.

형(泂)은 조부의 풍모가 있고 그 가행(家行)을 이어받은 이로서 널리 사람들에게 글을 받아 장차 그 조부를 드러내고자 하니, 이 또한 김씨의 훌륭한 자손이다. 내가 비록 그 사람을 알지는 못하지만, 우리 벗 이사흥(李士興)이 그를 매우 후하게 허여(許與)하면서 나에게 사실을 기록해 달라고 요청하기에 삼가 써서 보낸다.

尙閟之風行, 而才智之士, 多沉淪而不顯, 擧天下滔滔, 而我東爲尤甚. 試以國朝言之, 若劉副帥克良[168]·鄭錦南忠信[169]之流, 雖有跅弛之才, 使不遇風

---

168 劉副帥克良 : 副帥 劉克良은 宣祖 25년(1592) 임진왜란에 助防將으로 竹嶺을 수비하다가 패전하였고, 다시 守禦使가 되어 申硈의 부장으로 임진강에서 적을 방어하다가 전사했다. 시호는 武毅이다.

169 鄭錦南忠信 : 錦南君 鄭忠信은 선조 9년(1576)에 태어나 인조 14년(1636)에

雲之會, 必沒沒而已. 此豈非可惜者乎? 故唐城中軍金君世輔, 閭巷人也, 有孝友至行, 晚辟幕府, 在唐城有惠政, 軍卒立碑, 題曰愛卒修械. 是二者, 兵政之首務也. 然而愛卒之過, 易流於寬縱而難使; 修械之際, 易致於苛督而招怨. 君能役是卒而修是械, 事擧而人樂從, 非恩威幷施, 寬猛相濟者, 能如是乎? 爲將之道, 無過於此, 如或克是操而顯于朝, 則劉鄭之功, 亦不多讓矣. 惜乎! 屈于地望而蹟止于此. 此實國典之未備, 而有識之士所以興歎者也. 刻碑後五十一年, 其孫泂復莅是職, 運碑置于殉節祠之右. 運時, 諸將卒之年老頂金玉者, 爭來擔昇曰: "是我公之碑也." 於此可見仁政感人之深也. 今世人每稱人心不淑, 殊不知人心之不淑, 上無道揆而然也. 余於是尤有感焉. 泂有祖風, 世其家行, 廣受文於人, 將欲顯揚其祖, 是亦金氏之良子孫也. 余雖不識其人, 吾友李士興許與之甚厚, 而要我記事, 謹書而歸之.

죽었으며, 벼슬은 병마사·포도대장에 이르렀다. 李适의 난에 張晩의 부장으로 공을 세웠으며, 시호는 忠武이다.

12. 『조남명선생언행총록』중 이금헌의 일 뒤에 쓰다
題『曺南冥先生言行總錄』李琴軒事後

이상(二相) 이장곤(李長坤)이 말년에 창녕(昌寧)의 고토(故土)에 와서 살았는데, 남명선생이 그와 구의(舊誼)가 있었기에 지나는 길에 그의 집에 들러 한번 만났다. 대화하던 중에 그가 자신이 함경감사로 있었을 때의 일을 이야기하였다.

"당시 도내에 흉년이 들어 유랑하는 백성들이 길에 가득하였다. 앞서 사람을 보내어 진구(賑救)를 서두르던 차에 한 고을에 굶주린 백성이 매우 많다는 말을 듣고 단기(單騎)로 불의(不意)에 달려가서 곧바로 진제소(賑濟所)로 들어가니 기민(飢民)이 한 사람도 없었다. 괴이쩍게 생각하면서 공해(公廨)에서 유숙하고 새벽에 길을 나서 5리쯤 갔을 때 한 역졸(驛卒)이 한숨을 쉬면서 말하기를, '이 고을 백성들을 어느 곳에 모아서 죽이려는가.'라고 하였다. 내가 즉시 말을 멈추고 엄하게 물으니, '도백(道伯)의 행차가 불의(不意)에 당도할 것을 염려하여 굶주린 백성들을 궁벽한 마을로 몰아다 놓고 진막(賑幕)을 비워 상사(上使)를 속인 것입니다.'라 하였다. 즉시 말을 돌려 그 역졸에게 길을 인도하게 하여 곧바로 그 마을에 들어가니, 무려 수백 명의 기민이 모두 빈사 상태에 있었다. 즉시 목사(牧使)를 잡아다가 곤장을 치고 계문(啓聞)하고는 한 달 동안 그 곳에 머물면서 죽과 밥을 먹여 모두 생기가 돈 것을 본 뒤에 떠나왔다."

라 하였다. 선생이 천천히 답하기를,

"사람을 참으로 많이 살렸군."

이라 하니, 이장곤이 그 뜻을 알고 두 손을 들어 하늘을 가리키며,

"두세 번 죽고자 하였네."

라 하고, 분노한 기색이 없었다.

　선생의 뜻은 그가 기묘년에 병조판서로서 남곤(南袞)·심정(沈貞)의 지시에 따르고 명류(名流)를 한 사람도 구하지 못해 놓고서 굶주린 백성을 살린 일을 스스로 자랑하였기 때문에 이 말을 넌지시 해준 것인데, 그도 스스로 알고 자기 죄를 인정한 것이다.

李二相長坤晚年來居昌寧故土, 先生與渠有舊, 因過行一見. 語及其爲咸鏡監司時, 道內凶荒, 流民滿路, 前差賑救方急, 聞一州飢民甚多. 單騎不意馳往, 猝入賑濟所, 饑民無一口. 心怪之, 宿于公廨, 平明發行五里許, 一驛卒喟然曰: "此州饑民聚何處而死?" 卽駐馬嚴詰, 乃曰: "慮道行不意來到, 驅饑民於僻巷中, 空賑幕, 欺上使爾." 卽旋馬, 令其卒先導, 直入其巷, 無慮數百飢民皆濱死. 卽捉致牧使杖, 啓聞, 因留一月, 爲粥飯饋之, 皆有生意, 然後乃去. 先生徐答曰: "活人誠多矣." 李解其意, 擧兩手指天曰: "願死者再三." 而無忿色." 先生之意以爲渠在己卯, 以兵判隨袞貞指揮, 不能救名流一人, 以活飢民自多, 故以此諷之. 渠亦自知而服其罪.

　살펴보건대, 이 기록은 바로 동강(東岡) 김선생(金先生 김우옹(金宇顒))이 기록한 것이다. 금헌(琴軒)의 기묘년(1519, 중종14)의 처사(處事)는 부끄러움이 없다고 할 수 있다. 만약 털끝만큼이라도 의심할 만한 일이 있었다면 후세의 공론(公論)이 어찌 기묘팔현(己卯八賢)의 한 사람으로 추앙했겠는가. 당시에 소인들이 비밀리에 음모

를 꾸몄으니, 한밤중에 금중(禁中)에서 일어난 일을 외신(外臣)이 어떻게 알았겠는가. 공이 처음에는 그들에게 속았다가 나중에는 목숨을 걸고 다투어 정광필(鄭光弼)·안당(安塘) 두 재상을 불러들임으로써 위기(危機)가 조금 느슨히 풀어졌으니, 군현(群賢)이 당일 밤에 격살(格殺)될 환난을 면한 것은 모두가 공의 힘이었다.

지금 이 기록을 보면 말끝마다 '그[渠]'라고 칭하였으니, 그란 말은 경멸하는 어투이다. 또 "그도 죄를 알았다."라고 하였으니, 만약 그렇다면 이 또한 남곤(南袞)·심정(沈貞)과 같은 부류인 것이다. 생각건대 당시 일종의 의론이 "남곤·심정의 무리가 금헌과 더불어 입시(入侍)하여 기묘사림(己卯士林)의 죄를 정했다."라 하고 중간의 자세한 곡절은 모호해져 금헌을 남곤·심정과 섞어서 같은 부류로 말했는데, 동강이 미처 살피지 못하여 이렇게 기록했던 것인가.

후세의 사필(史筆) 중에는 이와 같은 것이 참으로 많으니, 누가 삼장(三長)의 재주를 갖추어 분변하지 못할 즈음에 능히 분변을 할 수 있겠는가. 이는 개탄스러운 일이다.

게다가 금헌은 조선생보다 27세나 위이니 연배가 현격한 선후배 사이의 말투가 필시 이와 같지는 않았을 것이다. 이 또한 미심쩍은 일이다. 이에 사실을 밝히지 않을 수 없다.

按此錄卽東岡金先生所記也. 琴軒己卯處事, 可謂無愧. 如有一毫可疑者, 後世公論, 何以推爲八賢之一耶? 當時羣小陰謀秘密, 禁中半夜之事, 外臣何以知之耶? 公初爲其所瞞, 末乃舍命爭之, 至召鄭·安兩相, 事機稍緩, 羣賢得免當夜格殺之患, 皆公之力也. 今觀是錄, 言必稱渠, 渠者輕侮之辭. 又曰: "渠亦知罪." 若然則是亦袞貞之流也. 意者當時一種議論, 謂袞·貞輩與琴軒入侍, 定己卯之罪, 而中間委折漫漶而渾稱之, 東岡未及察而然耶?
後世史筆若是者誠多, 孰有三長[170]之才而能辨於不可辨之際耶? 是可歎也.
且琴軒長于曹先生二十七歲, 則先後進年輩懸隔, 而其語習必不若是, 亦可
疑也. 玆不得不卜.

---

170 三長 : 史家가 가져야 할 세 가지 장점이다. 『舊唐書』「劉子玄傳」에 "사가의
자격으로는 모름지기 세 가지 장점을 지녀야 하는데 세상에 그런 사람이
없기 때문에 사가의 자격을 갖춘 이가 드문 것이다. 세 가지 장점은 바로
재주와 학문과 식견이다.〔史才須有三長, 世無其人, 故史才少也. 三長, 謂才
也, 學也, 識也.〕"라 하였다.

13. 목군 기언의 묘지명 뒤에 쓰다

題睦君耆彦墓誌銘後 을사년(1785, 74세)

목조명(睦祖命)군은 성품이 효우(孝友)하고 문학을 잘하여 종당(宗黨)이 그 행실을 칭찬하고 붕우가 그 학문을 믿어 사람들이 모두 법기(法器)로 인정하였는데 불행히도 일찍 죽었다. 그의 형 조경(祖庚)씨가 아우가 살아서는 뜻을 이루지 못하고 죽어서 이름마저 민몰(泯沒)하는 것을 불쌍히 여겨 그 언행을 기록하고 사우(士友)들에게 글을 지어주기를 부탁하였다. 이에 그 족질(族姪) 여와 유선(餘窩幼選)이 묘지(墓誌)를 짓고 신군 순형(申君舜衡)이 행장에 발문을 썼는데, 그 애석해 하고 비통해 하는 뜻이 그 백씨에 못지않았다. 내가 비록 군과 알고 지내지는 못했지만 이에 군의 사람됨을 알수 있다. 이 두 군은 아첨하여 잘 보이려 할 사람이 아니니, 그 말을 믿을 수 있다. 만약 내가 군과 알고 지냈다면 나의 애석해 하고 비통해 하는 마음도 필시 두 군만 못지않을 것이다.

아! 세상에 순박(醇樸)한 기풍이 흩어지면서 맑은 기운을 타고난 사람이 흔히 요절하고 크게 재능을 떨치지 못하니, 하늘의 호오(好惡)가 사람과 다르단 말인가. 뿔을 준 짐승에게는 이빨을 주지 않는 것처럼 모두 다 구비하기는 어려운 것이 이치이니, 이는 예로부터 그러하였다. 군자는 이에 명(命)이라 하였다.

군의 자는 기언(耆彦)이요, 자호(自號)는 연포(烟圃)이다. 사천 목씨(泗川睦氏)는 해동의 명문이니, 군은 바로 상국(相國) 내선(來善)의 현손이다. 또 일찍이 그 당숙 기계공(沂溪公) 성관(聖觀)이 그의 재능을 인정하여 진덕수(眞德秀)의『심경(心經)』을 가르쳐 주었다. 이로부터 더욱 유학(儒學)에 힘썼으니, 그 재기(才器)가 성취된 것은 타고난 자품이 좋았기 때문만은 아니다.

군은 영종 기미년(1739, 영조15)에 출생하여 금상(今上) 임인년(1782, 정조6)에 죽었으니. 향년이 겨우 44세이다.

睦君祖命性孝友能文學, 宗黨稱其行, 朋友信其學, 人皆許以法器. 不幸早埳. 其兄祖庚氏哀其生而志不就, 死而名又泯, 狀其言行, 求文於士友. 其族侄餘窩幼選誌其墓, 申君舜衡跋其狀, 愛惜憫惻之意, 不後於其伯氏, 則余讀二君之文, 雖不及與君遊, 而君爲人, 可知已. 二君非阿好者, 其言信矣. 若使余得從君遊, 余之愛惜憫惻之意, 亦必不後於二君矣. 噫! 醇漓樸散, 稟氣之清淑者, 多天閼而不振, 豈天之好惡, 與人殊耶? 與角去齒, 理難兩全, 自古然矣. 君子於是而謂之命也. 君字耆彦, 自號烟圃, 泗川之睦, 爲海東名家, 而君卽相國諱來善之玄孫, 又嘗爲其從叔父沂溪公聖觀所器重, 授以眞氏『心經』, 自此益肆力於儒學, 其才器之成就, 不獨其天質之美也. 君生於英宗己未, 死于今上壬寅, 得年纔四十四云.

14. 정 평사의 「쌍포파왜도」 뒤에 쓰다

題鄭評事「雙浦破倭圖」後 신해년(1791, 80세)

위 「길주쌍포파왜도(吉州雙浦破倭圖)」는 고(故) 첨사(僉使) 의사(義士) 강문우(姜文佑)의 집에 전해온 것이다. 이 그림 아래에 대장 이하 창의군(彰義軍) 31인이 열서(列書)되어 있으니, 대장은 바로 북평사(北評事) 농포(農圃) 정공(鄭公 정문부(鄭文孚))이다. 공은 이 때 나이 28세였고 백면서생(白面書生)으로 장수가 되었으니, 병모(兵謀)와 군율(軍律)은 그의 소장(所長)이 아니었다. 오직 충간의 담(忠肝義膽)만은 신명(神明)에 질정(質正)할 만하였고, 계책을 결정하여 응변(應變)하는 것이 매번 기의(機宜)에 맞았으며, 게다가 천성으로 사람을 잘 알아 보고 임무를 잘 맡기니, 군사가 모두 기꺼이 따랐다. 이런 까닭에 한 때 모은 오합지졸로 한창 기세등등하게 저돌(猪突)해오는 적을 맞아 경성(鏡城)에서 한 번 싸워 반민(叛民)을 죽이고, 길주(吉州)의 장평(長坪)에서 재차 싸우고 쌍포(雙浦)에서 세 번째 싸워 왜적을 섬멸함으로써 백탑교(白塔郊)에서 청적(淸賊 왜장 가등청정(加藤淸正))을 핍박하여 도망치게 할 수 있었던 것이다. 청적의 사나운 용맹은 왜장들 중에서 으뜸이라 한 번 북을 쳐서 철령(鐵嶺)을 넘어 북토(北土)를 유린하고 야인(野人)들이 사는 곳까지 이르렀으니, 그 흉맹(凶猛)한 기세를 알 수 있다. 그런데도 공을 만나 한 번 패하고는 머리를 싸안고 쥐새끼처럼 도망쳤으니, 공의 용병(用兵)이 과연 어떠하였겠는가. 만약 공으로 하여금 다시 국가의 남쪽 관문을 맡게 했다면 청적이 어찌 감히 진주(晉州)

를 함락하고 한산(閑山)을 도륙할 수 있었겠는가. 이로부터 북방이 평안해져 풍패(豊沛)의 옛 지방이 오랑캐가 되는 것을 면하였으니, 공의 위대한 공렬은 삼광(三光)을 꿰뚫고 구천(九泉)에 이를만하다. 왜병에게 보낸 격문(檄文)에,

"장평(長坪)에서 벤 귀가 무수히 많으니 응당 죽어서 도망치는 놈들일 것이요, 쌍포(雙浦)에서 벤 고환이 매우 많으니 이는 단지 살았을 때의 남자일 뿐이다."

라 하였으니, 사람들이 모두 전송(傳誦)한다.

이제 이 그림을 보건대, 의사(義士)들이 용맹을 떨치며 일제히 전진하는 기세와 왜적들이 목숨을 건지려고 다른 것을 돌볼 겨를이 없는 모습이 비록 200년이 지난 뒤이지만 완연히 목격하는 듯이 늠름히 생기가 있다. 갑옷과 투구를 갖춘 군사로 하여금 이 그림을 보게 하면 반드시 몸을 내던질 생각을 할 것이요, 또한 유관(儒冠)을 쓴 사람으로 하여금 이 그림을 보게 하면 난리를 평정하는 것은 눈을 부릅뜨고 격분한 말을 하는 사람에게서 나오지 않으며, 예악(禮樂)을 말하고 시서(詩書)를 공부한 사람에게서 실로 나온다는 것을 알 수 있을 터이니, 보는 사람의 부류에 따라 감발(感發)하는 것이 여기에 있을 것이다.

슬프다! 공은 큰 훈로(勳勞)에 대한 보답을 받지 못한 채 끝내 시안(詩案)으로 갑자년(1624, 인조2) 겨울에 죄를 뒤집어쓰고 말았다.

일찍이 우졸(愚拙) 안응창(安應昌)의 『잡록(襍錄)』을 보건대, "영사시(詠史詩) 때문에 무진년의 옥사(獄事)에 죽었다."라 하였으니, 연기(年紀)의 착오가 이러하다. 만약 공을 미워하는 자가 본다면 한갓 구실거리만 될 터이니, 기사(記事)의 어려움을 신중히 여기지 않

아서야 되겠는가. 그래서 여기 발미(跋尾)에 사실을 밝혀두지 않을
수 없다.

右「吉州雙浦破倭圖」, 故僉使姜義士文佑家所傳也. 圖下列書自大將以下彰
義三十一人, 大將卽北評事農圃鄭公.[171] 公時年二十八, 以白面書生, 主盟
登壇, 兵謀師律, 非其所長. 惟是忠肝義膽, 可質神明, 決策應變, 動中機
宜, 性且知人善任, 士皆樂爲之用. 是以, 以一時烏合之衆, 當方張豕突之
賊, 能一戰於鏡城而戮叛民, 再戰於吉州之長坪, 三戰於雙浦而殲倭賊, 迫
蹙淸賊於白塔郊, 使之逃遁. 淸賊之雄勇鷙悍, 爲諸酋之最, 一鼓而踰鐵嶺,
蹂躪北土, 至于野人之界, 其兵鋒之兇猛可知也. 然而遇公一敗, 抱頭鼠竄,
公之用兵, 果如何乎! 若使公復當南閫, 則淸賊豈敢陷晉陽而屠閑山乎? 從
此北方寧謐, 豊沛舊壤, 得免左衽之歸, 公之豊功偉烈, 可以貫三光而洞九
泉矣. 其檄倭之文, 有曰: "長坪之斬耳無數, 應作死後之逃奴; 雙浦之割勢
甚多, 只是生前之男子." 人皆傳誦. 今見是圖, 義士奮勇齊進之勢, 倭賊救
死不暇之狀, 雖在二百年後, 而宛若目擊, 凜凜有生氣. 使介胄之士見之, 則
必思捐軀; 使儒冠之人見之, 則亦知戡亂不由乎瞋目語難, 而實由於說禮樂
敦詩書之人矣. 觸類感發, 其在斯歟! 噫! 公之大勳未酬, 而竟以詩案被罪
於甲子之冬. 嘗見安愚拙應昌『褋錄』, 以詠史詩死於戊辰之獄,[172] 年紀之錯

---

171 鄭公 : 이름은 文孚이며 농포는 호이다. 명종 20년(1565)에 태어나 인조 2년
(1624)에 죽었다. 임진란에 北評事로 왜병을 무찔러 鏡城을 수복하고 함경
도의 왜군과 싸워 이 일대를 수복하였다. 벼슬이 永興府使 · 吉州牧使에 이
르렀다. 仁祖 때 李适의 난에 연루되어 고문을 받다가 죽었다. 후에 伸寃되어
左贊成에 추증되었고, 시호는 忠毅이다.

誤如是. 若使慧公者見之, 徒爲藉口之資, 記事之難, 可不愼哉! 玆於跋尾
不得不辨之耳.

잠 箴

15. 육잠-병서-
六箴 병술년(1766, 55세)

옛사람 가운데 덕을 이루고 큰 일을 한 사람은 모두 강명(剛明)하고
침중(沈重)한 덕에 힘입었다. 나는 성품이 용렬(庸劣)하고 천근(淺
近)하기 때문에 공부가 전일하지 못하여 늙은 나이에 이르도록 성
취한 바가 없다. 게다가 지금은 병폐(病廢)하여 자포자기한 지가 십
여 년이 지났음에랴. 안으로 은미(隱微)한 마음으로부터 밖으로 시
(視)·청(聽)·언(言)·동(動)에 이르기까지 모두 그 직분을 잃고
있기에, 흠칫 놀라 감오(感悟)하고 잠(箴)을 지어 나 자신을 경계
(警戒)하노라.

古人之成德做事者, 皆藉于剛明沉重之德. 而余性質昏惰躁淺, 故用功不專,
到老無成. 而況今病廢自棄, 蹤十數年乎? 內自一心之微, 外至視聽言動,
皆失其官, 惕然感悟, 爲箴以自警.

네 체는 비록 고요하지만
네 용은 느끼는 바가 많으니
고요할 때 보존하기를

물처럼 담담하게 하고

움직일 때 잘 살펴서

오직 기미를 자세히 보라

어둡기 쉽고 어지럽기 쉬우니

늘 두려워하고 조심하라

기욕을 단호히 끊어버리고

객념을 말끔히 쓸어 없애라

사욕을 추궁해 마지않기를

혹독한 아전이 조사하듯 하고

마음에 일물도 남기지 않기를

촘촘한 빗자루로 먼지 쓸 듯 하라

이렇게 오래 하면 공부가 깊어져

나의 천진한 본심을 회복하리라

　-이상은 심잠(心箴)이다.-

爾體雖寂, 爾用多感. 靜而存之, 如水之淡. 動而察之, 惟幾之審.

易昏易亂, 恒若凜凜. 斷絶嗜慾, 掃除客念. 推究不置, 如酷吏按驗.

不留一物, 若密篲掃塵. 悠久功深, 反我天眞.

　-右心.-

선을 보면 반드시 분명히 보고

악을 보면 장님처럼 눈 감으라

바르지 못한 모습은

사람의 마음을 해치나니

너의 눈을 거두어서

밖으로 달리지 말게 하라

　-이상은 목잠(目箴)이다.-

見善必明, 見惡如瞽. 不正之色, 令人心蠱. 收爾視, 毋外騖.

　　-右目.-

선을 들으면 반드시 귀를 기울이고

악을 들으면 반드시 귀머거리가 되라

음탕한 소리는

나의 천성을 해치나니

너의 귀를 단속해야

정신이 안에서 충만하리라

　-이상은 이잠(耳箴)이다.-

聞善必聽, 聞惡如聾. 淫洸之聲, 斲我天衷. 斂爾聽, 神內充.

　　-右耳.-

앉으면 반드시 단정히 공수(拱手)하고

서면 반드시 손 모양을 공손히 하라

함부로 가리켜 보는 사람 놀라게 하지 말고

가볍게 놀려 위의를 잃지 말라

　-이상은 수잠(手箴)이다.-

坐必端拱, 立必恭持. 勿妄指以駭瞻, 勿輕弄以失儀.

-右手.-

법도에 맞게 가고 그치며

빠르고 더디기를 적절히 하라

발걸음을 무겁게 디뎌 공경을 다하고

움직일 때 위태로움이 많음을 두려워하라

-이상은 족잠(足箴)이다.-

規行矩止, 疾徐合宜. 欲其重以致敬, 恐其動而多危.

-右足.-

말로써 마음을 표출하니

길흉과 선악이 이에 드러나며

음식을 먹어 몸을 기르니

수요와 사생이 이에 달렸도다

이런 까닭에 성인은

말을 삼가고 음식을 절제한다

-이상은 구잠(口箴)이다.-

言以宣心, 吉凶善惡斯見. 食以養體, 壽夭死生所托.
是以聖人, 愼言語節飮食.

-右口.-

16. 위학잠

為學箴 을사년(1785, 74세)

학문을 하는 공부는

경서를 읽고 경(敬)을 지키는 것

경서를 공부하면 모든 이치를 알고

경은 동정을 관통하느니라

밤낮으로 부지런히 힘써

오직 덕을 잡을 것이며

잠시라도 소홀하지 말고

만나는 일에 따라 각성하여라

학문을 하는 공부는

오직 공경이요 오직 근면이니

게으름을 이기고 나태함을 깨우쳐

조석으로 조심하고 노력하라

어쩌다 한번 살피지 못하면

성인과 광인이 이에 나뉘나니

늙을수록 더욱 돈독히 믿어

나의 천군을 섬길지어다

為學之工, 窮經居敬. 經通萬理, 敬貫動靜. 夙夜孜孜, 惟德之秉.
須臾莫忽, 隨事警省. 為學之工, 惟敬惟勤. 勝怠警惰, 惕厲朝曛.
一或不省, 聖狂斯分.[173] 老更篤信, 事我天君.

173 聖狂斯分 : 『書經』「多方」의 "성인이라도 생각하지 않으면 광인이 될 수 있고, 광인이라도 능히 생각만 하면 성인이 될 수 있다.〔惟聖罔念作狂, 惟狂克念作聖.〕"라는 말을 인용하였다

명 銘

17. 자연사명

自然社銘 정축년(1757, 46세)

우뚝하여 높은 것은 하늘이요

내려앉아 낮은 것은 땅이니

누가 이것을 펼쳐 놓았는가

붉은 해 서쪽으로 기울고

흰 달이 동쪽에서 솟으니

누가 이를 맞이하고 보내는가

봄꽃은 흐드러지게 피고

가을 열매 주렁주렁 열리니

누가 이렇게 되도록 하는가

새가 울고 벌레가 울며

용은 날고 표범은 숨으니

누가 이렇게 하도록 시키는가

예로부터 지금까지 시간과

상하 사방의 공간은

누가 이를 주재하는가

배고프면 먹고 목마르면 마시며

여름엔 베옷 입고 겨울엔 솜옷 입으니

누가 이를 어길 수 있는가

곤궁과 영달, 장수와 요절은

태어날 때에 타고난 것인데

누가 이렇게 되도록 하는가

일어나면 일하고 지치면 쉬기를

아침저녁 어김없이 하는 것을

누가 얽어매 못하게 하리요

그래서 내 사(社)를 이름하여

자연이라 하노라

孰經營是 興作倦休 不失早晏 孰羈絆是所以名吾社 曰自然而已也

夏葛而冬衣 孰能違是 窮達壽夭 稟于有生

嵬然而高者天 隤然而卑者地 孰布置是 紅日西頹

素月東湧 孰迎送是 春花爛爛 秋實盈盈

孰生成是 鳥鳴而蟲吟 龍騰而豹隱 孰教訓是

往古來今之宙 上下四方之宇 孰主宰是 飢食而渴飮

嵬然而高者天, 隤然而卑者地, 孰布置是?

紅日西頹, 素月東湧, 孰迎送是?

春花爛爛, 秋實盈盈, 孰生成是?

鳥鳴而蟲吟, 龍騰而豹隱, 孰教訓是?

往古來今之宙, 上下四方之宇, 孰主宰是?

飢食而渴飮, 夏葛而冬衣, 孰能違是?

窮達壽夭, 稟于有生, 孰經營是?

興作倦休, 不失早晏, 孰羈絆是?

所以名吾社, 曰自然而已也.

18. 좌우명

座右銘 을사년(1785, 74세)

날이 밝으려 할 제
네가 잠에서 깨어나면
아침 해가 동녘에 밝고
상제가 위에서 굽어본다
오직 이 한 마음은
중도를 잃기 쉽나니
바라건대 조심하여
타고난 천성을 해치지 말라
　-이상은 아침이다.-

日欲曉矣, 爾寢斯覺. 朝暾東明, 上帝下矚.
惟此一心, 易以失中. 庶幾惕厲, 毋斲天衷.
　-右朝.-

해가 이미 중천에 떴으니
네 앞에 갈림길이 많으리라
일에는 의리가 있고
마음에는 공사가 있나니
조심해서 일을 처리하되
반드시 기미를 살펴야 한다

혹여 일에 착오가 생기면

허물이 누구에게 돌아가겠는가

　　-이상은 낮이다.-

日已午矣, 爾應多歧. 事有義利, 心有公私.

操心處事, 必審其幾. 如或差忽, 過將誰歸?

　　-右畫.-

해가 이미 저물어 가면

너의 일도 그치려 하느니

마음가짐과 남을 대할 때

소홀한 점이 있지는 않았는가

실수하는 것이 있었으면

두려워하며 반성하고

어긋난 일이 없었으면

더욱더 자신을 가다듬으라

　　-이상은 저녁이다.-

日之夕矣, 爾事向歇. 處心應物, 能不有忽?

如有差失, 悚然省念. 若其無違, 益加收斂.

　　-右暮.-

날이 어두워지면

네 마음이 점차 태만해지느니

어두운 방에서도 속이지 않음을
옛사람은 귀하게 여겼지
경은 동정을 관통하고
성실하면 전일하게 되는 법이지
정에서 다시 원으로 돌아가니
또 내일이 있는 법이다
　-이상은 밤이다.-

日將昏矣, 爾心漸怠. 不欺闇室,[174] 古人所貴.
敬貫動靜, 誠則能一. 貞而復元, 又有明日.

　-右夜.-

174　不欺闇室 : 伊川 程頤가 "학문은 어두운 방에서도 자신을 속이지 않는 데서
　　시작한다.〔學始於不欺闇室.〕"이라 하였다. 『性理大全 권47』

19. 경어일련-병서-

警語一聯 임인년(1782, 71세)

세상이 쇠퇴하다 보니, 예의가 밝지 못하여 법도와 검속을 뛰어넘는 것을 소탈하다고 하며, 염치가 모두 없어져 모난 곳 없이 그저 둥글기만 한 것을 시중(時中)이라 하여, 지조가 어긋나도 아랑곳하지 않고 명절(名節)이 무너져도 돌아보지 않는다. 이와 같이 할 뿐이면 장차 사람들이 사욕에 빠져들고 말 것이다.

나는 이제 나이 71세라 기력이 쇠잔해지면서 지기(志氣)도 따라서 쇠락하니, 능히 유속(流俗)에서 떨쳐 일어나 하늘이 부여한 이 본성을 보전할 수 있겠는가. 이를 두려워하여 한 연구(聯句)를 높이 걸어나 자신을 깨우치노라.

世之衰矣, 禮義不明, 而以踰閑越檢爲脫略; 廉耻都喪, 而以刓方逐圓爲時中, 志操乖悖而不之恤, 名節虧損而不之顧. 如是而已, 則將胥而淪矣. 余今年七十有一, 血氣衰而志氣又從而摧落, 其能振拔乎流俗而保此天賦之衷乎? 爲是之懼, 揭一聯以自警焉.

풍속이 흐르고 변해 가도
군자의 몸에 삼척의 법은 변하지 않고
천지가 뒤집히고 엎어진다 해도
대장부의 심중에 일촌의 쇠는 녹지 않는다

風流俗移, 士君子身上三尺法¹⁷⁵不變.

天翻地覆, 大丈夫心中一寸鐵¹⁷⁶未銷.

---

175 三尺法 : 원래는 국가의 법령을 말한다. 漢나라 때 세 자 길이의 竹簡에 법령을 기록했던 데서 유래한 말이다.

176 一寸鐵 : 철석같이 굳은 마음을 표현한 것이다. 마음을 寸心이라 한다.

찬贊

20. 무명 오현에 대한 찬-병서-

無名五賢贊-幷序- 을유년(1765, 54세)

노(魯)나라 양생(兩生)은 『사기(史記)』와 양웅(揚雄)의 글에 보이
고, 제(齊)나라 우인(虞人)은 『맹자』와 『좌씨전(左氏傳)』에 나오
고, 노유(魯儒)는 이백(李白)에게 조롱 받았다. 이상 사현(四賢)을
성호선생(星湖先生)이 표출하여 학자로 하여금 상상하여 격앙(激
仰)하고 흠모하도록 하였으니, 그 뜻이 깊다 하겠다. 내가 감히 찬
(贊)을 지어 고산(高山)처럼 우러르는 바이다. 그리고 새상옹(塞上
翁)은 운수에 따르고 운명에 맡겨 질병을 지닌 채 자신을 잘 지킨
사람이니, 이는 옛날의 이른바 달자(達者)라 또한 느낀 바가 있어
아래에 붙이고 무명오현(無名五賢)이라고 명명한다.

魯兩生,[177] 見『史記』及揚[178]子書; 齊虞人,[179] 出『孟子』及『左氏傳』, 魯儒爲

---

177 魯兩生 : 漢高祖가 불러내지 못한 魯나라 서생 두 명을 말한다. 이는 고조가
儒者를 멸시하여 儒冠을 쓴 사람을 보면 그 관을 벗겨 오줌을 누었기 때문이
었다. 『通鑑 漢紀』

178 揚 : 저본에는 楊子로 되어 있는데, 오자로 판단하여 고쳤다.

李白所嘲.¹⁸⁰ 右四賢, 星湖先生表而出之, 令學者想念, 爲激仰興慕之地, 其意深矣. 余敢爲贊, 以爲高山之仰, 而塞上翁¹⁸¹之隨運任命抱疾自守, 古 所謂達者也. 亦有感而附于下, 名之曰無名五賢.

진시황(秦始皇)의 불길은 하늘을 태우고
한고조(漢高祖)의 오줌은 사람을 욕 보였으니
용은 잠겼으나 도는 나타났고
자벌레처럼 굽혀도 뜻은 펴졌다네
자신을 지키고 힘써 실행하며
세상 사람과 같음을 수치로 여겼지

---

179 齊虞人 : 춘추시대 齊나라 景公이 사냥을 나갔을 때 旌을 써서 우인을 부르자 오지 않으니, 경공이 그를 죽이려 하였다. 그가 오지 않은 이유는 정은 大夫 를 부르는 것이요, 우인은 皮冠으로 불러야 하기 때문이다. 공자는 그를 志士라고 칭찬하였다. 『孟子 萬章下』

180 魯儒爲李白所嘲 : 魯儒는 魯나라의 儒者이다. 李白의 시 중에 「노유를 조롱 하다〔嘲魯儒〕」가 있다.

181 塞上翁 : 邊塞에 사는 노인이란 말로 '塞翁之馬'라는 고사에 나오는 노인이 다. 변새에 사는 한 노인의 말이 도망쳐 오랑캐 땅으로 들어갔다. 사람들이 위로하자 노인이 "이것이 도리어 복이 될지 어떻게 알겠는가?"라고 하였다. 몇 달 뒤에 그 말이 오랑캐의 준마 여러 마리를 데리고 돌아왔다. 사람들이 축하하자 노인이 "이것이 화가 될지 누가 알겠는가?"라고 하였다. 그의 아들 이 말을 타다가 떨어져 다리가 부러졌다. 사람들이 위로하자 노인이 "이것이 복이 될지 누가 알겠는가?"라 하였다. 1년 후에 오랑캐가 침입하여 남자들은 모두 戰場에 나가 열에 아홉은 죽었는데 그의 아들은 다리가 불구였기 때문 에 徵發되지 않아 살아남을 수 있었다 『淮南子 人間訓』

아! 아름답도다. 양생이여
인을 실천함이 자기에 달려있었네
　-이상은 노나라의 양생이다.-

秦燄熏天, 漢溲汚人.[182] 龍潛道顯, 蠖屈志伸.
自守力行, 恥與俗比. 猗歟兩生, 爲仁由己.[183]

　-右魯兩生.-

철인은 분수를 편히 여기고
지사는 지위를 지키는 법
산택에 한가롭게 노닐면서
명리를 하찮게 여겼어라
예에 맞지 않게 부르는 것은
죽기를 맹서하고 돌아보지 않았으니
우뚝하여라 우인이여
오직 의만을 사모했구나
　-이상은 제나라의 우인이다.-

哲人安分, 志士守位. 優遊山澤, 塵銖名利.

---

182 漢溲汚人 : 漢高祖 劉邦은 본래 儒士를 좋아하지 않아 儒冠을 쓴 사람을 보면, 그 관을 벗기고 그 안에 오줌을 누곤 하였다 한다. 『史記 권97 酈生陸賈列傳』

183 爲仁由己 : 孔子가 "인을 실천하는 것이 나에게 달려 있지 남에게 달려 있겠는가.〔爲仁由己, 而由人乎哉?〕"라 하였다. 『論語 顔淵』

非禮之招, 矢死靡顧. 卓哉虞人, 惟義之慕.

-右齊虞人.-

시속은 사장을 숭상하고
세상은 공리로만 치달리는데
오직 오경만을 연구하여
곧은 도리 지켜 스스로 즐거워했네
지금에는 어긋나고 옛날에 맞았으니
기롱과 비방을 받는 건 당연했지
아름다워라 노유여
예를 따라서 소요하였어라

-이상은 노유이다.-

俗尙詞章, 世趨功利. 五經是討, 直道自憙.
反今諧古, 宜受譏謗. 懿矣魯儒, 率禮徜徉.

-右魯儒.-

화복은 서로 의지하고
득실은 서로 따르는 법
말을 잃고도 근심하지 않았으니
다리 부러진 걸 어찌 슬퍼했으랴
마음을 언제나 평안히 가져
외물 따라 옮겨가지 않았어라
아! 북방의 늙은이여

그 지혜 어질다 할 만하구나

　-이상은 새상옹이다.-

禍福互倚, 困亨相隨. 喪馬不憂, 折髀奚悲?

是心常泰, 不爲物遷. 於乎北叟, 其智足賢.

　-右塞上翁.-

21. 도정절찬

陶靖節[184]贊 병술년(1766, 55세)

흥망이 나뉠 즈음에는
진퇴를 정하기 어렵나니
영화를 탐내다간 자취를 더럽히고
깨끗하게 살려다간 화환에 걸리지
천년토록 세상은 온통 그러했으니
그 누가 참다운 사람이었던가
아! 우리 선생은
옛날의 일민이었네
군막에서 재능을 펼칠 때는
장차 큰 일을 하려는 듯했으나
좋은 계책이 이루어지지 않자
몸을 거두어 돌아갔어라
만년에 한 관직에 매인 몸 되어
애오라지 현가로써 세월 보냈네
호의호식하는 데 뜻이 없었기에

---

184 陶靖節 : 晉나라 때 隱士 陶淵明을 가리킨다. 정절은 그의 시호이다. 진나라
가 쇠망의 길로 들어서자 彭澤令의 벼슬을 버리고 尋陽의 栗里로 돌아가
여생을 마쳤다. 『晉書 권94』

이내 산야로 돌아오고 말았지
몸소 밭가는 건 욕된 일 아니니
곤궁한 나의 처지 굳게 지켰어라
남창에 기대어 거드름을 피워보고
북창 아래 바람 쐬며 높이 누웠네
집에는 세 오솔길 열어 놓았고
문에는 다섯 그루 버들이 드리웠네
시상의 한 지방이
홀로 진나라 땅이 되었지만
저 왕돈(王敦)과 환온(桓溫)이
어찌 나를 더럽히리요
벼슬을 받고 사양하는 것을
오직 의리에 따라 치우치지 않았으니
백이의 청과 유하혜의 화를
본받아서 한 몸에 지녔어라
마음은 시 짓는 데 두고
자취는 술에다 부쳤어라
연사에서 계를 받는 것은
그가 바라는 바 아니었지
세상에 진출하고 물러나 은둔함에
전혀 자취를 남기지 않았어라
우러러 생각하면 선생은
높은 기풍이 아득히 멀어라
백세의 사람들을 면려하여

충성을 권하고 경박한 자 일깨웠네

興亡之際, 進退難程. 饕榮迹汚, 潔身禍嬰.

滔滔千載, 孰眞箇人? 嗟吾先生, 古之逸民.

翶翔戎幕, 若將有爲. 良圖不立, 斂身以歸.

晩縻一官, 聊以絃歌.[185] 志不飽煖, 旋歸山阿.

躬耕非辱, 固守我窮. 寄傲南窓,[186] 高臥北風.[187]

宅開三逕, 門垂五柳. 柴桑一面, 獨爲晉有.

彼王與桓, 焉能浼我? 其受其辭, 惟義不頗.

夷淸惠和,[188] 範以爲一. 情寓詩章, 迹寄麴蘖.

---

185 絃歌 : 현악기에 맞추어 부르는 노래로 지방 고을을 잘 다스림을 뜻한다.
『論語』「陽貨」에 "공자가 무성에 가서 현가 소리를 들었다.〔子之武城, 聞弦
歌之聲.〕"라 하였다. 여기서는 도연명이 平澤縣令으로 고을을 다스린 것을
말한다.

186 寄傲南窓 : 도연명의 「歸去來辭」에 "남창에 기대어 傲然히 즐거워하니, 무릎
이나 들어갈 작은 집이 편안하기 쉬움을 알겠노라.〔倚南窓以寄傲 審容膝之
易安〕"하였다.

187 高臥北風 : 陶淵明이 여름에 북창 아래 누워 맑은 바람을 쐬면서 스스로 자신
을 태곳적인 伏羲氏 시대의 사람이라 하였다. 李白의 「戲贈鄭溧陽」에 이러
한 도연명의 모습을 두고 "북창 아래서 맑은 바람 쐬며 스스로 복희씨 때
사람이라 하네.〔素琴本無絃 漉酒用葛巾 淸風北窓下 自謂羲皇人〕"하였다.

188 夷淸惠和 : 도연명이 벼슬에 나아간 것을 柳下惠에 비기고 벼슬을 버린 것을
伯夷에 비긴 것이다. 맹자가 "伯夷는 성인 중의 淸한 자이고, 伊尹은 성인
중의 自任한 자이고, 柳下惠는 성인 중의 和한 자이다.〔伯夷聖之淸者也, 伊
尹聖之任者也, 柳下惠聖之和者也.〕"하였다. 『孟子 萬章下』

受戒蓮社,[189] 非其所欲. 卷舒行藏, 泯然無迹.
仰惟先生, 高風綿邈. 砥礪百世, 勸忠敦薄.

189 受戒蓮社 : 도연명이 彭澤縣令으로 있다가 벼슬을 그만 둔 뒤에 廬山의 東林寺의 慧遠法師가 중심이 되어 결성한 정토신앙 단체인 白蓮社에 참여하였다.

22. 화상의찬

畫像擬贊 경술년(1790, 79세)

너의 몸은 지극히 잔약하고

너의 모습은 지극히 볼품없구나

증점처럼 광자도 아니지만 시 읊으며 돌아오는 흥취는 있고

유하혜의 화는 있지만 불공하다는 기롱은 없어라

삼가 사문에 느낀 바 있어

성현이 남긴 법도를 따르기를 원하노라

본성이 담박하여

세상 밖에 버려진 기인(畸人)으로 자처하고

작질이 높아서

혹 산중 재상으로 일컬어지기도 하지

구학의 뜻을 저버리지 않으리니

너를 산택에 두는 것이 제격이로다

爾質至屛, 爾貌至眇. 匪點之狂而有詠歸之興,[190]

---

[190] 匪點……之興 : 공자가 포부를 말해 보라고 하자, 曾點이 "늦은 봄에 봄옷이 만들어지면 관을 쓴 사람 대여섯 명과 동자 예닐곱 명과 함께 기수에서 목욕하고 무우단에서 바람 쐰 뒤 노래하면서 돌아오겠습니다.〔暮春者, 春服旣成, 冠者五六人, 童子六七人, 浴乎沂, 風乎舞雩, 詠而歸.〕"라고 대답하였다. 『論語 先進』 맹자가 曾點을 두고 狂者라 하였다. 『孟子 盡心下』

猶惠之和而無不恭之譏.[191] 竊有感於斯文, 願依若人之遺則.

素性澹泊, 自許世外畸人. 爵秩崇高, 或稱山中宰相.[192]

庶幾不負溝壑之志,[193] 宜以置之山澤之間.

191 猶惠……之譏 : 『孟子』「萬章下」에 "柳下惠는 성인 중의 和한 자이다.〔柳下
惠聖之和者也.〕"라 하였고, 또 「公孫丑上」에, "유하혜는 불공하다.〔柳下惠
不恭〕"라 하였다.

192 山中宰相 : 南朝 梁나라 때 陶弘景을 일컬은 말이다. 그는 句曲山에 은거하
여 武帝가 禮를 갖추어 초빙해도 나가지 않았지만 나라에 大事가 있으면
그에게 찾아가서 자문을 받았기 때문에 당시 사람들이 그를 두고 山中宰相이
라 불렀다. 『南史 권76 隱逸列傳下 陶弘景』

193 溝壑之志 : 溝壑은 도랑과 산골짜기로 上古에 사람이 죽으면 내다 버리는
곳이다. 『孟子』「滕文公下」에 "지사는 구학에 버려질 것을 잊지 않는다.〔志
士不忘在溝壑.〕"라 하였다. 즉 지조를 잃지 않고 곤궁하게 살다 죽겠다는
의지를 뜻한다.

전 傳

23. 영장산객전
靈長山客傳 갑술년(1754, 43세)

객(客)은 광주인(廣州人)이니, 성은 모(某)이고 이름은 모, 자(字)
는 모이다. 자기의 자를 말미암아 거처하는 집에 순암(順菴)이라고
편액을 걸었으니, "천하의 일은 순리(順理)뿐이다."라는 뜻이다.

영장(靈長)은 산 이름이다. 이 산 속에서 글을 읽으면서 '영장산객
(靈長山客)'이라고 자호(自號)하였다. 어려서는 몸이 약하여 병을 안
고 살더니 장성한 후에는 학문을 좋아하여 읽지 않은 책이 없었다.
학문을 함에 스승과 동학(同學)이 없어 마음 내키는 대로 온갖 책들을
보며, 관중(管仲)·상앙(商鞅)·손무(孫武)·오기(吳起)·감공(甘
公)·석신부(石申夫)·경방(京房)·곽박(郭璞)·창공(倉公)·편
작(扁鵲) 등이 지은 정치·병법·천문(天文)·역학(易學)·의약에
관한 책들을 두루 연구하느라고 여러 해를 보냈지만 결국 소득이 없
었다. 뒤늦게야 자신의 공부가 잘못되었다는 것을 깨달았으면서도
시원하게 버리지 못하다가 26세에 『성리대전』을 읽어 보고서야 비로
소 이 학문이 더없이 좋은 것임을 알고 탄식하기를,

"'자기 집에 있는 무진장(無盡藏)한 보물을 버려두고 깡통을 들고
남의 대문 앞에서 비렁뱅이 노릇을 했다.'는 것은 지금의 내 상황을

옛사람이 먼저 깨달은 말이 아니겠는가."

라고 하고는, 드디어 이 책을 손수 베끼며 입으로 외웠다. 한편 역대의 사서(史書)를 두루 공부하여 역사의 치란(治亂), 안위(安危)의 기미, 문물제도(文物制度)의 연혁, 시비득실(是非得失) 등을 분석하고 연구하느라 여러 해를 보냈다. 이 때문에 내면으로 향하는 공부에 전념하지 못했다.

서책을 널리 섭렵했기에 비록 얻은 것은 없었지만 의견을 내놓으면 그런대로 들어 볼 만한 것이 있었으므로 뜻을 같이한 선비들이 간혹 실제로 터득함이 있다고 여기기도 했지만 그 속을 알고 보면 아무것도 없었다. 이로 말미암아 헛된 명성으로 세상을 속여 기사년(1749) 여름에 천거되어 후릉 참봉(厚陵參奉)에 제수되었으나 나아가지 않았고, 겨울에 이르러 또 만녕전 참봉에 제수되자 이마저 사양하면 명예를 사려는 것처럼 보일까 봐 어명을 따랐으나 그가 좋아했던 것은 아니었다.

신미년 2월에 의영고 봉사로 승진하고, 임신년 2월에 정릉 직장으로 승진하였으며, 계유년 10월에 귀후서 별제로 승진하고, 갑술년 2월에 사헌부 감찰로 승진하여 통훈대부(通訓大夫)의 품계에 이르렀으니, 모두가 순서에 따라 오른 자급(資級)이었다.

이해 6월에 부친상을 당하여 영장의 옛집으로 돌아가 여막(廬幕)을 지켰다. 그러다 병이 나자 이대로 일생을 마치겠다는 마음을 먹고는 문을 닫아걸고 사람들과 교유를 끊은 채 한결같은 마음으로 운명을 기다렸으니, 이때 나이 43세였다.

객은 평소 제갈량(諸葛亮)과 도연명(陶淵明)을 사모하였다. 진수(陳壽)의 『삼국지(三國志)』와 『진서(晉書)』, 『송서(宋書)』에 수록

된 그들의 전(傳)은 상세한 곳과 소략한 곳이 뒤섞여 있고 누락된
사실도 실로 많았다. 그래서 두루 전기(傳記)를 채집하여 제갈량과
도연명의 전을 만들어 늘 읽으면서 그들을 만나기나 한 듯이 기뻐하
였다. 그리고 그들의 흉내를 내어 뽕나무 800그루와 버드나무 다섯
그루를 집의 좌우에 심었는데, 뽕나무는 600그루가 말라 죽고 버드나
무는 한 그루가 시들었다. 일찍이 웃으면서 다른 사람에게 말하기를,
"주제넘게 옛사람으로 자부하였더니 나무들도 내가 옛사람과 같지
않다는 것을 안 모양이다. 제갈량에게는 4분의 3이 미치지 못하고
도연명에게는 5분의 1이 미치지 못하니, 내가 누구를 속이겠는가?"
하였다. 글을 읽으면 항상 대의(大義)만을 보고 굳이 깊이 해석하려
하지 않았으니, 이 또한 두 사람이 하던 바를 사모한 것이다.

자질과 성품이 비루하고 오활하여 백에 하나도 잘하는 것이 없었으
나, 한 가지 자부하는 것은 남의 선을 보면 좋아하고 남의 장점을
보면 몸을 굽혀 배우기를 원하는 것이었다. 남의 비위를 거스른 일이
없고 남을 심하게 꾸짖지 않았기 때문에 한 번도 남에게 실례한 적이
없었다. 벼슬하는 5년 동안 분수에 맡겨 일하고 한 사람도 매질한
적이 없었으며, 사(私)로써 공(公)을 해치지 않았고 옛것을 고집하다
가 시속(時俗)을 어기는 일이 없었다. 그래서 아랫사람들은 그 간편
한 처사를 좋아하고 사람들은 그의 온화한 인품을 좋아하였다. 그래
서 모르는 사람들은 처세를 잘한다고 하였지만 또한 마음에 개의치
않았다.

집이 가난하여 서책이 없었으므로 잊어버리는 데 대비하여 미리
베껴 적어 두는 것은 좋아하였으나 글을 짓는 것은 좋아하지 않았으
니, 역시 문사(文辭)에 재주가 없다는 것을 스스로 잘 알기 때문이었

다. 저술한 것이 상자 안에 가득 차 있지만 모두 탈고하지 못한 것이라 비록 연석(燕石)처럼 스스로 귀중하게 여기지만 있어도 되고 없어도 되는 것이었다. 그래서 한갓 심력만 허비했을 뿐 분량만 많고 긴요치 않았다.

야사씨(野史氏)는 말한다.

"내가 객의 마을 사람들에게 객의 사람됨을 자세히 들어 보았는데, '집안 깊이 들어앉아 있으면서 드물게 밖으로 나오는 것은 도가(道家)의 수련(修鍊)을 하는 자와 같고, 향리(鄕里)에서 시속(時俗)을 따르는 것은 향원(鄕愿)과 같고, 큰 뜻을 품고 옛날을 말하는 것은 광자(狂者)와 같고, 남에게서 구함이 없는 것은 지조가 있는 사람 같고, 항상 종일토록 글을 보는 것은 학문을 하는 자와 같고, 간혹 눈을 감고 고요히 앉아 있는 모습은 참선하는 자와 같고, 나약한 듯이 남에게 굽히는 것은 노자(老子)의 학문에서 얻은 바가 있는 듯하고, 운수에 미루고 운명에 맡기는 것은 장주(莊周)의 학문을 터득한 듯하다. 또 그의 말은 박식하고 갈래가 많아 요점을 파악하기 어려우나 널리 아는 것을 요약하여 하나로 귀결시킨다면 도리에 거의 어긋나지는 않을 것이다.'라고 하니, 참으로 그러하다. 그러나 성격이 간졸(簡拙)하여 사람들과 교유하지 않으면서, '한 사람을 사귀는 것이 한 사람을 끊는 것만 못하다.'라고 하였다. 그래서 그를 찾아오는 사람이 없어 삼경(三逕)의 아래에 풀이 무성하였다. 이렇게 일생을 마치니, 어쩌면 은사(隱士)의 풍모를 아는 자가 아니겠는가."

客廣州人, 姓某名某字某. 因其字而扁所居室曰順, 曰: "天下之事, 順理而已." 靈長, 山名也. 讀書其中而自號靈長山客. 幼抱羸疾, 長而嗜學, 於書無所不讀, 學無師友, 唯意所適, 泛濫于百家, 而管商孫吳甘石[194]京郭[195]倉扁[196]之書, 靡不研究, 積累年而無所得. 晚覺其非而猶未釋然棄之也, 年二十六, 得『性理大全』而讀之, 始知此學之貴而歎曰: "抛却自家無盡藏, 沿門持鉢效貧兒, 非古人先得語乎?" 遂手鈔而口誦之. 旁治歷代之史, 究治亂之迹, 審安危之機, 辨制作之源, 別是非之端, 亦累年不已也. 由是而向裏之工, 亦不專焉. 泛博之餘, 雖未有得, 而發爲言論, 或有可聽, 故同志之士, 亦或以爲實有焉, 蓋求其中則空空也. 因此虛名欺世, 己巳夏, 薦除厚陵參奉, 不出, 至冬, 又除萬寧殿參奉, 嫌於沽名而應命, 然非其好也. 辛未二月, 陞義盈庫奉事, 壬申二月, 陞靖陵直長, 癸酉十月, 陞歸厚署別提, 甲戌二月, 遷司憲府監察, 階至通訓, 皆循資也. 是年六月, 遭外艱歸, 守廬于靈長舊宅, 疾作而有終焉之志, 杜門息交, 不貳而竢之, 時年四十三矣. 客平日慕諸葛亮陶淵明之爲人, 而陳壽之志·晉宋之傳, 詳略相仍, 遺闕實多, 遂旁採傳記而爲二傳, 常常諷讀, 欣然如相遇焉, 效嚬而種桑八百柳五於居宅之左右, 桑枯六百, 柳萎其一. 嘗笑謂人曰: "妄許以古人, 而物亦知其不似

---

194 甘石 : 甘公과 石申夫의 병칭이다. 감공은 전국시대 齊나라 사람이고 석신부는 전국시대 魏나라 사람인데 모두 천문학에 밝았다고 한다.

195 京郭 : 京房과 郭璞의 병칭이다. 경방은 중국 前漢 元帝 때 학자로 梁나라 사람 焦延壽에게 易學을 배웠고 占法과 재변의 徵驗을 설명한 易傳을 지었으며, 音律을 연구하여 60律을 산정하였다. 郭璞은 東晉 때의 卜術家로, 陰陽·五行·曆算에 조예가 깊었다.

196 倉扁 : 전국시대의 名醫인 倉公과 扁鵲의 병칭이다.

矣. 於葛不及四分之三, 於陶不及五分之一, 吾誰欺乎?" 讀書常觀大義, 不求甚解, 亦慕二人之爲也. 姿性鄙暗疎迂, 百無一能, 而有一事自許者, 見人之善則好之, 見人之能則屈己而願學焉. 與物無忤, 責人不深, 以是未嘗一失色於人, 從宦五年, 任分奔走, 不鞭一人, 不以私害公, 不膠固而違俗, 下樂其簡便, 而人愛其樂易. 不知者以爲善於涉世, 亦不以爲意也. 家貧無書, 喜編迻備遺忘, 而不喜屬文, 亦知其短於文辭而然也. 所著迻盈籠, 具未脫藁, 雖燕石[197]自珍, 而有亦可無亦可, 徒然殫心力, 紛紛不緊也.

野史氏曰: "余從客之里人, 詳聞客之爲人, 深居簡出, 類修鍊者, 升沉鄕里, 類鄕愿[198]者, 嘐嘐曰古[199], 類狂者, 無求於人, 類介者, 常終日看書, 類爲學者, 或瞑目靜坐, 類學禪者, 卑弱屈人, 類有得於老氏者, 推運任命, 類會心於莊周者. 其言博而多端, 難以要領, 約其博而一之, 則庶乎其不悖矣, 信

---

197 燕石 : 宋나라의 어떤 어리석은 사람이 燕山에서 돌을 주워서 옥이라고 믿고 귀중하게 보관하여 세상 사람의 웃음거리가 되었다는 고사가 있다 별것도 아닌 것을 대단한 것으로 자부함을 뜻한다. 『太平御覽 권51』

198 鄕愿 : 향리에서 謹厚하다고 일컬어지면서 세상에 적당히 적응하는 사람을 가리킨다. 孔子가 "내 문전을 지나면서 내 집에 들르지 않아도 내가 유감으로 여기지 않는 자는 오직 향원일 것이다. 향원은 덕의 적이다.〔過我門而不入我室, 我不憾焉者, 其惟鄕愿乎! 鄕愿德之賊也.〕"한 데서 온 말이다. 『孟子 盡心下』

199 嘐嘐曰古 : 鄕原이 뜻은 크고 실행은 부족한 狂者를 두고 "어찌하여 이처럼 말과 뜻이 큰가? 말은 행실을 돌아보지 못하고 행실은 말을 돌아보지 못하면서 입만 열면 '옛사람이여, 옛사람이여!' 하면서 행실을 어찌하여 이처럼 외롭고 쓸쓸하게 하는고.〔何以是嘐嘐也? 言不顧行, 行不顧言, 則曰: '古之人, 古之人!' 行何爲踽踽涼涼?〕"라 하였다. 『孟子 盡心下』

夫! 然性簡拙, 未嘗與人交遊, 其言曰:'交一人, 不如絶一人.'是以, 人無有
相往還者, 三逕²⁰⁰之下, 草萊成蔭. 以是而終焉, 其或聞逸士之風者歟!"

200 三逕 : 漢나라 때 蔣詡가 杜陵에 은거하면서 자기 집 대밭 아래에 세 개의
　　오솔길을 내고 친구인 求仲과 羊仲 두 사람하고만 교유하였던 고사에서 온
　　말로, 隱者의 집을 뜻하는 말이다. 陶淵明의「歸去來辭」에도 나온다. 여기서
　　는 작자 자신의 집을 가리킨다.

자사 字辭

24. 화보의 자사

和甫字辭 임신년(1752, 41세)

예전에 내가 아들의 관례(冠禮)를 하던 날 통가장(通家丈) 박자중
(朴子中)이 듣고 기뻐하며 말하기를,

"예(禮)를 강습하지 않은 지 오래다. 가난한 사람은 재물을 들여
예를 갖추지 않는다고 하지만 곤궁하게 시골에서 산다는 핑계로
성인(成人)의 예를 폐지해서는 안 된다. 나도 자식이 있어 관례할
나이가 되면 관례를 할 것이니, 관례를 시켜주고 자(字)를 지어주
는 것은 자네가 맡아주게."

라 하기에, 내가 웃으며 사양했었다. 불행하게도 5년 뒤에 자중이
상(喪)을 당하고, 다시 다음 해에 그 아들이 모친을 잃어 괄발(括
髮)한 채 두건과 수질(首絰)을 얹고 거상(居喪)하였다. 그 아들이
아직 정명(定名)이 없는 것을 딱하게 여겨 아명(兒名)을 고쳐 처순
(處順)이라 지었더니, 얼마 지나지 않아 사람을 시켜 나에게 자(字)
를 지어달라고 하면서 말하기를,

"아들이 불행히도 상(喪)을 당하였기에 비록 삼가(三加)와 즉길(卽
吉)의 예(禮)를 거행하지는 못했지만, 이미 괄발하고 이름도 지어
주었으니 자(字)를 지어 이름의 뜻을 드러내어 주지 않으면 소자

(小子)가 장차 무엇을 본받을 수 있겠는가. 원컨대 깨우쳐 가르쳐 주는 말을 듣고 싶네."

라 하였다. 내가 그럴 만한 위인이 못 된다고 사양했으나 어쩔 수 없기에 절을 하고 말하기를,

"부모의 마음은 사람이면 누구나 다 가지고 있다. 누군들 자기 자식이 어질기를 원하지 않겠는가. 오장(吾丈)이 자식에게 바라는 바는 지극하고도 크도다. 무릇 천하의 이치는 하나일 뿐이다. 물(物)은 비록 만 가지이나 하나의 이치로 귀결되는 것이요, 일은 비록 만 가지이나 역시 한 이치로 귀결되는 것이니, 따름은 있고 거스름은 없어 이치를 따를 뿐이다. 이런 까닭에 해와 달은 언제나 밝고 추위와 더위가 흘러서 바뀌는 것은 하늘의 이치를 따르는 것일 따름이요, 산이 우뚝 서 있고 물이 흐르며 만물이 모두 이루어지는 것은 땅의 이치를 따르는 것일 따름이요, 오상(五常)을 다 갖추어 온갖 행실을 실추함이 없는 것은 사람의 이치를 따르는 것일 따름이다. 군자는 이치를 따르기에 길(吉)하고, 소인은 이치를 거스르기에 흉하니, 길흉이 오면 화복(禍福)이 뒤따른다. 『주역』에 '하늘이 돕는 바는 순(順)하기 때문이다.'라 하였고, 전(傳)에 '덕에 순한 자는 창성한다.'라 하였고, 장자(張子)는 '살아서는 내가 하늘을 순하게 섬긴다.'라 하였으니, 순(順)의 시의(時義)가 크도다. 옛사람은 말하기를 '형체가 화(和)하면 소리도 화하고, 소리가 화하면 기(氣)도 화하고, 기가 화하면 천지의 화가 응한다.'라 하였으니, 그렇다면 화(和)는 순의 표덕(表德 자(字)의 이칭)이다. 청컨대 자(字)를 화보(和甫)라고 하겠다."

라 하였다. 드디어 뜻을 연역(演繹)하여 사(詞)를 짓노라.

하늘에 하나의 리(理)가 있으니

지극히 참되고 지극히 정미(精微)하다

선이라 말할 수도 없거든

악이 어떻게 나타날 수 있으랴

이것이 움직여 음(陰)·양(陽) 둘이 되어

자연의 작용을 타고 유행하나니

유행하여 마지않다 보면

맑은 기운과 흐린 기운 서로 다투지

조화로운 천지의 기운을 보합하여

온갖 만물들 생겨나는데

오직 사람만이 하늘을 닮아

이 성령을 받았으니

비유컨대 보배 구슬과 같아

언제나 밝게 빛난다네

리는 사단으로 나타나고

기는 칠정으로 나뉘나니

위태하고 은미한 것 살피지 못하면

인도가 도리어 비웃음을 받고

절도에 맞아 화(和)를 이루면

마음이 비로소 평안해 진다네

그러므로 천도가 화하지 못하면

천지의 만화가 어그러져 이뤄지지 못하고

인도가 화하지 않으면

일신의 백체가 어긋나 날로 기울어지나니

이에 알겠어라 화란 것은

성을 따르는 달도요 기를 다스리는 저울이다

처음에는

누군들 성정을 요순처럼 다스려 이 리를 따르고 싶지 않았으랴만

결국에 가서는

마침내 언행을 걸주처럼 하여 이 리에 순하지 않게 되지

터럭만한 차이에서

천리나 멀리 어긋나느니

그 원인을 따져 보면

화하지 못한 소치일세

그 개요를 대략 들어

자네에게 보여주겠노라

고요하게 지낼 때에는

울적한 마음이 병이 되니

정신을 느긋하게 펴려면

화가 아니고 무엇으로 다스리랴

사물이 눈앞에 다가오면

호오가 마음 속에 나타나니

운명과 분수에 미루어 맡기려면

화가 아니고 무엇으로 평안하게 하랴

문장의 안은

가지런히 다스리기 어려우니

의를 바루고 인륜을 돈독히 하여

화로써 편안하게 하라

문정의 밖에서는

사람을 사귐에 도리가 있으니

성의를 다하고 진솔하게 대하여

화로써 보전하라

이 말대로 실행해 가면

천하가 그 인을 허여하리니

온전히 태어났으니 죽어서는 온전히 돌아가

그 몸을 잘 보전하라

안과 밖을 함께 수행하여

겉과 속이 틀리지 않게 하고

아무리 바쁘거나 다급할 때도

화하지 않음이 없도록 하라

이 마음이 고요할 때에는

따스한 봄기운 넘쳐흐르도록 하고

이 마음이 움직일 때에는

상서로운 구름 피어나도록 하여

화하고 또 화하여 화충하도록 하라

축옹을 본받아 경계하고 또 경계하노라

天有一理 至眞至精²⁰¹ 善未可言 惡何由形 動而爲二 乘機以行

---

201 至精 :『呂氏春秋』「君守」에 "하늘은 형제가 없으나 만물이 이로써 이루어지
고 지극히 精微함은 형상이 없으나 만물이 이로써 化成한다.〔天無形而萬物

行之不已 醇醲相爭 保合大和[202] 庶類以生 惟人肖天 稟此性靈

譬如寶珠 瑩然長明 理見四端 氣分七情 危微失察 人道反听[203]

中節而和 方寸得平 故天道不以和 則萬化刺謬而不成 人道不以和

則百體乖戾而日傾 是知和也者 率性之達道御氣之權衡也

其始也 孰不欲堯其性舜其情而以順乎此理

其卒也 終未免桀其言紂其行而以不順乎此理

差之毫釐 謬以千里 究厥所由 不和之致 畧舉其槩

以示吾子 靜潛以居 幽鬱爲祟 發舒精神 非和曷治

事物之來 好惡形焉 推委命分 非和曷平 門庭之內

齊之爲難 正義篤倫 和以安之 門庭之外 交之有道

推誠任眞 和以保之 措此以往 天下歸仁[204] 生全死歸[205]

以成, 至精無象而萬物以化."라 하였다.

202 保合大和 : 『周易』「乾卦 象傳」에 "乾道가 變化함에 각각 만물의 性命을 바르게 하여 태어나게 하니, 大和 保合하여 이에 이롭고 貞하다.〔乾道變化, 各正性命, 保合大和, 乃利貞〕"이라 하였다.

203 危微……反听 : 『書經』「大禹謨」에 "인심은 위태롭고 道心은 은미하니, 오직 정밀하게 살피고 한결같이 지켜야 진실로 그 중을 잡을 수 있으리라.〔人心惟危, 道心惟微; 惟精惟一, 允執厥中.〕"라 하였다. 즉 위태한 人心과 은미한 道心을 잘 살펴 사욕을 극복하여 인심이 도심의 명령을 듣도록 해야 한다. 그런데 잘 살피지 못하면 도리어 도심이 인심의 명령을 듣게 된다는 뜻이다.

204 天下歸仁 : 孔子가 顏淵에게 "자기의 사욕을 이겨 예(禮)로 돌아감이 인을 하는 것이니, 하루라도 사욕을 이겨 예로 돌아가면 천하가 인을 허여한다. 인을 하는 것은 자신에게 달려 있으니, 남에게 달려 있겠는가.〔克己復禮爲仁, 一日克己復禮, 天下歸仁焉. 爲仁由己, 而由人乎哉?〕"라 한 데서 온 말로 온 천하 사람들이 다 이 사람을 仁하다고 인정할 것이라는 뜻이다. 『論語

以保其身 內外交修 表裏無差 造次顚沛 罔或不和 是心之靜

盎然陽春 是心之動 油然景雲 和之又和和衷哉[206] 戒之又戒效祝雍[207]

昔, 吾冠子之日, 通家丈朴子中聞而喜之曰: "禮之不講也久矣. 貧者不以貨
財爲禮, 不可諉以窮困處委巷而廢成人之禮也. 吾且有子, 待其及冠而冠之,
冠而字之, 子之責也." 余笑而謝之, 不幸越五年而子中丁憂, 又明年而其子
失怙, 遂因括髮而加巾絰. 閔其無定名, 改乳呼而稱之曰處順, 居無久, 使求
字于余曰: "兒不天, 遭罹憫凶, 雖無三加卽吉[208]之禮, 而旣束髮而髻之矣,
旣錫名而命之矣. 無字以表之, 則小子將何述焉? 願聞警誨之語." 余辭以非
其人而不得, 拜而言曰: "父母之心, 人皆有之. 孰不欲其子之賢? 而吾丈之
所以望於子者, 摯乎其大矣. 夫天下之理一而已, 物雖有萬而緫于一理, 事
雖有萬而歸于一理, 有順無逆, 循理而已. 故日月貞明, 寒暑流行, 順天理而

顔淵』

205 生全死歸 : 주 166) '保此……歸之' 참조.

206 和衷哉 : 『書經』 「皐陶謨」에 "君臣이 공경함을 함께 하고 공손함을 합하여
衷을 화하게 하소서.〔同寅協恭, 和衷哉!〕"라 한 데서 온 말로, 사람들이 서로
마음을 和合하는 것을 뜻한다.

207 祝雍 : 周나라 武王이 崩御하고 成王이 13세의 나이로 왕위를 이어받아 이듬
해 여름 6월에 무왕의 葬事를 지낸 뒤 成王의 冠禮를 거행했다. 이 때 祝雍에
게 명하여 頌을 짓게 하였다. 그 頌辭에 말하기를 "좋은 달 좋은 날에 왕에게
비로소 元服을 더하니, 왕의 어린 뜻을 버리시고, 마음에 천자의 직분을
간직하여, 하늘을 공경하고, 온 천하에 법이 되며, 조상을 따라 길이길이
다함이 없으소서.〔令月吉日, 王始加元服, 去王幼志, 心是袞職, 欽若昊天,
六合是式, 率爾祖考, 永永無極.〕"라 하였다. 『孔子家語 권8 冠頌』

208 卽吉 : 喪服을 벗고 吉服을 입는 것으로, 곧 脫喪을 가리킨다.

已矣. 山河流峙, 品物咸邃, 順地理而已矣. 五常具備, 百行無墜, 順人理而

已矣. 君子順之而吉, 小人逆之而凶 吉凶之來, 禍福應焉. 『易』曰: "天之所

助者順.[209]" 傳曰: "順德者昌.[210]" 張子曰: "存吾順事.[211]" 順之時義, 大矣

哉! 古人曰: "形和則聲和, 聲和則氣和, 氣和則天地之和應矣." 然則和其順

之表德乎! 請字曰和甫, 邃演爲之詞曰:

天有一理, 至眞至精.

善未可言, 惡何由形?

動而爲二, 乘機以行.

行之不已, 醇醨相爭.

保合大和, 庶類以生.

惟人肖天, 禀此性靈.

譬如寶珠, 瑩然長明.

理見四端, 氣分七情.

危微失察, 人道反听.

中節而和, 方寸得平.

故天道不以和, 則萬化刺謬而不成.

人道不以和, 則百體乖戾而日傾.

是知和也者, 率性之達道, 御氣之權衡也.

其始也, 孰不欲堯其性舜其情而以順乎此理?

209 天之所助者順 :『周易』「繫辭傳上」 12章에 보인다.

210 順德者昌 :『前漢書』 권1 上「高帝紀」에 보인다.

211 存吾順事 : 橫渠 張載의「西銘」에 보인다.

其卒也, 終未免桀其言紂其行而以不順乎此理?

差之毫釐, 謬以千里.

究厥所由, 不和之致.

畧擧其槩, 以示吾子.

靜潛以居, 幽鬱爲祟.

發舒精神, 非和曷治.

事物之來, 好惡形焉.

推委命分, 非和曷平?

門庭之內, 齊之爲難.

正義篤倫, 和以安之.

門庭之外, 交之有道.

推誠任眞, 和以保之.

措此以往, 天下歸仁.

生全死歸, 以保其身.

內外交修, 表裏無差.

造次顚沛, 罔或不和.

是心之靜, 盎然陽春.

是心之動, 油然景雲.

和之又和和衷哉!

戒之又戒效祝雝.

25. 은보 자사

隱甫字辭 갑신년(1764, 53세)

통가장(通家丈) 박자중(朴子中)이 막내아들을 처현(處顯)이라 이름하고 설(說)을 지어 훈계했다. 그 설에서 도덕과 학행으로부터 문예(文藝)와 영귀(榮貴)에 이르기까지 '현(顯 드러남)'이 되는 이치를 빠짐없이 말하고, 마지막에는 『중용(中庸)』의 신독(愼獨) 두 글자를 가지고 면려하였으니, 학문의 본말을 알아 의방(義方)으로써 가르쳤다고 할 수 있다. 그가 나에게 자사(字辭)를 지어달라고 부탁을 하는데, 관례를 해주고 자를 지어주는 것은 붕우의 책임이다. 예(禮)가 이미 이러하니 내가 어찌 감히 사양하겠는가. 그래서 마침내 그 의미를 연역(演繹)하여 다음과 같이 말한다.

"하늘은 높고 땅은 낮으며 그 사이에 만물이 각양각색으로 흩어져 있는 것은 도(道)의 현(顯)이요, 뭇 아름다움을 모두 갖추어 한 가지 선(善)도 빠뜨리지 않는 것은 덕의 현이며, 널리 고금에 통하여 무엇 하나도 모르는 바가 없음은 학문의 현이요, 몸을 신칙하고 일을 공경하여 집안에 들어가서는 효도하고 밖에 나가서는 공손한 것은 행실의 현이다. 군자가 이 네 가지를 힘쓴다면 문예와 같은 말기(末技)는 힘쓰지 않아도 되고 혹 능할지라도 현이라 말할 것이 못 되며, 부귀영달은 남에게 달려 있고 나에게 달려 있지 않으니 또한 현이라고 말할 것이 못 된다. 군자는 나에게 있는 것을 힘쓸 따름이니, 나에게 있는 것은 이 네 가지 외에 무엇이 있겠는가. 학문이 이루어지고 덕이 갖추어지며 뜻을 얻어 도(道)를 행할 때에는 천하를 모두 선하게 할 수 있는 도구가 있고 때를 못 만나 자신을 거두어 은거할 때에는 자기 일신만이라도 선하게 하는 지혜가 있으니, 어떠한 경우를 만날지라도 현하지 않음이 없는 것이다. 그러나 체(體)와 용(用)은 근원이 하나요, 현(顯)과 미(微)는 간격이 없으니, 그 용의 현이 비록 저렇듯 환하여도 그 체의 미는 실로 이른바 은(隱)이란 것이 있다. 『중용』에서 자사자(子思子)가 '군자의 도는 그 작용이 넓으면서도 그 본체는 은미하다.'라 한 것이 이를 두고 말한 것이다. 은미한 도는 내 마음에 간직된 바에서 비롯하여 천덕(天德)에까지 이르는 것이다. 마음을 보존하여 천덕에 이르는 요긴한 말은 책에 갖추어져 있으니, 여기에서 덧붙여 말하지 않는다. 은보(隱甫)로 자(字)를 삼고자 하노라.”

라 하였다.

通家丈朴子中名其季子曰處顯, 作說而戒之, 其於道德學行以及乎文藝榮貴, 所以爲顯之義, 無遺蘊, 而末以『中庸』愼獨二字勉之, 可謂知學之本末而教之以義方者也. 屬余爲字辭, 冠而字之, 朋友之責也. 禮旣如是, 余何敢辭? 遂演而爲之語曰:“天高地下, 萬物散殊, 道之顯也; 衆美幷具, 一善不遺, 德之顯也; 博通古今, 無物不知, 學之顯也; 飭躬敬事, 入孝出弟, 行之顯也. 君子務此四者, 則文藝之末技, 有不必用功而或能之, 不足以顯言矣. 富貴榮達, 在人而不在我, 亦不可以謂顯矣. 君子脩其在我者而已, 其在我者, 舍是四者何由焉? 及其學成而德立, 得志而行道, 有兼善天下之具, 失時而卷懷, 有獨善其身之智[212], 是無往而不顯矣. 然而體用一原, 顯微無間[213], 其用之顯, 雖如彼昭著, 而其體之微, 實有所謂隱者. 子思子曰:‘君子之道, 費而隱.[214]’ 是也. 隱之道, 始于吾心之所存, 而達于天德而已矣. 存心達德之要, 方冊具存, 玆不贅焉. 請字之曰隱甫.

212 得志……之智 : 『孟子』「盡心上」에 "곤궁하면 자기의 일신만이라도 선하게 하고, 현달하면 온 천하 사람들을 아울러 선하게 한다.〔窮則獨善其身, 達則 兼善天下.〕"라 하였다.

213 體用……無間 : 伊川 程頤의 「易傳序」에 나온다.

214 君子之道費而隱 : 『中庸章句』12장에 나온다. 朱熹의 注에 "費는 用이 넓은 것이고, 隱은 體가 은미한 것이다."라고 하였다.

26. 손생 한치건 자사

孫甥韓致健字辭 무신년(1788, 77세)

우인(友人) 한경선(韓景善)이 늦게 아들 하나를 두어 애지중지하여 아명(兒名)을 금(金)이라 하였다. 그 아들이 성장하여 관례(冠禮)를 행할 즈음에 나에게 좋은 이름을 지어달라고 청하기에 내가 치건(致健)이란 이름을 지어주었다. 관례를 행할 때가 되어 신문초(申文初)군에게 자(字)를 청하니 신군이 가구(可久)란 자를 지어주었다.

금은 그 강한 점을 취한 것이요, 건(健)은 그 성질을 취한 것이요, 구(久)는 그 쉬지 않음을 취한 것이다. 건(乾)이 양강(陽剛)의 덕으로써 그 운행이 지극히 굳세어 사시(四時)에 두루 운행함에 만화(萬化)가 이루어지며 만고를 지나도록 쉬지 않으니, 이는 구(久)하여 그런 것이 아니겠는가. 관례를 행하고 자(字)를 지어주는 것은 예(禮)이거니와 자를 지어준 것이 이름의 뜻에 맞으면 좋은 일이다. 신군(申君)은 이름의 뜻에 맞게 자를 지어 잘 축원해주었다고 할 만하다.

『주역』에 "하늘의 운행이 강건(剛健)하니 군자가 이를 보고서 스스로 힘쓰고 쉬지 않는다."라 하였다. 군자란 덕(德)을 이룬 사람을 일컫는 이름이다. 군자가 진실로 날로 부지런하고 저녁까지도 삼가해 두려워하여 그 순강(純剛)한 덕을 보전하고 힘쓰기를 마지아니하여 중단함이 없다면 지극히 강건하다 할 만할 터이니, 어찌 덕을 이룬 군자가 되지 않겠는가.

한씨(韓氏)는 대가(大家)다. 명공(名公)·석보(碩輔)가 양대(兩

代 고려와 조선)에 걸쳐 나왔고, 문장(文章)과 훈업(勳業)이 간책(簡冊)에 빛나고 있으니, 이는 과연 가구(可久)의 뜻을 얻어서 그런 것이다.

치건(致健)은 이제 겨우 무상(舞象 15세)의 나이라 아직 학문의 방향을 모르지만, 어진 아버지의 자식으로서 게다가 훌륭한 스승이 좋은 축원으로 가구라는 자를 지어주었으니, 한씨(韓氏)의 가업이 장차 무궁할 것이다.

지금 이후로는 먼저 『소학(小學)』을 공부하여 자식이 되고 아우가 되고 신하가 되고 젊은이가 된 자의 예(禮)를 알아서 효제충순(孝悌忠順)의 행실에 독실함으로써 그 근본을 세우고, 그 다음에는 『대학(大學)』의 격물치지(格物致知)·성의정심(誠意正心)·수신제가(修身齊家)·치국평천하(治國平天下)의 학업에 미쳐서 그 용(用)을 넓히되, 매양 쉬지 않는 것이 건(健)이란 뜻을 생각하여 가구(可久)할 행실을 하라. 이렇게 하면 훗날의 성취를 사람들이 장차 눈을 부비며 볼 것이니, 이는 어진 아버지와 이름난 할아버지가 너에게 은택을 끼침이 많은 것이다. 어찌 아름답지 않겠는가. 치건은 힘쓰라.

무신년 10월에 77세 우이옹(虞夷翁)은 쓰노라.

韓友景善晚有一子, 而愛之重之, 乳名曰金. 長而將冠, 請錫嘉名于余, 余曰致健. 及冠期而問字于申君文初, 申君曰可久. 金取其剛, 健取其性, 久取其不息. 乾以陽剛之德, 其行至健, 四時行, 萬化成焉, 歷萬古而不息, 則豈非久而然耶? 冠而字之, 禮也, 字之而得其義則善矣. 申君可謂得其義而爲善祝矣. 『易』曰: "天行健, 君子以自强不息.[215]" 君子, 成德之名. 君子誠能日乾夕惕[216], 保其純剛之德, 勉彊不息而無所間斷, 則可謂至健, 而豈不爲成德之君子乎? 韓氏, 大家也. 名公碩輔, 跨歷兩代, 文章勳業, 輝暎簡策, 果得可久之義而然矣. 致健年才舞象,[217] 學未知方, 以賢父之子, 又得良師之善祝, 字之以可久, 則韓氏之業, 其將無窮矣. 從今以後, 先從事於小學之功, 知爲人子爲人弟爲人臣爲人少者之禮, 篤工於孝悌忠順之行, 以立其本, 次及於『大學』格致誠正修齊治平之業, 以達其用, 每念不息爲健之義而爲可久之行, 則他日成就, 人將拭目而觀之, 是賢父名祖之覆露爾也多矣. 豈不休哉? 致健其勉之. 著雍涒灘之陽月, 七十七歲虞夷翁題.

215 天行……不息:『周易』「乾卦 象傳」에 보인다.

216 日乾夕惕:『周易』「乾卦 九三」에 "군자가 종일토록 굳세고 굳세어서 저녁까지도 삼가해 두려워하면 위태로우나 허물은 없을 것이다.〔君子終日乾乾, 夕惕若, 厲, 无咎.〕"라 하였다.

217 舞象:『禮記』「內則」에, "成童이 되면 象을 춤춘다.〔成童舞象〕"라 한 데서 온 말로 15세를 말한다.

설 說

27. 벙어리저금통에 대한 설
啞器說[218] 정사년(1737, 26세)

정사년 가을 내가 과거를 보려고 서울에 들어갔을 때 시장에서 한 물건을 보았는데, 위는 둥글고 아래는 평평하며 속은 비었고 꼭대기에 일(一) 자 모양 구멍이 뚫려 있었으니, 종전에 못 보던 것이었다. 내가 마부를 돌아보며,

"이것이 무슨 물건이냐?"

했더니,

"벙어리입니다."

라 하였다. 내가 그 말을 알아듣지 못하고 또 묻기를,

"이것이 무슨 물건이냐?"

했더니, 그가 다시,

"벙어리입니다."

---

218 啞器說 : 이 글은 정사년(1737) 26세 때 지은 글이라고 原註에 밝혀 놓았지만 「橡軒隨筆」에도 벙어리저금통을 본 소감을 적어놓았는데, 무오년(1738) 의 일이라 하였다. 한 해 차이로 기억의 착오가 있었던 것 같다.

라고 대답하는 것이었다. 그가 장난을 한다고 생각한 내가 화를 내며 묻기를,

"내가 이 물건에 대해 물었는데 왜 벙어리라고 대답을 하느냐?"

했더니, 마부가 대답하기를,

"소인이 감히 장난을 하는 것이 아닙니다. 이 기물의 이름이 벙어리이기 때문에 벙어리라고 대답한 것입니다."

하였다. 내가 괴이하게 여겨 그 까닭을 물었더니, 대답하기를,

"이 기물이 입은 있으면서 말을 못하기 때문에 사람들이 벙어리라고 이름을 붙인 것입니다. 여염의 여자 아이들이 이것을 사서는 동전이 생기면 그 속에 던져 넣었다가 가득 찬 뒤에 부수어서 꺼내니, 대개 돈을 함부로 쓰지 않고자 하는 것입니다."

하였다. 내가 말하기를,

"아아! 입이 있으면서 말을 못하는 것이 어찌 이 물건 뿐이냐. 병·옹기·항아리 등은 입이 없느냐? 그래도 병·옹기·항아리가 말을 못한다고 벙어리라고 부른다는 것을 들어보지 못했다. 여기에는 반드시 까닭이 있을 것이다."

하였더니, 곁에 있던 여사(旅舍) 주인이 듣고 웃으면서 말하기를,

"그대는 알지 못하오? 이는 사람이 명령한 것이 아니라 바로 조물주의 장난이라오. 무릇 조물주가 사람에게 소리나 모습으로 보여주지는 않지만, 간혹 아동들의 입을 통하여 노래로 나타내기도 하고 혹은 물건으로 나타내기도 하니, 이는 모두가 사람으로 하여금 듣고 보아 깨닫게 하려는 것입니다. 이 물건이 나온 지가 10년이 못 되는데, 그 뜻이 두 가지가 있으니, 하나는 벙어리처럼 말하지 않는 사람을 기롱하는 것이고 하나는 사람에게 벙어리처럼 말하지

말라고 훈계를 하는 것입니다. 기롱한다는 것은 무슨 뜻이겠습니까? 사람이 마땅히 말을 해야 할 때에 말을 하지 않으면 벙어리와 다를 바 없다고 기롱하는 것입니다. 훈계한다는 것은 무슨 뜻이겠습니까? 사람이 말을 해서는 안 될 때에 말을 하면 재앙만 취하게 되니 마땅히 벙어리처럼 말하지 않아야 한다는 것이다. 순임금에게 무슨 잘못이 있었으랴마는 신하인 고요(皐陶)와 익(益)은 바른 말을 하여 마지않았고, 무왕(武王)에게 무슨 잘못이 있었으랴마는 주공(周公)과 소공(召公)은 바른 말을 하여 마지않았고, 한 문제(韓文帝)와 당 태종(唐太宗)은 모두 몸소 태평을 이룩했지만 가의(賈誼)는 한숨을 쉬다 못해 통곡을 하였고 위징(魏徵)은 「십사소(十思疏)」를 올리다 못해 십점(十漸)을 말하였지요. 신하는 '우리 임금은 이미 성군이다.'라고 생각하여 안심을 하지 말고, 혹시라도 임금에게 잘못하는 일이 있을까 걱정하여 눈을 밝게 뜨고 대담하게 숨김없이 직언(直言)해야 합니다. 그리하여 잘못이 임금에게 있으면 임금에게 간쟁(諫爭)하기에 여념이 없고 해로움이 정치에 있으면 정치를 논하여 마지않은 것이다. 이런 까닭에 임금은 밝은 임금이 되고 신하는 자기 직분을 저버리지 않은 것입니다.

지금 우리 성상은 요임금처럼 어질고 순임금처럼 공손하시며 문왕(文王)처럼 공경하고 무왕(武王)처럼 의로우시니, 일찍이 말할 만한 잘못이 없습니다. 그러나 신하된 의리로 말하자면 어찌 이것으로 만족하여 여기에서 그치게 할 수가 있겠습니까. 비록 인후하더라도 그 인후하심이 무궁하도록 하고자 해야 하며 비록 공손하더라도 그 공손함이 무궁하도록 하고자 해야 하며, 그 공경스러움과 정의로움도 모두 그렇게 해야 합니다. 이것이 바로 임금을 위하는 지극히 간절한 정성일 터입니다. 그런데 조정에 있는 신하들은 모두 '우리 임금은 이미 성군(聖君)이고 우리나라는 이미 치평(治平)을 이루었다.' 하여 한 달이 가도록 임금의 덕을 말하는 사람이 없고 일 년이 가도록 국정을 논하는 사람이 없으니, 이것이 어찌 벙어리와 다르겠습니까. 이것이 이른바 기롱한다는 것입니다.

사람의 입이란 우호를 내기도 하고 전쟁을 일으키기도 합니다. 남의 아들과 말을 할 때에는 효도에 대해 말을 하고 남의 신하와 더불어 말을 할 때에는 충성에 대해 말을 해야 합니다. 지위도 없으면서 국정의 장단을 논하고 자신의 책임이 아닌데도 조정의 득실을 말한다거나 심한 경우에는 국가를 등지고 사당(私黨)을 위해 죽으며, 눈을 부릅뜨고 어려운 일을 말하다가 결국에는 임금을 배반하는 죄를 저지르면서도 스스로 깨닫지 못함으로써 그 자신이 죽고 세상에 화를 끼치는 경우도 있으니, 이것이 이른바 훈계한다는 것입니다. 이제 만약 그 기롱하는 뜻을 알아서 반성을 한다면 장차 조정의 명신(名臣)이 될 것이요, 그 훈계한 바를 알아 본받는다면 처세의 이치를 아는 사람이 될 것입니다. 그대가 이 뜻을 알겠소?"
라 하였다.

내가 그 말을 기이하게 여겨 이름을 묻자 주인은 입을 가리키며 말을 하지 않았다. 내가 그 뜻을 알아채고는 물러나 기록하여 자신을 깨우치는 한편, 또 당로자(當路者)에게 바치고자 하노라.

丁巳秋, 余赴試入京, 市上有器, 上圓下平, 中空而頂穿細穴, 如一字形, 前所未見也. 余顧僕夫曰: "是何器也?" 曰: "啞也." 余未解其語, 又問曰: "是何器也?" 復曰: "啞也." 余怒其言之戲也, 詰之曰: "余問是器, 而答曰啞, 何

也?"僕夫對曰: "小人非敢戱也. 是器之名啞, 故對以啞也." 余怪而問其故,
對曰: "是器也, 有口而不能言, 故人命之曰啞. 閭家小女兒, 貿是而得錢則
投其中, 滿而後撲而取之. 盖不欲其妄費也. 余曰: "噫噫! 凡有口而不能言
者, 奚獨是器也? 甁罍甕缸, 獨無口乎? 未聞甁罍甕缸之以不言而名以啞
也. 是必有以也."傍有逆旅主人聞而笑曰: "子不知耶? 是非人所命也, 乃造
物之戱劇也. 夫造物之於人, 雖不以聲音笑貌視, 而或播於兒童之口而爲謠,
或形諸什物之間而爲器, 莫非欲人聞見而覺之也. 是器之出未十年, 其義有
二, 一以譏人之如啞, 一以戒人之當啞. 譏者何? 譏人之當言而不言, 無異
啞者矣. 戒者何? 戒人之不當言而言, 只足以取禍, 是當如啞者矣. 虞舜何
嘗有過? 而皐益言之不已; 武王何嘗有過? 而周召言之不已; 漢之文帝, 唐
之太宗, 皆身致太平, 而賈誼大息之不已而痛哭[219]; 魏徵十思之不已而十
漸[220]. 盖人臣之心, 不以吾君之已聖, 而恐有遺失, 明目張膽, 直言不諱, 過
在于君, 則爭君不暇, 害在于政, 則論政不已. 是以, 君不失爲聖, 而臣不負
其職矣. 今聖上堯仁舜恭, 文敬武義, 未嘗有過之可言. 而然而爲臣之義, 豈
欲以此爲足而止於是耶? 雖仁而欲其仁之無窮, 雖恭而欲其恭之無窮, 其敬

---

219 賈誼⋯⋯痛哭: 漢나라 文帝 때 賈誼가 시국를 바로잡는 대책인 治安策을
문제에게 올렸는데, 그 첫머리에 "신이 가만히 생각건대, 지금의 事勢는 통
곡할 만한 일이 한 가지요, 눈물을 흘릴 만한 일이 두 가지요, 길이 한숨을
쉴 만한 일이 여섯 가지입니다.〔臣竊惟事勢, 可爲痛哭者一, 可爲流涕者二,
可爲長太息者六.〕"라고 하였다. 『漢書 卷48 賈誼傳』

220 魏徵⋯⋯十漸: 魏徵은 唐나라 太宗의 신하이다. 그가 상소를 올려 열 가지
신중히 생각해야할 일인 十思를 말하였고, 또 상소하여 태종이 즉위 초보다
점점 못해져 간다며 열 가지 나쁜 조짐인 十漸을 말하였다. 『新唐書 권97
魏徵傳』

其義, 莫不如是. 是其爲君至誠惻怛之意, 而在廷之臣皆曰:‘我君已聖矣,
我國已治矣.’浹月而不聞一人論君德, 浹歲而不聞一人論國政, 是何異於啞
者乎? 是則所謂讒也. 惟口出好興戎.[221] 與人子言, 依於孝; 與人臣言, 依
於忠. 若無其位而論國政之長短, 非其責而言朝廷之得失, 甚者背公死黨,
瞋目語難, 末乃歸于反君之科而不自覺, 殞身世禍, 是則所謂戒也. 今若知
其讒而反之, 則將爲朝廷之名臣; 知其戒而法之, 則當爲處世之通人. 子知
是耶?”余奇其說, 問其名, 主人指其口而不言. 余解其意, 退而記之以自警,
且欲以獻于當路者.

---

221 惟口出好興戎 :『書經』「大禹謨」에 나온다.

28. 벙어리저금통을 깨뜨리며 지은 설

破啞器說 정사년(1737, 26세)

무릇 입이 있으면 울고, 입이 있으면 말을 하는 것이 천하의 바른 이치다. 그런데 입이 있으면서도 울지 않고 말하지 않는다면 상리(常理)에 위배되어 요사한 것이 된다. 이 물건이 나오고부터 조정에서는 말할 만한 일도 말하지 않게 되고 이 물건이 나오고부터 사람들이 모두 말하는 것을 서로 경계하게 되었으니, 온 천하를 벙어리로 만든 것이다. 이는 요사스러운 물건이니 성세(聖世)에 있어서는 안 된다. 그래서 깨부수어 버린다.

凡有口則鳴, 有口則言, 天下之正理也. 有口而不鳴不言, 則反常而妖矣. 自是器之出, 而朝廷之上, 可言而不言, 自是器之出, 而人皆以言相戒, 是擧天下而啞之也. 物之妖也, 非聖世所宜有也. 遂撞而破之.

29. 정전설

井田說 (1738, 27세)

정전설-『주례(周禮)』를 골자로 삼고 아울러 『맹자』·『공양전(公羊傳)』하휴(何休)의 주(註)·『한서(漢書)』「식화지(食貨志)」및 주자(朱子)의 설(說)을 취하여 만들었다. ○경신년-

井田說-以『周禮』爲宗, 兼取『孟子』·『公羊傳』何休註·『班志』及朱子說以成之. ○庚申-

주공(周公)이 성왕(成王)을 도와 하(夏)·상(商) 이대(二代)의 제도를 손익(損益)하여 정지(井地)의 법을 만들고 국토의 중심인 낙읍(洛邑)에 나라를 세워 천하를 다스렸으니, 정지가 확립된 뒤에 경계(經界)를 바로잡을 수 있고, 봉건(封建)을 설시(設施)할 수 있고, 전지(田地)에는 떳떳한 제도가 있고, 백성은 일정한 생업이 있고, 학교를 설립할 수 있고, 군제(軍制)를 수립할 수 있게 되었다. 그 광대하고 주밀한 경영의 규모는, 비록 성인이 멀어지고 성인의 말씀이 인몰(湮沒)한 천세(千世) 뒤에 태어나도 방책(方冊)이 갖추어져 있으니 고찰하여 알 수 있다.

周公相成王, 損益二代之制, 修井地之法, 建國於土中雒邑而治天下. 井地立而後, 經界可正也, 封建可設也, 田有常制也, 民有恒産也, 學校以興也, 軍制以立也. 其經理規模, 廣大周密, 雖生千世聖遠言湮之後, 方冊具存, 可考而知矣.

그 제도는 보(步)를 세우고 묘(畝)를 세워 논밭의 경계(經界)를 바로잡는 것이다. 6척(尺)이 보(步)이고-반 걸음을 규(跬)라 한다. 보통 사람이 두 발을 모두 옮기는 것이 1보인데 그 길이가 6척이다.-, 보가 100이면 묘(畝)가 되고-너비가 1보, 길이가 100보이다.-, 묘가 100이면 부(夫)가 되고-너비가 100보, 길이가 100보이다.-, 부가 3이면 옥(屋)이 되고 -너비가 300보, 길이가 100보이다.-, 옥이 3이면 정(井)이 된다.-너비가 300보, 길이가 300보이다.- 정(井)은 사방 1리(里)로 합하여 900묘가 되니 9부(夫)가 농사짓는 땅이다. 맹자가 말한 "사방 1리가 정(井)이니 정은 900묘이다."라는 것이 이것이다. 정이 10이면 통(通)이 되고-너비가 10정, 길이가 1정이다.-, 통이 10이면 성(成)이 되는데 -너비가 10정, 길이가 10정이다.-, 성은 사방 10리로 합하여 100정이 된다. 성이 10이면 종(終)이 되고-너비가 100정, 길이가 10정이다.-, 종이 10이면 동(同)이 되는데 -너비가 100정, 길이가 100정이다.-, 동은 사방 100리로서 합하여 1만 정이 된다. 동이 10이면 봉(封)이 되고 -너비가 1000정, 길이가 100정이다.- 봉이 10이면 기(畿)가 되는데 -너비가 1000정, 길이가 1000정이다.-, 기는 사방 1000리이니 합하여 100동이 된다. 100동의 땅은 정이 100만이요 부가 900만이요 묘가 9억이다. 『시경』에 "기내(畿內)의 땅이여! 백성이 머물러 사는 곳이로다."라 한 것이 이것이다. 이는 경계(經界)를 바로잡은 것이다.

其制建步立畝, 正其經界. 六尺爲步,-半步曰跬. 凡人二足並擧爲一步, 其長六尺.-步百爲畝,-濶一步, 長一百步.-畝百爲夫,-濶一百步, 長一百步.-夫三爲屋,-

濶三百步, 長一百步.-屋三爲井,-濶三百步, 長三百步.-井方一里, 積九百畝, 爲
九夫所治之地.-孟子所謂方里而井井九百畝者是也.-井十爲通,-濶十井, 長一井.-
通十爲成,-濶十井, 長十井.-成方十里, 積百井. 成十爲終,-濶百井, 長十井.-終
十爲同,-濶百井, 長百井.-同方百里, 積萬井. 同十爲封,-濶千井, 長百井.-封十
爲畿,-濶千井, 長千井.-圻方千里, 積百同. 百同之地, 爲井百萬, 爲夫九百
萬, 爲畝九萬萬. 詩云邦畿千里維民所止者是也. 此經界之正也.

기전(畿甸)의 중앙에 왕도(王都)를 두고 사방으로 각기 500리에 이
르는 거리를 한계로 삼아 다섯 등급으로 나눈다. 100리까지를 교
(郊)라고 한다. 교의 땅은 4동(同)이니-36만 부(夫)가 경작하는 땅이
다. 50리 안은 근교(近郊)이고, 100리 안은 원교(遠郊)이다.-6향(鄕)의 백
성이 산다. 200리까지는 주(州) 또는 전(甸)이라 한다. 전의 땅은
12동이니 6수(遂)의 백성이 산다. 300리까지는 야(野) 또는 초지(稍
地)라 한다. 초지는 20동이니, 천자의 대부가 각기 25리의 채지(采
地)를 받은 것이 이 안에 있다. 이를 가읍(家邑)이라 한다. 400리까
지는 현(縣)이라고 한다. 현의 땅은 28동이니 천자의 경(卿)이 각기
50리의 채지를 받은 것이 이 안에 있다. 이를 소도(小都)라 한다.
500리까지를 도(都) 또는 강지(畺地)라 한다. 강지는 36동이다. 전
지(甸地)의 밖을 야(野)라 한다. 6수(遂)는 공읍(公邑)이 있는 곳이
다. 가읍(家邑)·소도(小都)·대도(大都)를 모두 도비(都鄙)라 한
다. 이를 벗어나서 구복(九服 후복(後服)·전복(甸服)·남복(男服)·채
복(采服)·위복(衛服)·만복(蠻服)·이복(夷服)·진복(鎭服)·번복(藩
服))과 오등(五等 공(公)·후(候)·백(伯)·자(子)·남(男))의 작위(爵
位)가 있다. 이는 봉건(封建)을 설시(設施)한 것이다.

卽畿之中而置王國，四面各至五百里爲限，分爲五節．百里曰郊，郊地四
同，-三十六萬夫之地，五十里內爲近郊，百里內爲遠郊．-六鄕之民居焉．二百里曰
州，亦曰甸地，甸地十二同，六遂之民居焉．三百里曰野，亦曰稍地，稍地二
十同，天子之大夫，各受二十五里之采地在內，謂之家邑．四百里曰縣，縣地
二十八同，天子之卿，各受五十里之采地在內，謂之小都．五百里曰都，亦曰
畺地，畺地三十六同．甸地之外謂之野．六遂公邑所在．必[222]家邑小都大都，
皆謂之都鄙．外此而有九服五等之爵．此封建之設也．

천자의 기내(畿內)는 모두 100동(同)이요, 900만 부(夫)가 경작하
는 땅이다. 여기서 산릉(山陵)·임록(林麓)·천택(川澤)·구독(溝
瀆)·성곽(城郭)·궁실(宮室)·도로(道路) 등 3분의 1로 제외하면
600만 부가 경작하는 땅이 된다. 백성이 받는 전지는, 김을 매지 않
아도 되는 상전(上田)은 1부에게 100묘를 주고, 김을 한 번 매는 중
전(中田)은 1부에게 200묘를 주고, 김을 두 번 매는 하전(下田)은
1부에게 300묘를 준다. 이를 통틀어 평균치를 내면 사람마다 2부의
땅[200묘]을 받게 되니 전지를 받는 사람은 약 300만 가(家)가 된
다. 6향(鄕)의 여지(餘地)는 전리(廛里)-읍의 거주지로서 도성에 있는
것이다.-, 장포(場圃)-과일, 오이 등을 심는 곳이다.-, 택전(宅田)-벼슬
을 내놓은 자가 받는 전지이다.-, 사전(士田)-규전(圭田)이니, 맹자가 "경
(卿) 이하는 반드시 규전이 있으니 50묘이다."라 하였다.-, 고전(賈田)-시

222 必 : 衍字로 판단된다. 『五禮通考』 권233에서 실려 있는 朱子說에는 "家邑小
都大都皆謂之都鄙"라고만 되어 있고 이 글자는 없다.

중에 있는 장사꾼의 집이 받는 전지이다.-, 관전(官田)-서인으로 관아에 있는 사람과 부(府)의 이배(吏輩)의 집이 받는 전지이다.-, 상전(賞田)-상(賞)으로 주는 전지이다.-, 우전(牛田)-공가(公家)의 소를 기르는 집이 받는 전지이다.-, 목전(牧田)-가축을 기르는 집이 받는 전지이다-이 되니, 9동의 사람은 일을 맡은 바에 따라 통상 1부(夫)가 경작하는 전지를 받는다. 6수(遂)의 여지(餘地)는 또 전리(廛里)로부터 목전(牧田)까지 9동의 사람이 받는 것이니, 이를 공읍(公邑)이라 한다. 이로부터 기강(畿疆)에 이르기까지 채지(采地) 외에 모두 여지(餘地)가 있어서 천자가 대부로 하여금 다스리게 하여 공읍을 삼았던 것이니, 『춘추(春秋)』에 공읍대부(公邑大夫)가 있는 것이 이 때문이다. 이는 전제(田制)에 상법(常法)이 있는 것이다.

天子畿內, 凡百同, 九百萬夫之地. 山陵林麓川澤溝瀆城郭宮室涂巷, 三分去一, 爲六百萬夫之地. 民之受田, 不易上田, 一夫百畝; 一易中田, 一夫二百畝; 再易下田, 一夫三百畝. 通率二而當一, 則人受二夫之地, 定受田三百萬家也. 六鄕之餘地, 爲廛里-邑居在都城者.-·場圃-樹果菰之屬.-·宅田-致仕者之家所受田-·士田-圭田也. 孟子曰: "自卿以下, 必有圭田五十畝." 賈田-在市賈人其家所受田.-·官田-庶人在官, 若府史胥徒, 其家所受田.-·賞田-賞賜之田.-·牛田-養公家牛者家所受田-·牧田.-牧者家所受田.-九等之人所任, 通受一夫之地. 六遂之餘地, 又爲廛里至牧田九等之人所受, 以爲公邑也. 自此至于畿疆, 采地外皆有餘地, 天子使大夫治之, 以爲公邑. 『春秋』之有公邑大夫者以此也. 此田制之有常也.

전지를 나누어주는 법은 다음과 같다. 백성이 20세가 되면 전지를 받는데, 1부는 부모와 처자를 합하여 5구(口)에서 8구까지로 기준을 삼고, 땅의 상·중·하를 변별하여 100묘, 200묘, 300묘씩을 주어 비옥한 전지를 받은 사람이 홀로 안락하고 척박한 전지를 받은 사람이 홀로 고생하지 않도록 한다.

곡식을 심을 때는 반드시 오곡을 구별하여 재해에 대비하도록 하고, 전지 안에 나무를 심어 오곡을 해치는 일이 없도록 하며, 힘써 땅을 갈고 자주 김매며 수확할 때는 마치 도적이 오기라도 할 듯이 서두르도록 한다. 담장 아래에는 뽕나무를 심고, 논밭의 두둑에는 채소를 심으며, 닭·개·돼지 같은 가축들도 번식의 시기를 놓치지 않도록 한다. 이렇게 하면 50세 된 사람은 명주옷을 입을 수 있고 70세 된 사람은 고기를 먹을 수 있을 것이다.

60세가 되면 자식이 있을 경우에는 그 전지를 자식에게 물려주고 자식이 없으면 그 전지를 관(官)에 반환한다. 아우나 차남(次男)과 같은 남자들은 여부(餘夫)이다. 여부는 16세가 되면 전지 25묘를 받고-1부가 받는 전지의 4분의 1이다.-, 성장하여 가정을 이룬 후에 다시 1부와 같은 전지를 받는다. 사(士)·공(工)·상(商)으로 일을 맡아 관아에 들어가 있는 사람의 경우에는 그 집에서 받는 전지가 5구(口)일 경우에 농부 1인과 같다.

대개 정전(井田)의 제도는 향수(鄕遂)·채지(采地)의 법으로 씨줄을 삼고 여지공읍(餘地公邑)의 제도로써 날줄을 삼아 천 리 안 수백만 가(家)의 사람 중에 전지를 받지 못한 자가 없다. 이로부터 미루어 구복(九服)의 밖에 이르기까지 모두 그렇게 한다. 이는 백성의 생업에 항산(恒産)이 있는 것이다.

分田之法, 民年二十受田. 一夫上父母下妻子, 以五口至八口爲率, 辨地之上中下, 授之以百畝二百畝三百畝之田, 使肥饒不得獨樂, 磽确不得獨苦. 種穀必辨五種, 以備災害, 田中不得有樹, 以妨五穀, 力耕數耘收穫, 如寇盜之至. 墻下樹之以桑, 疆畔種之以菜, 雞豚狗彘之畜, 亦無失其時, 則五十者可以衣帛矣, 七十者可以食肉矣. 年至六十, 有子則傳其田於子, 無子則歸其田于官. 衆男之若弟及次子爲餘夫, 餘夫年十六, 則受田二十五畝.-四分一夫之田.-俟其壯而有室, 然後更受一夫之田. 士工商之以事入在官者, 其家所受田, 五口乃當農夫一人. 盖井田之制, 以鄕遂釆地之法而經之, 以餘地公邑之制而緯之, 千里之內數百萬家之人, 無不受田之民矣. 自此以推之, 至于九服之外而莫不然矣. 此民産之有恒也.

그러나 향수(鄕遂)와 도비(都鄙)의 제도에는 다른 점이 있으니, 부(夫 100묘)의 사이에 수(遂)가 있고-너비가 2척이고, 깊이가 2척이다.-, 수의 위에 경(徑)이 있다.-소와 말이 지나갈 수 있는 길이다.-, 10부-2린(隣)의 전지이다.-마다 구(溝)가 있고-너비가 4척, 깊이가 4척이다.-, 구 위에 진(畛)이 있다.-큰 수레가 지나갈 수 있는 길이다.-, 100부-1찬(鄼)의 전지이다.-마다 혁(洫)이 있고 -너비가 8척, 깊이가 8척이다.-, 혁 위에 도(涂)가 있다.-수레 한 대가 지나갈 수 있는 길이다.-, 1000부마다 회(澮)가 있고-너비가 2심(尋), 깊이가 2인(仞)이다.-, 회 위에 도(道)가 있고-수레 두 대가 지나갈 수 있는 길이다.-, 1만 부-4현(縣)의 땅이다.-마다 천(川)이 있고, 천 위에 노(路)가 있다.-수레 세 대가 지나갈 수 있는 길이다.- 1만 부의 땅은 33리 100보가 된다.-1동(同)은 1만 정(井)이니, 9만 부의 땅이 되고, 정자로 나누면 1간이 1만 부가 농사지을 수 있는 전지가 되며, 이수(里數)는 33리 100보이다.- 그 사이에 천(川)

이 되고 노(路)가 되는 것이 1이요, 회(澮)가 되고 도(道)가 되는 것이 9요, 혁(洫)이 되고 도(涂)가 되는 것이 100이요, 구(溝)가 되고 진(畛)이 되는 것이 1000이요, 수(遂)가 되고 경(徑)이 되는 것이 1만이다. 이것이 향수(鄕遂)의 제도이다.

然而鄕遂都鄙之制, 有不同者焉. 夫間有遂,-廣二尺. 深二尺.- 遂上有徑.-容牛馬.- ・十夫-二鄰之田.-有溝,-廣四尺, 深四尺.-溝上有畛.-容大車.-百夫一鄭之田.-有洫,-廣八尺, 深八尺.-洫上有涂.-容乘車一軌.-千夫有澮,-廣二尋, 深二仞.-澮上有道,-容二軌.-萬夫-四縣之地.-有川, 川上有路.-容三軌.-萬夫之地, 盖三十三里一百步.-一同萬井, 九萬夫之地, 分爲井字, 每一間爲萬夫所治之田, 里數三十三里一百步.-其間爲川爲路者一, 爲澮爲道者九, 爲洫爲涂者百, 爲溝爲畛者千, 爲遂爲徑者萬, 此鄕遂之制也.

9부가 1정(井)이니-정은 사방 1리이다.- 정의 사이에 구(溝)가 있고-너비와 길이는 향수의 제도와 같다. 아래도 같다.-, 4정이 읍(邑)이 되고-사방 2리이다.-, 4읍이 구(丘)가 되고-사방 4리이니 16정이다. 읍과 구와 같은 구역들은 서로 연비(連比)하여 전세(田稅)를 낸다. 구(溝)와 혁(洫)은 수해를 없애기 위해 만든 것이다.-, 4구가 전(甸)이 된다.-64정이다.- 전은 사방 8리인데 주위에 1리씩을 덧붙이면 1성(成)이 되며, 성의 사이에 혁(洫)이 있다. 그 땅은 100정이니 900부가 되고 사방 10리가 된다.-성(成) 중에 전(甸)이 들어 있으니 사방이 8이 64정(井) 576부(夫)가 전세(田稅)를 내고, 연변(緣邊) 1리(里)의 36정(井) 324부(夫)에 혁(洫)을 만든다.- 4전(甸)-즉 4성(成)의 땅이다.-이 현(縣)이 되고-사방 20리이다.-, 4현이 도(都)가 된다.-사방이 40리이니 1600정이다.- 4도는 사방이 80리인데-6400정이다.-, 주위에 10리씩을 더하여 1동(同)이 된다. 동의 사이에 회(澮)가 있으니 그 땅이 1만 정(井)이요, 9만 부가 되며 사방 10리가 된다.-동의 안에 4도가 들어 있으니 64성 80리 4096정 3만 6864부가 전세(田稅)를 내고, 2304정 2만 736부에 혁(洫)을 만들고, 연변(緣邊) 10리의 3600정에 3만 2400부에 회(澮)를 만든다.- 100리 안에 회(澮)가 1이요, 혁(洫)이 100이요, 구(溝)가 1만이다. 이것이 도비(都鄙)의 제도이다.

대개 정전(井田)의 법은 1정(井)에서 이루어져 1동(同)에서 갖추어진다. 전지 사이로 물을 대는 수로는 1묘(畝) 사이에 너비 1척(尺), 깊이 1척인 것은 견(畎)이고, 1부(夫)의 사이에 너비 2척인 것은 수(遂)이고, 1정(井)의 사이에 너비 4척인 것은 구(溝)이고, 1성(成)의 사이에 너비 8척, 깊이 8척인 것은 혁(洫)이고, 1동(同)의 사이에 너비 2심(尋), 깊이 2인(仞)인 것은 회(澮)이다. 『시경(詩經)』에 "그 이랑을 남쪽으로 만들기도 하고 동쪽으로 만들기도 한다."라 하였으니, 이는 이랑을 남쪽으로 만들기도 하고 이랑을 동쪽으로 만들기도 함으로써 땅의 형세를 따르고 물의 흐름을 따른 것이다. 남쪽으로 이랑을 만들면 수(遂)가 세로로 나고 구(溝)가 가로로 나며, 혁(洫)이 세로로 나고 회(澮)가 가로로 나게 된다. 이랑을 동쪽으로 만들면 이와 반대로 된다. 작은 물이 큰 물로 흘러 들어가고 높은 곳에서 깊은 곳으로 내려가 막힐 염려가 없다. 또 경(徑)에서 진(畛)으로 통하고 진에서 도(涂)로 통하고 도에서 도(道)로 통하고 도에서 노(路)로 통하여 전지로 지나다닐 염려가 없다.

九夫爲一井,-井方一里.-井間有溝,-長廣同鄕遂制, 下同.-四井爲邑,-方二里.-四

邑爲丘,-方四里, 十六井. 邑丘之屬, 相連比以出田稅, 溝洫爲除水害.-四丘爲甸.-
六十四井.-甸方八里, 旁加一里爲一成, 成間有洫. 其地百井, 爲九百夫而方
十里.-成中容一甸, 方八里, 六十四井・五百七十六夫出田稅, 緣一里三十六井, 三百
二十四夫治洫.-四甸-卽四成之地-爲縣,-方二十里.-四縣爲都.-方四十里, 一千六
百井.-四都方八十里,-六千四百井.-旁加十里爲一同. 同間有澮, 其地萬井, 爲
九萬夫而方百里.-同中容四都, 六十四成八十里四千九十六井三萬六千八百六十四
夫出田稅, 二千三百四井二萬七百三十六夫治洫, 緣邊十里三千六百井三萬二千四百
夫治澮.-百里之間, 爲澮者一, 爲洫者百, 爲溝者萬. 此都鄙之制也. 盖井田
之法, 成於一井而備於一同矣. 通利田間之水, 一畝之間廣尺深尺曰畎, 一
夫之間廣二尺曰遂, 一井之間廣四尺曰溝, 一成之間廣八尺深八尺曰洫, 一
同之間廣二尋深二仞曰澮. 『詩』云: "南東其畝.[223]" 或南其畝, 或東其畝, 順
地而趨水也. 以南圖之則遂從溝橫, 洫從澮橫. 東畝反是. 以小而注大, 以高
而臨深, 無壅遏之患矣. 且徑而通畛, 畛而通涂, 涂而通道, 道而通路, 無蹊
田之害矣.

대저 향수(鄕遂)에는 하(夏)나라 때의 공법(貢法)을 써서 부(夫)에
게 세금을 받고 공전(公田)은 없으니, 스스로 수입의 10분의 1을 바
치게 한다. 도비(都鄙)에는 은(殷)나라의 조법(助法)을 써서 세금
을 받지 않고 공전(公田)을 제정하여 공전의 수입만을 거둔다. 공전
의 제도는 매 1정(井)을 8가가 함께 경작하여 1부(夫)・1부(婦)가
각자 사전(私田) 100묘씩을 받고 또 중앙에 있는 공전(公田)을 각자

223 南東其畝:『詩經』「小雅 信南山」에 보인다.

10묘씩을 받으니, 도합 880묘가 된다. 공전 중 그 나머지 20묘에 여사(廬舍)를 짓게 되니, 8가에서 나누어 받은 바가 각기 2묘 반씩이 된다. 이로써 농사지을 때에 사는 곳으로 삼는다. 8가의 사람들은 출입할 때 서로 벗하여 함께 다니며, 도둑을 지킬 때 서로 도우며, 병든 사람이 있으면 서로 구호하며, 죽거나 이사를 하더라도 자기 향리를 벗어나는 일이 없게 한다. 전제(田制)가 이미 균등해지고 백성의 생업이 이미 제정된 뒤에 부세(賦稅)의 정사가 일어나게 된다.

大抵鄕遂, 用夏之貢法, 稅夫而無公田, 使什自賦一, 都鄙用殷之助法, 不稅而制公田, 收公田所入. 公田之制, 每一井, 八家共之, 一夫一婦各受私田百畝, 又取中央公田各十畝, 通爲八百八十畝. 公田中所餘二十畝, 以爲廬舍, 八家所分, 各得二畝半, 以爲治田時所居地. 八家之人, 出入相友, 守望相助, 疾病相扶持, 而死徙無出鄕矣. 田制旣均, 民産旣定, 然後賦稅之政起焉.

사람에게는 부(賦)가 있고 전지에는 세(稅)가 있으니, 부는 인구의 비율로 돈을 내는 것이요, 세는 공전(公田)에서 10분의 1을 받는 것과 공상(工商)과 형우(衡虞 산택(山澤)을 관장하는 관리)에게 받는 것이다. 부(賦)는 거마(車馬)·갑병(甲兵)·사도(士徒)의 역(役)과 부고(府庫)를 채워 공로가 있는 자에게 하사하는 용도에 충당하는 것이고, 세(稅)는 교사(郊社)·종묘(宗廟)·백신(百神)의 제사와 천자의 봉양, 백관의 녹식(祿食) 및 서사(庶事)에 드는 비용을 지급하는 것이다. 부세는 너무 서둘러 받지도 말고 함부로 거두어들이지도 않아야만 백성들이 안도(安堵)하게 될 것이다. 또 사가(司稼)의 관원을 두어 그 해 농사의 작황을 보아 염법(斂法)을 내고, 사도

(司徒)의 직책을 두어 그 해 흉황(凶荒)을 보아 진휼의 정책을 베풀어 관(官)에서는 보조해 주는 정령(政令)이 있고 향리에서는 서로 도와주고 구해주는 도의가 있다. 이런 까닭에 풍년이 든 해에는 종신토록 배불리 먹고 흉년에는 사망을 면하여, 위로는 부모를 섬길 수 있고 아래로는 처자를 기를 수 있어 산 사람을 먹여 살리고 죽은 사람을 보내는 데 유감이 없는 것이다. 또 그 중에 농사에 게으른 사람이 있는지를 살펴 벌(罰)을 주니, 집에 나무를 심지 않은 자는-뽕나무나 삼을 심지 않은 자이다.- 이포(里布)를 내게 하고-벌로 1리 25가의 천화(泉貨)를 내게 한다.-, 전지를 갈지 않은 자는 옥속(屋粟)을 내게 하며-벌로 1옥(屋) 3가(家)의 세속(稅粟)을 내게 하는 것이다.-, 짐승을 기르지 않은 자는 제사에 희생(犧牲)이 없고, 전지를 갈지 않은 자는 제사에 자성(粢盛)이 없고, 나무를 심지 않은 자는 관곽(棺槨)이 없고, 누에를 치지 않은 자는 명주옷을 입지 못하고, 삼을 삼지 않은 자는 최복(衰服)을 입지 못하게 하는 것이니, 이는 모두 노력하지 않는 자를 부끄럽게 만드는 것이다.

人有賦而田有稅, 賦口率出泉也, 稅公田什一及工商衡虞之入也. 賦, 共車馬甲兵士徒之役‧充實府庫賜予之用; 稅, 給郊社宗廟百神之祀‧天子奉養百官祿食庶事之費. 無急征無橫斂, 而民安堵矣. 且有司稼之官, 觀年之上下而出斂法, 司徒之職, 視年之凶荒而行賑政, 官有補助之令, 里有賙救之義, 故樂歲終身飽, 凶年免於死亡, 仰足以事父母, 俯足以育妻子, 養生喪死, 無憾矣. 又視其惰農而施罰焉, 宅不毛者,-不樹桑麻.- 有里布,-罰以一里二十五家之泉.- 田不耕者出屋粟,-罰以一屋三家之稅粟.- 不畜者祭無牲, 不耕者祭無盛, 不樹者無椁, 不蠶者不帛, 不績者不衰, 皆所以耻不勉也.

백성은 5묘(畝)의 택지(宅地)를 받는데, 2묘 반은 들에 있어서 여(廬)가 되고 2묘 반은 읍(邑)에 있어서 리(里)가 된다. 봄철이면 백성들을 모두 들에 나가게 했으니, 『시경(詩經)』에 "우리 처자식과 더불어 저 남쪽 이랑으로 들밥을 내어가니, 전준(田畯)이 와서 기뻐하도다."라 하였다. 겨울에는 백성들이 모두 읍리(邑里)로 들어갔으니, 『시경』에 "아! 우리 처자식들아! 해가 바뀌려 하니, 이 집으로 들어가 지낼지어다." 하였다.

봄가을에 백성들을 논밭으로 내보낼 때에 여서(閭胥)가 이른 아침에 좌숙(左塾)에 앉고 비장(比長)이 우숙(右塾)에 앉아 있다가 모두 나간 뒤에 돌아오고, 저녁에도 그렇게 한다. 저녁에 들어오는 사람은 반드시 땔나무를 가지고 오되, 땔나무가 무거우면 서로 나누어 들고 머리털이 희끗희끗한 늙은이가 손에 들고 다니지 않게 한다.

겨울이 되어 백성이 읍리에 들어온 뒤에는 부인들이 같은 마을 사람들끼리 모여 밤에 길쌈을 하되, 한 달에 45일 할 일을 한다. 반드시 함께 모여 길쌈하는 것은 불을 켜는 비용을 더는 한편 잘하는 사람과 못하는 사람이 함께 하며, 사람들이 서로 화합하도록 한 것이다.

남녀가 제 살 곳을 얻지 못한 사람이 있으면, 함께 가영(歌詠)함으로써 그 사람의 심정을 말해준다. 해마다 맹춘(孟春)이 되어 읍리에 모여 살던 사람들이 논밭으로 흩어져 나가려 할 때에는 행인(行人)이 목탁을 흔들며 도로를 돌고 백성들이 가영(歌詠)한 시(詩)를 채집하여 바치면 태사(太師 악관)가 음률에 맞추어 천자에게 들려준다. 이런 까닭에 왕자(王者)는 문밖을 내다보지 않고도 천하를 알 수 있는 것이다. 이는 선왕(先王)이 토지를 마련하여 백성들을 살게 한 제도의 대략이다.

民受五畝之宅, 二畝半在野者爲廬, 二畝半在邑者爲里. 春令民畢出於野, 其詩曰:"同我婦子, 饁彼南畝, 田畯至喜.[224]" 冬則畢入於邑, 其詩曰:"嗟我婦子, 曰爲改歲, 入此室處.[225]" 春秋出民, 閭胥平朝坐於左塾, 比長坐於右塾, 畢出然後歸, 夕亦如之. 入者必持薪樵, 輕重相分, 班白不提挈. 冬民旣入, 婦人同巷相從, 夜績女功, 一月得四十五日, 必相從者, 所以省費燎火, 同巧拙而合習俗也. 男女有不得其所者, 相與歌詠, 以言其情, 每歲孟春, 羣居者將散, 行人振木鐸徇于路, 採詩獻之, 太師比其音律, 以聞於天子, 故王者不窺牖戶而知天下. 此先王制土處民之大畧也.

이에 빈 토지가 없고 노는 백성이 없으며 음식을 절제하여 먹고 일을 제 때에 맞추어 하게 된다. 백성들이 모두 편안히 거주하면서 일을 즐거워하고 공업(功業)을 권면하며 임금을 높이고 윗사람을 친애하니, 학교 교육을 일으킬 수 있게 된다.

　가(家)에는 숙(塾)이 있고-1여(閭)가 사는 곳이다.- 당(黨)에는 상(庠)이 있고 주(州)에는 서(序)가 있고 국(國)에는 학(學)이 있으니, 백성이 8세가 되면 소학(小學)에 들어가서 육갑(六甲)·사방(四方)·오행(五行)·글씨·산술을 배우고 비로소 집안에서의 장유(長幼)의 절차를 배우며, 15세가 되면 대학(大學)에 들어가서 선왕(先王)의 예악(禮樂)을 배워 조정에서의 군신(君臣)의 예(禮)를 알게 된다. 그중에서 뛰어난 사람은 향학(鄕學)으로 옮기고 향학에서 뛰어

224 同我……至喜:『詩經』「豳風 七月」에 보인다.

225 嗟我……室處:『詩經』「豳風 七月」에 보인다.

난 자는 국학(國學)으로 옮겨 나이 40세가 되면 관작을 주니, 중간에 25년이란 세월을 배우는 것이다. 이것이 인재가 왕성하게 되어 나라가 편안해졌던 까닭이다.

於是而無曠土無游民, 食節事時, 民咸安其居, 樂事勸功, 尊君親上, 而學校可興矣. 家有塾,－一閭之所居.－ 黨有庠, 州有序, 國有學. 民年八歲入小學, 學六甲四方五行書計之事, 始知室家長幼之節, 十五入大學, 學先王禮樂而知朝廷君臣之禮. 其有秀異者, 移于鄕學, 鄕學之秀異者, 移于國學, 至年四十, 命之爵. 中間自有二十五年學. 此人材之所以盛而國有以寧之美矣.

향수(鄕遂)의 제도를 인하여 6군(軍)을 제정한다. 교(郊)의 안에 6향(鄕)의 백성을 두는데, 5가(家)가 비(比)가 되고, 5비가 여(閭)가 되고-25가이다.-, 4여가 족(族)이 되고-100가이다.-, 5족이 당(黨)이 되고-500가이다.-, 5당이 주(州)가 되고-2500가이다.-, 5주가 향(鄕)이 된다. 1향은 1만 2500가이니, 6향은 모두 7만 5000가이다. 교(郊)의 밖에 6수(遂)의 백성을 두는데, 5가가 인(隣)이 되고, 5인이 리(里)가 되고-25가이다.-, 4리가 찬(酇)이 되고-100가이다.-, 5찬이 비(鄙)가 되고-500가이다.-, 5비가 현(縣)이 되고-2500가이다.-, 5현이 수(遂)가 된다. 1수는 1만 2500가이니, 6수는 도합 7만 5000가이다. 천자의 6군의 제도가 대개 여기에서 나온다. 5인이 오(伍)가 되니, 비(比)와 인(隣)에서 나오고, 5오가 양(兩)이 되니-25인이다.-, 여(閭)와 리(里)에서 나오고, 4양이 졸(卒)이 되니-100인이다.-, 족(族)과 찬(酇)에서 나오고, 5졸이 여(旅)가 되니-500인이다.-, 당(黨)과 비(鄙)에서 나오고, 5여가 사(師)가 되니-2500인이다.-, 주

(州)와 현(縣)에서 나오고, 5사가 군(軍)이 된다. 1군은 1만 2500인으로 향(鄕)과 수(遂)에서 나오니, 6군은 모두 7만 5000인이다. 무릇 도역(徒役)을 일으킬 때 한 집에서 동원하는 사람은 1인을 넘지 않는다. 천자의 나라는 교(郊)의 안에 6향의 6군이 있고 교의 밖에 6수의 6군이 있어서 향(鄕)이 정(正)이 되고 수(遂)가 부(副)가 되니, 교전(郊甸)의 안에 이미 15만의 군사가 있는 것이다. 대국(大國)은 3군을 두니 3향 3수에서 나온다.-『서경』「비서(費誓)」에서 말한 3교(郊)·3수(遂)가 이것이다.- 차국(次國)은 2군이니 2향 2수에서 나온다. 소국은 1군이니 1향 1수에서 나온다. 이는 모두 선왕이 농사를 인하여 군령(軍令)을 제정한 것이니, 은혜는 서로 도와주기에 충분하고 의리는 서로 구해주기에 충분하며 복색을 서로 구별되고 음성을 서로 식별할 수 있어 병사들끼리 서로 괴리될 우려가 없게 하고자 한 것이다.

因鄕遂之制而制六軍焉. 郊內置六鄕之民, 五家爲比, 五比爲閭,-二十五家.- 四閭爲族,-百家.- 五族爲黨,-五百家.- 五黨爲州,-二千五百家.- 五州爲鄕. 一鄕爲萬二千五百家, 六鄕凡七萬五千家. 郊外置六遂之民, 五家爲鄰, 五鄰爲里,-二十五家.- 四里爲酇,-百家.- 五酇爲鄙,-五百家.- 五鄙爲縣,-二千五百家.- 五縣爲遂. 一遂爲萬二千五百家, 六遂凡七萬五千家. 天子六軍之制, 蓋出於此矣. 五人爲伍, 比鄰之所出也; 五伍爲兩,-二十五人.- 閭里之所出也; 四兩爲卒,-百人.- 族酇之所出也; 五卒爲旅,-五百人.- 黨鄙之所出也; 五旅爲師,-二千五百人.- 州縣之所出也; 五師爲軍, 一軍爲萬二千五百人, 鄕遂之所出也. 六軍凡七萬五千人. 凡起徒役, 無過家一人. 天子之國, 郊內有六鄕之六軍, 郊外有六遂之六軍, 鄕爲正而遂爲副, 郊甸之內, 已有軍十五萬

人矣. 大國有三軍, 則三鄕三遂之所出也. 「費誓」所謂三郊·三遂, 是也. 次
國二軍, 則二鄕二遂之所出也. 小國一軍, 則一鄕一遂之所出也. 此皆先王
因農事而定軍令者也, 欲其恩足相恤, 義足相救, 服容相別, 音聲相識, 而無
乖離之患矣.

정전(井田)을 인하여 군부(軍賦)를 제정하니, 4정(井)이 읍(邑)이
되고 4읍이 구(丘)가 된다. 구는 16정인데, 군마(軍馬) 1필, 소 3두
를 낸다. 4구가 전(甸)이 되니 전은 64정인데, 군마 4필, 소 12두,
병거(兵車) 1승(乘), 갑사(甲士) 3인, 보졸(步卒) 72인이고 방패와
창이 구비된다. 경(卿)과 대부(大夫)로서 채지(采地)가 큰 자는 1
동(同)이니 사방 100리로 모두 1만 정이다. 그 중에서 산천(山川)·
갱참(坑塹)·성지(城池)·읍거(邑居)·원유(園囿)·가로(街路) 등
3600정을 제외하면 정해진 출부(出賦)의 면적은 6400정이 된다. 여
기에서 융마(戎馬) 400필과 병거(兵車) 100승이 나오니, 이를 일러
'백승지가(百乘之家)'라고 한다. 제후(諸侯)로서 채지가 큰 자는 10
동(同)으로 봉강(封疆)을 삼으니, 봉강이 사방 316리로 모두 10만
정이며, 부세를 내는 전지는 6만 4000정이다. 여기에서 군마 4000필
과 병거(兵車) 1000승을 내니, 이를 '천승지가(千乘之家)'라 한다.
천자의 기내(圻內)는 사방 1000리니 모두 100만 정으로, 부세를 내
는 전지가 64만 정이다. 여기에서 군마 4만 필과 병거가 1만 승을
내며, 융마(戎馬)·거도(車徒)·간과(干戈)를 평소에 구비한다. 봄
에는 군사들을 정돈하여 봄 사냥[蒐]을 하고 여름에는 노숙하며 여
름 사냥[苗]을 하고 가을에는 무기를 정비하여 가을 사냥[獮]을 하
고 겨울에는 크게 사열하고 겨울 사냥[狩]을 하되 모두 농한기에 하

여 무예를 익힌다. 5국(國)이 속(屬)이 되는데 속에는 장(長)이 있으며, 10국에 연(連)이 되는데 연에는 수(帥)가 있으며, 30국이 졸(卒)이 되는데 졸에는 정(正)이 있고, 210국이 주(州)가 되는데 주에는 목(牧)이 있다. 연수(連帥)는 해마다 병거(兵車)를 살펴보고, 졸정(卒正)은 3년마다 도(徒)를 검열하고, 주목(州牧)은 5년마다 수레와 도(徒)를 대대적으로 검열한다. 이는 선왕이 나라를 다스림에 무(武)를 세우고 병력을 넉넉히 갖춘 제도의 대략이다.

因井田而制軍賦焉, 四井爲邑, 四邑爲丘. 丘十六井, 戎馬一匹·牛三頭. 四丘爲甸, 甸六十四井, 戎馬四匹·牛十二頭·兵車一乘·甲士三人·步卒七十二人, 干戈備具. 卿大夫采地之大者一同, 方百里, 提封萬井. 除山川阬塹城池邑居園囿街路三千六百井, 定出賦六千四百井. 戎馬四百匹, 兵車百乘, 是謂百乘之家. 諸侯之大者, 十同爲封, 封方三百一十六里, 提封十萬井, 定出賦六萬四千井, 戎馬四千匹·兵車千乘, 是謂千乘之家. 天子圻方千里, 提封百萬井, 定出賦六十四萬井, 戎馬四萬匹·兵車萬乘, 戎馬車徒干戈素具. 春振旅以蒐, 夏茇舍以苗, 秋治兵以獮, 冬大閱而狩, 於農隙以講事焉. 五國爲屬, 屬有長, 十國有連, 連有帥; 三十國爲卒, 卒有正; 二百一十國爲州, 州有牧. 連師比年簡車, 卒正三年簡徒, 州牧五年大簡興徒. 此先王爲國立武足兵之大略也.

30. 잡괘설

雜卦說 경오년(1750, 39세)

「잡괘(雜卦)」에 오직 건(乾)·곤(坤)·함(咸)·항(恒)만은 섞어놓지 않고 나머지는 모두 섞어놓은 것은 어째서인가? 건과 곤은 기화(氣化)의 시초로서 상편의 첫머리에 있고 함과 항은 형화(形化)의 시초로서 하편의 첫머리에 있어서 모든 괘의 강령이 되기 때문에 섞지 않은 것이요, 나머지 괘는 용(用)이 되기 때문에 섞어놓은 것이니, 섞어놓은 뒤에야 역도(易道)의 묘용(妙用)이 무궁하다는 것이 더욱 드러난다.

「서괘(序卦)」를 보면, 건과 곤이 10괘를 지난 뒤에 체(體)를 바꾸어 상대하여 비(否)와 태(泰)를 얻으니, 비와 태는 건과 곤의 용(用)이다. 함(咸)과 항(恒)은 10괘를 지난 뒤에 역시 체를 바꾸어 상대하여 손(損)과 익(益)을 얻으니, 손과 익은 함과 항의 용(用)이다. 그렇다면 비·태·손·익은 건·곤·함·항과 서로 환치(換置)한 것이다. 8순괘(純卦)에서 건과 곤은 다른 괘들의 부모가 되어 체(體)가 되니 움직일 수 없고, 6자(子)는 용(用)이 되어 두루 흐르고 서로 통하니 변하는 것이 당연하다. 건(乾)·곤(坤)·리(離)·감(坎)의 4정괘(正卦)는 상편에 있고 진(震)·간(艮)·태(兌)·손(巽)의 4우괘(隅卦)는 하편에 있으니, 이것이 서괘(序卦)의 순서이다. 이제 감과 리 2괘를 진·간·태·손 4궤와 환치(換置)하면 감과 리는 단지 2괘라 4괘의 수에 해당할 수 없기 때문에 감과 이를 닮은 대과(大過)와 이(頤)를 가지고 서로 환치한 것이다. 나머지 12괘를 서괘의 차례로 상대하여 말하면, 췌(萃)·승(升)이 대유(大有)·동인(同人)과 바뀌고 진(晉)·명이(明夷)가 소축(小畜)·이(履)와 바뀌고 정(井)·곤(困)이 수(需)·송(訟)과 바뀌니, 그 순서를 어지럽힐 수 없다.

다른 괘도 많은데 굳이 췌·승 이하의 12괘를 가지고 서로 호환한 것은 무슨 까닭인가? 건과 곤은 다른 괘들의 주(主)가 되고 6자(子)는 건곤을 따르는 것이다. 상편과 하편으로 건과 곤을 나누어 소속시키면 건은 응당 상편에 속하고 곤은 응당 하편에 속하게 되며, 6자가 건곤을 따라 두 편에 환치(換置)해 있게 되는 것은 천지가 서로 사귀는 뜻이다.

그러므로 서괘에서 예(豫)는 장남이 어머니를 따른 것이요, 비(比)는 중남(中男)이 어머니를 따른 것이요, 박(剝)은 소남(少男)이 어머니를 따른 것이니, 이는 상편이 절로 있기 때문에 움직이지 않는다. 관(觀)은 장녀가 어머니를 따른 것이니, 또한 상편에 절로 있기 때문에 움직이지 않는다. 진(晉)은 중녀(中女)가 어머니를 따른 것이요, 췌(萃)는 소녀(少女)가 어머니를 따른 것이니, 두 괘는 하편으로부터 왔다.

소축(小畜)은 장녀가 아버지를 따른 것이고 대유(大有)는 중녀가 아버지를 따른 것이니, 두 괘는 상편으로부터 왔다. 쾌(夬)는 소녀가 아버지를 따른 것이니, 하편에 절로 있기 때문에 움직이지 않고, 대장(大壯)은 장남이 아버지를 따른 것이니 하편에 절로 있기 때문에 역시 움직이지 않는다. 수(需)는 중남이 아버지를 따른 것이니, 상편으로부터 왔다.

대축(大畜)은 소남(少男)이 아버지를 따른 괘인데 움직이지 않는 것은 무슨 까닭인가? 간(艮)의 체(體)는 정(靜)으로서 축지(畜止)하는 때를 당하여 움직이지 않는 것이다. 두 편의 여러 괘가 모두 위로 섞이고 아래로 섞이는데 간의 체만 섞이지 않았으니 그 뜻을 알 수 있다. 그렇다면 손(損)·간(艮)·이(頤)가 변역(變易)하는 것은 무슨 까닭인가? 손은 비·태와 바뀌는 것이니 손익(損益)할 때를 당하여 움직이지 않고는 안 되는 것이다. 간은 진(震)을 따라서 움직이고 이(頤)는 대과(大過)를 따라서 움직인다. 또 감(坎)은 비록 진·간과 바뀌지만 태·손도 그 형세가 바뀌지 않을 수 없는 것이다.

이 밖에 승(升)·명이(明夷)·동인(同人)·이(履)·송(訟)도 모두 본괘(本卦)의 반대쪽으로 움직인 것이지 다른 뜻은 없다. 원래 역괘(易卦)는 오로지 반대(反對)로써 이루어지기 때문이다.

정(井)과 곤(困)은 어머니를 따른 괘가 아닌데 또 위에 있는 것은 무슨 까닭인가? 「잡괘」가 비록 잡(雜)이라고는 하나 그 상편은 반드시 「서괘(序卦)」 상편의 수에 맞추고자 하였으니, 하편도 마찬가지이다. 그래서 이제 이 2괘를 취하여 상편의 끝에 옮겨 30괘의 수를 채운 것이다. 정(井)을 취한 것은 정의 괘사(卦辭)에 "오고 가는 사람들이 우물을 우물로 쓴다.〔往來井井〕"라 하였으니, 두루 흐르고 막히지 않는다는 뜻이 있기 때문일 뿐이다.

건과 곤은 비록 변하지 않지만 건과 곤의 체(體)가 합하여 비와 태가 되어 도리어 하편에 있고, 함과 항은 비록 변하지 않지만 함과 항의 체가 나뉘어 진·간·태·손이 되어 도리어 상편에 있으니, 건·곤·함·항도 결코 변하지 않는 것은 아닌 것이다. 그 이치가 또한 묘하다.

손·익이 진·간의 다음이 되는 것은 한 번 움직이고 한 번 고요하

여 손과 익이 생긴 것이다. 비·태가 규(睽)·가인(家人)의 다음이
되는 것은 한 번 소원(疏遠)하고 한 번 친밀하여 비와 태가 나타난
것이다. 이를 미루어 찾아보면 그 괘가 나열된 차서를 또한 말할 수
있을 것이다.

이 밖의 괘로서 비록 움직이지 않더라도 반대되는 짝끼리 서로 바
뀌는 것은-「서괘(序卦)」에서는 사(師)·비(比)라 한 것을 여기 「잡괘」에서
는 비(比)·(師)라고 한 것과 같은 경우이다.- 상편에는 8괘요, 하편에는
22괘이며, 바뀌지 않는 것이 상편에는 22괘요, 하편에는 12괘이다.
이 또한 그렇게 된 이치가 있겠지만 미루어 궁구할 수 없다. 어쩌면
운어(韻語)에 구애되어 그러한 것인가.

하편의 비·태 이하는 상편의 손·익 이하에 비하여 그 차서가
매양 한 자리씩 뒤로 밀려 차이가 나니, 여기에도 이치가 있겠지만
알 수 없다.

「雜卦」, 惟乾·坤·咸·恒不雜, 餘皆雜之者, 何也？ 乾·坤爲氣化之始而
居上篇之首, 咸·恒爲形化之始而居下篇之首, 爲衆卦之綱領, 故不雜, 而
餘卦爲用, 故雜之. 雜之而後, 易道之妙用不窮, 尤顯矣. 「序卦」, 乾·坤歷
十卦而換體相對, 得否·泰. 否·泰, 乾·坤之用也. 咸·恒歷十卦而亦換
體相對, 得損·益. 損·益, 咸·恒之用也. 然則否·泰與損益相換矣. 八
純卦, 乾坤爲衆卦之父母, 而爲之體, 則不可動; 而六子爲用, 周流相通則
其變宜矣. 乾·坤·坎·離四正卦居上篇, 震·艮·兌·巽四隅卦居下篇,
序卦之序也. 今以坎·離易震·艮·兌·巽而換置之, 坎離只爲二卦而不足
當四卦之數, 故以大過·頤之肖坎·離而與之互換矣. 餘十二卦, 以序卦之
次對言, 則萃·升與大有同人·換, 晉·明夷與小畜·履換, 井·困與需·

訟換, 其序不可亂矣. 他卦許多, 而必以萃升以下十二卦相換者何也? 乾坤爲衆卦之主, 而六子從乾·坤者也. 以上下篇分屬乾·坤, 則乾當屬乎上, 坤當屬乎下, 而六子之從乾·坤換居二篇者, 天地相交之義也. 是以, 序卦, 豫長男從母也, 比中男從母也, 剝少男從母也, 上篇自存故不動. 觀長女從母也, 上篇自存故亦不動. 晉中女從母也, 萃少女從母也, 二卦從下篇而來. 小畜長女從父也, 大有中女從父也, 二卦從上篇而來. 夬少女從父也, 下篇自存故不動. 大壯長男從父也, 下篇自存故亦不動. 需中男從父也, 從上篇而來. 大畜爲少男從父之卦, 而不動者何也? 艮體靜而當畜止之時, 不動也. 二篇諸卦, 皆上雜下雜, 而艮體不雜, 其義可見. 曰然則損·艮·頤之變易, 何也? 損與否·泰換, 當損益之時, 非動不可. 艮隨震而動, 頤隨大過而動, 且以坎離易震·艮, 兌巽則其勢不得不換矣. 其餘升·明夷·同人·履·訟, 皆隨本卦之反對而動, 無他義, 蓋易卦專以反對而成故也. 井·困非從母之卦, 而又居上者何也? 「雜卦」雖名曰雜, 其上篇必欲準序卦上篇之數, 下篇亦然. 故今取二卦, 移于上篇之末, 以足三十卦之數, 而其取井者, 井之卦辭曰: "往來井井." 以其有周流不滯之義耳. 乾·坤雖不變, 而乾·坤合體爲否·泰, 反居下篇; 咸·恒雖不變, 而咸·恒分體而爲震·艮·兌巽, 反居上篇, 則乾·坤·咸·恒, 亦未嘗不變, 其義亦妙. 損·益次于震·艮者, 一動一靜而損·益生焉. 否·泰次于睽·家人者, 一踈一親而否泰形焉. 推此以求之, 則其相次之序, 亦有可言者矣. 其他卦雖不動, 而其反對之耦相換-「序卦」師·比, 此云比師之類.-者, 上篇八卦, 下篇二十二卦, 不換者上篇二十二卦, 下篇十二卦, 亦有意義而不可推究. 其或拘於韻語而然歟? 下篇否泰以下, 較上篇損益以下, 其次序每不及一位而差之, 此亦有義而不可知也.

31. 잡괘후설

雜卦後說 신미년(1751, 40세)

「잡괘」의 괘의 차서는 다시 의심스러운 점이 있다. 주자(朱子)는 경문(經文)을 해석하면서 무릇 착오가 있는 곳은 모두 간정(刊正)을 하였으니,『효경(孝經)』과『대학』과 같은 경우이다.「잡괘」에서는 대과(大過) 이하의 8괘가 반대(反對)로써 문장을 이루지 못하여 그 윗글의 예(例)와 같지 않기 때문에 주자가 다만 "어떤 뜻인지 알 수가 없다."고만 하고 개정하지 않았으니, 만약 마음에 십분 의심이 없었다면 채씨(蔡氏 채침(蔡沈))의 말을 기다리지 않고도 경문을 바로잡았을 것이다.

무릇 경서를 읽으면서 자기의 소견과 일치하지 않다고 해서 곧바로 산정(刪定)한다면 그 폐해를 어찌 감당할 수 있겠는가.『주역(周易)』이라는 책은 그 예(例)가 한두 가지가 아니라 많으니, 성인(聖人)이 따로「잡괘(雜卦)」1편을 만들어 그것이 불변의 법칙이 되지 못하는 뜻을 밝혔다.「서괘(序卦)」에는 64괘가 대개 모두 반대로 되기 때문에「잡괘」에서 취한 바도 모두 반대가 되는데, 끝부분의 8괘에 이르러서는 또 그런 예가 아니다. 이는 성인의 뜻이 '괘가 비록 반대로 되지만 반대가 되지 않는 예도 있다.'라고 한 듯하니, 이것이 이른바 "요전(要典)이 되지 못한다."는 것이다.

그렇다면 대과(大過) 이하의 8괘에서 취한 바는 어떤 예(例)를 취한 것인가? 성인이「계사(繫辭)」에서 "물(物)을 섞음과 덕을 찬술함은 중효(中爻)가 아니면 갖추지 못한다."라 하였다. 중효란 호체(互

體)를 말하니, 대과(大過) 등 8괘에서 호씨(胡氏 호익지(胡翼之))가 말한 호체의 설이 이것이다. 「서괘」로 상고해 보면, 건과 곤이 다른 괘들의 머리가 되고 기제(旣濟)와 미제(未濟)는 다른 괘들의 끝에 있기 때문에 대과(大過) 등의 8괘는 모두 호체의 건곤을 취한 것이다. 기제와 미제는 역괘(易卦)의 종시(終始)를 나타낸 것이요, 대과와 구(姤)는 모두 호체가 건괘니, 이는 거듭 건괘가 되어 모든 괘의 아버지가 된다. 점(漸)의 호체는 미제(未濟)이고 이(頤)의 호체는 곤(坤)이니 이는 중녀 중남이 어머니를 따른 것이요, 기제(旣濟)의 호체는 미제(未濟)이고 귀매(歸妹)의 호체는 기제(旣濟)이니 이는 중남 중녀가 서로 배필이 되는 것이다. 미제(未濟)의 호체는 기제요, 쾌(夬)의 호체는 건이니 이는 중남 중녀가 아버지를 따른 것이다. 건이 되는 수는 많고 곤이 되는 수가 적은 것은 역(易)에서 양(陽)을 부지(扶持)하고 음(陰)을 억제한 것이니 그 이치가 또한 깊다.

　괘(卦)의 차서가 정한 이치로 말하면, 처음 변하여 건이 두 번 나타나는 것은 양괘(陽卦)를 위주로 한 것이요, 두 번 변하여 미제(未濟)가 곤(坤)을 따르는 것은 이때에 와서야 곤이 비로소 나타나서 건과 화합하였지만 건과 곤이 처음 화합함에 일이 많아 일이 다 이루어지지 못한 것이다. 세 번 변하여 미제와 기제가 이루어진 것은 무릇 일이란 이루어지지 않은 데서부터 이루어져가는 것이다. 네 번 변하여 기제가 건을 따르는 것은 모든 일이 다 이루어진 뒤에야 건과 덕(德)을 합하여 공(功)을 건에게 돌린 것이니, 역(易)의 능사(能事)가 이에 이르러 끝마치게 된다. 감(坎)과 리(離)는 천일(天一)과 지이(地二)로서 기화(氣化)의 으뜸이니 건곤의 용(用)이 된다. 인(人)·물(物)의 태어남에 모두 이를 받아서 생육(生育)한다. 이런 까닭에

역괘(易卦)에서 감과 리를 매우 중시하여 「서괘」의 상편에서 감과
이로 끝을 맺고 하편에서 기제와 미제로 끝을 맺어 중시하는 뜻을
보여준 것이다.

　그리고 「잡괘」에서 마지막에 기제와 미제를 건・곤과 함께 일컬은
것은 그 뜻이 같다. 박(剝)과 복(復)의 호체는 곤인데 이를 취하지
않았으니, 이는 실로 음(陰)을 억제하는 뜻이다. 규(睽)와 가인(家
人)은 모두 기제와 미제가 호괘인데 또한 이를 취하지 않은 것은 무슨
까닭인가? 성인이 이미 상편에서 30괘를 취하고 하편에서 또 26괘를
취함으로써 반대(反對)가 되는 괘들끼리 서로 섞인 뜻을 취하였고,
그 중에서 또 8괘를 취하여 다시 그 반대가 되는 괘들 외에 또 호체(互
體)가 있는 예(例)를 밝힌 것이다. 규(睽)의 아래 4괘를 취하지 않은
것은 이미 기제와 귀매(歸妹)를 취했으니 여기에 다시 취할 필요가
없기 때문에 그렇게 한 것이다.

「雜卦」卦次, 更有所疑. 朱子解經, 凡有錯誤, 皆刊正. 如『孝經』・『大學』
之類, 是也. 至「雜卦」大過以下八卦, 不以反對成文, 與上例不同, 故只曰未
詳何義, 不爲之改定. 若使心下十分無疑, 不待蔡氏之言而經文歸正矣. 凡
讀經, 若以己見之不合, 而輒加刪定, 則弊將何勝? 『易』之爲書, 其例不一,
聖人別著「雜卦」一篇, 以著其不可爲典要之義. 「序卦」六十四卦, 大抵皆反
對, 故「雜卦」所取, 亦皆反對, 而至末八卦, 又非其例, 則聖人之意, 若曰卦
雖反對, 而亦有不反對之例, 是所謂不可爲典要者也. 然則大過以下八卦所
取, 取何例也? 聖人於「繫辭」曰: "雜物撰德, 非其中爻不備." 中爻者互
體[226]也, 大過等八卦, 胡氏互體之說, 是也. 以「序卦」考之, 乾・坤爲衆卦
之首; 旣未濟, 居衆卦之末. 故大過等八卦, 皆取互體之乾・坤, 旣未濟, 以

著易卦之終始, 大過·姤皆互乾, 是重乾爲諸卦之父也. 漸互未濟,[227] 頤互坤, 是以中女中男而從母也. 旣濟互未濟, 歸妹互旣濟, 是中男中女相配也. 未濟互旣濟, 夬互乾, 是以中男中女而從父也. 乾多而坤少者, 是易之扶陽而抑陰者, 其意亦微矣. 以言其相序之義, 則初變而乾再見者, 以陽卦爲主也. 再變而未濟從坤者, 至此而坤始見, 與乾和, 而乾·坤始和, 事多未濟也. 三變而成未濟·旣濟者, 凡事從未濟而至旣濟也. 四變而旣濟從乾者, 凡事事皆濟而與乾合德, 歸功於乾. 易之能事, 至此畢矣. 坎·离者, 天一地二, 氣化之首, 而爲乾坤之用. 人物之生, 莫不禀是而育焉, 故易卦最重坎·离. 「序卦」上篇, 以坎离終焉, 下篇以旣未濟終焉, 以示其歸重之意, 而「雜卦」之以旣未濟與乾坤並稱于末者, 其意同矣. 剝·復互坤而不取於此, 則固是抑陰之義. 至於睽·家人皆互旣未濟, 而亦不取于此者, 何也? 聖人旣於上篇取三十卦, 下篇又取二十六卦, 以明反對相雜之義, 取其中八卦, 又以明其反對之外亦有互體之例. 睽下四卦之不取者, 旣取旣濟·歸妹, 則於此不必復取而然也.

---

226 互體 : 괘의 상하 6효 중에서 가운데 3효를 적당히 취하여 3효의 괘를 만든 것. 예를 들면 坎卦에서 3·4·5효를 취하면 艮卦가 되고 2·3·4효를 취하면 震卦가 되는 것이다.

227 漸互未濟 : 漸卦에서 상하 2효를 빼고 가운데 4효를 가지고 아래 1효를 빼면 離卦가 되고 위의 1효를 빼면 坎卦가 되는데, 이 두 卦를 합하면 火水未濟의 괘가 된다. 다른 괘도 이와 같다.

32. 안분설

安分說 신미년(1751, 40세)

천지가 사람을 낳는 데는 청탁(淸濁)·후박(厚薄)·순리(淳漓)와 빈부(貧富)·귀천(貴賤)·수요(壽夭)의 다름이 있다. 여기에서 분수[分]라는 명칭이 생겼으니, 분수란 한량(限量)을 일컫는 말이다. 땅을 나누어 주는 것에 비유하면, 서쪽으로 한 걸음만 나가면 진(秦)나라이고 동쪽으로 한 걸음만 들어가면 제(齊)나라일 경우 한 걸음의 땅을 혹시라도 넘으려고 생각하면 이는 참람한 짓이요, 분수가 아니다. 관작(官爵)을 가지고 비유하면 한 자리만 나아가면 공(公)이요 한 자리만 올라가면 왕일 경우, 하나의 지위를 혹시라도 넘으려고 생각하면 이는 참람한 짓이요 분수가 아니다. 사람의 마음에 누가 부자가 되고 싶지 않으며 존귀해지고 싶지 않으며 장수하고 싶지 않으리오. 그렇지만 사람마다 다 뜻대로 안 되는 것은 분수가 정해져 있기 때문이다. 사람의 마음에 누가 가난을 싫어하지 않겠으며 신분이 미천한 것을 싫어하지 않겠으며 요절하는 것을 싫어하지 않으리오. 그렇지만 사람마다 주어진 현실을 벗어날 수 없는 것은 분수가 정해져 있기 때문이다.

공자(孔子)는 "부(富)와 귀(貴)는 사람들이 다 바라는 바이지만 정당한 도리로 얻은 것이 아니면 누리지 않고, 가난과 천함은 사람들이 다 싫어하는 바이지만 정당한 방법으로 얻은 것이 아니라도 버리지 않는다."라 하였고, 맹자는 "요수(夭壽)에 의혹됨이 없이 수신(修身)하면서 천명(天命)을 기다리는 것은 명(命)을 세우는 것이다."라 하였으니, 이것이 안분(安分)의 설(說)이다.

『주역』「겸산간괘(兼山艮卦)」대상(大象)에는 "군자가 이를 보고 생각을 그 지위에서 벗어나지 않게 한다."라 하였고, 『중용』에는 "군자는 현재의 지위에 따라 행동한다."라 하였으니, 지위란 분수가 있는 곳이다. 자기 분수를 편히 여기지 않고 일을 하려 한다면 이는 하늘을 거역하는 것이요, 도리를 거스르는 것이니 반드시 일을 이루지 못하게 마련이다. 그러므로 군자는 분수에 순응하여 길하고 소인은 분수에 거역하여 흉한 것이다.

무릇 천금(千金)의 재물이 뜻밖에 나에게 오면 탐욕 많은 남자도 두려워하고 야광주(夜光珠) 구슬이 까닭 없이 나에게 오면 필부(匹夫)도 칼을 잡게 마련이니, 이는 분수에 맞지 않기 때문이다. 간혹 교묘히 꾀를 부리는 자가 도리에 어긋나는 짓을 하고도 성공하는 경우가 있지만, 이는 이른바 "곧지 않으면서 살아 있는 것은 요행히 죽음을 면한 것일 뿐이다."라는 것이니, 군자는 이런 짓을 하지 않는다.

제(齊)나라와 양(梁)나라의 임금은 지위가 높지 않은 것이 아니요 재물이 부족한 것이 아닌데도 땅을 차지하려고 서로 싸워서 죽은 시체가 들판에 가득하고, 성을 차지하려고 서로 싸워서 시체가 성에 가득하였으며, 끝내는 나라가 망하고 자신도 죽음을 당했던 것은 자기 분수를 편안히 여기지 못했기 때문이다. 하물며 미천한 필부(匹夫)나 백수(白手)의 집으로서 갖은 술수를 부려 오직 이익만을 추구한다면 어찌 모욕을 당하고 뜻밖의 재앙을 당하는 일이 없겠는가.

물이 가득 찬 구덩이에 물을 더 부으면 물이 넘치는 것은 구덩이가 물의 분수이기 때문이요, 한껏 당겨진 활을 더 당기면 활이 부러지는 것은 당기는 한도가 활의 분수이기 때문이다. 분수란 사람에게 본래부터 이미 정해져 있는 것이어서 조금이라도 사의(私意)가 개입되면 천재(天災)와 인해(人害)가 아울러 닥쳐오게 된다. 소자(邵子 송나라 학자 소옹(邵雍))는 "분수를 편안히 여기면 몸에 욕됨이 없다."라 하였으니, 좋은 말이다.

아! 왕공(王公) 귀인의 분수는 내가 감히 말하지 못하지만, 나 같은 사람의 분수는 일찍부터 알고 있다. 대그릇의 밥을 먹고 표주박의 물을 마시며 도(道)를 즐긴 것은 안자(顔子)의 분수요, 배고픔을 참고 글을 읽은 것은 채씨(蔡氏 주자(朱子)의 문인 채원정(蔡元定))의 분수이다. 도(道)와 서(書)는 진실로 선비가 가지고 있는 것이니, 이를 즐기고 읽는 것이 바로 그 분수다. 옛사람이 말하기를, "천리마와 같이 되기를 바라는 말은 또한 천리마와 같은 말이요, 안자(顔子)와 같이 되기를 바라는 사람은 또한 안자와 같은 사람이다."라 하였으니, 진실로 능히 그렇게 할 수만 있다면, 지금 사람도 옛사람이 될 수 있는 것이다.

내가 헛된 이름으로 서울에서 녹봉을 받다 보니 늘 분수에 넘치는 복을 누린다는 근심이 있기에 이 글을 써서 나 자신을 경계(警戒)하였다. 종제(從弟) 호(祜)가 돌아갈 때 이 글을 보여주노니, 이는 또한 애막조지(愛莫助之 사랑하지만 도울 길이 없다.)의 뜻이다.

天地生人, 有淸濁厚薄淳漓之不同, 而貧富貴賤壽夭之異稟. 於是而分之名起焉, 分者限量之稱. 譬之分土, 西入一步則秦, 東入一步則齊, 一步之地, 或思踰焉, 則是濫也非分也. 譬之列爵, 進而一位則公, 上而一位則王, 一位之地, 或思過焉, 則是僭也非分也. 人之心, 誰不欲富欲貴欲壽? 而不能人人而然者, 分定故也. 人之心, 誰不惡貧惡賤惡夭? 而不能人人而免者, 分定故也. 子曰:"富與貴, 是人之所欲也, 不以其道得之, 不處也; 貧與賤, 是人之所惡也, 不以其道得之, 不去也.[228]" 孟子曰:"夭壽不貳, 脩身而俟之, 所以立命也.[229]" 此安分之說也. 『易』兼山之大象曰:"君子以, 思不出其位." 『中庸』曰:"君子素位而行.[230]" 位者分之所在也. 不安其分而欲有所爲, 逆天也悖道也, 必不可成之事也. 故君子順之而吉, 小人違之而凶. 夫千金之財, 不謀而來, 貪夫瞿焉; 夜光之璧, 無因而至, 匹士按劍, 非分故也. 間有巧智之人, 或能違道而有成, 是所謂罔之生也幸而免[231], 君子不爲也. 齊·梁之君, 位非不尊也, 財非不足也, 爭地而戰, 殺人盈野, 爭城而戰, 殺人盈城, 終焉國破而身僇者, 不安其分故也. 況以匹夫之微·白手之家, 而經營計較, 惟利是趨, 則安知無侮辱之來侵·患害之橫加乎? 盈坎之水, 增之而溢, 坎爲水之分也; 滿轂之弓, 引之而折, 轂爲弓之分也. 分之於人, 已有素定, 稍涉私意, 災害幷至. 邵子曰:"安分身無辱." 旨哉言乎! 噫! 王公貴人之分, 吾不敢言之, 至如吾人之分, 則亦嘗知之矣. 簞瓢樂道[232], 顔子之分也; 忍飢讀書[233], 蔡氏之分也. 道與書, 固士之有, 而樂而讀之, 卽其分也.

---

228 富與……去也:『論語 里仁』에 보인다.

229 夭壽……立命也:『孟子 盡心上』에 보인다.

230 君子素位而行:『中庸章句』14장에 보인다.

231 罔之生也幸而免: 공자가 "사람이 살아가는 이치는 곧음이니, 곧지 않으면서도 사는 것은 죽음을 요행히 면한 것이다.〔人之生也直, 罔之生也幸而免.〕"라 하였다. 『論語 雍也』

232 簞瓢樂道: 孔子가 安貧樂道하는 제자 顔回를 칭찬하여 "한 그릇의 밥과 한 표주박의 물로 누추한 마을에 사는 것을, 사람들은 그 근심을 견디지 못하는데, 안회는 그 즐거움을 바꾸지 아니하니, 어질구나 안회여.〔一簞食一瓢飮, 在陋巷, 人不堪其憂. 回也不改其樂. 賢哉回也!〕"라 하였다. 『論語 雍也』

古人曰: "希驥之馬, 亦驥之馬也; 希顏之人, 亦顏之人也." 苟能爲之, 今人
可爲古人矣. 余以虛名竊祿京師, 嘗有分外之憂, 書以自警. 從弟祜之歸, 輒
相示之, 亦愛莫助之²³⁴之意也.

233 忍飢讀書 : 南宋 때 학자 蔡元定이 西山 정상에서 배고픔을 참고 냉이〔薺〕를
씹어먹으며 글을 읽다가, 朱熹의 명성을 듣고는 찾아가서 그 문하에 들어갔
다. 『宋史 권434 蔡元定傳』

234 愛莫助之 : 사랑하지만 자신의 능력이 부족해 도와래야 도와줄 길이 없어
안타깝다는 뜻이다. 『詩經』 「大雅 烝民」에 仲山甫의 덕을 기리면서 "사랑하
지만 도우래야 도울 수 없다.〔愛莫助之〕"라 한 데서 온 말이다.

33. 성제설

城制說 계유년(1753, 42세)

살펴보건대, 성(城)의 제도는 옹성(甕城)이 있고 치성(雉城)이 있고 양마장(羊馬墻)이 있고 호참(濠塹)이 있으니, 이를 갖추어야 성이 될 수가 있다. 옹(甕)이란 옹(擁)의 뜻이니 성문을 감싸고 있는 모습이 옹기와 같기 때문에 붙여진 이름이다. 적이 성을 공격할 때는 반드시 성문을 먼저 공격하니, 문에 엄폐하는 시설이 없으면 수만 명의 적군이 땔나무 한 다발씩만 던져 쌓아도 잠깐 사이에 성의 높이와 같아질 터이다. 바람을 이용하여 불을 질러 문의 쇠를 녹이고 초루(譙樓)를 무너뜨린다면 무슨 수로 적을 막을 수 있겠는가. 이를 염려하여 옹성을 설치하여 성문을 엄폐하고 옹성의 좌우에 문을 설치하여 인마(人馬)가 오갈 수 있도록 한다. 이것이 옹성의 제도다.

치(雉)는 철(凸) 자와 같은 형태로 원성(元城)에 붙여서 구축한 것이다. 두 치(雉) 사이의 거리는 모름지기 화살의 힘이 서로 미칠 수 있도록 하고, 치 위에는 화기(火器)·활·화살·냄비·솥 등을 놓아두니, 이른바 포루(砲樓)이다. 이렇게 하면 적이 육박하여 성에 오르지 못한다. 10리의 성은 수십 개의 포루에 불과하지만 누의 위에 장사 수십 명만 배치해 두면 성첩(城堞)을 지키는 군사가 적고 힘이 약할지라도 걱정이 없을 것이다.

조예조(趙藝祖 송 태조(宋太祖) 조광윤(趙匡胤))는 조한왕(趙韓王)이 그린 설계한 성의 도면을 붓으로 그어서 반듯하고 곧지 않게 했다.

금(金)나라 점몰갈(粘沒曷 완안종한(完顔宗翰))은 변성(汴城)을 한 번 보고는 쉽게 공격할 수 있겠다고 장담하였으니, 대개 그 형태가 반듯하고 곧아서 담장과 같았기 때문이다. 따라서 성은 반드시 굴곡을 이루게 만들어야 하는 것이다. 만약 산성(山城)을 쌓을 때 산등성이가 구불구불 돌아서 서로 엄호(掩護)해 준다면 치성(雉城)이 없더라도 응대하고 구원할 수 있지만, 성의 형태가 반듯하고 곧은 곳이라면 반드시 치성을 설치하여 적병이 성에 육박하는 것을 막아주어야 한다. 이것이 치성이 없어서는 안 되는 까닭이다.

양마장(羊馬墻)이란 것은 옹성(甕城) 밖에 적합한 땅을 헤아려 설치하되 토석(土石)으로 쌓기도 하고 목책(木柵)으로 쌓기도 한다. 그 높이가 양이나 말을 엄호할 정도를 넘지 않는다 해서 이런 이름이 붙은 것이다. 그러나 토석은 무너지기 쉽고 목책은 썩기 쉬우니 나무를 심느니만 못하다. 나무 중에서는 상수리나무와 떡갈나무가 잘 자라고 재질도 단단하다. 1묘(畝) 정도의 폭으로 성을 둘러싸게 이런 나무를 심어놓으면 몇 해가 못 되어 길이가 1장(丈)이 넘게 자랄 터이니, 반드시 나뭇가지가 좌우로 얽히며 제멋대로 자라게 해야 한다. 이렇게 하면 하나의 울타리가 되어 그 견고하기가 석성(石城)의 10배는 될 것이다. 옛날 당(唐)나라 왕식(王式)이 교지(交趾)에 이르러 늑목(芀木)을 심어 성책을 삼았다고 하는데, 늑은 떡갈나무의 일종이니 그 방법이 반드시 이와 같았을 것이다.

장(墻) 밖에 또 참호(塹壕)를 설치하고, 참호 위 길이 통하는 곳에 판교(板橋)를 설치한다. 이 판교는 이름을 조교(吊橋)라 하는데, 적이 오면 걷어치운다.

성의 제도는 대저 이상과 같다.

성 안의 배치 규모로 말하면, 성문의 안에 큰 길이 있고 길의 좌우에 민가를 나열해 두고 백성들로 하여금 담장을 튼튼히 쌓게 한다. 계산해서 100여 보의 거리를 1항(閭)으로 삼고, 항에는 작은 오(塢 성채)를 쌓은 다음 그 위에 포루(砲樓)를 설치한다. 불행히 성이 함락되어 적의 무리가 상 안으로 몰려들어올 경우에 성의 좌우에 있는 여러 항의 포루 위에서 함께 포를 쏘면 또한 적을 죽여 전공(戰功)을 거둘 수가 있을 것이다. 평상시에는 항 안에 거주하는 백성들이 모두 항문(閭門)으로 출입하고, 항의 백성들이 돌아가며 번을 들어 아침저녁으로 문을 열고 닫으면, 도둑을 막는 요긴한 방법이 될 수 있을 것이다. 우리나라의 성 제도는 모두 잘못되었기 때문에 이렇게 고법(古法)을 추론(推論)하고 연역하여 설을 지었다.

按城制有甕城, 有雉城, 有羊馬墻, 有濠塹, 備此而後, 可以成城矣. 甕者擁也, 所以擁蔽城門, 其形如甕然也. 賊之攻城, 必先城門, 門無所蔽, 則數萬之衆, 投一束薪, 頃刻之間, 可與城齊, 乘風縱火, 門鐵鎔化, 譙樓焚毁, 將何以禦敵乎? 爲是之懼, 設甕城以蔽之, 甕城左右, 設門以通人馬, 此甕城之制也. 雉形如凸字, 附元城而築之, 兩雉相距, 要使矢力相及, 上安火器弓箭鍋釜等屬, 所謂砲樓也. 然則賊不得肉薄以登城矣. 十里之城, 不過數十砲樓, 樓上容壯士數十人, 則守堞之卒雖單弱, 而可以無憂矣. 趙藝祖筆塗趙韓王[235]城圖, 不使端直, 金粘沒喝[236]一見汴城, 謂易攻. 盖其形端直如堵

235 趙韓王 : 趙匡胤을 도와 宋을 건국한 명재상 趙普(922~992)를 가리킨다. 그는 생전에 魏國公에 봉해졌고 사후에 韓王에 봉해졌다. 『宋史 卷256 趙普

墙故也. 故城制必欲屈曲. 若山城岡巒回互, 自相掩護, 雖無雉城, 可以應救; 若城形端直處, 則必設雉城, 以救薄城之患. 此雉城之所以不可無也. 羊馬墙者, 甕城外量地設置, 或以土石, 或以木柵, 其高不過蔽護羊馬而爲名也. 土石易崩, 木柵易朽, 不若植生木之爲愈也. 生木中橡櫟易長, 其性且堅, 占地一畝之廣, 環城而種之, 不數年, 長過丈餘, 必使左右交結, 任其自長, 則成一藩籬, 而其固十倍於石城. 昔唐王式至交趾, 樹芀木爲柵. 芀, 櫟屬也. 其法似必如是矣. 墙外又設塹, 塹上通路處設板橋, 名弔橋, 賊至則撤去. 城制大抵如此矣. 若其城中制置之規, 則城門內有大路, 路左右, 列置閭閻, 而使之堅築墙垣. 量去百餘步爲一閭, 閭築小塢, 上設砲樓. 不幸城陷, 賊衆擁入城, 左右諸閭砲樓上夾擊之, 亦可以殺賊成功矣. 平時閭內居民, 皆從閭門出入, 閭民輪直, 晨夕啓閉, 亦可爲止盜之要法矣. 我國城制, 皆失其宜, 故推演古法而爲之說.

列傳』

236 粘沒喝：金나라 景祖의 증손인 完顏宗翰의 본래 이름이다. 그는 宋나라를 침략하여 汴京을 함락시키고 徽宗과 欽宗을 인질로 잡아갔다.

34. 변방에 나무를 심는 일에 대한 설

邊防種樹說 계유년(1753, 42세)

벽에 서북(西北) 양계(兩界)의 지도를 걸어 놓고 바라보니 필경에는 저들에게 삼켜지게 될 것이 의심의 여지가 없다. 가령 국가에서 인재를 뽑아 군사를 훈련시키며 안으로 정치를 가다듬고 밖으로 적을 물리치는 것이 잘 되었다 하더라도 변경을 굳게 하여 침략에 대비하는 계책은 없어서는 안 된다.

그러나 요새를 설치하고 돈대(墩臺)와 보루를 쌓는다면 백성들을 수고스럽게 할 뿐만 아니라 백성들이 반드시 항의할 것이다. 송명(宋明) 때에는 변경의 방비를 위하여 마갱(馬坑)을 파고 유류(楡柳)를 심어 적이 돌진해 오는 것을 막았다. 그러나 아무래도 나무를 심어 성책(城柵)을 삼은 것만은 못하였다. 나무를 심으려면 또 힘이 들게 마련이니 산군(山郡)에서 상수리나 떡갈나무 열매를 주워 가지고 심되, 서쪽의 의주(義州)로부터 동쪽의 경원(慶源)에 이르기까지 천여 리에 각 진보(鎭堡)의 변장(邊將)이 줄줄이 포열해 있으니, 마땅히 이들로 하여금 변경의 편의한 지역을 살펴서 수백 보의 너비에 각기 분담하는 길이의 표시를 세워 토졸(土卒)과 더불어 심게 한다. 부지런하고 게으른 정도에 따라 상벌(賞罰)을 주어 오직 빽빽이 심는 데만 주력하게 하면 1, 2년의 공력만 들여도 다 심을 수 있을 것이다. 4, 5년이 지나면 부드러운 가지가 무성하게 자라나 두어 길 높이가 될 것이니, 이것을 좌우로 서로 엇물리게 하여 중중 첩첩으로 울타리 모양이 되게 한 다음 그 뒤로는 저절로 자라게 내버려두면 울창하게 자라 하나의 성과 같이 될 것이다.

또 그 안에 흙을 나무의 뿌리에 1장(丈) 남짓 쌓아올려 토성을 만든다. 이렇게 하여 수십 년이 지나면 모든 나무가 무성하고 빽빽하게 엉겨 붙어 발을 붙일 곳이 없을 것이다. 나무가 자라기 전에 중간에다 작은 길을 트되 구불구불 돌게 하여 우리나라 사람만 통행하고 외인들은 모르게 해야 한다. 그리고 혹 수백 보 사이에 보(堡)를 설치하여 지키게 하면, 비록 적이 들어올지라도 반드시 마구 달려 들어오지는 못할 것이요, 도끼로 찍으려 해도 안 되고 불로 태우려 해도 안 되어 들어오려 해도 들어오지 못할 것이다.

당(唐) 선종(宣宗) 때 왕식(王式)이 운남(雲南)을 지키면서 늑목(艻木)으로 성책을 만들었는데, 남만족(南蠻族)이 여러 해에 걸쳐 공격하였으나 함락시키지 못하였다고 한다. 그 늑목이란 것이 상수리나무의 일종이다. 이는 이미 증명된 역사적 사실이다.

『성경지(盛京志)』에 "영고탑(寧古塔)은 호아합하(虎兒哈河)의 가에 있는데, 소나무를 심어 성을 만들고 속에 흙을 채웠다."라 하였으니, 이것과 매우 일치한다. 이 일은 실로 쉽게 할 수 있는 일이고 또 적인(敵人)이 알아차리지 못할 터이니 의당 한번 시험해 보아야 함이 분명하다.

壁揭西北兩界圖而觀之, 畢竟爲彼所吞無疑矣. 假使國家選才鍊兵, 內脩外攘, 雖得其宜, 固邊待暴之策, 不可闕也. 設障塞, 築墩堡, 非但勞民, 彼必嘖言. 宋明之時, 邊防穿馬坑, 種楡柳以禦其衝突. 然而終不如種樹成柵之爲妙矣. 種樹又費力, 就山郡拾橡櫟實種之, 西自義州, 東至慶源, 千有餘里各鎭堡, 邊將在在布列, 宜令此輩相沿邊便宜之地, 廣則數百步, 長則各有

分標, 令與土卒種植. 勤慢有賞罰, 惟以密植爲意, 不過費一二年之功而盡
種矣. 過四五年後, 嫩條苗長過數丈, 使之左右交互, 重重疊疊, 如芭子樣,
自此以後, 任其自長, 鬱如一城. 又於其內, 以土高築木根, 至于丈餘, 作土
城, 至數十年之久, 羣木皆盛密比, 無容足之地. 迨木未長之時, 而中開小
徑, 回回曲曲, 只通我人, 而使外人不知其所由, 可矣. 或數百步間, 設堡以
守之, 雖使敵入, 必不能長驅, 斧斫不可, 火焚不可, 欲入而不可得矣. 唐宣
宗時, 王式守雲南, 以芳木爲柵, 南詔攻之累年不拔. 芳, 櫟類也. 此又已驗
者. 『盛京志』[237]:"寧古塔在虎兒哈河之傍, 種松爲城, 中實以土." 與此大同
矣. 此事實易爲力, 而亦不爲敵人所覺, 當一試無疑耳.

---

237 『盛京志』:『盛京通志』의 약칭으로 淸나라 때에 편찬된 중국 동북지역에 대
한 地理志이다. 京城·苑囿·壇廟·山陵·궁전·풍속·인물 등이 기록되
어 있다. 원래 총 32권이었던 것을 乾隆皇帝의 칙명을 따라 130권으로 재편
되었다.

35. 우리나라의 강역의 경계에 대한 설

東國地界說 무인년(1758, 47세)

우리나라는 삼면이 바다로 둘러싸이고 서북쪽은 산악이 막혀 있으니 실제로는 사면에서 적의 침략을 받는 나라이다. 바닷길로 말하자면 왜(倭)와 서로 접하여 있는데 동남의 연해가 가장 가깝다. 저들의 대마도(對馬島)·일기도(一歧島)·옥람도(玉藍島)·평호도(平戸島) 등의 섬 및 서해(西海) 구국(九國)의 땅은 모두 바람에 돛을 달면 한나절이나 하루 내지 2, 3일이면 갈 수 있는 노정이요, 은기(隱歧)·백기(伯耆) 등의 주(州)들은 강원도의 동해와 역시 3, 4일이면 갈 수 있는 노정에 불과하다. 따라서 만약 그들과 화친이 깨지면 삼면의 연해가 모두 그 해(害)를 받게 된다. 서해 한 방면은 왜적의 침입 뿐만 아니라 예로부터 늘 바다의 풍랑이 걱정거리가 되어 왔고, 또 중국과 분쟁이라도 생기는 날에는 수륙(水陸)으로 한꺼번에 적이 이르러 등주(登州)·내주(萊州)·회양(淮陽)·절강(浙江)으로부터 돛을 올리고 오니, 한(漢)·위(魏)·수(隋)·당(唐)의 일을 보아도 알 수가 있다.

그러나 동·서·남쪽은 각기 바다를 경계로 삼아 강역을 다투는 일이 없지만, 서북쪽은 육지로 이어지고 산융(山戎)과 접해 있으며 게다가 중국과 이어져 있어서 국경이 일정하지 않았다. 근본을 따져서 말하면, 요동의 절반 땅인 오랄(烏喇) 이남은 모두 우리 땅이었다. 그런데 수(隋)·당(唐)·송(宋)의 즈음에 발해(渤海)·거란(契丹)·완안(完顔) 등 종족들이 번갈아 일어나면서 우리 국경이 점차 줄어들었다. 애석하게도 신라 문무왕 이후로 모두 원대한 뜻이 없어 백제를 병합하고 고구려를 평정하는 것으로 뜻이 이미 만족하여 다시는 고구려의 옛 강토를 회복하려 하지 않음으로써 발해로 하여금 가만히 앉아서 커지게 하였다. 뒤에 고려 태조가 요(遼)와 국교를 끊은 것은 깊은 의도가 있었으나 불행하게도 홍서(薨逝)하였고, 그 뒤의 왕들은 비록 그 뜻을 이어받기는 했지만 서쪽으로는 압록강을 경계로 삼고 북쪽으로는 두만강을 경계로 삼는 데 그쳐 한 걸음 땅도 요동을 넘보지 못하였다.

우리 조선이 개국함에 이르러 명나라에게 국호(國號)를 청하면서 화령(和寧)으로 하고자 했으니, 화령이란 영흥(永興)의 별호다. 우리 태조대왕이 처음에 화령백(和寧伯)에 봉해지고자 한 것은 무릇 국호가 그 봉작(封爵)의 칭호일 뿐만 아니라 이 땅이 일월(日月)을 배태(胚胎)한 곳이기 때문이었다. 그래서 태조대왕은 그 땅을 병탄하고자 하는 뜻에서 이로써 봉호를 삼기를 청하였던 것이었다. 그러나 오랑캐가 점점 강성해지자 선춘(先春)의 옛 강토도 보전하지 못하고 덕릉(德陵 목조(穆祖)의 능)·안릉(安陵 목조의 비인 효공왕후(孝恭王后)의 능) 두 능도 이역(異域)으로 들어가 두만강과 압록강이 하나의 큰 철한(鐵限)이 되어버렸으니, 이것이 바로 뜻있는 선비가 길게 한숨 쉬고 짧게 탄식하는 까닭이다.

지금의 병력으로는 기자(箕子)의 강토와 고구려의 토지를 회복한다거나 목조(穆祖)·익조(翼祖)의 옛 고장을 회복하는 것은 말할 것도 없이 불가능하니, 마땅히 옛 일을 많이 알아 우리의 국경을 분명히 밝혀 스스로 강해질 길을 찾아야 할 뿐이다. 일찍이 들건대,

"숙묘(肅廟) 임진년에 목극등(穆克登)이 와서 강계를 정하던 때에

마땅히 분계강(分界江)으로 한계를 삼았어야 한다. 분계는 두만강의 북쪽에 있는데, 그 이름을 분계라고 한 것은 대개 이곳이 피차의 경계가 되기 때문이다. 그런데 제대로 살피지 못하고 공공연히 수백 리의 땅을 버렸기 때문에 지금까지도 북방 사람들이 대다수 한스럽게 여기고 있다. 그러니 그 당시 일을 맡은 사람은 책임을 면할 수 없을 것이다."

하였다.

그러나 왕자(王者)의 다스림은 덕을 힘쓰는 것이요, 땅을 넓히기를 힘쓰는 것은 아니니 이는 작은 일에 해당된다. 참으로 크게 우려되는 점은, 만약 중국에 변란이 생겨 완안(完顔)이 남으로 옮겨간다면 요(遼)와 심양(瀋陽) 일대에 또한 자립하여 세력을 확장해나갈 자가 있을 터이니, 예를 들자면 공손(公孫)·모용(慕容)·대씨(大氏)·동진(東眞) 같은 부류가 여기에 해당된다. 고구려는 강성할 때를 당했기 때문에 이씨(二氏)의 환난을 당하지 않았고, 신라의 경우 요(遼)는 멀리 있고 대씨는 바야흐로 저들의 국내를 경영하고 있었기 때문에 패북(浿北)의 땅만을 잃었으며, 고려는 몽고의 지원을 얻었기 때문에 동진이 우리에게 큰 상해를 주지 못했던 것이다.

그러다가 원(元)의 순제(順帝)가 북쪽의 자기 소굴로 달아나자 흥경(興京)·오랄(烏喇) 동쪽의 수천 리 땅에 왕이 될 수 있었던 것이요, 국경이 접해 있어 우리가 옛 예(禮)에 따라 조공을 바치다 보니 그 이해(利害)가 더욱 커지게 되었다. 이로부터 국경의 분쟁이 일어나고 내반(內叛)의 틈이 생겨났으니, 소손녕(蕭遜寧)이 와서 고구려의 옛 지역을 요구하고 명 태조(明太祖)가 철령위(鐵嶺衛)를 세우려고 하던 때에 만약 서희(徐熙)와 박의중(朴宜中)의 적절한 외교가 없었다면 거의 나라를 보전하지 못할 뻔했다. 조휘(趙暉)가 쌍성(雙城)에서 반란을 일으키고 한순(韓恂)이 의주(義州)에서 반란을 일으켰을 때에 만약 우리가 대국(大國)을 의탁하여 중국 내지의 지역과 같은 의리를 갖추지 않았다면 결국은 그 땅들을 잃고 말았을 것이다.

게다가 천하에 일이 많아 도적이 종횡하면서 해동(海東)의 한 지역은 항시 망명하는 곳이 되어 왔다. 전국(戰國) 말기에 한인(韓人)이 바다를 건너와 삼한(三韓)을 세웠고, 연(嘰)의 난리에 위만(衛滿)이 동으로 오면서 기씨(箕氏)가 망하고, 대씨(大氏)가 멸망하자 남은 무리 수만 명이 모두 우리나라로 들어왔으나 저들은 약하고 우리는 강했기 때문에 위씨(衛氏)가 쓰던 꾀를 답습하지는 못했다. 거란(契丹)이 망했을 때에 김시(金始)·김산(金山) 등이 또한 우리나라로 와서는 옛날에 신하로서 섬기던 예(禮)를 요구하며 크게 노략질을 해 갔으니, 그 형세가 또 몽고(蒙古)와 동진만이 가까운 지역에서 일어났던 발해(渤海)의 경우와는 달랐다. 그러므로 몽고의 힘을 빌려서 평정을 했고 내안(乃顔)이 원(元)나라를 배반했다가 사로잡히자 그 잔당인 합단(哈丹)이 또다시 동으로 달아나 노략질을 하였는데 역시 원나라의 힘을 빌려 평정했던 것이다. 원나라가 망하자 나하추(納哈出)가 큰 세력으로 이 지역에 쳐들어가니 홍건적(紅巾賊)이 그 난리를 피하여 우리나라로 쳐들어왔다. 이때에는 대국의 지원도 없어 형세가 매우 위급했다. 다행히 우리 태조(太祖)의 신무(神武)와 세 원수(元帥 정세운(鄭世雲)·이방실(李芳實)·김득배(金得培))의 용력(用力)에 힘입어 마침내 홍건적을 평정을 할 수가 있었다. 그리고 명(明)나라가 망할 때도 우리가 먼저 침략을 받았다. 그러니 예로부터 천하의 용병(用兵)이 항상 동북쪽에 있었으며, 우리나라가 화를 받은 연유를 전철을 통해 환히 알 수 있다. 이를 본다면 나라를 위해 계획을 세우는 선비는 바다를 방비하고 변경을 방어하는 대책에 대해 더욱 유의해야 할 것이다.

我東惟三面環海, 西北阻險, 其實四面受敵之國也. 以海道言之, 與倭相接, 東南沿海, 最爲迫近. 其對馬・一歧・玉藍・平戶等島及西海九國之地, 皆風帆半日一日二三日程, 其隱歧・伯耆諸州, 與江原東海, 亦不過三四日程也. 若失其和, 則三方沿海, 皆受其害. 西海一面, 不惟倭患, 自昔每以海浪爲憂, 又若中國生釁, 則水陸俱至, 自登萊淮浙, 揚帆而來, 漢・魏・隋・唐之事, 可鑑也. 然而東西南各至海爲界, 無疆域之爭, 至若西北面, 連陸地接山戎, 且通中國, 故得失無常. 究本而論之, 則遼地半壁, 烏喇以南, 皆我地也. 而隋・唐・宋之際, 渤海・契丹・完顔雜種代興, 地界漸縮, 惜乎! 新羅文武以後, 皆無遠慮, 幷濟平麗, 志願已足, 不能收復句麗舊疆, 使渤海坐大. 後來麗祖絶遼, 意亦非偶, 而不幸薨逝, 後王雖能繼志, 不過西以鴨綠爲限, 北以豆滿爲界, 而不能窺遼東一步之地矣. 至聖朝龍興, 請號皇朝, 欲以和寧. 和寧者, 永興別號也. 聖祖初封和寧伯, 凡國號不惟以其封爵之號, 北土是胚胎日月之地, 故聖意所在, 盖欲幷呑, 以是請號也. 夷虜漸盛, 先春舊疆, 亦不得保, 而德安二陵, 淪在異域, 豆滿鴨綠, 作一大鐵限. 此有志之士所以長吁短歎者也. 以今兵力, 無論於復箕高之故域, 恢穆翼之舊居, 當多識舊事, 明其界限, 爲自疆之道而已. 嘗聞:"肅廟壬辰, 穆克登來定疆界時, 當以分界江爲限. 分界在豆滿之北, 其名分界, 盖爲彼此之界. 而不能審覈, 公然棄數百里之地, 至今北方之人, 多以爲恨. 當時主事者, 不得辭其責." 云. 然王者之治, 務德, 不務地, 則此係小事. 所大憂者, 若中國有變, 如完顔之南遷, 則遼瀋一帶, 亦有自立而雄張者, 如公孫‧慕容‧大氏‧東眞之屬, 是耳. 句麗當彊盛之時, 故不被二氏之患; 新羅遼遠, 大氏方經營門內, 故只失浿北之地; 高麗則有蒙古之援, 故東眞不能大創於我矣. 若如元順帝之北走本窟, 則興京烏喇以東數千里之地, 亦足以自王; 壤界接連, 而貢之以舊禮, 則利害尤甚. 從此而疆界之爭起矣, 內叛之釁生矣. 蕭遜寧之來覓句麗舊境, 明太祖之將立鐵嶺衛, 若無徐熙‧朴宜中善對, 則幾乎不保矣. 趙暉以雙城叛, 韓恂以義州叛, 若不托迹大國, 義同內服, 則終焉失之而已矣. 且天下多事, 寇賊縱橫, 海東一域, 常爲逃命之所. 戰國之末, 韓人渡海, 立國三韓; 燕之亂, 衛滿東來而箕氏亡; 大氏滅, 餘衆數萬, 悉投於我, 而彼弱我彊, 故不能襲衛氏之故智; 契丹之亡, 金始‧金山等, 亦歸于我, 責以舊日臣事之禮, 大肆剽掠, 其勢又異於渤海但有蒙古‧東眞起其近地, 故藉而掃平, 乃顔叛元而被擒, 餘黨哈丹又東奔剽掠, 亦賴元平定. 元之亡, 納哈出大入北界, 紅巾賊逃亂東國. 此時無大國之援, 勢甚汲汲, 而幸賴我太祖之神武, 三元帥之用力, 終能底定. 大明之亡, 我國亦先受兵. 自古以來, 天下用兵, 常在東北, 而我東被禍之由, 前轍昭然. 觀於此則海防邊禦之策, 籌國之士, 當加之意爾.

36. 왜국의 지세에 관한 설

倭國地勢說 무인년(1758, 47세)

일본은 우리나라 동해의 동쪽에 있다. 그 땅은 여진(女眞)의 흑룡강
(黑龍江) 동남쪽으로부터 나와서 구불구불 가로 뻗어서 그 서쪽 경
계의 적간관(赤間關 시모노세키)에 이르러 끝나니, 우리나라 경상도
동해의 여러 고을과 동서(東西)로 서로 마주 하고 있다. 또 그 서해
에 있는 구주(九州)란 땅은 그 자체로 하나의 큰 섬이다. 그 중에도
가장 서쪽에 있는 살마주(薩摩州)는 우리나라의 전라도·경상도와
바닷길을 사이에 두고 남북(南北)으로 서로 마주하고 있으며, 또 그
동남쪽은 유구(琉球)이다. 동서가 4000여 리요 남북이 800여 리며,
그 동북쪽으로부터 서남쪽에 이르는 땅이 우리나라를 둘러싸고 있
는 형국이다.

　이른바 대마(對馬)와 일기(一歧) 두 섬은 동래(東萊)로부터 왜국
으로 통하는 지름길이다. 이태서(利泰西 마테오리치)의 「만국도지(萬
國圖志)」에 의하면, 일본의 동쪽이 바로 대동양(大東洋)인데, 바다
저편에 비록 오랑캐 나라들이 있지만 모두가 바다 저편 수만 리 밖에
떨어진 지역에 있기 때문에 군사를 쓸래야 쓸 수 없고, 오직 그 서쪽
국경 한 모퉁이가 우리나라와 가장 가까우며 중국 및 남만(南蠻)의
여러 나라와는 모두 우리나라의 남해를 지나 교통하고 있다. 가령
외국의 군사가 일본을 공격하려고 하면 반드시 일본 땅 서쪽 경계를
통해 들어가야 한다. 그런데 이 지역은 여러 섬들로 둘러싸였고 항구
도 몹시 좁으니, 일본이 만약 수백 척의 배로 가로막으면 그 형세가

어찌할 수 없다. 이런 까닭에 왜인들이, "예로부터 외침을 받아 본 적이 없다."라 하니, 이는 그 지세가 그러한 것이다.

그러나 내가 일찍이 그 나라의 지도를 보고 고사(古史)를 참고해 보건대, 그들이 말하는 육오주(陸奧州)란 것은 바로 그 동북쪽 땅이다. 진펄로 된 바닷길 300리가 있으니 이곳을 건너면 여진(女眞) 땅이다. 게다가 우리나라의 북도(北道)와 매우 가깝기 때문에 풍신수길(豊臣秀吉)이 침략할 때 이곳으로 건너고자 하여 대나무 바자를 많이 구비해 이것을 깔고 건너려했으나 실행하지는 못했다고 한다.-김동명(金東溟)의 『해사록(海槎錄)』에 보인다.- 그렇다면 또한 필시 난처한 점이 있어서 그런 것이지-왜인이 말하기를, "북해는 바람이 높기 때문에 풍신수길이 북도로 오지 않았다."라 하니, 이 말이 어쩌면 옳을지도 모르겠다.-이 바다를 건널 수 없어서 그만둔 것은 아닐 것이다. 만약 건널 수가 없다고 한다면, 후한(後漢) 때에 선비(鮮卑) 단석괴(檀石槐)가 바다를 건너가 왜호(倭戶) 1000여 호(戶)를 잡아와서 고기를 잡고 땔나무를 하게 하여 군용(軍用)으로 썼다 했으며-구경산(丘瓊山)의 『대학연의보(大學衍義補)』에는 모용외(慕容廆)의 일이라고 했는데 착오인 듯하다.- 또 만력(萬曆) 경인년(1590, 선조23)에는 당인(唐人)이 종성(鍾城)에서 군사를 조련하고 있었는데 왜인들이 그 일을 듣고 알았다고 하며-『지봉유설(芝峯類說)』에 보인다.- 인조 갑신년(1644)에는 표류한 왜인 15인이 성경(盛京)으로부터 이르렀다 하니, 이는 아마도 여진(女眞)의 야춘(也春) 지역으로부터 옮겨 온 것일 터이다. 이로써 보면 여진이 왜국과 접근해 있다는 것을 알 수가 있다.

그러나 의심스러운 점은 원(元)나라가 동정(東征)할 때에 의당 이 길을 수리해 이용했어야 하는데, 그렇게 했다는 말을 듣지 못했다.

이는 필시 기록이 거칠어 상고해 보지 못했기 때문일 것이다.

왜인이 육오주(陸奧州)의 동해 가에 진수부(鎭守府)를 설치하여 많은 군사를 주둔시키고 또 육오(陸奧)와 출우(出羽) 두 주(州)에 안찰사(按察使)를 두어 군사를 통솔하게 하였으니, 아마도 여진(女眞)과 하이(蝦蛦)를 염려해서 그렇게 것일 터이다. 하이란 육오주의 평화천(平和泉)에서부터 이해(夷海) 가에 이르는 300리 땅이다. 이 땅은 광막하여 끝이 없고 문어(文魚)와 담비가죽 등 물산이 풍부하며, 산융(山戎)이 스스로 취락을 이루고 있다. 그 도로가 통행하는 곳은 왜의 동북 도(道) 54군(郡)의 땅이니, 역시 하나의 큰 섬이다.-강항(姜沆)의 『간양록(看羊錄)』에 보인다.- 이들이 비록 왜국에게 복속(服屬)되어 있지만 왜국이 깊이 우려하는 바이다. 그래서 관백(關伯)이 동도(東都) 강호(江戶)에 있으면서 스스로 '정이대장군(征夷大將軍)'이라고 일컬으며 진압하고 있으니, 여기에서의 '이(夷)'는 필시 하이(蝦蛦)를 가리켜 말한 것일 터이다.

그리고 서해도(西海道)의 축전주(筑前州)에 태재부(太宰府)를 설치하여 서쪽 지역의 군병을 통솔하고 있으니, 이는 아마도 우리나라 및 유구(琉球) 등 여러 나라와 중국의 침략을 대비하기 위하여 설치한 것일 터이다. 외침을 막기 위해서 만든 법이 잘 되었다고 할 만하다.

그러나 천하의 사변은 예측할 수 없고 만이(蠻夷)의 성쇠는 때가 있는 법이다. 가령 단석괴(檀石槐) 같은 자가 북방에서 일어나고 하이가 틈을 타서 화를 일으키고 중국이 다시 원(元)나라 세조(世祖)처럼 침공하고 우리나라의 병력이 또 신라가 바다를 건너가 왜국을 쳤던 때처럼 공격한다면, 그 나라 안에는 동무(東武)와 서경(西京)이 서로 원수가 된 지 오래이니-관백(關白)은 동도(東都) 강호(江戶)에서 무사(武事)를 주관하고 왜황(倭皇)은 서도(西都) 왜경(倭京)에서 문사(文事)를 맡고 있다. 그런데 왜황이 지위를 잃고 관백이 국정을 전횡하면서부터 양도(兩都)가 서로 원수가 되었으나 힘이 약해서 감히 서로 망동(妄動)하지 못한다고 한다.- 어찌 충신(忠臣)·의사(義士)로서 분통을 가슴에 품고 위황제(僞皇帝)의 지위를 회복시키고 싶어도 그렇게 하지 못하고 있는 자가 없겠는가. 가령 우리가 천시(天時)를 얻고 사람을 얻어 내치(內治)가 넉넉해지고 외양(外攘)이 어렵지 않게 된 후에 저와 우리의 형세를 십분 헤아려 파악한 다음 척서(尺書)로써 관백에게 군신(君臣)의 대의(大義)를 고하여 권력을 버리고 본 위치로 되돌아가게 한다면 저 관백이 반드시 놀라고 온 나라가 흉흉해질 것이다. 그런 다음 다시 구주(九州)에 격문을 보내고 또 그 국중에 격문을 보내면 그 나라에서 따르는 자가 또한 절반은 될 터이니, 이에 저 관백의 죄를 성토하고 명분을 바로잡으면 될 것이다. 이는 또한 천하의 의거(義擧)이니, 이른바 "한 번 노고를 겪고 길이 편안해진다."는 것이다.

日本處我東海之東, 其地起自女眞黑龍江之東南, 逶迤橫亘, 至其西界赤間關, 爲地盡處. 與我慶尙道之東海諸邑, 東西相直, 又其西海九州之地, 自爲一大島. 其最西薩摩州, 與我之全慶, 間海道, 南北相直, 而又其東南則琉球也. 東西四千餘里, 南北八百餘里, 自其東北至西南, 環抱我國. 所謂對馬·一歧二島, 自東萊通倭捷路也. 據利泰西「萬國圖」, 其國之東, 卽大東洋. 洋外雖有諸夷, 皆絶海數萬里, 非兵謀所及, 惟其西界一隅, 與我最近, 中國及南蠻諸國, 則皆過我南海而相通焉. 設有外兵欲伐其國, 必由其西界而入. 諸島環列, 港口甚狹, 彼若以數百艘橫截之, 則其勢無奈何矣. 是故, 倭人言

自古不受外侮, 盖其地勢然也. 然余嘗觀其國地圖, 參以古史, 其所謂陸奧
州, 卽其東北地頭也. 有沮洳海三百里, 過此則女眞地也. 又與我北道甚近,
故秀吉用兵, 欲渡此, 多具竹笆子, 布之以渡而未果云.-見金東溟『海槎錄』-則
亦必有難處之端而然也,-倭人言: ‘北海風高, 故秀吉不從我北道而來.’ 此說亦或然
也.-非以此海之不可渡而止也. 若云不可渡, 則後漢時, 鮮卑檀石槐渡海, 捕
倭戶千餘, 使之漁採, 以供軍實,-丘瓊山『大學衍義補』, 以爲慕客慶事, 恐誤.-且
萬曆庚寅, 唐人在鍾城調兵, 倭人聞知其事,-見『芝峯類說』.-仁祖甲申歲, 漂
倭十五人, 自盛京而至, 盖自女眞也春地轉來也. 以此觀之, 則女眞之與倭
接近, 可知矣. 然而所可疑者, 元之東征, 宜修此道而未聞焉, 是必鹵莽未考
之致也. 倭人置鎮守府於陸奧州之東海上, 屯以重兵, 又於陸奧·出羽二州,
置按察使以領之, 盖慮女眞及蝦蛦也. 蝦蛦者, 自陸奧州之平和泉至夷海上
三百里, 其地廣漠無際, 地産文魚·貂皮等物, 山戎自成聚落. 其道路通行
處, 爲倭東北道五十四郡之地, 亦一大島也.-見姜沆『看羊錄』.-雖服屬于倭,
而倭爲深慮, 故關白居東都江戶, 自稱征夷大將軍留鎮之. 夷, 必指蝦蛦而
言也. 又於西海道之筑前州, 置太宰府, 統西方軍兵, 盖爲我國及琉球等諸
蠻中國之來侵而設也. 其禦侮制置之法, 可謂得其道矣. 然而天下之事變無
常, 蠻夷之盛衰有時. 設有如檀石槐者興於北方, 蝦蛦乘釁搆禍, 中國更爲
元世祖之擧, 我國兵力又能如新羅渡海擊倭之時, 而其國中東武西京之相爲
仇敵, 久矣.-關白在東都江戶, 主武事, 倭皇在西都倭京, 主文事. 自倭皇失位, 關白
專政以後, 兩都仇視, 而力弱不敢動云.-亦豈無忠臣義士積憤含痛, 欲復僞皇之
位而不得者乎? 苟使我得天而得人, 內治有餘, 外攘不難, 知彼知己, 十分
料量, 始以尺書告關白, 以君臣大義, 使之釋權復位, 彼必駭然, 擧國洶洶,
又傳檄九州, 又傳檄其國中, 其國之相從者, 亦且半之. 討其罪而正其名, 是
亦天下之義擧, 而所謂一勞而永逸者也.